# 目 录

# 使用指南

本书包括 450 个词条中的 550 件作品，是从 1000 多件作品中精心选择出来的。本书不仅是一本涉及专业信息和知识的书籍，同时对于去瑞士游览并爱好建筑的旅游者来说，也是指导旅游的伴侣。

本书选择作品的难度在于既要展示瑞士 20 世纪具有代表性的建筑作品，又不作综合性的详述。作品的选择建立在对编年史主流工作的长期研究、对各个地区的研究、对城市历史的最新成果的研究，以及对各种瑞士建筑遗产指南研究的基础之上，由于本书旨在成为一本参考书，所以对入选作品仅作独立描述，不进行比较和专题性详述。

尽管在这些客观的描述中难免会渗入某种价值取向，但总体的工作还是本着不带任何偏见的态度，展示所有的建筑趋势。在选择作品时，我们尽力保持各方面的平衡，比如：大城市和小城市建筑的平衡，处于中心区域的州与处于周边区域的州的平衡，已发展起来的地区与未开发地区的平衡，如此等等。有一些具有代表性的建筑实例没有入选，可能会让人产生疑问。这里要解释的原因是这些建筑经过了较大程度的改造，有的已经面目全非，因此没有被选录。对待建筑遗产的麻木与熟视无睹的态度正在威胁着这部分重要建筑遗产的生存，对于那些 20 世纪上半叶的建筑则尤为严重。就此而言，目前已处于非常紧急的状态，迫切需要采取相应的措施。

本书若有错误与不妥之处，恳请读者谅解。尽管编写过程尽可能地谨慎细致，力图涵盖瑞士 20 世纪极为丰富多样的建筑，但仍有可能遗漏一些重要的建筑实例。

我们理想的旅程始于苏黎世（Zürich），由北向南，自西向东，贯穿整个联邦，最后到达提契诺（Ticino），我们的旅程还包括了列支敦士登公国 (Principality of Liechtenstein)，它与瑞士的历史文化有着深厚的传统渊源。

这样横贯国土的旅行使我们能够明确瑞士建筑形式语言的多样性及其相关的各种信息。同时，我们非常关注功能主义的实例，因为功能主义在瑞士德语区有很深的根基。在两次世界大战之间，它对中欧文化的发展产生了至关重要的作用。另外，对于具有独立特征的各行政区的地方性建筑也给予了相应的重视。

在过去的10年间，瑞士建筑已成为国际建筑界关注的焦点，这主要归功于提契诺的建筑，以及德语区、法语区和格劳宾登州（Graubünden）新一代建筑师的重要贡献。对于这些最新的发展，我们本着多元化的态度，采用不带偏见的方法进行研究，重在体现其建筑的水准与质量，以此展示瑞士当代建筑的客观价值及其丰富的多样性。

本书按照德语区、法语区、意大利语区来划分。每个州的入选建筑是按照其所在城市及地点的字母顺序来排列的，一些城镇及一些建筑的建造地点原来在大城市的外围，而现在已划归于大城市管辖，这种情况也按照相同的方法排列。同一个城市的建筑则按照建造时间的顺序排列。同一个城市的几个建筑项目如建造时间相同，则根据其功能、特征等因素分类排列。这是基本的分类排列方法。但也有例外，当几个作品出自同一位建筑师或事务所时，这些作品可能会被统归为一项，这样便于深入研究某一建筑师或事务所的作品。

每一个入选项目由标题、介绍和相关文献组成。

标题部分由下列信息构成：

地点、**建筑名称**、地址、时间、建筑师或建筑事务所、合作者。

介绍部分包括对作品及建筑师的简评和其他值得关注的信息。当入选的建筑师及事务所的其他作品的建造地点与所描述的作品位置相邻并值得一看，也会被列入，并标出地址和时间。

每一项入选作品的介绍，都配有近期的照片。有些作品还配有不同时期的照片，此外还附有相关图表和线图。

第405页的建筑师名录按本书中提到的某位特定建筑师作品的首字母排序。

# 英文版前言

与意大利文原版相比，英文版作了修订，还补充了评论——“今日瑞士建筑”。作者罗曼·霍伦斯汀（Roman Hollenstein）博士概述了自20世纪90年代中期以来瑞士建筑的发展，海拉·奥克斯（Haila Ochs）博士和安内特·色瑞（Annette Ciré）博士为许多入选项目提供了大量资料，这些资料已被收录。乌尔里克·杨施林·西蒙（Ulrike Jauslin-Simon）也为本书提供了宝贵的建议。

对于想要深入了解20世纪瑞士建筑的英语读者来说，维利·埃·克里斯蒂安编辑的《瑞士建筑指南》（3卷）是必要的参考书，彼得·迪斯科的《瑞士德语区和提契诺的建筑》一书也很有价值。

本书若有任何错误和疏漏，欢迎批评指正。

To Carlos

Acknowledgments of the author:
I am indebted to all the friends who followed or offered me hospitality in my Swiss peregrinations; a special thanks to Sergio Polano, for his advice, and to Thomas Hegi and Alfredo Mumenthaler for their invaluable collaboration.

# 瑞士地图

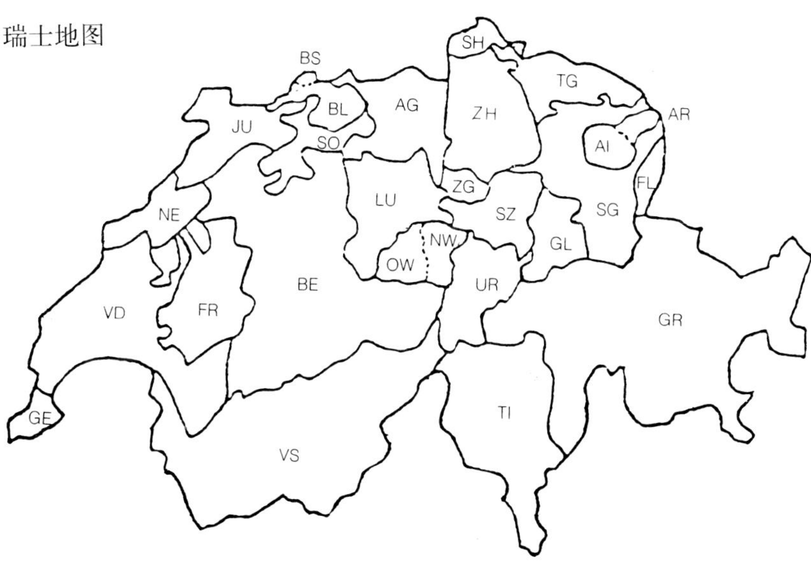


| | |
|---|---|
| Aargau(AG) | 阿尔高 |
| Appenzell:Ausserrhoden, Innerrhoden (AR, AI) | 阿彭策尔 |
| Basel: Basel-Stadt, Basel-Land(BS, BL) | 巴塞尔：巴塞尔城市半州，巴塞尔乡村半村 |
| Berne(BE) | 泊尔尼 |
| Fribourg(FR) | 弗里堡 |
| Geneva(GE) | 日内瓦 |
| Glarus(GL) | 格拉鲁斯 |
| Graubünden(GR) | 格劳宾登 |
| Jura(JU) | 侏罗 |
| Lucerne(LU) | 卢塞恩 |
| Neuchâtel(NE) | 纳沙泰尔 |
| Sankt Gallen(SG) | 圣加仑 |
| Schaffhausen(SH) | 沙夫豪森 |
| Schwyz(SZ) | 施维茨 |
| Solothurn(SO) | 索洛图恩 |
| Thurgau(TG) | 图尔高 |
| Ticino(TI) | 提契诺 |
| Unterwalden: Obwalden, Nidwalden (OW, NW) | 翁特瓦尔登：上瓦尔登半州，下瓦尔登半州 |
| Uri(UR) | 乌里 |
| Valais(VS) | 瓦莱 |
| Vaud(VD) | 沃州 |
| Zug(ZG) | 楚格 |
| Zurich(ZH) | 苏黎世 |
| Principality of Liechtenstein(FL) | 列支敦士登 |

# 苏黎世

迪蒂孔

## 玛丽亚工人住宅

奥夫维森路 22 号

1982 ~ 1983

利维奥 · 瓦奇尼和马里奥 · 皮亚蒂、M · 瓦内蒂、C · 博德默尔和 M · 托格诺拉

这座单栋的住宅楼位于苏黎世外围的迪蒂孔工业区，为工人提供住宿，建筑内向布局，每层有四组客房，服务区设置在中心。这座内院式住宅楼最初的构思是将一个立方体切出两个侧院，面向两个侧院的底层门廊用作公共空间。建筑的承重结构是外露的石灰石砌块与混凝土板。由于材料的选择及规整的方窗形成的节奏韵律使建筑立面很统一，方窗周边有一圈凸起的线脚。

*Archithese, 3, 1983; Rivista Tecnica, 10, 1983； 7–8, 1988; Lotus international, 44, 1984; a+u, architecture and urbanism, 176, 1985; Parametro, 141, 1985.*

埃伦巴赫

## 住宅

卡佩利路 20 号

1932

恩斯特 · F · 布尔克哈特

这幢独户住宅建在一个陡坡之上，主入口与街道平齐，起居室朝向下方的树林，支撑上层的木柱落在一个表面抹灰的平台上，一个附加体量形成的门廊俯瞰整个花园。

布尔克哈特设计的其他值得关注的建筑还有佩斯特拉奇商店和住宅（希大街 323 号），1930 年建于苏黎世。

*Neues Bauen in der Schweiz, Führer zur Architektur der 20er und 30er Jahre, Blauen 1985.*

法尔兰登

## 罗尔布克青年旅馆

毛尔路 33 号

1937

埃米尔 · 罗特

这栋轻质木屋与一条道路和湖滨相垂直，俯瞰南面的一片绿地。作为青年旅社，该建筑的主要特征是功能性，精致的细部，可简单快捷地建造拼装。这个建筑与汉斯 · 菲施利 1933 年在梅伦设计的施莱斯塔特住宅（苏贝尔路，参见第 16 页）及卡尔 · 胡巴彻尔、鲁道夫 · 施特格 1934 年在苏黎世维提康区设计的米勒豪登茶室（特瑞斯登豪斯福斯路）一样，是 20 世纪 30 年代瑞士最优秀的作品之一。

*Schweizerische Bauzeitung, 112, 1938; Werk, 1, 1943; Max Bill et al., Moderne Schweizer Architektur 1925–1945, Basel 1947; Domus, 752, 1993; Guide to Swiss Architecture 1920–1990, vol.1, 511, p.117.*

玛丽亚工人住宅
Casa Maria Workers' Accommodation

卡佩利路住宅
House Kappelistrasse

罗尔布克青年旅馆
Im Rohrbuck Youth Hostel

霍尔根

## 费尔勒工厂

伯格路 70 号

1952 ~ 1957

汉斯·菲施利

这个生产电器设备的厂房其主要特征体现在外形上。庞大的生产车间上覆盖着单坡的屋顶，大量的棱柱形窗户环绕其周，使整个建筑好像是一个透明体。巧妙的采光处理也是这个建筑的一个主要设计特点。

*Bauen und Wohnen, 3, 1953; Werk, 6, 1953; H. and T. Maurer and R. Lohse (eds), Neue Industriebauten, Ravensburg 1954; W. Rotzler, Der Mensch und das Licht, Zurich 1960; Guide to Swiss Architecture 1920- 1990, vol. 1, 515, p. 119.*

费尔勒工厂
Feller Factory

基尔施伯格

## 东克尔住宅

拉琛路 5 号

1932 ~ 1933

威廉姆·东克尔

东克尔为自己设计的住宅位于诺布尔区以北的一面山坡上，建筑体量为长方体，开敞的起居室和平台部分朝向花园，使体量有所改变，推拉门窗的巧妙应用消除了室内外的界限感。多种用于控制阳光的措施（例如采用淡黄色的玻璃）以及集中供暖的合理使用，使室内空间如同温室一样舒适。

东克尔设计的另外一个值得关注的建筑是建在巴塞尔的霍尔拜因广场住宅（1939）。

*Schweizerische Bauzeitung, 113, 1939; Bax Bill et al., Moderne Schweizer Architektur 1925-1945, Basel 1947; R. Winkler, Das Haus des Architekten, Zurich 1955; Guide to Swiss Architecture 1920-1990, vol. 1, 516, p. 119.*

东克尔住宅
Dunkel House

库斯纳赫特 – 伊斯纳赫

**雷布豪斯住宅**

苏密克路 20 号

1929

**苏尼布尔住宅**

伊斯纳赫斯蒂克 1 号

1929 ~ 1930

**门德尔住宅**

伊斯纳赫斯蒂克 3 号

1931

*卢克斯 ·居耶*

卢克斯 ·居耶是瑞士第一位独立的女性执业建筑师。在这几幢建于库斯纳赫特的乡村住宅设计中，她受到来自英国本土建筑新发展的影响，就是之前卢克斯 ·居耶借鉴的穆特修斯所探索的“清晰、明快、简洁的风格”，这里还采用了一些 20 世纪早期住宅革新中使用的典型设计要素。虽然，今天的建筑评论界更倾向于将她的这些作品视为体现了“一种女性的敏锐”。

在库斯纳赫特的杜格路 3 号，可以看到她的另一个作品——1929 ~ 1931 年完成的居耶别墅。

*Schweizerische Bauzeitung, 10, 1931; Werk, 12, 1936; Werk, Bauen und Wohnen, 11, 1983; Guide to Swiss Architecture 1920–1990, vol.1, 519, p.121.*

雷布豪斯住宅
Rebhaus

门德尔住宅
Mendel House

苏尼布尔住宅
Sunnebüel House

库斯纳赫特

**黑斯利巴赫住宅**

加藤路 6–16 号

乌特瑞黑斯利巴赫路 63–63a–65 号

1931 ~ 1951

恩斯特和艾尔沙 · 布尔克哈特

这里，建筑师们将他们 20 年的有关联排式住宅、通廊式公寓、分置的独户住宅组团和工作室的设计经验应用于这个综合性的社会住宅项目中。这个设计项目依照城市的格局规整布置，各种不同的住宅组团围绕着中心绿地布局。

*Max Bill et al., Moderne Schweizer Architektur 1925–1945, Basel 1947; Bauen und Wohnen, 2, 1953; Werk, 1, 1953; R. Winkler, Das Haus des Architekten, Zurich 1955; Guide to Swiss Architecture 1920–1990, vol. 1, 520, p.122.*

库斯纳赫特 – 格尔德巴赫

**斯特夫住宅**

苏黎世路 21 号

1929 ~ 1930

奥托 · 佐林格

这座建筑最吸引人的外部特征是其宽敞的曲线形阳台，室内弧形的餐厅通过曲线式的推拉窗直接面对花园。该建筑采用钢筋混凝土建造，最初涂以黑色，现已改为白色，整个建筑坐落在一个外贴红色面砖的基座上。

*Innendekoration 3/1932; Werk-archithese 23–24/1978; Domus, 752, 1993; Guide to Swiss Architecture 1920–1990, vol. 1, 522, p.123.*

库斯纳赫特 – 格尔德巴赫

**科尔洛特住宅**

格尔德巴赫路 64 号

1931 ~ 1932

马克思 · 恩斯特 · 黑夫利

这个住宅是苏黎世郊区 20 世纪最精美的建筑之一。建筑师采用 L 形的平面与所处的坡地相适应，建筑朝向东南，面对花园。近期增加的外部遮阳板改变了建筑原有的比例。

同一时期，黑夫利还设计了位于格尔德巴赫路 72 号的鲍曼住宅，以及 1930 年完成，位于孟豪夫路的恩斯特住宅。

*Werk, 1935, 1; 6–7, 1941; A. Roth, Die Neue Architektur, Zurich 1940; Moderne Schweizer Architektur 1925–1945, Basel 1947; Archithese, 2, 1980; Guide to Swiss Architecture 1920–1990, vol. 1, 523, p. 124.*

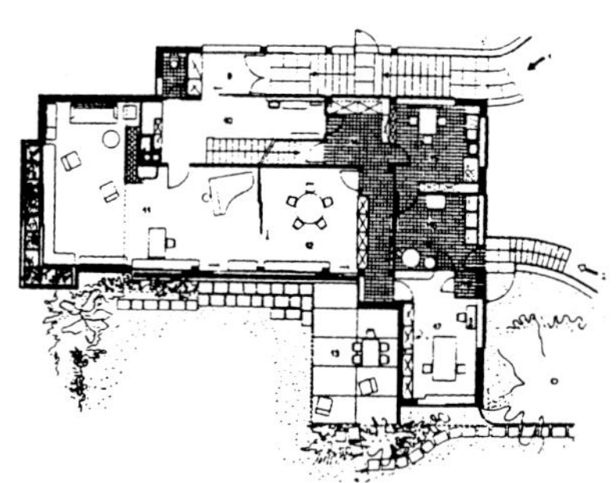

科尔洛特住宅平面图

Koellreuter House, plan

黑斯利巴赫住宅
Heslibach Housing

斯特夫住宅
Streiff House

科尔洛特住宅
Koellreuter House

朗诺 · 安 · 阿尔比斯

## 带工作室的住宅

奥伯伦路 4 号

1985 ~ 1987

马里兰 · 布尔克哈特和克里斯蒂安 · 苏密

木材潜在的可塑性在这座住宅中得到了充分的展现。建筑师借鉴了两次世界大战之间的木结构建筑实例，通过采用更加理性化的建造技术及更加精致的细部处理，进行了预制装配式和最简化住宅的试验。建筑的两个体量有着不同的功能，前面的体量是日常起居空间及工作室，后面的体量包括了数间卧室。

类似的设计手法也被用在埃格里苏的一栋小住宅（1984 ~ 1985）及拉姆斯堡大街上的木制品加工场（图尔本哈，1991 ~ 1992）中。

*Casabella, 549, 1988; Rivista Tecnica, 1-2, 1988; Werk, Bauen und Wohnen, 9, 1989; P. Disch(ed), L'architettura recente nella Svizzera tedesca, Lugano 1991; Frammenti, interfacce, intervalli: paradigmi della frammentazione nell'arte svizzera, Genoa 1992; Lotus international, 73, 1992; Guide to Swiss Architecture 1920-1990, vol. 1, 524, p. 124.*

梅伦

## 施莱斯塔特带工作室的住宅

苏贝尔路，霍恩尼格

1932 ~ 1933

汉斯 · 菲施利

这是一个可以称之为 20 世纪瑞士建筑瑰宝的作品，该住宅建筑包括了 3 套公寓及建筑师的工作室。设计者菲施利不仅是位建筑师，还是画家及雕塑家。这座建筑几乎全是木结构，靠道路一侧的外置入口楼梯是建筑立面的主要形式特征。通过建筑与环境的和谐处理以及纯熟的建筑构图，加之室内外空间的多样性变化，菲施利创造了一连串的动人画面。

菲施利其他值得关注的作品之一是位于格根堡的别墅（1961 ~ 1962，黑尔利堡）。

*C.A. Schmidt(ed), Schweizer Holzbau, Zurich-Leipzig 1936; Schweizerische*

朗诺 · 安 · 阿尔比斯带工作室的住宅
Studio-House at Langau am Albis

*Bauzeitung, 108, 1936; Werk, 10, 1936; Max Bill et al., Moderne Schweizer Architektur 1925-1945, Basel 1947; Lotus international, 73, 1992; Guide to Swiss Architecture 1920-1990, vol. 1, 525, p. 125.*

梅伦带工作室的住宅
Studio-House at Meilen

梅伦

## 室内泳池

托格威勒路 38 号

1974 ~ 1978

恩斯特 · 吉泽

这个室内游泳池是一所学校及运动中心整体项目的一部分，也是整个景观中最精彩的部分。通过单坡屋顶、大片玻璃墙及多种自然材料的运用，设计者精心营造了建筑与景观的完整和谐关系。

*Bauen und Wohnen, 2, 1975; a+u, architecture and urbanism, 8, 1977; Rivista Tecnica, 1, 1982; Werk, Bauen und Wohnen, 7, 1982.*

室内泳池平面图和外观
Indoor Swimming-Pool, floor plan and view

梅伦

**消防站**

布鲁克路 7 号

1984 ~ 1990

特奥·霍茨，汉斯·莫泽尔，D·博曼和 P·考夫曼

该建筑面临主要道路，其设计充分利用了高差较大的坡地地形来安排各种不同空间。在建筑的后部体量中有各种服务空间，它们通过天窗与街道相连。消防器材展厅主立面的特征是有着弧线形的入口体量和出挑的金属雨篷。

霍茨别具特色的细部处理及技术措施在伊塞瑞特路 21 号的蒙特多夫工艺与工业中心（1983 ~ 1985）的设计中也得到了运用。在位于布克格林德路 4 号的威茨康－卢本豪森住宅建筑设计中（1979 ~ 1985），霍茨则提出了一种具有独创性的建筑类型。

*P. Disch(ed), L'architettura recente nella Svizzera tedesca, Lugano 1991.*

施莱伦

**牟里根邮政中心**

苏荷路 161 号

1981 ~ 1985

特奥·霍茨，R·布雷瑟，B·凯撒格兰德，H·莫泽尔，R·施纳曼，H·施佩利，H·苏特

该邮政中心的设计是在 1970 年一个竞赛方案的基础上发展而来

梅伦消防站
Meilen Fire Station

牟里根邮政中心
Mülligen Postal Center

的，整个建筑分为两部分：水平向布局的主要作业区和一座服务性塔楼。设计依据模数制，采用预制构件，体现出明确的高技术风格。

霍茨还设计了一个位于牟里根的铁路机车仓库（1982 ~ 1984）。

*Werk, 11, 1987; P. Disch(ed), L'architettura recente nella Svizzera tedesca, Lugano 1991; Guide to Swiss Architecture 1920-1990, vol. 1, 532, p.129.*

瓦登斯威尔

## 瓦德住宅区

瓦德路 15 ~ 65 号

1943 ~ 1944

汉斯・菲施利，奥斯卡・施托克

该项目是对低造价福利住宅进行优化改造的卓有成效的尝试，建造历时不到 5 个月。整个项目包括了 28 套住宅，建筑沿着一条东南走向的坡地阶梯状布局，每个独立的组团占据一层台阶，原建筑用木材饰面，现改用石棉水泥板贴面。

*Werk, 7, 1943; 9, 1945; Max Bill et al., Moderne Schweizer Architektur 1925-1945, Basel 1947; G. E. Kidder Smith, Switzerland Builds, New York-Stockholm 1950; H.Volkart, Schweizer Architektur, Ravensburg 1951; J. Maurizio, Der Siedlungsbau in der Schweiz 1940-1950, Erlenbach 1952; Bauen und Wohnen, 12, 1972; Archithese, 5, 1985; 6, 1989; Guide to Swiss Architecture 1920-1990, vol. 1, 536, p. 131.*

瓦德住宅区外观；剖面和平面图

Siedlung Gwad, view, section and floor plan

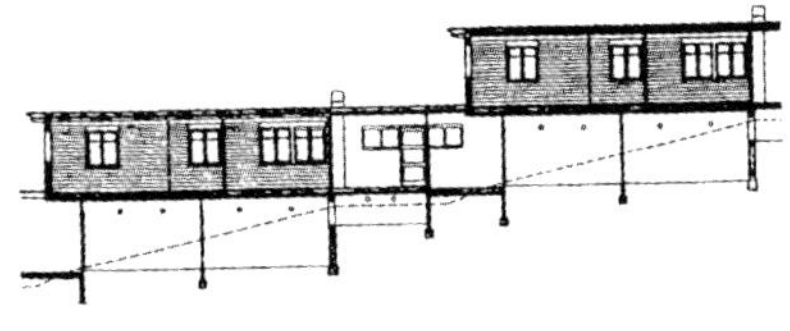

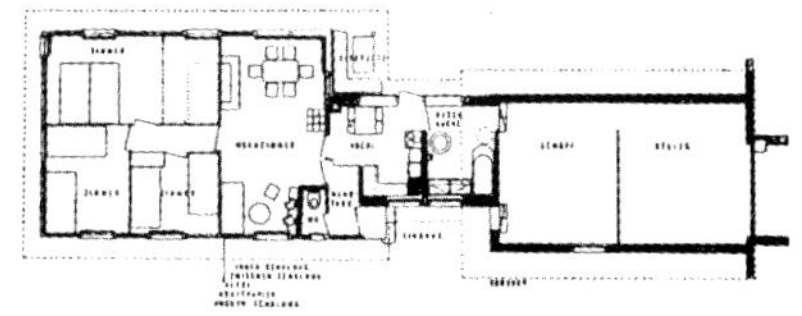

温特图尔

**苏塞尔工程机械厂**

苏荷路 9 号

**车间**

1834，1931

苏塞尔工程部

**热电厂**

**（前铸造厂）**

1954 ~ 1957

苏特尔家族

**建筑学院**

**（前汽锅制造厂）**

托斯福尔德路 11 号

1924 ~ 1925，1991

苏塞尔工程机械厂是 19 世纪瑞士最大的城市工业建筑区，主要生产机械及机车。由于建筑规模的逐步扩大，这个建筑组群综合展现了现代建造方法的演变过程。比如，从 19 世纪的木窗到 1909 年因功能需要开始采用的整体玻璃与金属结构。20 世纪 50 年代建成的热电站则展示了更加先进的技术措施，将从前的锅炉制造厂改造成建筑学院的临时校舍是一项明智之举，因为需要将工厂的生产区迁移到郊区以获得充足的发展空间。1992 年，让 · 努韦尔赢得了旧车间改造项目的设计竞赛。

*Bauen und Wohnen, 1, 1954; Werk, 7, 1954; 10, 1990; Hochparterre, 8-9, 1990; Werk, Bauen und Wohnen, 6, 1992; Guide to Swiss Architecture 1920-1990, vol. 1, 602, p. 142 f.*

温特图尔

**艺术博物馆和市立图书馆**

博物馆大街 52 号

1913 ~ 1916

罗伯特 · 里特迈耶，瓦尔特 · 富勒尔

扩建，1996

安内特 · 吉根，迈克 · 古耶

**民间艺术馆**

圣戈奥尔根广场 2 号

1927 ~ 1928

罗伯特 · 里特迈耶，瓦尔特 · 富勒尔

这组形式庄重的博物馆、图书馆及民间艺术馆是 20 世纪上半叶由里特迈耶和富勒尔在温特图尔做的众多设计中的一例。民间艺术馆原本是一家欧洲进出口公司的总部，它的公众形象通过其体量的力度和精炼的形式语言体现出来，其间还掺杂了些许新艺术运动的形式元素。

由里特迈耶和富勒尔设计的其他值得关注的建筑还有位于马尔特路 37 号的罗特豪斯住宅（1907 ~ 1932），以及位于莫尔克尔路 23 号的一所学校及管理中心建筑（1912）。

*Schweizerische Bauzeitung, 193, 1929; Werk, 11, 1930; Archithese, 6, 1983; 1, 1993; Guide to Swiss Architecture 1920-1990, vol. 1, 604, p. 145.*

苏塞尔工程机械厂：
Sulzer Engineering Works:
建筑学院
School of Architecture
热电厂
Thermal Power Plant
车间
Production Sheds

艺术博物馆和市立图书馆
Art Museum and Muncipal Library

民间艺术馆
Volkart Building

温特图尔

**乌特瑞德特维格住宅区**

韦伯路 12 ~ 42 号

1923 ~ 1925

汉斯·伯努利，阿道夫·克勒姆勒

**萨伯施夫住宅区**

施威姆巴德路 / 艾根汉姆路 / 奥伯尔多特路

1925 ~ 1929

弗朗斯·沙伊贝尔，阿道夫·克勒姆勒

**施塔德特因住宅区**

弗莱恩费德路 / 陶维森路

1928 ~ 1943

阿道夫·克勒姆勒，汉斯·霍夫曼

在 20 世纪 20 年代的公共住宅开发中，带有独立花园的联排式住宅比多单元式住宅楼更受欢迎。作为花园城市最具权威的倡导者汉斯·伯努利也热衷于这种住宅形式的开发，他将这种理念运用于乌特瑞德特维格住宅区及艾希莱克住宅区（克洛斯特路，斯威塔克路，布特斯克路）的设计中。1924 年，他还曾与克勒姆勒合作。这是一些单层联排式的前后都带有花园的住宅，有的还有可入住的地下室和阁楼，住宅间通过公共开放空间加以联系。

在这个自助型的住宅项目中，从规划阶段开始，就注意了降低施

乌特瑞德特维格住宅区
萨伯施夫住宅区
施塔德特因住宅区
Siedlungen:
Unterer Deutweg,
Selbsthilfe,
and Stadtrain

工成本。通过小住宅设计的标准化、建筑施工的合理化，加上使用者“自己动手”的方式，使之得以实现。施塔德特因住宅区包括377套公寓，形式为独户及多户式单元住宅楼。为了降低开发成本，设计采用了背靠背的布局，两排楼共用一条道路，沿道路的建筑向后退，以让出花园的面积。

*Werk, 15, 1928; 5, 1933; Archithese, 6, 1983; I. Noseda and M. Steinmann, Zeitzeichen, Schweizer Baukultur im 19. und 20. Jh., Zurich 1988; H.P. Bärtschi, Die Siedlungsstadt Winterthur, Schweizerischer Kunstführer, Berne 1989; Guide to Swiss Architecture 1920-1990, vol. 1, 601, p. 144; 605, p. 146.*

温特图尔

**州立学校**

瑞森堡路140号

1926～1928，1960～1963

奥托，维尔纳·普利斯特，艾里克·兰特

这所20世纪20年代由普利斯特兄弟设计的学校庄重规整，设计者将所有功能都布置在一个建筑体量之中。与之形成鲜明对比的是由兰特在20世纪60年代设计的自由式布局的扩建部分，扩建部分与地形相适应，也满足了新的教学需求。

*Schweizerische Bauzeitung, 80, 1922; 52, 1965; Werk, 11, 1928; 9, 1965; Detail, 2, 1964; Guide to Swiss Architecture 1920-1990, vol. 1, 604, p. 145.*

州立学校，正面外观和1960～1963年的扩建部分

Cantonal School, front view and the 1960-63 additions

温特图尔

## 莱蒙尼格住宅区

莱蒙尼格路 27 ~ 35 号，43 ~ 45 号

1930 ~ 1932

赫尔曼 · 西格瑞斯特

莱蒙尼格住宅区是针对中产阶层而设计的，其设计曾引起一些争议，但依然是西格瑞斯特最优秀的设计。这个住宅区包括了一排 5 个独立单元的住宅楼及一座两个单元的住宅楼。整个建筑组群的设计体现出建筑师关注的研究内容，并且与新建筑的基本原则完全一致：即不加修饰的混凝土实墙面，横向长窗，开放的屋顶平台以及以理性化为主导的平面布局，通透的连续性空间。

*Schweizerische Bauzeitung, 101, 1933; Archithese, 6, 1983; Dreissiger Jahre Schweiz-ein Jahrzehnt im Widerspruch, exhibition catalogue, Zurich 1981; H.P.Bärtschi, Die Siedlungsstadt Winterthur, Schweizerischer Kunstführer, Berne 1989; F. Mehlau, A. Rüegg, and R. Tropeano(eds), Schweizer Typenmöbel 1925-1935, Sigfried Giedion und die Wohnbedarf AG, Zurich 1989; Guide to Swiss Architecture 1920-1990, vol. 1, 606, p. 146.*

温特图尔

## 温尔封根附近托斯河上的步行桥

施罗斯特路

1933

罗伯特 · 马里兰，W· 普法伊弗尔

这座结构轻盈纤巧的拱桥，其构件尺寸是最经济的。钢筋混凝土

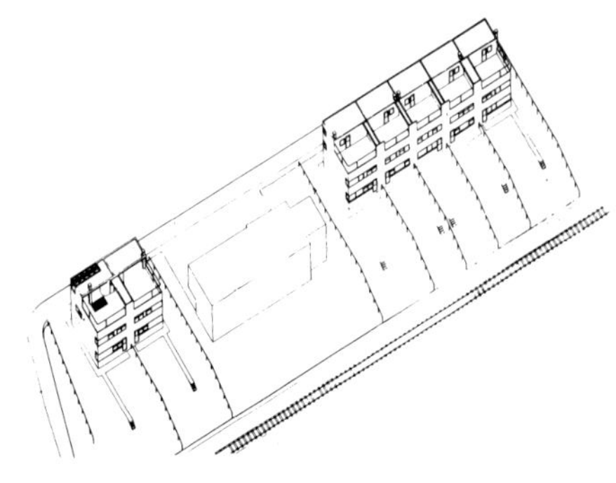

莱蒙尼格住宅区
Siedlung Leimenegg

主梁厚度仅 140mm，跨度则达到 38m，这座桥无疑是马里兰最杰出的作品之一。

*Max Bill et al., Moderne Schweizer Architektur 1925–1945, Basel 1947; D. P. Billington, Robert Maillart and the Art of Reinforced Concrete, Zurich and Munich 1990; Guide to Swiss Architecture 1920–1990, vol. 1, 608, p. 147.*

温特图尔

**林德堡学校**

鲍米利路 39 号

1934 ~ 1936，1947

汉斯 · 霍尔勒赫

林德堡学校是温特图尔第一座力图符合现代建筑要求的公共建筑：直线形的建筑体量，显出建筑北高南低的斜坡地形，房间的位置根据日照的情况来决定，露台可兼作室外教室，建筑立面清晰的形式规律及构造细节的精致处理，比如窗框的设计，使该建筑毋庸置疑地成为现代风格的标志。1947 年学校的西南面又进行了扩建。

*Max Bill et al., Moderne Schweizer Architektur 1925–1945, Basel 1947; Archithese, 6, 1983; Guide to Swiss Architecture 1920–1990, vol. 1, 607, p.147.*

林德堡学校

Lindberg School

温尔封根附近托斯河上的步行桥

Footbridge over the River Töss

温特图尔

**格洛斯菲尔德住宅区**

霍夫勒格大街／施特莱格路

1961 ～ 1967

克劳德·帕拉德，彼得·李蒙，E·施密德，H·博瑞格

自从20世纪50年代初，这几位建筑师在苏黎世施万曼汀根区的奥普菲根大街设计了一组住宅区后，在这个包含370套公寓的住宅群中，建筑师们又一次探索了使用者参与设计这一主题。建筑按照单一模数不断重复的方式错列布局，2 ～ 12层不等，全部采用预制混凝土构件。在设计中，如何使体量巨大的建筑成为充满活力的住宅景观，以及如何突出建筑立面的塑性特征，都是该高层住宅区设计中试图解决的问题。

在苏黎世的另外两个项目中，建筑师们对高密度住宅进行了更进一步的探索，这两个项目分别是塔尔维森路的赫瑞德住宅群（1969 ～ 1974）和阿尔特维森路的黑森巴赫住宅群（1971 ～ 1984）。

*Werk, 10, 1968; J. Bachmann and S.von Moos, New Directions in Swiss Architecture, New York 1969; H.P.Bärtschi, Die Siedlungsstadt Winterthur, Schweizerischer Kunstführer, Berne 1989; Guide to Swiss Architecture 1920-1990, vol. 1, 611, p. 149.*

松利克特堡

**里特兹住宅区**

里特兹路56号／奥姆2号

1962

汉斯与安内玛瑞·胡贝特，以及彼得·伊瑟

里特兹住宅区位于松利克特堡的外围，这个住宅群包括了300套公寓，分置在若干栋3 ～ 5层的住宅楼中。该住宅区尝试了在一种预制模数体系下，创造多种住宅类型和精致的构造设施的设计方法。

*Werk, 8, 1963; A. Altherr, New Swiss Architecture, Teufen 1965; Guide to Swiss Architecture 1920-1990, vol. 1, 545, p. 136.*

苏密康

**3栋住宅**

拉布豪斯大街23–25–27

1954 ～ 1956

奥斯卡·布瑞

这个项目包括3栋住宅楼，建筑沿坡地顺势而下平行布置。该设计采用了一种乡村生活的模式，通过构造技术及传统的建造材料体现出来。3栋住宅中，一栋是一位雕塑家的带工作室的住宅，另外两栋是独户住宅，其中有一栋是设计师布瑞自己的住宅。这几栋住宅均采用方正的平面形式，起居室两层通高，每栋住宅都有一个俯瞰乡村景观的阳台。

*Werk, 3, 1956; Schweizer Ingenieur und Architekt, 104, 1986; A. Hablützel and V. Huber, Architecture d'intérieur en Suisse 1942-1992, Sulgen 1993; Guide to Swiss Architecture 1920-1990, vol. 1, 546, p. 135.*

格洛斯菲尔德住宅区外观和平面图
Grüzefeld Housing, view and plan

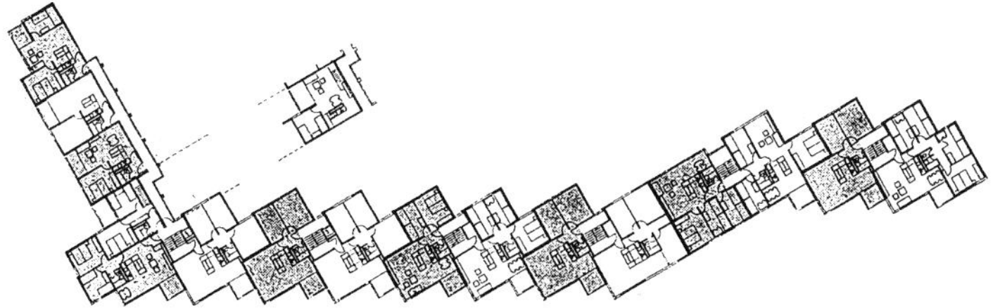

里特兹住宅区
Rietholz Housing

3 栋住宅
Three Houses

苏密康

## 吉泽尔住宅

温格路 6 号

1965 ~ 1967

恩斯特 · 吉泽

这是建筑师吉泽尔的自用住宅，坐落于苏密康的一座小山上。建筑有着精心设计的体量，沿道路一侧的立面封闭，采用清水混凝土墙面。房子的其他部分围绕一个庭院布局，整栋建筑成为周围景观中的一个显著标志。

吉泽尔还设计了其他两栋带工作室的住宅，它们分别位于苏密康的库斯纳赫特路 41 ~ 45 号 (1953) 和朗格维斯路 13 号 (1982)。他近期设计的是一栋两个单元的住宅楼，也颇为引人注目，它位于埃伦巴赫的瑞特路 7 ~ 13 号 (1988 ~ 1991)。

*Bauwelt, 48, 1968; a+u, architecture and arbanism, 8, 1977; Werk, Bauen und Wohnen, 5 and 7, 1982.*

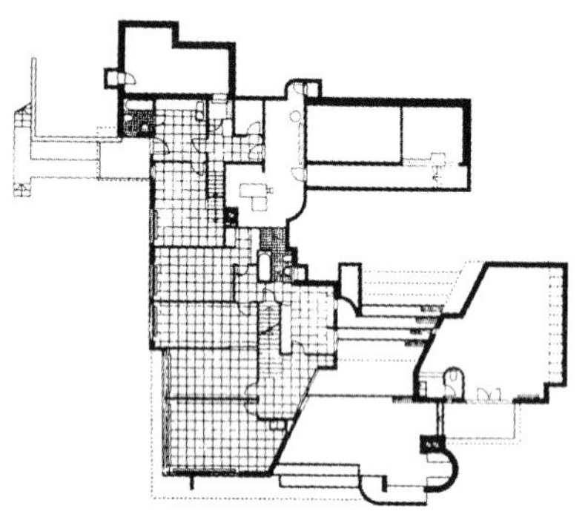

吉泽尔住宅外观和平面图
Gisel House, view and floor plan

马克思 · 比尔住宅和工作室
Bill Studio-House

苏密康

## 马克思 · 比尔住宅和工作室

拉布豪斯路 50 号

1967 ~ 1968

马克思 · 比尔

马克思 · 比尔于 1932 ~ 1933 年在苏黎世的宏格区为自己建造的第一座住宅非常俭朴。成为一名成功的画家、雕塑家和建筑师后，马克思 · 比尔又为自己另建了一座带工作室的住宅，以适应个人的需求，并与前一座住宅形成鲜明对比。从道路一侧，看不出设计的体量和布局，整栋住宅呈阶梯状沿南坡逐渐跌落，好似景观中的一簇立方体，建筑总用地 2.5hm$^2$。该建筑在室内空间的转换及室内外空间的联系上都精心推敲，使用宽阔的楼梯间和大片玻璃墙使住宅与景观花园融为一体。一间宽大的起居室（100m$^2$）是住宅的视觉中心，一个两层高的工作室和其他工作间设置在建筑的东北部。尽管这座住宅的规模较大，马克思·比尔并不想使其显得太张扬，而是希望坚持他的设计原则：抽象简洁的几何形式，经济实用、清晰的建筑逻辑。

*Eva Bechstein, Die Häuser von Max Bill in Zürich-Höngg und Zumikon, in: E. Hüttinger(ed), Künstlerhäuser, Zürich 1986; Max Bill, exhibition catalogue Schirn Kunsthalle Frankfurt/M., 1987; Faces 15/1990.*

苏黎世

## 美术馆

海姆广场 1 号

1904 ~ 1910，1944 ~ 1958，1969 ~ 1975

卡尔·莫泽尔，汉斯与库特·普菲斯特尔，埃尔温·米勒

这座简朴的美术馆被建筑师卡尔·莫泽尔视为“艺术的殿堂”，建于 1907 ~ 1910 年，源自 1902 ~ 1904 年的竞赛方案，它完全保持了 19 世纪的传统。

在藏品区和展览区两部分的外部设计中，莫泽尔采用了低调的古典形式，但也包含了某些新艺术运动的元素，与彼得·贝伦斯和维也纳分离派的作品有些共通之处。直到 1924 ~ 1926 年，莫泽尔对美术馆所做的简洁的扩建方案才得以实现。美术馆西北翼展览厅的扩建由普菲斯特尔兄弟设计，源自 1944 年的设计竞赛方案，1954 ~ 1958 年间建成。1969 ~ 1975 年，美术馆又进行了扩建，在东南面又建造了新翼，由埃尔温·米勒设计。

*Schweizerische Bauzeitung, 41 and 42, 1903; 49, 1907; 53 and 54, 1909;*

美术馆
Art Gallery

*55 and 56, 1910; 89, 1927; Deutsche Kunst und Dekoration, 27, 1910–11; Schweizer Baublatt, 63, 1942; U. Jehle Schulte-Strathaus, Das Zürcher Kunsthaus, ein Museumsbau von Karl Moser, Basel 1982; Werk, Bauen und Wohnen, 5, 1983; Guide to Swiss Architecture 1920–1990, vol 1, 749, p. 194.*

苏黎世

## 勃兰百货公司

车站路 75 号 / 林特舍路 2 号

1910 ~ 1911，1928 ~ 1929

## 蒙斯霍夫大楼

车站路 45 号

1914 ~ 1917

奥托 · 普菲哈德与马克思 · 黑夫利

普菲哈德与黑夫利是 20 世纪初苏黎世最著名的建筑事务所之一，参与了这座城市大量的建设项目。1910 ~ 1911 年，普菲哈德与黑夫利为勃兰公司设计了一座新楼，该公司的百货大楼 1899 年就建于车站大街的拐角处。该建筑高 3 层，屋顶陡峭，屋顶上的老虎窗十分醒目。1928 ~ 1929 年，奥托 · 普菲哈德对这座大楼进行了改造，原建筑立面上的新哥特学派柱式予以保留，但又新增加了两层。建筑内部也进行了全新的设计，增加了一个优雅的内部庭院和一个五跑的主楼梯。

普菲哈德与黑夫利还设计了瑞士联邦银行总部（UBS）所属的蒙斯豪夫大楼，也位于车站大街。该建筑采用了具有新古典主义风格的砂岩立面，用 6 个多立克 3/4 柱式贯通一至三层，强调主入口，使整个建筑庄严宏伟，满足了业主的要求。柱式代表了稳定和传统，是银行大楼立面的必要元素。

与之相邻的是马克思 · 比尔 1979 ~ 1983 年设计的凉亭式雕塑，它是联邦银行献给苏黎世城的礼物，位于车站大街与佩里堪大街的交会处。

*Schweizerische Bauzeitung, 69, 1917; 74, 1919; 99, 1932; 25 Jahre Bauen, Zurich 1928; Werk, 46, 1968; W. Baumann, Zürich-Bahnhofstrasse, Zurich 1972; E.Leisi, Zürcher Fassaden: 60 Kommentierte Porträts, Zurich 1987.*

苏黎世

## 弗伦特恩教堂

格勒特路

1913 ~ 1920

卡尔 · 莫泽尔（库尔耶与莫泽尔）

卡尔 · 莫泽尔的作品包括了他在 20 世纪上半叶设计的几座宗教建筑。1905 ~ 1908 年，他设计了位于尼普敦路上的圣安东尼教堂，教堂采用了矩形平面和具有新浪漫主义风格的立面，石材砌筑的饰面和装饰细部特别引人注目，带有纯粹的新艺术运动风格。1913 ~ 1915 年，莫泽尔又设计了弗伦特恩教堂，虽然该教堂在 1918 ~ 1920 年建成时已与原设计竞赛方案有所不同，但其突出的钟

勃兰百货公司
Brann Department Store

蒙斯霍夫大楼
Münzhof Building

马克思·比尔设计的凉亭式雕塑
Max Bill, *Pavilion Sculpture*

弗伦特恩教堂（早期设计的部分）
Fluntern Church,
View and elevation
(early design phase)

塔、入口门廊、基座和楼梯间都进一步强化了该教堂位居山顶富人别墅区、俯视全城的独尊地位。

库尔耶与莫泽尔在苏黎世设计的另一座值得关注的建筑是附近的米勒别墅，位于坎特大街 12 ~ 14 号（1918）。

*Schweizerische Bauzeitung, 52, 1908; 62, 1913; 64, 1914; 66, 1915; 76, 1920; Heimatschutz, 156, 1917; E. Fehr, Die neue Kirche Fluntern, Zurich 1922; Werk-archithese 65/1978; Wilfried Rössling, Curjel & Moser, Karlsruhe 1986.*

苏黎世

## 伯格海姆住宅区

维特康纳路

1908 ~ 1909

## 卡佩夫花园城市

卡佩夫路 / 维特康纳路 93 ~ 97 号

1910 ~ 1911

伯格海姆住宅区主体及底层外观

Bergheim Housing, view and, top, elevation

卡佩夫花园城市一组单体的立面和外观

Im Kapf Garden City, elevation of a unit and view

奥托与维尔纳 · 普菲斯特

普菲斯特兄弟为该地段所做的总体规划包括伯格海姆住宅区和卡佩夫花园城市，伯格海姆住宅区始建于维特康纳街南面，卡佩夫花园城市建于两年后，这两个项目反映了普菲斯特兄弟对花园城市这一主题的兴趣。伯格海姆住宅区是一个由形式多样的半联立式住宅群构成的住区。卡佩夫项目则将同一类型的住宅形式重复沿街排列布局，花园设在住宅后部。

普菲斯特兄弟还设计了位于利马特大街 80 ~ 90 号的学校（1908 ~ 1910）。

*Schweizerische Baukunst, 55, 1910; Schweizerische Bauzeitung, 9, 1910; Archithese, 1, 1993.*

苏黎世

## 苏黎世大学

昆斯特勒路 16 号

1907 ~ 1914，1976 ~ 1991

卡尔 · 莫泽尔，罗伯特 · 库耶与罗伯特 · 马里兰

恩斯特 · 吉泽

苏黎世大学始建于 1911 ~ 1914 年，是苏黎世的一个重要城市标志。该设计是库耶与莫泽尔 1907 年的竞赛胜出方案，设计将苏黎世大学与格特弗里德 · 桑帕尔设计的联邦理工大学（1859 ~ 1864）连成一片，成为城市天际线的重要组成部分。大学的中央塔楼连接着两组共四翼建筑，围绕两个内庭园布局。建筑内部采用严谨的新巴洛克风格，显出值得玩味的结构细节，特别是工程师罗伯特 · 马里兰设计的无梁钢筋混凝土楼板实属少见。1976 ~ 1991 年间，苏黎世大学进行了扩建和改造，恩斯特 · 吉泽在第二组学院建筑的庭院中增设了一座由 4 根钢筋混凝土柱支撑的礼堂，礼堂高度超过 5 层楼，与原有的建筑风格迥然不同，阳光可沿着

苏黎世大学
University of Zurich

庭院周边的墙壁射入底层。

*Werk, 4, 1914; Schweizerischer Kunstführer, Basel 1980; Abitare, 206, 1982; Parametro, 140, 1985; P. Disch(ed), L'architettura recente nella Svizzera tedesca, Lugano 1991; I. Noseda, Bauen an Zürich, Zurich 1992; Domus, 752, 1993; A. Hablützel and V. Huber, Architecture d' intérieur en Suisse 1942-1992, Sulgen 1993.*

苏黎世

## 彼得豪夫大楼

车站路 30–32 号 / 游行广场

1912 ～ 1914

## 圣安纳豪夫大楼

车站路 57 号

1912 ～ 1914

## 国家银行

波尔森路 15–17 号 / 弗劳蒙斯特路

1919 ～ 1922

奥托与维尔纳 · 普菲斯特

彼得豪夫大楼和圣安纳豪夫大楼是在建筑类型的探索中，容纳大型百货商场功能的重要实例。两栋大楼都使用了带天窗的中庭作为空间的布局要素，大楼的立面则象征性地与车站大街上的街道景观相统一。

附近国家银行的设计沿用了 19 世纪流行的、源自 15 世纪佛罗伦萨府邸式的建筑模式，其严谨的形式与周围的建筑形成了鲜明的对比。

这个地区的另一个亮点是赫

彼得豪夫大楼
Peterhof Building

圣安纳豪夫大楼
St Annahof Building

尔曼·赫特设计的位于游行广场（1928）和景观广场（1937～1938）的电车候车室。

*Schweizerische Bauzeitung, 50, 1907; W. Baumann, Zürich Bahnhofstrasse, Zurich 1972; H. Rebsamen, Bauplastik in Zürich 1890-1990, Zurich 1989; Archithese, 1, 1993.*

苏黎世

## 英格车站

提契诺广场 10-12 号

1923～1926

奥托与维尔纳·普菲斯特

1923 年，SBB（瑞士铁路）邀请苏黎世的四家建筑事务所参与新英格车站的设计，普菲斯特兄弟的方案胜出，新车站于 1924～1925 年落成。车站建筑中，中央售票大厅、候车室和铁路后勤服务部分设在南侧，而办公区、玻璃拱廊商业街和邮局则位于建筑北侧。车站外，沿希大街有一个巨大的弧形灰色花岗岩门廊，拱卫着站前广场。车站入口前除了有两个铸铁人像支撑的大钟外，立面别无装饰，该入口由卡尔·菲舍尔设计于 1927 年。

*Schweizerische Bauzeitung, 89, 1927; Werk, 3, 1927; W. Stutz, Bahnhöfe der Schweiz, Zurich 1976; H. Rebsamen, Bauplastik in Zürich 1890-1990, Zurich 1989.*

国家银行
National Bank

英格车站
Enge Station

苏黎世

## 奥伯路住宅区

温特图尔路 / 灿格路 / 舒彻尔路

1923 ~ 1927

*Werk, 5, 1929; Kommunaler und genossenschaftlicher Wohnungsbau in Zürich, Zurich 1990; Guide to Swiss Architecture 1920-1990, vol. 1, 701, p. 162f.*

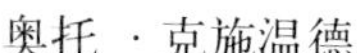

奥托 · 克施温德

## 哈德特姆路住宅区

哈德特姆路 200-394 号

1924 ~ 1929

*Werk, 12, 1924; Archithese, 6, 1981; Parametro, 140, 1985; Domus, 752, 1993; Guide to Swiss Architecture 1920-1990, vol. 1, 701, p. 162f.*

汉斯 · 伯努利

## 埃瑞斯曼豪夫住宅区

希车站路 / 霍尔路 / 埃瑞斯曼路 / 施特劳菲彻大街

1926 ~ 1928

*Werk,5,1929;13,1975; Schweizerische Bauzeitung, 96, 1930; R. Schilling, Architektur in Zürich 1980-90, eine Auswahl von 100 Objekten, Zurich 1990; Guide to Swiss Architecture 1920-1990, vol. 1, 701, p. 162f.*

20 世纪 20 年代，为了解决第一次世界大战后严重的住房短缺问题，在苏黎世市政委员会的支持下，大量的住宅区建成。这些住宅区保持了传统建筑的形式特征，并对不同的建筑布局和建筑类型进行了系统性的尝试。例如，奥伯路住宅区采用了半开放式的建筑布局，埃瑞

斯曼豪夫住宅区采用了建筑围绕中心庭院布局的形式，哈德特姆路住宅区则采用了独户联排式住宅的形式。建筑师伯努利倡导和设计的住宅区吸收了英国的住宅模式，并将他的社会理想付诸实践，他的设计是将小型独户式住宅进行半联立式联排布局，在住宅前形成带状空间，作为入口处的庭院。住宅后的背靠背花园连成一片，形成宽敞的绿地空间。

附近另一个值得关注的住宅项目是位于瓦塞沃克路 106–108 号 / 伊姆菲斯特路 2–4–6 号的莱登豪夫住宅（1926 ~ 1927），由卢克斯 · 居耶设计。

苏黎世

**州立办公楼**

*瓦尔彻广场*

1933 ~ 1935

奥托与维尔纳 · 普菲斯特

这座建于 20 世纪 30 年代一个废弃的屠宰场上的办公楼是一个大型城市改造项目的一部分，是普菲斯特兄弟和赫尔曼 · 赫特 1927 年的竞赛胜出方案，近期经过重新整修。州立办公楼由三个矩形体量构成，两个水平向布局，一个纵向布局，它们所形成的侧立面构图强调了周围利马特谷地向山丘地带的景观过渡。该办公楼风格简洁，混凝土立面和规整的窗洞，使建筑的形象与其功能相统一。

奥托和维尔纳 · 普菲斯特设计的其他引人关注的作品有：位于利马特大街 / 科恩豪斯布鲁克 / 西尔奎的圣尼特斯大楼（1930），位于克洛斯巴赫大街 112–116 号的护士学校（1934 ~ 1936），位于古森 · 奎伊将军 40 号的人寿保险公司办公楼（1937 ~ 1939）。

州立办公楼
Cantonal Offices

*对面页图*
奥伯路住宅区
Siedlung Oberstrass

哈德特姆路住宅区
Siedlung Hardturmstrasse

埃瑞斯曼豪夫住宅区
Siedlung Erismannhof

*Schweizerische Bauzeitung, 100, 1932 ; Werk, 11, 1935; Domus, 752, 1993; Guide to Swiss Architecture 1920-1990, vol.1, 722, p.176.*

苏黎世

## 罗特赫示范住宅

水工路 27–31 号

马克思 · 恩斯特 · 黑夫利

改造

1988

鲁哲奥 · 特罗皮诺，克瑞斯蒂纳 · 普菲斯特与克里斯蒂安 · 斯特姆

罗特赫示范住宅是阿尔弗雷德 · 阿瑟 1927 年专为十位苏黎世青年建筑师主持的一次设计竞赛中的一个方案，该设计于 1928 年在苏黎世工艺美术馆的一次名为“新住宅 II”的展览中展出，旨在鼓励探索适应中产阶级需要的住宅设计新思路。该方案还包括室内设计，其中的家具也是由黑夫利设计的，设计引入了最新的技术措施，包括集中供暖、煤气、电炊具和锅炉。罗特赫合作型示范住宅给了建筑师以实施方案的机会。这个住宅组团位于尖形广场公园对面的山坡上，三栋错列布置的建筑体量包括两栋联排式住宅和两套共享公共服务设施的小型公寓，面对利马特河设置了阳台和大片玻璃窗。最近完成的修复是对历史元素及其所体现的文脉进行严谨的恢复的一项颇有意义的工作。

*S. Giedion, Befreites Wohnen, Zurich-Lipsia 1929; Archithese, 2, 1980; 1, 1988; E. Blättler(ed), Neue Architektur in Zürich, Heiden 1989; F. Mehlau,*

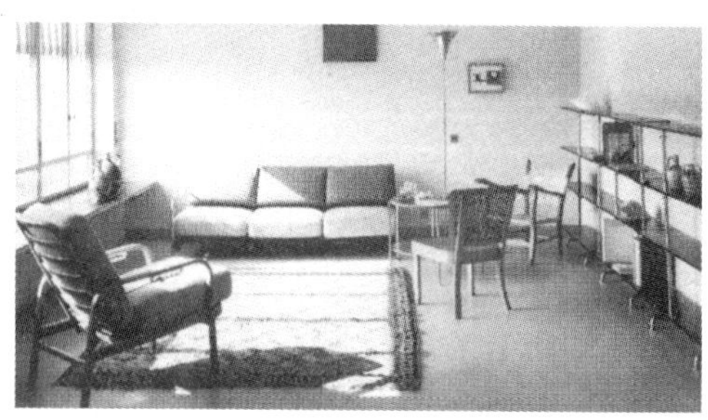

罗特赫示范住宅
Rotach Prototype Housing

*A. Rüegg, and R. Tropeano(eds), Schweizer Typenmöbel 1925-1935, Sigfried Giedion und die Wohnbedarf AG, Zurich 1989; Rivista Tecnica, 12, 1992; Domus, 752, 1993; Guide to Swiss Architecture 1920-1990, vol. 1, 704, p. 164.*

苏黎世

## 老交易所

布雷彻路 5 号 / 陶路 9-25 号

1928 ~ 1930

交易所大楼的一个巨大竖向的圆柱形楼梯间强调出其地处街角的位置，它与水平展开的两翼形成强烈的对比，两翼上的带形窗强化了大楼水平向的延伸。建筑内部，办公室围绕巨大的商业中庭布置。最近，苏黎世证券交易所迁往位于瑟尔瑙路 32 号的新交易所大楼，由苏特与苏特事务所设计（1989 ~ 1992）。

*Schweizerische Bauzeitung, 92, 1928; 101, 1933; Werk, 4, 1931; E. Blättler(ed), Neue Architektur in Zurich, Heiden 1989; H. Rebsamen, Bauplastik in Zürich 1890-1990, Zurich 1989; Guide to Swiss Architecture 1920-1990, vol. 1, 705, p. 164.*

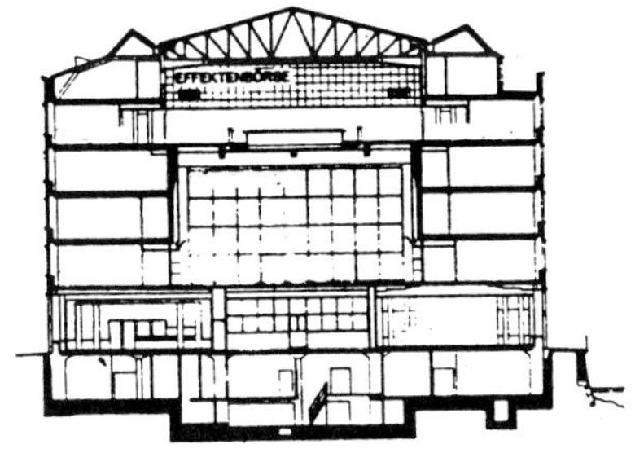


老交易所
Old Bourse

苏黎世－沃尔利斯豪芬

## 诺伊布尔住宅区

尼德巴德路／奥斯特布尔路／维斯特布尔大街

1929～1932

卡尔·胡巴彻,马克思·恩斯特·黑夫利，维尔纳·马克思·默泽尔，鲁道夫·施特格，埃米尔·罗特，保罗·阿特瑞尔与汉斯·施密特

改造

1983～1986

阿库普，尤利·马尔巴赫，阿瑟·鲁格

卡尔·胡巴彻、马克思·恩斯特·黑夫利、维尔纳·马克思·默泽尔、鲁道夫·施特格、埃米尔·罗特、保罗·阿特瑞尔与汉斯·施密特这七位瑞士建筑师都是瑞士“工作同盟”的成员，都参加了1927年在斯图加特举办的“魏森霍夫国际建筑展”。他们1929年建立了诺伊布尔合作社，旨在把新的住宅设计理念运用到苏黎世外围的住宅开发项目中。1931年的一个展览会把诺伊布尔住宅区作为瑞士现代建筑的样板展出，由于地价和开发费用都很高，该住宅区专为中产阶级建造，设计中注重营造现代的生活标准。诺伊布尔住宅区位于苏黎世湖西岸的山坡上，28栋多层联立式住宅楼中容纳了105套独户住宅和90套多层公寓，总共9个住宅类型，并与道路垂直，户型大小各异。建筑顺着山坡走势，层层叠叠排列布置，这样所有的公寓均朝南，有完整的山湖景观。公共

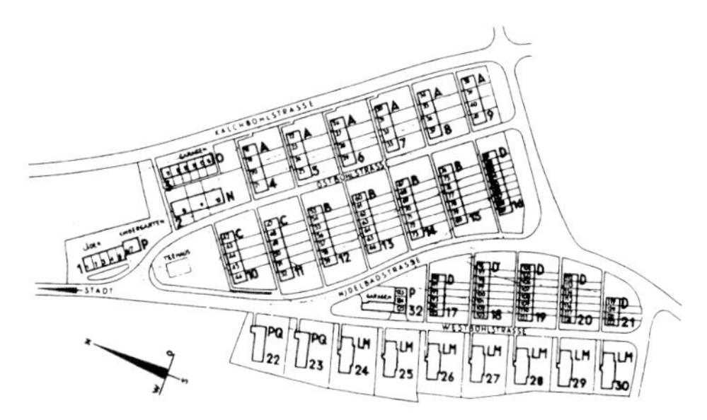

诺伊布尔住宅区
Siedlung Neubühl

设施包括幼儿园、游乐场、体育场馆、艺术工作室、商店、集中供热和热水供应。1983 ~ 1986 年，建筑师乌利 · 马尔巴赫和阿瑟 · 鲁格对该住区进行了精心改造，以确保其领先地位。

*U.Marbach and A.Rüegg, Werkbundsiedlung Neubühl in Zürich-Wollishofen 1928-1932, Zurich 1990; Domus, 752, 1993; Guide to Swiss Architecture 1920-1990, vol.1, 708, p.168.*

苏黎世

## 埃尔布瑞特住宅

魏伦巴赫哈尔登路 20–22 号

1930 ~ 1931

## 弗莱纳住宅

福斯特大街 72 号

1932 ~ 1933

维尔纳 · 马克思 · 默泽尔

维尔纳 · 马克思 · 默泽尔设计的住宅是瑞士二战前最好的现代建筑实例之一。埃尔布瑞特住宅建在一个山丘上俯瞰着城市，实际上，它包括两套住宅，一套属于《瑞士镜报》的编辑阿道夫 · 古根布尔，另一套是默泽尔自己的寓所。该建筑的南立面朝向苏黎世湖，采用大片玻璃窗和连续的窗间墙，出挑的阳台由轻盈的钢结构支撑。弗莱纳住宅和位于赫吉巴赫路 131 号的哈格曼别墅（1928 ~ 1931）也都采用了类似的立面处理手法。这三幢住宅都采用了一面钢框架墙，墙上设有阳台和大片玻璃窗，底层则与花园相通，从而实现了建筑与周围景观的融合，住宅的其他三面墙均为传统的砖石结构。

*Bauwelt, 25, 1931; Werk, 1, 1932; Baumeister, 2, 1933; Bauen und Wohnen, 11, 1987; Archithese, 2, 1980; Domus, 752, 1993.*

诺伊布尔住宅区，标准单元楼
Siedlung Neubühl,typical block
埃尔布瑞特住宅
Eierbrecht House
弗莱纳住宅
Fleiner House

苏黎世

**蔡特公寓大楼**

巴德纳路 16–18 号

1930 ~ 1932

卡尔·胡巴彻尔与鲁道夫·施特格

蔡特大楼的设计方案具有典型的都市化和多功能特征，包括了商店、办公室、一间餐厅、一个地下停车场、一座位于庭院中的影院和一个带游泳池的屋顶平台。大楼顶层后退，顶层有 14 套公寓，可以通过外廊直接进入公寓。立面弧形与道路相呼应，弧线形的玻璃幕墙使蔡特公寓与周围厚重的商业建筑形成鲜明的对比。该方案娴熟的设计还包括许多新颖的技术细节处理方法，例如电影院中可开启的屋顶。目前虽然原设计的某些特征仍依稀可见，但改造和扩建还是破坏了建筑原有的纯净形式。

*Schweizerische Bauzeitung, 101, 1933; Werk, 1, 1934; 6, 1935; Eva Bechstein, Die Häuser von Max Bill in Zürich-Höngg und Zumikon, in:E.Hüttinger(ed), Künstlerhäuser, Zurich 1986; Max Bill et al., Moderne Schweizer Architektur 1925-1945, Basel 1947; I.Noseda and M.Steinmann, Zeitzeichen, Schweizer Baukultur im 19.und 20.Jh., Zurich 1988; E.Blättler(ed), Neue Architektur in Zürich, Heiden 1989; Domus, 752, 1993.*

苏黎世

**里季豪夫旅馆和邮局**

大学路 101 号

赫尔曼·施耐德与奥托·契尚普

这座长条形综合楼采用弧线形

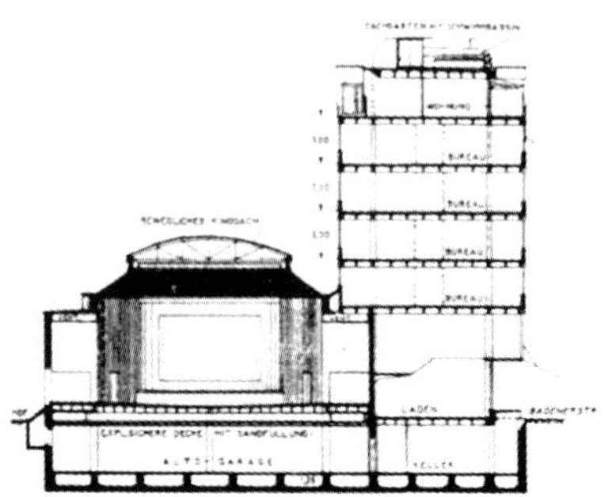

蔡特公寓大楼

Zett House

转角，顶层后退。设施包括旅馆、邮局、底层的商场和多套公寓。建筑背立面上连续的阳台强调了建筑的水平延伸，正立面的特点是设有成排的距形窗户，它们延续着弧形转角处的窗线。

*Werk-archithese, 23–24, 1978.*

苏黎世

## 马克思 · 比尔住宅兼工作室

利马特尔路 383 号

马克思 · 比尔与罗伯特 · 温克勒尔

1932 ~ 1933 年，24 岁的马克思 · 比尔在苏黎世附近的宏格区为自己建造了第一座带工作室的住宅，这座住宅是比尔所设想的“功能美学”的产物，即简单明了、满足功能的形式，没有多余的装饰。这座两层楼住宅的入口设在北面的路边，南面朝向下面的坡地。工作室的北窗贯通两层楼，由钢制窗棂分割。工作室的屋顶采用平缓的铜板屋顶，并安有天窗为工作室提供补充照明。主起居室位于二层，通过外走廊与工作室连接，一楼的凉廊通向花园。

马克思 · 比尔在苏黎世的其他重要设计还有位于布鲁纳豪夫路 30 号的 DRS 无线电工作室和办公室（1967 ~ 1968）。

*Max Bill et al., Moderne Schweizer Architektur 1925–1945, Basel 1947; Bauen und Wohnen, 11, 1957; Um 1930 in Zürich, exhibition catalogue, Zurich 1977; Faces, 15, 1990.*

里季豪夫旅馆
Hotel Rigihof

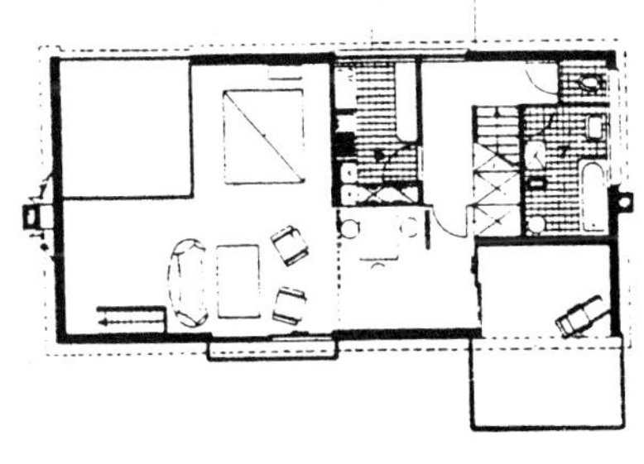

马克思 · 比尔住宅兼工作室，外观和底层平面
Bill Studio-House,view and floor plan

苏黎世

## 西尔斯利体育中心和音乐厅

曼耐斯路1号

1927～1932

赫尔曼·赫特与罗伯特·马里兰

## 沃尔利斯豪芬露天浴场

希路451号

1939

赫尔曼·赫特

## 室内游泳场

西尔路71号

1939～1941

赫尔曼·赫特与罗伯特·马里兰

改造

1978～1980

弗兰克·伯尔利格，亨茨·盎格与维尔纳·都巴赫

1927～1932年，在锡尔河两岸已经开发的地段中规划了一个新公园，此外还包括一条沿河林荫大道和一个体育中心，其中，运动场和一座无梁楼盖的体育馆由罗伯特·马里兰设计，音乐厅雅致的混凝土薄壳屋顶也是罗伯特·马里兰设计的，各类休闲活动得以在此进行。赫尔曼·赫特1939年设计的沃尔利斯豪芬露天浴场和西尔路室内游泳池进一步满足了公众对采光、空气和阳光的需求。在露天浴场中，作为更衣室的流线形建筑把道路与露天沐浴设施隔开，更衣室上方的混凝土屋顶出挑，形成观众席上宽阔的雨篷，坡度平缓的楼梯顺势而下，深入草地之中，创造出轻松休闲的气氛。

作为苏黎世的第一个室内游泳池，西尔路室内游泳池所采用的建筑材料如玻璃和瓷砖，以及各房间充足的自然采光设计都强调了现代的设计手法。

另外值得关注的作品还有：位于伊丽莎白森大街15–43号的电车站，赫特设计（1939～1949）；位于凯瑟曼路95–99号的西尔邮局，马里兰，鲁道夫和海因里希·布拉姆设计（1927～1930）。

*Schweizerische Bauzeitung, 101, 1933; 105, 1935; 125, 1945; H.Bärtschi, Industrialisierung, Eisenbahnschlachten und Städtebau, Basel 1983; I.Noseda and M.Steinmann, Zeitzeichen, Schweizer Baukultur im 19.und 20.Jh., Zurich 1988.*

苏黎世

## 应用艺术馆和学校

奥斯特尔朗斯路60号

1925～1933

阿道夫·施特格尔与卡尔·埃根德尔

应用艺术馆和学校源自1925年和1927年的设计竞赛方案，该组团包括三个部分：学校、应用艺术馆和礼堂。学校大楼高6层，应用艺术馆采用矩形平面，与另外两座建筑相连，礼堂向外出挑，成为展览大街处的入口。本方案是对当代功能主义和理性主义的建造方法进行

西尔斯利体育中心
Silhölzli Sports Center

沃尔利斯豪芬露天浴场
Wollishofen Open-air Bathing Facilities

室内游泳场
Indoor Swimming Pool

应用艺术馆和学校
Applied Arts Museum and School

探索的结果，该设计可视为这一主题在公共建筑上的应用和展示。

*Um 1930 in Zürich, exhibition catalogue, Zurich 1977; I.Noseda and M.Steinmann, Zeitzeichen, Schweizer Baukultur im 19.und 20.Jh., Zurich 1988; E.Blättler(ed), Neue Architektur in Zürich, Heiden 1989; Domus, 752, 1993; Guide to Swiss Architecture 1920-1990, vol.1, 714, p.171.*

苏黎世

**利马特豪斯人民大厦**

利马特路 118 号

1930 ~ 1931

阿道夫·施特格尔与卡尔·埃根德尔

改造

1989 ~ 1990

费利克斯·施瓦茨与弗兰克·格劳

人民大厦位于苏黎世的工业区，是一个典型的社会民主机构，这座近期经过改造的建筑包括了公共用房、工会和当地组织机构的会议设施、出租客房（后来改为旅馆）、邮局、餐馆和其他设施。

*Das Volkshaus Limmathaus im Industriequartier, Zurich 1930; Archithese, 3, 1988; Guide to Swiss Architecture 1920-1990, vol.1, 71, p.170.*

利马特豪斯人民大厦
Limmathaus

苏黎世－奥尔利康

**体育中心**

瓦利斯伦路 45 号

1938 ～ 1939

卡尔·埃根德尔、鲁道夫·尼夫与 B·吉科默提合作

苏黎世体育中心堪称 20 世纪 30 年代欧洲最大的多功能体育场，可容纳 12000 人。该建筑的钢结构只能从内部看到，立面为由扁柱隔开的玻璃幕墙，机械系统的设计为自行车比赛、曲棍球比赛、音乐会等多种活动提供了可灵活组织的空间。

埃根德尔在苏黎世设计的另一座值得关注的建筑是位于特莱克路 41 号的办公和购物中心。

*Schweizerische Bauzeitung, 126, 1945; Moderne Schweizer Architektur 1925-1945, Basel 1947; G.E.Kidder Smith, Switzerland Builds, New York-Stockholm 1950; H.Volkart, Schweizer Architektur, Ravensburg 1951; Bauen und Wohnen, 11, 1957; I.Noseda and M.teinmann, Zeitzeichen, Schweizer Baukultur im 19.und 20.Jh., Zurich 1988; Domus, 752, 1993; Guide to Swiss Architecture 1920-1990, vol.1, 729, p.181*

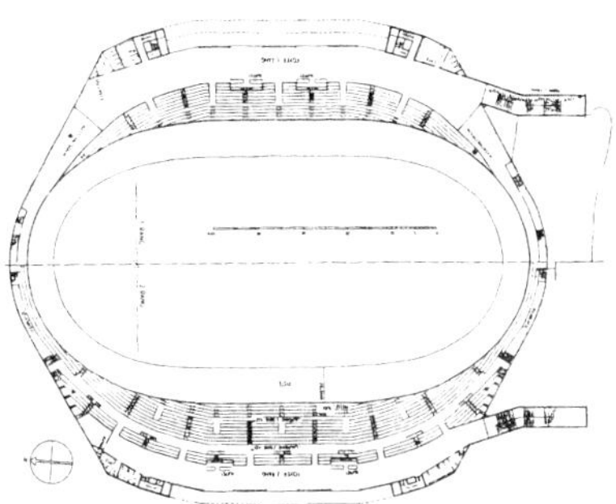

体育中心外观及平面

Sports Center,view and plan

办公和购物中心

Office and Shopping Center

苏黎世

## 联邦理工大学电站和工程实验楼

斯奈格路 3 号

1930 ~ 1935

奥托 · 鲁道夫 · 萨尔维斯伯格

顶层增建一层，1947 ~ 1948

阿尔弗雷德 · 罗特

扩建塔恩路，1970

夏尔斯 · 爱德华 · 吉森多夫

## 联邦理工大学教学与研究中心

克劳斯希思路

1987 ~ 1994

班诺 · 福斯克，雅克琳 · 福斯克 · 奥本海默与克劳斯 · 福格特与 S · 措普，H · 雷蒙蒂诺，巴尔汀格，P · 摩纳德与 M · 博斯哈德

联邦理工大学电站和工程实验楼是苏黎世最重要的现代建筑代表作品，由建筑师奥托 · 鲁道夫 · 萨尔维斯伯格设计，1932 ~ 1933 年建成。这座实验楼采用大跨度的无支撑结构，明亮通风，上人屋面用钢筋混凝土和玻璃建造。而热力厂塔楼，则是机器时代工程师们的杰作，时至今日，它们的轮廓在城市天际线上仍占有重要的位置。

工程实验楼的立面有着优雅的网格，顶层后来加建的一层略向后退，采用轻型结构。

雷克顿 1896 年设计的阶梯教室经过改造，原建筑的窗户已被加宽，立面经过粉刷，并采用石灰石饰面，像新建筑一样的石灰石墙面，已看不出个性的痕迹。

联邦理工大学电站和工程实验楼，早期照片
ETH Thermal Power Station and Engineering Laboratory,period photo

联邦理工大学教学与研究中心模型
ETH Research and Teaching Center, model elevation

*Schweizerische Bauzeitung, 21, 1933; 1 and 2, 1934; Baumeister, 8, 1935; Werk, 8, 1935; Moderne Bauformen, 3, 1936; Werk, Bauen und Wohnen, 5, 1983; Parametro, 140, 1985.*

苏黎世

## 联邦理工大学宏格堡中心校区

爱因斯坦路

1957 ~ 1984

阿尔伯特·亨利克·斯汀，沃尔纳·凯瑞与A·斯多克合作

## 化学学院

1991 ~

马里奥·坎普与弗兰克·佩森纳

联邦理工大学宏格堡中心校区是一个开放型校园，有公园和花园等景观设计供苏黎世市民共享。宏格堡校区建筑群包括各种教学和科研设施，布置在交通便利的风景区，占地46公顷，这里原是农业和娱乐用地。教学楼多采用不高的立方形体量，以利于建筑与环境的自然过渡。在化工学院建筑群的设计中各研究机构、报告厅和其他独立的分支机构被分置在主体建筑的五个翼之中，使教学与科研既分离又保持便利的联系。

*Schweizerische Bauzeitung, 21, 1968; 18, 1974; Deutsche Bauzeitung, 6, 1976; Werk, 2, 1976; Hochschulbauten Eth-Hönggerberg Zürich, Zurich 1987; K.Feireiss(ed), Mario Campi, Franco Pessina, Berlin 1994.*

联邦理工大学宏格堡中心校区，鸟瞰和模型

ETH–Hönggerberg University Center, aerial view and model

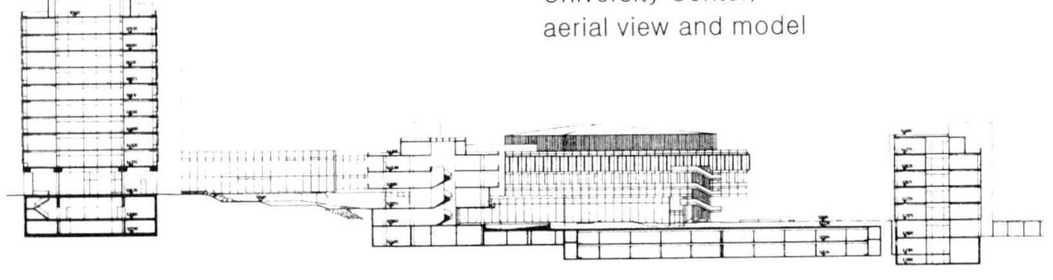

化学学院剖面

Chemistry Faculty, section

苏黎世

## 吉尔默里百货公司

西登路 1 号

1931 ~ 1961

斯特勒与尤斯特尔，奥托·普菲哈德与马克思·黑夫利，J·E·施瓦特，罗兰特·罗恩

这座由斯特勒与尤斯特尔设计的“水晶宫”位于苏黎世市中心，1898 ~ 1999 年建造。“水晶宫”几经改造和扩建，体现了建筑随经济及审美变化而发生的改变。20 世纪 30 年代采取的一系列改造措施决定了大楼现在的外观，扩建部分由普菲哈德与黑夫利以及柏林的百货商场设计专家 J·E·施瓦特合作完成；位于西登广场一角的塔楼由巴黎建筑师 J·P·蒙伽德设计。二战后，该建筑位于乌尔尼亚大街的临街立面又加高了数层（1947），增建了办公室（1957），罗兰特·罗恩又对位于西登路及乌尔尼亚大街上的西北翼进行了改造（1961）。

*Schweizerische Bauzeitung, 115, 1940; W.Baumann, Zürich-Bahnhofstrasse, Zurich 1972; Guide to Swiss Architecture 1920-1990, vol.1, 716, p.173.*

苏黎世

## 卡佩利学校

巴德纳大街 615 号

1935 ~ 1937

阿尔弗雷德与亨瑞克·奥斯格

该设计为 L 形布局，由草坪环

绕，绿地中布置了活动场地和运动场地，并有大量的树木绿化。L 形建筑的两翼均为 2 层，平屋顶，分别有着不同的功能：南北向部分为教室和报告厅，东西向部分为两个健身房和辅助用房。教学楼简洁的几何造型、浅色的涂料墙面和优雅的带形窗使该建筑具有现代建筑的风格特征。所有教室都朝东，避开道路、入口和室外活动设施，确保了理想的教学环境。

*Schweizerische Bauzeitung, 110, 1937; Werk, 7, 1938; 55/198; Max Bill et al., Moderne Schweizer Architektur 1925-1945, Basel 1947; G.E.Kidder Smith, Switzerland Builds, New York-Stockholm 1950; Um 1930 in Zürich, exhibition catalogue, Zurich 1977; Guide to Swiss Architecture 1920-1990, vol.1, 724, p.178.*

苏黎世

## 豪瑟住宅

施瑞博路 8 号

1937 ~ 1938

阿尔伯特・亨利克・斯汀，G・阿曼

豪瑟住宅底层的三个主要起居空间：餐厅、门厅和起居室，均设有面向花园的大片玻璃窗，卧室设在二楼。由于采用了创新性的技术措施，比如放在顶棚上的空调、金属推拉窗和东南翼以钢柱支撑的屋顶，部分实现了空间的流动性和不同空间之间的灵活联系。斯汀在苏黎世的另一座引人关注的建筑是位于比尔洛特大街 14 号的住宅（1963）。

*Landschaften und Bauten-Neues Bauen und Wohnen, Basel 1947; Die neue Stadt, 3, 1950.*

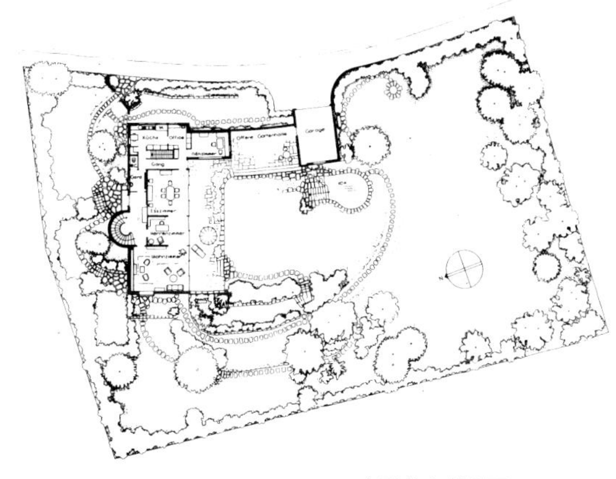

豪瑟住宅总平面

Hauser House,site plan

*对面页图*

吉尔默里百货公司

Jelmoli Department Store

卡佩利学校

Kappeli School

豪瑟住宅早期照片

Hauser House, period photo

苏黎世

## 公寓和幼儿园

松特尔大街 105 号 / 松尔林登大街

1928 ~ 1932

汉斯·豪夫曼与阿道夫·克勒姆勒

这座公寓吸收了传统的庭院住宅模式，由三室到五室的出租公寓组成，建筑风格与城市景观协调。幼儿园来自 1928 年的设计竞赛方案， L 形的幼儿园是公寓的东北边界，教室设计运用了最新的教学与公共卫生研究成果。

*Baumeister, 11, 1932; Werk, 10, 1932; 6, 1935; Um 1930 in Zürich, exhibition catalogue, Zurich 1977; Parametro, 140, 1985; Guide to Swiss Architecture 1920-1990, vol.1, 718, p.174.*

苏黎世

## 多尔德特公寓

多尔德特路 17-19 号

1935 ~ 1936

阿尔弗雷德与埃米尔·罗特，以及密歇尔·布鲁尔与卡尔·胡巴彻尔合作

多尔德特公寓的建成恰好赶上 1936 年的住宅展览，三层多种户型的公寓大楼，满足了户主艺术史学家、CIAM（国际现代建筑协会）的秘书长西格弗雷德·吉迪翁（1888 ~ 1968）的各种需求。由于采用了钢结构，白色的立方体公寓楼开窗面积大，阳台宽敞，单元布局多样化，与国际式现代建筑理念相吻合。

公寓由两栋楼组成，每个主要楼层都有一套一室公寓、一套五室和六室公寓（有厨房和浴室），顶层后退，有两套带工作室的公寓，底层有车库和储藏室。该建筑与用地界线稍有偏转，使起居室的大窗户朝南，卧室远离道路。

该住宅区还有阿尔弗雷德·罗斯的住宅、工作室和学生宿舍，位于伯格大街 67 号，(1960 ~ 1961)；鲁道夫和彼得·施特格的住宅，位于伯格大街 71 号（1959）。另一座值得关注的建筑是位于塔尔大街 11 号的温比德夫公司办公楼，这是由一个酒吧和餐馆改造而成，密歇尔·布鲁尔和罗伯特·温克勒尔设计。

*Max Bill et al., Moderne Schweizer Architektur 1925-1945, Basel 1947; G.E.Kidder Smith, Switzerland Builds, New York-Stockholm 1950; L'architecture d'aujourd'hui, 103, 1962; L'architettura, cronache e storia, 541, 1962; A.Altherr, New Swiss Architecture, Teufen 1965; Um 1930 in Zürich, exhibition catalogue, Zurich 1977; Werk, Bauen und Wohnen, 5, 1983; Parametro, 140, 1985; E.Blättler(ed), Neue Architektur in Zürich, Heiden 1989; Guide to Swiss Architecture 1920-1990, vol.1, 723, p.177.*

*对面页图*

多尔德特公寓外观及剖面
Doldertal Housing,
view and section

罗斯工作室住宅外观及底层平面
Roth Studio-House,
view and floor plan

公寓和幼儿园
Housing and Kindergarten

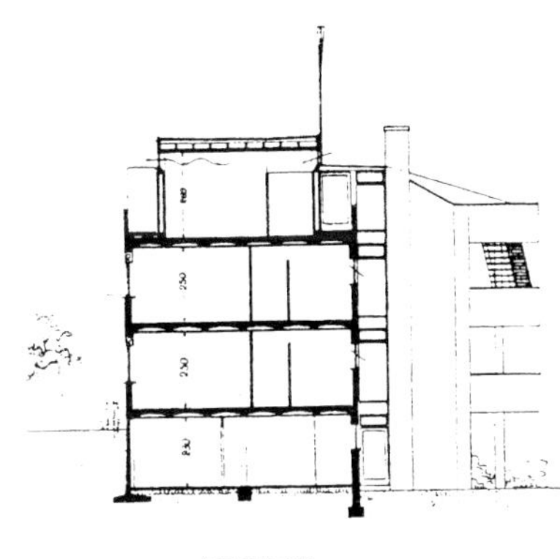

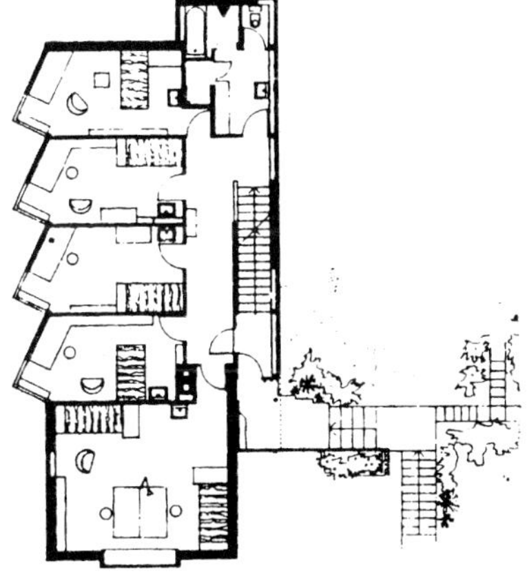

苏黎世

## 基督教第一教堂

莫尔克尔路 2–4 号

1937 ~ 1938

汉斯·豪夫曼，阿道夫·克勒姆勒

教堂平面为梯形，不设侧廊，采用钢结构。立面上轻盈高耸的柱子，形成环绕建筑体量垂直向上的韵律。

汉斯·豪夫曼设计的其他作品还有位于克拉斯大街 5 号的 AIAG 行政大楼（1955 ~ 1956）。

*Werk, 1, 1940; G.E.Kidder Smith, Switzerland Builds, New York-Stockholm 1950; H.Volkart, Schweizer Architektur, Ravensburg 1951; Guide to Swiss Architecture 1920-1990, vol.1, 725, p.178.*

苏黎世

## 会议中心

克莱登大街 3–7 号

1936 ~ 1939

马克思·恩斯特·黑夫利，维尔纳·马克思·默泽尔，鲁道夫·施特格

会议中心位于苏黎世湖畔的显要位置，为 1939 年的瑞士全国展览会而建，业主要求将一座 1895 年建造的老会议厅的一部分纳入新的建设项目。建筑师在这个大型建筑组团中不仅设计了多间会议厅和宴会厅以满足各种不同需求，而且通过化整为零和错列布置的手法，对沿着湖滨布置的建筑进行组合，使建筑与周围景观和谐。设计者通过对老会议厅进行简约化的处理，使其与两侧的新建筑形成自然衔接。建筑外墙上采用的石灰石饰板和古铜色门窗框使建筑立面简洁，外观喜庆。该设计反映了建筑师试图用“通俗”的语言寻求表现现代建筑的尝试。这座会议中心的部分建筑在 20 世纪 80 年代又进行了改造。

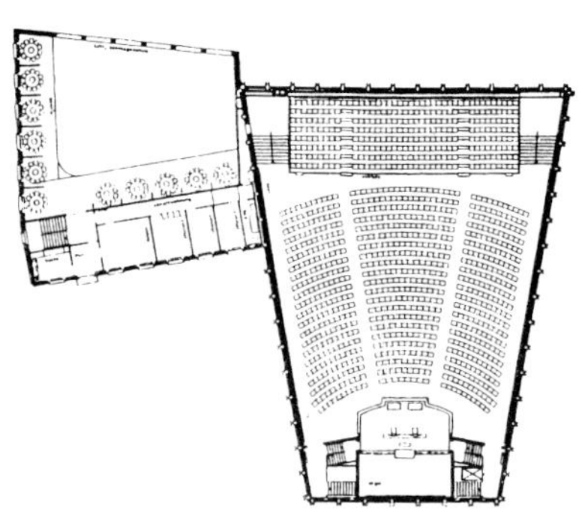

黑夫利、默泽尔和施特格设计的位于苏黎世的其他引人注目的建筑还有：位于霍恩布尔大街 2–8 号的霍恩布尔住宅项目（1951 ~ 1953）；动物园猴馆（1954 ~ 1959），1985 年改造，由鲁道夫·祖彻设计；位于巴德纳路 742 号的法布豪夫住宅区（1956 ~ 1957），由马克思·恩斯特·黑夫利和维尔纳·马克思·默泽尔设计。

*Werk, 3, 1937; 5, 1939; 3, 1951; Schweizerische Bauzeitung, 109, 1937; 22 and 26, 1943; G.E.Kidder Smith, Switzerland Builds, New York-Stockholm 1950; H.Volkart, Schweizer Architektur, Ravensburg 1951; J.Gubler, Nationalisme et*

基督教第一教堂外观及底层平面（底层平面见上页图）
First Church of Christ, Scientist, view and, opposite page,floor plan

会议中心，外观
Conference Center, views

*Internationalisme dans L'architecture Moderne de la Suisse, Lausanne 1975; Archithese, 2, 1980; 1, 1983; Werk, Bauen und Wohnen, 3, 1981; Parametro, 140, 1985; Guide to Swiss Architecture 1920-1990, vol.1, 728, p.180.*

苏黎世

## 阿伦莫斯游泳池及浴场

环城路 79 号

1938 ~ 1939

马克思·恩斯特·黑夫利，维尔纳·马克思·默泽尔，G·阿曼

阿伦莫斯游泳池及浴场环绕一片 20000m$^2$ 的绿地布置，每栋单体建筑的功能非常明确，恰当地选择和运用的材料使得建筑整体和谐统一。这个设计是三年前苏黎世一个设计竞赛的胜出方案。黑夫利和默泽尔早在 1935 年就开始了这个专题的研究，他们与 R·施特格和 S·吉登一起在苏黎世工艺馆举办了一个题为"游泳池，过去和现在"的展览。

1948 年，这几位建筑师再度涉及此类项目的设计，他们设计了位于西里尔恩的胡尔大街 8 号摩斯游泳池。其他重要的游泳池设计实例还有：位于登勒路的莱斯格本游泳池，马克思·费舍设计（1947 ~ 1948）；位于莱登斯特的奥伯尔勒登游泳池（1951 ~ 1952），恩斯特和艾尔沙·布尔克哈特设计建造。

*A.Roth, Die Neue Architektur, Zurich 1940; Moderne Schweizer Architektur*

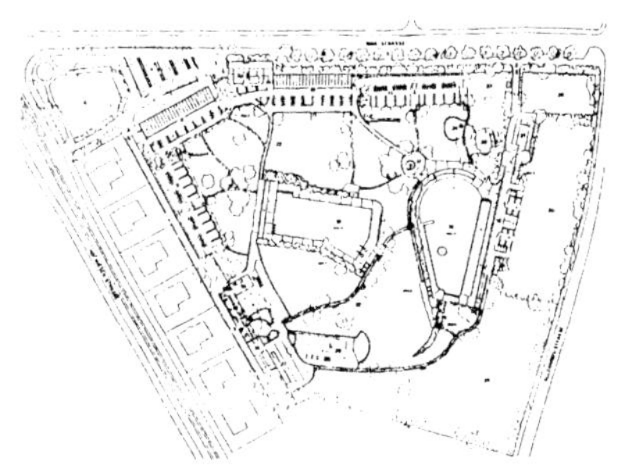

*1925-1945, Basel 1947; Werk, 7, 1947; 9, 1950; G.E.Kidder Smith, Switzerland Builds, New York-Stockholm 1950; Archithese, 2, 1980; E.Blättler(ed), Neue Architektur in Zürich, Heiden 1989; S.von Moos(ed), Das Neue Bauen in der Ostschweiz, Sankt Gallen 1989; Guide to Swiss Architecture 1920-1990, vol.1, 730, p.182.*

苏黎世

## 阿尔斯特恩新教教堂

法豪斯大街

1937 ~ 1941

维尔纳·马克思·默泽尔

这座新教教堂位于一座现存的 13 世纪老教堂旁，通过一个新建的广场形成了相互间的空间关系。这座具有现代风格的新教堂以不对称布局以及钢筋混凝土和石灰石贴面等材质，与老教堂之间产生传统与现代的对话。

教堂杰出的声学效果部分来自遮阳板（同时柔和了室内光线）的使用，以及避免在墙角与顶棚处使用直角。

*Schweizerische Bauzeitung, 120, 1942;*

阿伦莫斯游泳池及浴场外观，平面（平面图见上页）
Allenmoos Swimming Baths, view and,opposite page,plan

阿尔斯特恩新教教堂，外观和剖面
Altstetten Protestant Church, view and section

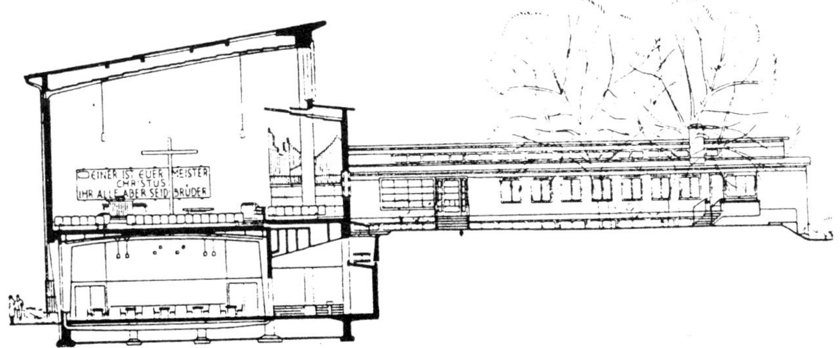

*Werk, 2, 1943; Moderne Schweizer Architektur 1925-1945, Basel 1947; G.E.Kidder Smith, Switzerland Builds, New York-Stockholm 1950; Archithese, 2, 1980; Guide to Swiss Architecture 1920-1990, vol.1, 727, p.179.*

苏黎世

**萨尔维斯伯格住宅**

萨尔维斯伯格路 97 号

1930 ~ 1931

奥托·鲁道夫·萨尔维斯伯格

**儿童医院门诊部大楼**

斯廷维斯路 75 号

1937 ~ 1939，1964 ~ 1968

奥托·鲁道夫·萨尔维斯伯格，鲁道夫与彼得·施特格

**布利斯多夫办公楼**

贝尔舍路 18-20 号

1939 ~ 1941

奥托·鲁道夫·萨尔维斯伯格

萨尔维斯伯格住宅位于一处陡峭的西南山坡上，可以俯瞰全城。主体建筑沿着石质承重构件向外出挑数米，使起居室视野开阔，仿佛自由悬浮在空中。住宅底层的两侧与斜坡平行布置，向花园中的游泳池方向展开，并通过凉廊与花园连通。

在儿童医院的改造与扩建中，原建筑仅有一部分被保留下来，萨尔维斯伯格的贡献在于努力创造一个完全符合儿童尺度和心理需求的医院建筑，住院部大楼由鲁道夫与彼得·施特格于 20 世纪 60 年代设计。

布利斯多夫办公楼是萨尔维斯伯格的最后一个设计项目（萨尔维斯伯格 1940 年去世），办公楼采用弧线形，底层有一排临街柱廊，商铺退居柱廊之后，柱廊上方有一道玻璃饰面的夹层，夹层以上的网格状立面是办公层，顶层沿街立面后退。这些处理手法为战后的办公及商业建筑发展开拓了思路。

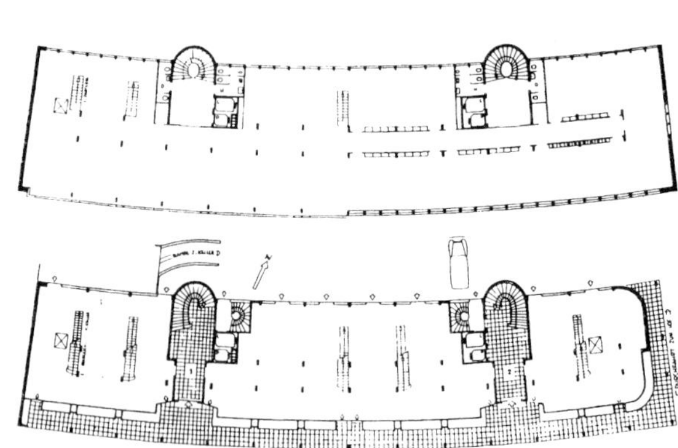

布利斯多夫办公楼，底层平面
Bleicherhof Offices, floor plans

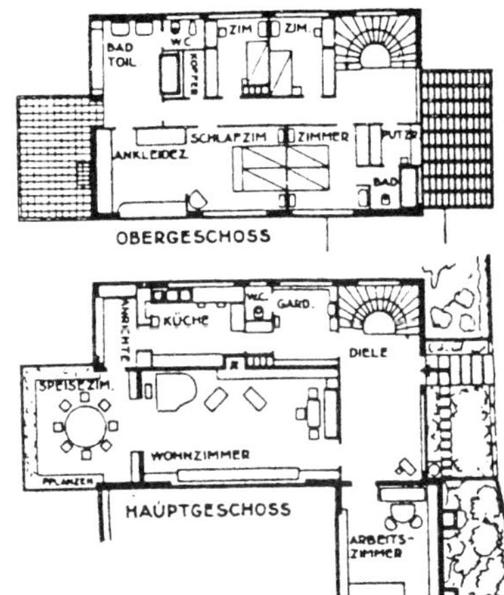

萨尔维斯伯格住宅，
外观和平面
Salvisberg House,
view and plan
儿童医院
Children's Hospital

布利斯多夫办公楼
Bleicherhof Offices

*Baumeister, 3, 1932; Schweizerische Bauzeitung, 99, 1932; Werk, 8, 1932; 11, 1941; 7, 1970; G.E.Kidder Smith, Switzerland Builds, New York-Stockholm 1950; Hochparterre, 4, 1990; Guide to Swiss Architecture 1920-1990, vol.1, 726, p.179; 734, p.184.*

苏黎世

## 州立医院

拉米大街 100 号

1942 ~ 1953

AKZ 建筑师集合

这所州立医院建于二战期间，是基于有机的观念，以患者为中心、以提高效率为宗旨而设计的医院。无论是穿过凉廊和阳台直达底层的通道设计，还是单栋建筑或独立病区的分划设计，都非常均衡合理。同时，设计中也没有忽视技术细节和措施的重要性。这座医院已经多次改造和扩建，只有主楼和位于拉米大街的侧翼保持了原状。

附近还有雅各伯 · 斯为菲尔设计的护士之家，位于普拉顿大街 10 号，1957 ~ 1959 年间建造。

*Schweizerische Bauzeitung, 117, 1941; 67, 1949; Werk, 4, 1944; 11, 1946; 11, 1953; G.E.Kidder Smith, Switzerland Builds, New York-Stockholm 1950; H.Volkart, Schweizer Architektur, Ravensburg 1951; Baumeister, 8, 1953; Archithese, 2, 1980; Parametro, 140, 1985; Guide to Swiss Architecture 1920-1990, vol.1, 736, p.185.*

苏黎世

## 蒙德莱特／罗斯住宅

哈德拉博大街 59 号

1943 ~ 1944

阿尔弗雷德 · 罗特

这座木屋是沙拉兹城堡的主人、第一届 CIAM（1929）的倡导者海伦尼 · 德曼德芒委托设计的冬季寓所，该住宅的空间组织及六边形平面表现了屋主多向展开的构想。该建筑完工后仅一年便转让给设计师阿尔弗雷德 · 罗特，罗特在那里一直住到 1961 年。

州立医院
Cantonal Hospital

蒙德莱特／罗斯住宅
Mandrot Roth House

*Werk, 7, 1944; Schweizerische Bauzeitung, 125, 1945; G.E.Kidder Smith, Switzerland Builds, New York-Stockholm 1950; H.Volkart, Schweizer Architektur, Ravensburg 1951; R.Winkler, Das Haus des Architekten, Zurich 1955; Bauen und Wohnen, 11, 1957; Parametro, 140, 1985; A.Roth, Amüsante Erlebnisse, Zurich 1988; Guide to Swiss Architecture 1920-1990, vol.1, 738, p.188.*

苏黎世－希巴赫

## 圣马克新教派教堂

豪恩环城路 54-58 号

1946 ～ 1955

阿尔伯特 · 亨利克 · 斯汀

为了满足这座新教教堂新宗教仪式的需要，依照详细规划的要求，建筑师以讲坛为中心设计了教堂主体，同时还设计了移动分隔系统，以便根据不同场合的需要扩大空间。当隔板打开时，就可利用相邻的公共空间重新划分布置场地。在教堂的北面，建筑师利用教堂的附属建筑部分布置入口庭院。教堂立面由钢筋混凝土网格框架构成，其间为沙岩砖。

斯汀在苏黎世的另一个设计是诺得汉姆火葬场，位于卡福尔豪斯路 101 号（1963 ～ 1993）。

*Ferd.Pfammater, Betonkirchen, Einsiedeln 1948; Baumeister, 7, 1950; Schweizerische Bauzeitung, 2, 1950; H.Volkart, Schweizer Architektur, Ravensburg 1951; Werk, 2, 1952; World's Contemporary Architecture, Tokyo 1953; Bauen und Wohnen, 11, 1958; Guide to Swiss Architecture 1920-1990, vol.1, 739, p.188.*

圣马克新教派教堂
Saint Mark's Reformed Church

苏黎世

## 圣菲利斯和圣莱格拉教堂

哈德大街 76 号

1949 ~ 1951

弗莱兹 · 迈特格尔

这座教堂设计的目的是加强参加宗教仪式的教徒与圣坛的联系。该设计将圣坛面积拓宽，使其直接面对教堂中庭，中庭是一个横向布置的椭圆形空间，中庭的中轴线与圣坛的中轴线正好吻合。构图均衡是圆形建筑的外部特征，因此，尽管教堂的尺度并不高大，但仍与周围的住宅建筑形成鲜明的对比。

迈特格尔还设计了位于巴塞尔乡村半州瑞恩的圣弗朗西斯教堂（1948 ~ 1950），在这个教堂的设计中，教徒所在的弧形区域与唱诗班所在的横向椭圆形区域正好融合。

*Werk, 8, 1951.*

苏黎世

## 苏尼豪夫住区

莫萨克与苏尼格，普莱斯特恩大街

1943

卡尔 · 昆蒂格

*E.Reinhard(ed), Neues Bauen und Wohnen, Basel-Olten 1946; G.E.Kidder Smith, Switzerland Builds, New York-Stockholm 1950; Guide to Swiss Architecture 1920-1990, vol.1, 737, p.186f.*

## 德瑞斯皮斯住宅

瓦利斯伦路 / 萨特伦路，德瑞斯皮斯

1945 ~ 1955

圣菲利斯和圣莱格拉教堂
Church of Saints Felix and Regulus

苏尼豪夫住区
Siedlung Sunnige Hof
德瑞斯皮斯住宅
Dreispitz Housing Colony

格特莱博·鲁恩伯格，捷克伯·弗莱科克，朱瑟夫·舒特茨，马克思·斯汀格，卡尔·莱斯格博

*J.Maurizio, Der Siedlungsbau in der Schweiz 1940-1950, Erlenbach 1952; Werk, 1, 1957; Guide to Swiss Architecture 1920-1990, vol.1, 757, p.186f.*

## 黑利菲尔德住宅区

布来汉姆路60–92号／莱斯格本5–11号

1954 ~ 1955

阿尔伯特·亨利克·斯汀

*Werk, 9, 1953; 1, 1956; Baumeister, 10, 1956; L'architecture d'aujourd'hui, 66, 1956; 50 Jahre Wohnungspolitik der Stadt Zürich, Zurich 1957; I.Noseda and M.Steinmann, Zeitzeichen, Schweizer Baukultur im 19.und 20.Jh., Zurich 1988; Guide to Swiss Architecture 1920-1990, vol.1, 757, p.186.*

1934年，苏黎世市政当局重新划定了城市范围，把周边的9个地区划入其管辖区。20世纪40年代，由于市政当局的大力投资和市政建设部门的协调及统一规划，在阿尔伯特·亨利克·斯汀的指导下，这些地区进入了住宅建设的快速发展时期。新住宅区的设计采用了有机的解决方法，在绿地环绕的“邻里单位”中布置相应的基础设施和社区服务设施。苏尼豪夫住宅区的规划设计采用了线性的村庄住宅模式；德瑞斯皮斯住宅群采用了独户住宅和包括3～4个居住单元的小型公寓模式。在黑利菲尔德住宅区

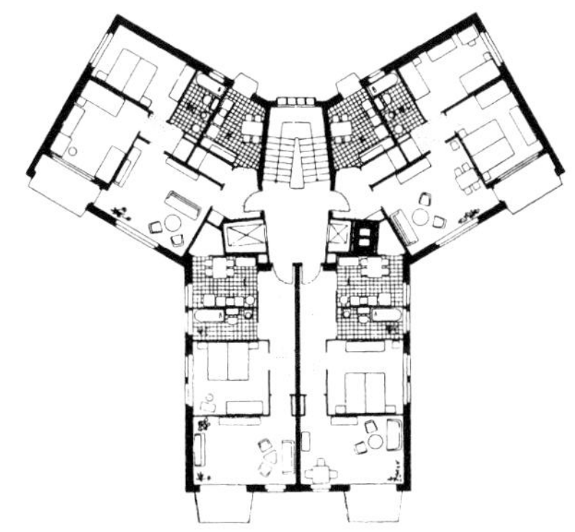

黑利菲尔德住宅区
Siedlung Heiligfeld

中，这类住宅模式与其他住宅形式并存，如带走廊的公寓和高层公寓。位于奥赛格的奥普菲根路上的因德奥住宅区也是如此(1950 ~ 1954)，这组建筑由克瑞摩、加瑞、帕莱德和巴罗彻与安格共同设计。

苏黎世

## 祖尔巴斯特综合楼

巴朗路 29 号，贝尔舍路，特尔路

1954 ~ 1955

维尔纳 · 斯图利

这座位于一条溪流旁的 9 层楼略微偏离岸边，形成一个楼前小院，从而使溪流自然地融入这组建筑景观之中。这个建筑组团包括一座办公楼、一座低层公寓和宽廊，并有踏步通向水面。建筑立面采用具有风格化的铝和玻璃饰面，窗洞宽阔，窗间墙饰面采用深蓝色的卡拉拉玻璃，具有 20 世纪 50 年代明亮、通透、轻盈的建筑风格特征。

*Bauen und Wohnen, 6, 1955; Deutsche Bauzeitschrift, 10, 1955; Werk, 10, 1955; Archithese, 5, 1986; Guide to Swiss Architecture 1920-1990, vol.1, 746, p.192.*

苏黎世

## 综合楼

车站大街 46 号

1956 ~ 1957

鲁道夫 · 祖彻

这座 6 层的商业办公楼立面

祖尔巴斯特综合楼
Zur Bastei Mixed-Use Building

综合楼
Mixed-Use Building

采用标准规格的铝和玻璃幕墙，在车站大街单调统一的沿街建筑景观中显得十分突出，该设计显然受到SOM及格登·邦沙福特设计的纽约利华大厦（1952）的启发。

*Bauen und Wohnen, 6, 1957; Werk, 11, 1957; A.Altherr, New Swiss Architecture, Teufen 1965; I.Noseda, Bauen an Zürich, Zurich 1992; Guide to Swiss Architecture 1920-1990, vol.1, 750, p.195.*

苏黎世

## 弗里堡州立学校

史汀史迪克路10号／格登堡大街15号

1954～1960

雅克斯·海德，W·布莱瑟，W·都巴赫，R·艾伦瑞德，R·豪特，R·马西斯，E·克格

弗里堡州立学校是瑞士二战后最出色的学校设计方案之一，学校建在一片高地上，充分利用了当地的山地条件。教学区包括高中部、商学院、实验室、体育馆和礼堂，均被安置在不同的建筑体量中，立面采用清水混凝土和石材饰面，带形门窗在立面上形成水平向的韵律，同时为室内提供了理想的自然采光。

*Schweizerische Bauzeitung, 72, 1954; Bauen und Wohnen, 9, 1960; Architecture, formes+fonction, 8, 1961; Werk, 1, 1961; 1, 1962; A.Altherr, New Swiss Architecture, Teufen 1965; L'architecture d'aujourd'hui, 121, 1965; E.Blättler(ed), Neue Architektur in Zurich, Heiden 1989; I.Noseda, Bauen an Zürich, Zurich 1992; Guide to Swiss Architecture 1920-1990, vol.1, 752, p.196.*

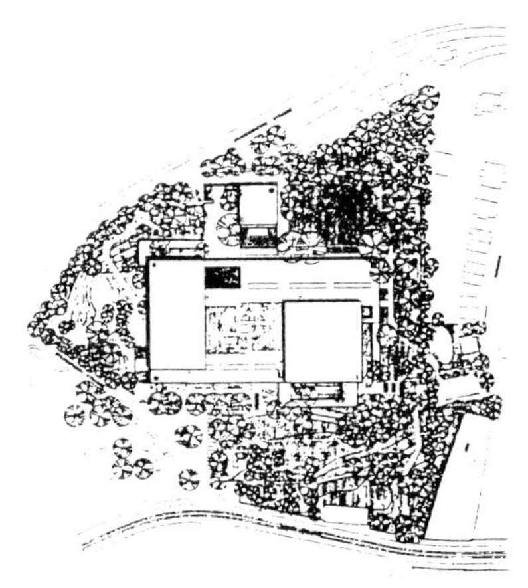

弗里堡州立学校，外观和总平面

Freudenberg Cantonal School,view and site plan

苏黎世

## 里兹学校

埃斯本豪夫路 60 号

1953 ~ 1959

恩斯特 · 吉泽

## 青年旅馆

慕斯彻伦路 114 号

1960 ~ 1966

恩斯特 · 吉泽，G · 伊尔特

## 吉泽工作室

苏利路 74a 号

1970 ~ 1973

恩斯特 · 吉泽

恩斯特 · 吉泽的作品既是他个人研究成果的体现，也是对当代瑞士建筑发展的重要贡献。他的作品极具个性，自成体系，同时又具有准确的都市含义和一些固有的特征，诸如：与基址文脉相融合，有机的结构矩阵，使用基本的自然材料，全面控制建造过程和精致的细节处理。

恩斯特 · 吉泽其他的优秀学校设计方案还有位于埃格利苏的瑞哈登路 60 号的斯汀伯登学校（1977 ~ 1980）。他近期的作品还有：位于林登巴赫大街 1 号的斯特普芬巴赫养老院，（1983 ~ 1988）；位于路森巴赫大街的世贸中心，1989 年开工。

*Werk, 3, 1954; 5, 1958; 3, 1960; 3, 1967; 1,1976; Architektur-Wettbewerbe, 21, 1957; A.Roth, Das neue Schulhaus, Zurich 1957; K.Otto, Schulbau, Beispiele und Entwicklung, Stuttgart 1961; G.E.Kidder Smith, Moderne Architektur in Europa, München 1964; L' architecture d'aujourd'hui, 121, 1965; Baumeister, 7, 1966; Casabella, 319, 1967; B.de Sivo, Architettura in Svizzera oggi, Naples 1968; a+u, Architecture and Urbanism, 8, 1977; W.Blaser, Architecture 70/80 in Switzerland, Basel 1981; Abitare, 206, 1982; Rivista Tecnica, 1, 1982; Guide to Swiss Architecture 1920-1990, vol.1, 745, p.191; 765, p.203.*

苏黎世

## 雷米布尔州立学校

弗瑞路 26 号

1966 ~ 1970

埃德华德 · 纽施湾德，D · 克勒，B · C · 瑟斯顿，A · 比若

尽管这所学校的设计要求复杂，而且还要容纳大约 2000 名学生，该设计仍然成功地将这组学校建筑融入环境之中，使之与周围的老别墅及树林相谐调。该学校包括中学、文法学校、自然科学部和会议厅，分置在三个独立的建筑体量中。统一的立面布局上，窗户和柱子的分化相当自由，尽管有一些灵活的变化，但整体仍保持和谐统一。

*Schweizerische Bauzeitung, 48, 1960; 19, 1965; J.Bachmann and S.von Moos, New Directions in Swiss Architecture, New York 1969; Bauwelt, 7, 1971; Werk, 8, 1971; Werk, Bauen und Wohnen, 1-2, 1980; Guide to Swiss Architecture 1920-1990, vol.1, 760, p.200.*

里兹学校
Letzi School
青年旅馆（左下）
Bottom left : Youth Hostel
吉泽工作室（右下），外观及轴侧图
Bottom right : Atelier Gisel,view and axonometric

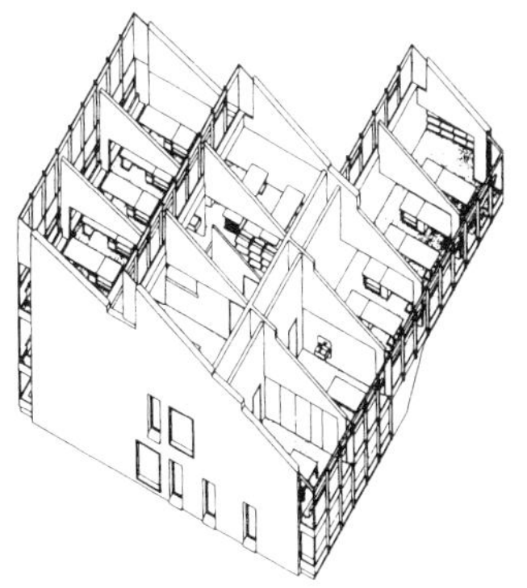

斯特普芬巴赫养老院（左上）
Upper left : Stampfenbach Rest Home

雷米布尔州立学校
Rämibühl Cantonal School

苏黎世

## 雷德豪夫学校

雷德豪夫路 42–46 号

1965 ~ 1967

阿尔弗雷德 · 罗特，E · 舒比格

对学校建筑类型的研究是建筑师罗特最喜爱的研究课题之一，在这个设计项目中，设计师找到了一个非常成功的设计方法：他们将不同类型的建筑如幼儿园、小学教室、游戏室和体育馆平行布置，在东南向坡地上形成沿等高线平行排列的阶梯状露台式建筑组群。

*Deutsche Bauzeitschrift, 3, 1964; Werk, 6, 1964; L'architecture d'aujourd'hui, 121, 1965; Werk, Bauen und Wohnen, 5, 1983; Guide to Swiss Architecture 1920–1990, vol.1, 756, p.198.*

苏黎世

## 住宅

埃尔布莱赫特路 16 号

1958 ~ 1960

克劳德 · 帕拉德与彼得 · 李蒙（格莱默尔 · 朱瑞 · 皮拉德工作室），H · 提希

## 萨特伦新教教堂和中心

萨特伦路 240 号

1961 ~ 1964

克劳德 · 帕拉德（格莱默尔 · 朱瑞 · 皮拉德工作室）

## 歌剧院改造和扩建

剧院广场

1975 ~ 1984

克劳德 · 帕拉德，彼得 · 李蒙与合作者（C · 帕拉德与 W · 拉夫

雷德豪夫学校
Riedhof School Complex

埃尔布莱赫特路住宅
Eierbrechtstrasse Housing

伦布尔）

造型独特的埃尔布莱赫特路住宅包括独立式公寓和这几位建筑师的工作室，该建筑沿着坡地，以台阶状自上而下布置，充分利用了该基址的陡峭地形。

萨特伦新教中心是这几位建筑师在设计了位于凯利路21号的霍尔根教区中心（1958～1965）之后进一步探索的成果。这个宗教建筑的设计，由于容纳了各种文化活动而成为整个社区的中心。苏黎世歌剧院由费尔勒与赫尔莫维也纳工作室设计，1890～1991建造。建筑师充分意识到这是一项谨慎而细致的工作，因而采取了慎之又慎的改造策略。这次改造增加了新的一翼，用作服务功能。

这个事务所还设计了克劳顿机场（1979～1991）的控制塔，机场三期工程已于20世纪90年代完成。

*Werk, 2,1961; Architccture, formes+fonction, 8, 1961-62; Deutsche Bauzeitschrift, 2, 1962; A.Altherr, New Swiss Architecture, Teufen 1965; L' architecture d'aujourd'hui, 121, 1965; Werk, Bauen und Wohnen, 3, 1986; Guide to Swiss Architecture 1920-1990, vol.1, 753, p.197; 777, p.209.*

萨特伦新教教堂和中心
Saatlen Protestant Church and Center

歌剧院改造和扩建
Opernhaus and extension

苏黎世

## 综合楼

希菲德大街 152 号

1957 ~ 1960

雅各布 · 斯维菲尔,海因里希 · 斯瑞克勒, L· 弗劳顿, B· 菲斯特

这栋立方体状的办公与公寓大楼的外立面有着多种多样的开窗方式和不断变换的表面质感（清水混凝土板和硅石灰石砖），它们体现着平面的功能布局。每一层有三套公寓，分别为两室户、四室户和六室户，共用一个中央楼梯，底层设置商店、办公室和工作室。

*Bauen und Wohnen, 3, 1962; Guide to Swiss Architecture 1920-1990, vol.1, 754, p.197.*

苏黎世

## 祖尔帕尔玛大楼

贝尔舍路 33 号

1957 ~ 1964

马克思 · 恩斯特 · 黑夫利, 维尔纳 · 马克思 · 默泽尔, 鲁道夫 · 施特格, 安德鲁 · 斯图德, H· 都瑟, M· 古特, F· 斯都伯, O· 凯瑞特

祖尔帕尔玛大楼位于贯穿苏黎世市中心的东西轴线上，占据了一个完整的地段，该设计体现了 20 世纪五六十年代有关城市发展的两个主要观念：开敞型的建筑不宜临街呈线性布置，低层商业区和高层办公区的设计要有所区别。祖尔帕尔玛大楼的两层商业区临街布置，形成过街楼及建筑内部的公共步行走廊。车辆通过螺旋形的坡道到达停车场。11 层的办公楼采用铝和玻璃饰面，最高层布置带屋顶花园的公寓。

*Werk, 3, 1957; 12, 1964; L'architettura cronache and storia, 12, 1964; A.Altherr, New Swiss Architecture, Teufen 1965; Architektur und Wohnform, 2, 1965; Schweizerische Bauzeitung, 50, 1965; Archithese, 2, 1980; I.Noseda and M.Steinmann, Zeitzeichen, Schweizer Baukultur im 19.und 20.Jh., Zurich 1988; I.Noseda, Bauen an Zürich, Zurich 1992.; Guide to Swiss Architecture 1920-1990, vol.1, 755, p.198.*

苏黎世

## 勒 · 柯布西耶中心

霍斯赫路 8 号

1964 ~ 1967

勒 · 柯布西耶

受画廊主人海迪 · 魏伯的委托，勒 · 柯布西耶设计了这座位于苏黎世角公园内的展览亭，这个展览亭形似一座住宅。他用模数推敲比例，把空间组织成一个室内漫步廊，顶部用两个巨形伞状金属构架覆盖。

*Werk, 12, 1967; S.von Moos, Der Corbusier-Pavillon, Neue Zürcher Zeitung, 16 July 1967; J.Bachmann and S.von Moos, New Directions in Swiss Architecture, New York 1969; Abitare, 206, 1982; A.Roth, E.Miltcheu, Le Corbusier und Zürich, Zurich 1987; Guide to Swiss Architecture 1920-1990, vol.1, 758, p.199.*

综合楼
Mixed-Use Building

祖尔帕尔玛大楼
Zur Palme Building

勒·柯布西耶中心
Le Corbusier Center

苏黎世

## 松特纳住宅

奥莱拉路 56 号

1964 ~ 1968

卡洛 · 斯卡帕

根据建筑规范的要求，1914 年以来建成的部分独户式住宅要予以保留，建筑师以此作为独立创作的基础。松特纳住宅的南立面呈阶梯状，平素的沿街立面通过饰面材料的变化来加强效果。总的来说，该设计表现了斯卡帕典型的细部处理手法。

*Werk, 1, 1968; Archithese, 4, 1983.*

苏黎世

## 哈登电信中心

哈登，阿盖尔路 10 号

1972 ~ 1978

特奥 · 霍茨

## 马提公司办公楼

奥尔利康，图尔高路 56 号

1982 ~ 1985

特奥 · 霍茨，弗朗斯 · 雷默欧

## 阿波罗办公楼

施特劳菲彻路 41 号

1989 ~ 1991

特奥 · 霍茨，P · 伯格，T · 弗赫

## 办公楼

罗温广场，西登巷 20 号

1989 ~ 1993

特奥 · 霍茨

哈登电信中心采用巨大的铝

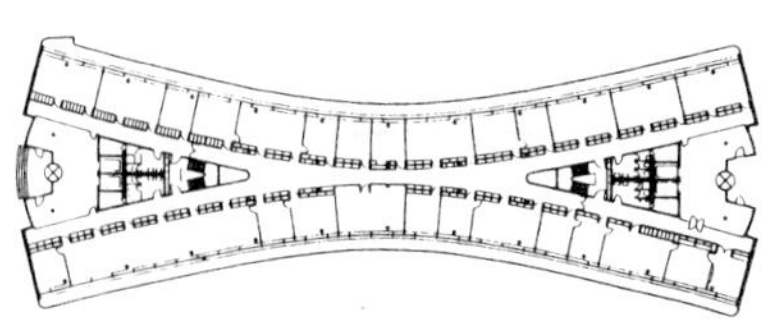

松特纳住宅
Zentner House

电信中心
Telecommunications Center

马提公司办公楼，
外观和底层平面
Marti AG Offices, view and floor plan

合金立面，集机器功能与雕塑造型为一身，在苏黎世外围西部的工业区中占有十分显赫的地位，采用这种形式是要表明建筑不仅仅是个容器，借助目前的工艺技术水平，建筑可以获得新的品质。

马提公司办公楼对基址的优化利用和金属立面娴熟的技术处理手法使这座办公楼在苏黎世的奥尔利康区与众不同，双凹形平面的设计使这座位于毫无特色的环境中的建筑极富个性。

与之形成鲜明对比的是阿波罗办公楼，这座位于施特劳菲彻的办公楼：底层沿街采用嵌入式外墙，随着楼层的升高，大楼的金属和玻璃立面向街面逐渐出挑。

特奥·霍茨设计的其他值得关注的作品有：鲁斯穆勒／维尔提公寓楼，位于斯奈肯曼大街 25 号（1986 ~ 1987）；格鲁恩豪夫银行会议中心，位于努斯赫勒大街 2 号（1987 ~ 1991）；费尔德保赫办公楼，位于车站大街 88 号，1995 年建成。

*Werk, Bauen und Wohnen, 1–2, 1980; 4, 1980; 11, 1987; 3, 1994; Abitare, 206, 1982; W.Blaser, Architecture 70/80 in Switzerland, Basel 1981; Rivista Tecnica, 1, 1982; 1–2, 1986; Archithese, 1, 1986; E.Blättler(ed), Neue Architektur in Zürich, Heiden 1989; Faces, 13, 1989; R.Schilling, Architektur in Zürich 1980–90, Zurich 1990; P.Disch(ed), L'architettura recente nella Svizzera tedesca, Lugano 1991, p.179, 181; Hochparterre, 3, 1992; I.Noseda,*

阿波罗办公楼
Apollo Building

罗温广场办公楼
Löwenplatz Office Building

*Bauen an Zürich, Zurich 1992; GSA 1, 766, p.203; 7779, p.210; 789, p.215.*

苏黎世

**曼耐斯豪夫住宅**

乌特利伯格路 20 号 / 豪芬路 11 号

1977 ~ 1984

阿科波（乌利·马尔巴赫，阿瑟·鲁格），T·斯弘伯勒，P·斯汀纳

在曼耐斯豪夫住宅中，建筑师使新建筑与传统的城市街区景观协调的尝试清晰地体现在建筑转角处，在建筑转角的处理上所作的新尝试，突出了城市中相邻街区的不同特征。建筑的两翼围合了一个内院，使公寓内的房间免受街道噪声的干扰。

这几位建筑师还设计了位于鲍勃大街 47 号的住宅（1984 ~ 1991）。

*Archithese, 1, 1980; 4, 1984; Werk, Bauen und Wohnen, 12, 1981; 10, 1984; 3, 1994; H.and M.Bofinger, Junge Architekten in Europa, Stuttgart 1983; Baumeister, 5, 1985; Rivista Tecnica, 1-2, 1986; R.Schilling, Architektur in Zürich 1980-90, Zurich 1990; P.Disch(ed), L'architettura recente nella Svizzera tedesca, Lugano 1991, p.184; I.Noseda, Bauen an Zürich, Zurich 1992; Guide to Swiss Architecture 1920-1990, vol.1, 774, p.207.*

曼耐斯豪夫住宅
Manessehof Housing

利马特瑞斯住宅
Limmat REZ Housing

苏黎世

## 利马特瑞斯住宅

哈德格路 17–23 号

1981 ～ 1986

班诺·福斯克，捷克林·福斯克·奥芬海姆，克劳斯·福格特，A·佩萨德

这个位于利马特河畔的住宅区是一个私人主持的设计竞赛的胜出方案。该设计采用传统的建筑材料使建筑立面风格统一，与环境谐调。成排的公寓楼用作居住和工作室，并带有宽敞的屋顶平台。

*Aktuelles Bauen, 4, 1984; Archithese, 2, 1985; Schweizer Architektur, 80, 1987; Werk, Bauen und Wohnen, 1-2, 1987; E.Blättler(ed), Neue Architektur in Zurich, Heiden 1989; R.Schilling, Architektur in Zurich 1980-90, Zurich 1990; P.Disch(ed), L'architettura recente nella Svizzera tedesca, Lugano 1991, p.203; Guide to Swiss Architecture 1920-1990, vol.1, 783, p.212.*

苏黎世

## 朱赫豪夫谷仓

伯尔纳路 301 号

1982 ～ 1984

维利·埃·克里斯蒂安，M·维贝尔

这座传统的木结构建筑位于隶属于苏黎世管辖的一个乡村中，朱赫豪夫谷仓在原建筑被烧毁后仅五个月就建成了，采用的预制构件体系一点也没有限制建筑的细部处理。维利·克里斯蒂安还设计了苏黎世动物园的主要展馆（1986 ～ 1989）。

*Holz Bulletin, 13, 1985; Werk, Bauen und Wohnen, 3, 1985; Schweizer Architektur, 72, 1986; R.Schilling, Architektur in Zürich 1980-90, Zurich 1990; P.Disch(ed), L'architettura recente nella Svizzera tedesca, Lugano 1991, p.204; Guide to Swiss Architecture 1920-1990, vol.1, 778, p.209.*

朱赫豪夫谷仓，外观及立面
Juchhof Farmhouse, view and elevation

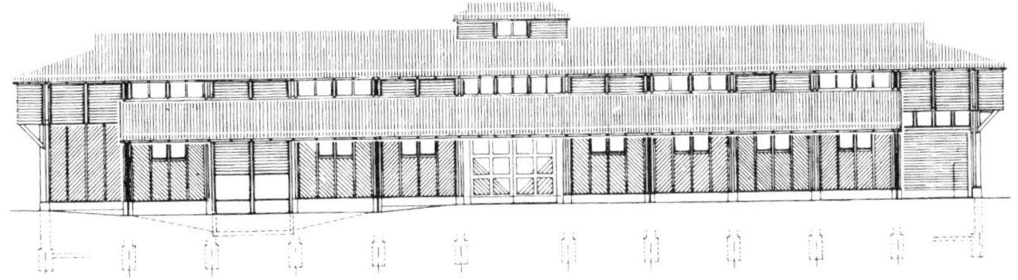

苏黎世

## 迈耶别墅

萨德路 41 号

1985 ~ 1986

多尔夫 · 施奈比利，P · 科勒克，M · 米利，M · 维斯摩尔

迈耶别墅位于瑞斯巴赫地区绿地环绕的一个住宅区中，是建筑师对风格进行探索和实践的成果。这座别墅精美的比例处理使人立刻联想到勒 · 柯布西耶的设计模数，特别是在建筑高度的确定上。该设计采用比例和谐的立方体与作为入口的玻璃圆柱体相组合。最具时代特征的是中厅上的屋顶花园，预制屋顶以及材料的选择，如钢筋混凝土、硅石灰石和来自沃 · 马吉亚的片麻岩板。

*Rivista Tecnica, 3, 1987; Werk, Bauen und Wohnen, 3, 1987; Detail, 1, 1988; Architecture et Techniques, 380, 1988; a+u.architecture and urbanism, 221, 1989; R.Schilling, Architektur in Zürich 1980-90, Zurich 1990; The Architectural Review, 1, 1991; F.A.Cerver, Architectural Houses: Country Houses 7, Barcelona 1991; P.Disch(ed), L'architettura recente nella Svizzera tedesca, Lugano 1991, p.197; du, 5, 1992; Guide to Swiss Architecture 1920-1990, vol.1, 784, p.212.*

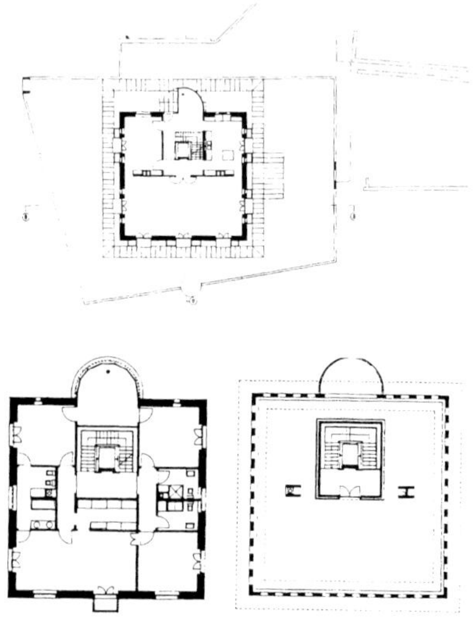

迈耶别墅外观和平面

Villa Meyer, view and plans

苏黎世

## 施塔德霍芬火车站改造和扩建

施塔德霍夫尔广场

1983 ~ 1991

圣地亚哥·卡拉特拉瓦，维尔纳·鲁格，阿诺德·阿姆斯勒

施塔德霍芬中心火车站改造和扩建设计源自 1983 年的一次邀请竞赛。卡拉特拉瓦的方案胜出，该设计结构复杂，包括带有大型肋架拱的月台、外部通道以及引人注目的有机造形钢筋混凝土顶棚，这些设计与城市文脉的现状交融在一起。附近还有 20 世纪 80 年代设计的其他几座建筑值得注意；位于施塔德霍夫尔路 18–28 号的施塔德霍夫尔通道，由恩斯特·吉泽和马丁·斯普尔设计建造（1977 ~ 1984）；位于施塔德霍夫尔路 10 号的综合楼，由阿诺德·魏尔尼和阿姆斯勒设计（1989）。

*Detail, 5, 1987; Archithese, 2, 1990; Hochparterre, 5, 1990; Architettura Svizzera, 94, 1990; Schweizer Ingenieur und Architekt, 48, 1990; P.Disch(ed), L'architettura recente nella Svizzera tedesca, Lugano 1991, p.186-191; Werk, Bauen und Wohnen, 3, 1991; I.Noseda, Bauen an Zürich, Zurich 1992; Guide to Swiss Architecture 1920-1990, vol.1, 786, p.213.*

施塔德霍芬火车站
Stadelhofen Station

苏黎世－魏德康

## 老人之家

希伯路 22 号

1984 ~ 1994

马丁·斯普尔，C·奥伯霍勒

## 希尔诺火车站附近改造

希尔诺路／西尔斯利路／西尔马斯路

1985 ~ 1995

马丁·斯普尔，D·蒙斯

这座老人之家及活动场地由原来的制砖厂改造扩建而成，分为两部分，扩建部分充分利用了原有建筑的良好朝向，以中厅作为划分室内空间的重要因素。

斯普尔还重新设计了希尔诺的老火车站区。由于希尔图－乌特里堡铁路已改线，该地段需要改造，斯普尔在一个三角形用地中设计了 62 套住宅和一些公共区域。

斯普尔另外还设计了位于银行大街尤斯特火车站附近的综合楼（1985 年开工）。

*I.Noseda, Bauen an Zürich, Zurich 1992.*

苏黎世

## 布来汉姆豪夫住宅

布来汉姆大街 22–24 号

1989 ~ 1991

瓦尔特·费舍尔与合作者

*Hochparterre, 3, 1992; I.Noseda, Bauen an Zürich, Zurich 1992; Werk,*

老人之家
Home for the Elderly

希尔诺火车站改造透视图
Selnau Station Redevelopment, perspective drawing

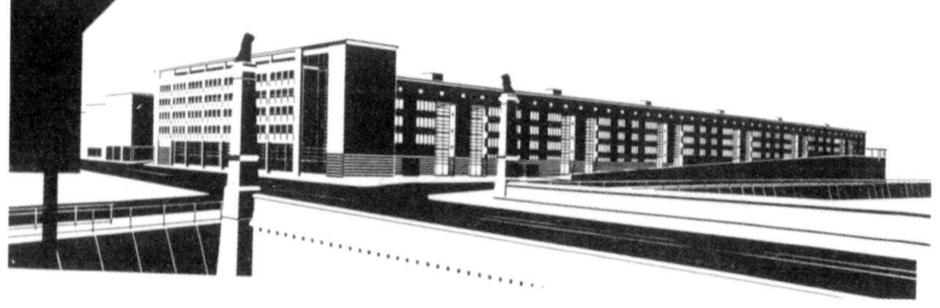

*Bauen und Wohnen, 3, 1992; Faces, 28, 1993; Abitare, 327, 1994; Guide to Swiss Architecture 1920-1990, vol.1, 791, 216; P.Meyer(ed), Wohnbauten im Vergleich, vol.18:Brahmshof, Zurich 1994.*

## 海尔姆特街住宅

1989 ~ 1991

海尔姆特大街 / 霍尔路 86 号 abc/ 布鲁尔路 75 号

*Werk, Bauen und Wohnen, 5, 1989; P.Disch(ed), L'architettura recente nella Svizzera tedesca, Lugano 1991, p.192; Hochparterre, 10, 1991; Guide to Swiss Architecture 1920-1990, vol.1, 791, p.216; P.Meyer(ed), Wohnbauten im Vergleich, vol.16: Hellmuthstrasse, Zurich 1993.*

这两个住宅项目是公众资助住宅开发的最新实例，按照瑞士的标准，这些住宅属于高密度住宅。在这两个住宅项目中，露天通道和庭院是连接公共和私人区域的特征。其中，海尔姆特大街住宅的布局值得关注，这种布局使房间可以有多种组合方式，公寓的大小也可以在 2 室户到 7 室户之间变化（不包括厨房和卫生间）。

布来汉姆豪夫住宅（上）
Top : Brahmshof Housing

海尔姆特街住宅外观、剖面和立面
Hellmutstrasse Housing, view, section and elevation

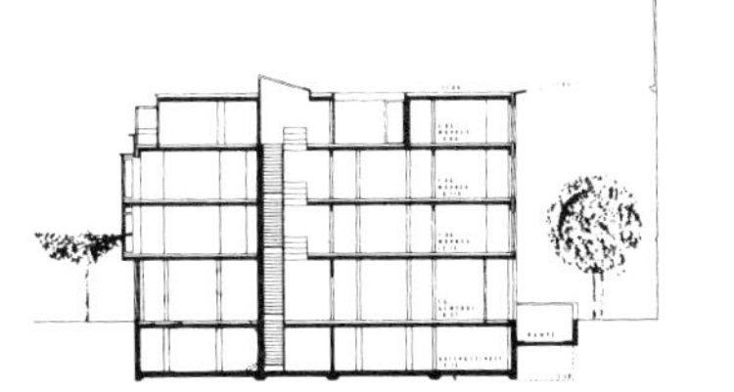

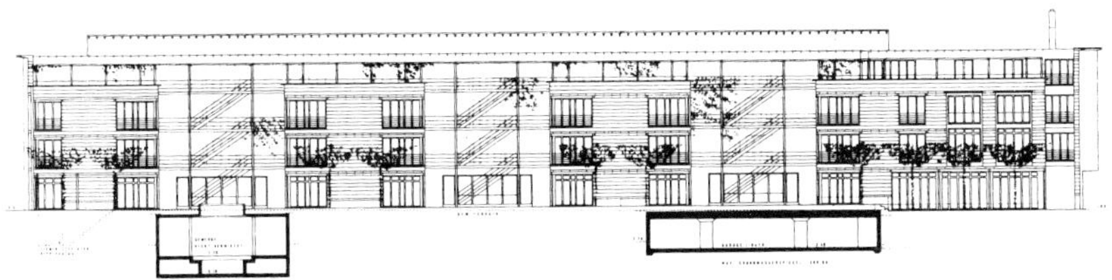

苏黎世

## 工业园

普菲斯特维德路 30 号

1986 ～ 1993

伊登＋布赖赫布尔公司，鲁格若·托皮诺，H·吉瑟莱尔，H·伯尔斯特里

苏黎世工业园位于城西一片面积为 20000m² 的地段上，工业园按三个基本功能分区布置，分为科研区、生产区和会议区。从宏观上讲，这个工业园是一项全面开发计划的重要组成部分。工业园中的各个建筑采用篦子形平面布局，与用作公用服务的主楼相连，并形成四个用作车间的内院。主体建筑建在混凝土基座上，两侧的建筑采用桩基础，主立面向内凹进。使用不同的建筑材料如石棉水泥饰面、铝窗框、铸铁阳台所形成的鲜明对比，给这座公共建筑带来恰如其分的建筑品质。

*P.Disch(ed), L'architettura recente nella Svizzera tedesca, Lugano 1991, p.201; Faces, 24, 1992; I.Noseda, Bauen an Zürich, Zurich 1992; Domus, 751, 1993; Werk, Bauen und Wohnen, 11, 1993.*

苏黎世

## IBM 办公楼

伯尔纳路

1988 ～ 1995

马里奥·坎普，弗兰克·佩森纳

这座巨型长方体办公楼环绕一个内院布置，内院是其交通中心。该建筑面向单调工业区的一面，外墙俭朴无装饰，只排列窗洞，面向高速公路的立面庄重，转角处略微升高的角柱，强化了构图效果。

*Rivista Tecnica, 1-2, 1990; 10, 1992; K.Feireiss(ed), Mario Campi, Franco Pessina, Berlin 1994.*

工业园
Technopark

工业园外观和室内
Technopark,
external and internal views

IBM 办公楼模型外观和剖面
IBM Offices,model view and section

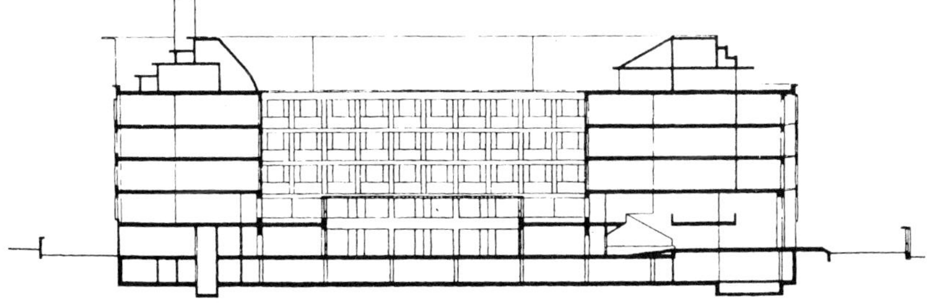

# 沙夫豪森（州）

沙夫豪森

## 乔治·菲舍尔公司工厂

穆兰特路／阿姆斯勒－拉芬路

1929，1939～1961，1943～1944，1958～1962

卡尔·莫泽尔，保罗·梅波斯与鲁道夫·邦尼，阿道夫·克勒姆勒

库尔耶与莫泽尔早在第一次世界大战前就开始为乔治·菲舍尔工程公司设计，他们设计的项目包括工人住宅和一座公司主管的别墅（1908～1909）。其中，最主要的项目是一座 1912 年建造的行政楼改造方案。虽然这些设计忠实地保持了地方风格，但是建筑师莫泽尔 1929 年设计的第二座行政楼则标志着他在向现代风格转变。

从 20 世纪 30 年代后期开始，乔治·菲舍尔公司在一系列生产设施的扩建中继续采用具有挑战性的建筑风格，以此体现企业风格。铸件钢厂（1934～1941）和制气厂（1943～1944）由柏林建筑师保罗·梅波斯和乔治·菲舍尔公司的工程部主管鲁道夫·邦尼共同设计，采用光洁的立方体以及平直的黏土砖装饰立面，产生了庄严的纪念性建筑效果。

在随后建成的实验楼（1958）和办公楼（1962）中，克勒姆勒采用了网格立面，它们的精致轻巧与其他建筑形成鲜明的对比。

*Werk, 1, 1968; Wilfried Rössling, Curjel & Moser, Karlsruhe 1986; S.von Moos u.a., Das Neue Bauen in der Ostschweiz, Sankt Gallen 1989; Guide to Swiss Architecture 1920-1990, vol.1, 010, p.22.*

沙夫豪森

## 州立学校

穆瑙特路／佩斯特鲁兹路 8 号

1960 ~ 1966

瓦尔特 ·M· 弗德尔，汉斯 · 兹维夫

位于穆瑙特路的格瑞夫勒尔学校设计方案（1969 ~ 1974）采用雕塑似的混凝土几何造型，这是弗德尔的设计特征。该设计采用自由的平面布局，强调建筑体量的组合，但并不排斥标准化的处理手法，特别是在楼梯的设计上，建筑师将其作为一个轻巧而敏感的元素，给大厅带来特殊的空间感。

该建筑附近的穆瑙特幼儿园值得关注，它位于穆瑙特哈登路，由沃尔福冈 ·姆勒设计（1932 ~ 1933）。

*Werk, 9, 1965; L'architecture d'aujourd'hui, 9, 1965; 53, 1966; Schweizer Journal, 3, 1975.*

沙夫豪森

## 老人之家扩建

斯图卡堡路 21 号

1985 ~ 1990

雷纳与莱昂哈德 · 奥特，P· 斯蒂德

这座老人之家由一座 15 世纪的救济院（后改为老人之家）和一座 1944 年毁于大火的新哥特教堂的遗存部分改造扩建而成，这个改造扩建方案充分利用了基址的地形和环境。

这几位建筑师设计的其他强调基址地形特征的作品可参见位于瑟贝克斯提格路 2–16 号的住宅（1981 ~ 1985）。

对面页图
乔治 · 菲舍尔公司工厂：克勒姆勒大楼、莫泽尔大楼、邦尼大楼鸟瞰
Opposite page: Georg Fischer Ag: Overall view with Kellermüller buildings, Moser building,Bäny building

州立学校
Cantonal School

老人之家
Home for the Elderly

# 图尔高

阿姆瑞斯维尔

## 学校建筑

埃格尔穆斯路 8 号

1960 ~ 1962

凯德瑞克·古尔，马克思·莱赫尼，沃尔特·菲利普，保罗·库尔布鲁纳

这个建筑群由幼儿园、中学部和体育馆构成，环绕一个作为布局中心的绿色中庭布置，由于技术难度较大，设计者提高了整个建筑的高度，根据不同的层高组织功能。

*Werk, 6, 1964; Guide to Swiss Architecture, 1920-1990, vol.1, 001, p.17.*

阿波恩

## 阿道夫 · 苏瑞尔公司总部

施罗斯巷 2 号

1942 ~ 1943

乔治 · 皮埃尔 · 都博斯，捷克伯 · 埃斯琛莫泽尔

这座办公楼空间组织明了，体量巨大，天然材料的选用体现出了立面的特色。都博斯为阿道夫 · 苏瑞尔公司做过多项设计，20 年后他又设计了该公司位于维特巷的计算机部大楼和由苏瑞尔养老基金会资助位于布鲁尔路 63 号的住宅项目。这些作品反映了建筑师受勒 · 柯布西耶的“粗野主义”建筑语汇影响，展示其钢筋混凝土结构极具表现力的特性。

*Schweizerische Bauzeitung, 124, 1944; Werk, 6, 1944; Moderne Schweizer Architektur 1925-1945, Basel 1947; H.Volkart, Schweizer Architektur, Ravensburg 1951; I.Noseda and M.Steinmann, Zeitzeichen, Schweizer Baukultur im 19.und 20.Jh., Zürich 1988; Guide to Swiss Architecture 1920-1990, vol.1, 003, p.18.*

弗莱恩费德

## 奥恩高级中学

图尔路 23 号

1967 ~ 1968，1991 ~ 1992

阿尔方斯 · 巴斯与汉斯 · 佐格

这个学校建筑群由布局自由的玻璃和钢结构方盒子建筑构成，建于 20 世纪 90 年代，总体风格高雅简洁，细部处理精致，室内布局灵活清晰。

*Bauen und Wohnen, 10, 1967; Werk, 7, 1969; Detail, 2, 1970; Schweizerische Bauzeitung, 20, 1970; Guide to Swiss Architecture 1920-1990, vol.1, 005, p.19*

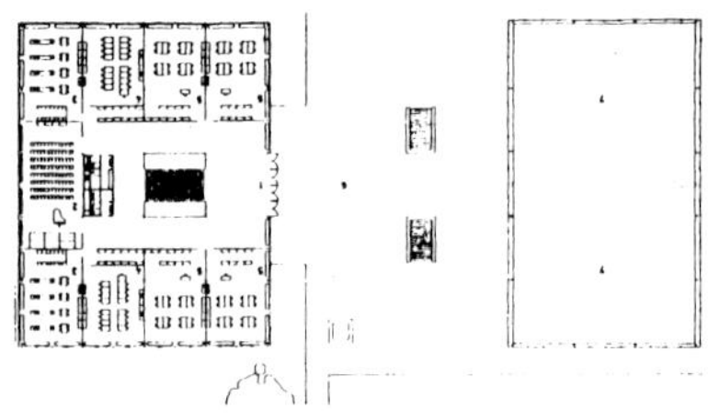

奥恩高级中学底层平面

Auen High School, floor plan

学校建筑
School Complex

阿道夫 · 苏瑞尔公司
总部早期照片
Adolph Saurer AG,
period photo

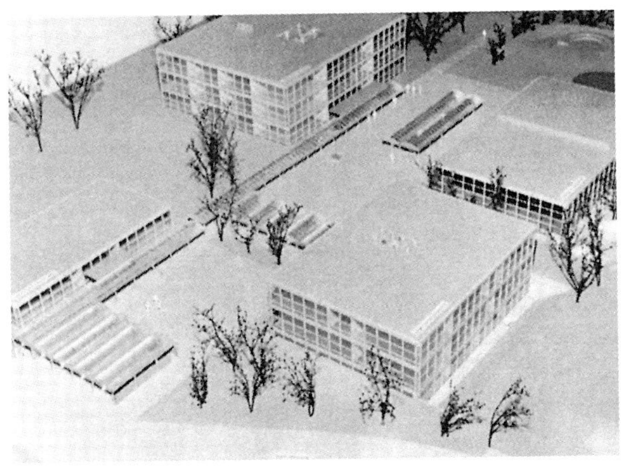

奥恩高级中学模型鸟瞰
Auen High School,
model view

马莫恩

## 度假别墅

斯班奈克

1937

阿尔弗雷德 · 罗特

作为单纯的夏季别墅，这座长条形的木构建筑只需满足最简单的需求。然而，该设计仍反映出巧妙实用的功能细节。例如，人离开时，可以很容易关上百叶窗，天井上的玻璃顶棚上方设有格栅保护。

20 世纪 30 年代图尔高地区其他重要的建筑作品还有位于伊纳赫的路德维斯 21 号 a 住宅，由恩斯特 · 施恩德勒设计（1932）。

*Schweizerische Bauzeitung, 117-144, 1941; Moderne Schweizer Architektur 1925-1945, Basel 1947; G.E.Kidder Smith, Switzerland Builds, New York-Stockholm 1950; Werk, 1, 1968; Guide to Swiss Architecture 1920-1990, vol.1, 008, p.21.*

罗曼绍恩

## 多功能中心

阿利路 / 哈芬路 / 斯特恩纳路

1987 ~ 1993

马丁 · 斯普尔，P · 托斯勒

该设计充分考虑到罗曼绍恩城的新发展规划，在这个建筑组团的中心位置形成一个向南开敞的庭院，庭院内有一个人工花园，底下

度假别墅早期照片
Holiday Cottage, period photo

多功能中心内院
Multipurpose Center,court

是停车场。庭院两侧的建筑是老年公寓，沿街部分是商业和办公区，庭院与两翼通过走廊连接。

瓦尔赫

**伊廷根加尔都西会修道院**

会议中心和博物馆

1978 ~ 1992

总体规划和会议中心：伊斯特与鲁道夫·居耶

博物馆：瑞尼·安托尼尔与库特·胡伯

这座修道院始建于1152年，1461年被加尔都西会接管，1977年被一个基金会收购。修道院里有座极具巴洛克风格的教堂已破烂不堪，亟待翻修，建筑师与建筑保护部门合作，把这座可称之为“加尔都西会修道院的外部资产”的实用性建筑改造成一个培训和会议中心。新建部分是一个长条形的客房部，回廊的北翼原有七间僧侣用房，建在老基址上，现在是图尔高画廊。

*Holz Bulletin, 9, 1983; Deutsche Bauzeitschrift, 7, 1985; Detail, 2, 1986; P.Disch, L'architettura recente nella Svizzera tedesca 1980-1990, Lugano 1991, p.241; Guide to Swiss Architecture 1920-1990, vol.1, 020, p.28.*

多功能中心室内

Multipurpose Center, internal view

州立美术馆和研究中心

Cantonal Fine Arts Museum and Study Center

# 圣加仑

海诺

## 图尔河上的费尔塞格桥

位于海诺和尤斯维尔之间

1933

罗伯特 · 马里兰

费尔塞格桥跨度 72m，是马里兰设计的第一座采用尖券形拱和箱形截面空心梁结构的桥梁，同样的结构还被用于双梁设计。在这座桥的设计上，马里兰采用了镂空的栏杆，而不是传统的实体护栏。

*Max Bill, Robert Maillart, Zürich 3.Aufl.1969; David Billington, Robert Maillart and the Art of Reinforced Concrete, New York and Zurich 1990; Guide to Swiss Architecture 1920-1990, vol.1, 201, p.51; Peter Marti und Emil Honnegger, Robert Maillart-Betonvirtuose.exhibition catalogue ETH, Zurich 1996.*

奥伯鲁斯维尔

## 天主教堂

诺巷 14 号

1934 ~ 1935

弗莱兹 · 迈特格尔

这座坡屋顶教堂拥有巨大的体量，其塔楼高耸于法庭、修道院和墓地等其他建筑之上，教堂中庭完全采用钢筋混凝土结构，两侧巨大的彩色玻璃窗提供自然采光，这是建筑师和艺术家 C · 若斯赫合作的成果。

*Werk, 4, 1937; Moderne Schweizer Architektur 1925-1945, Basel 1947; G.E.Kidder Smith, Switzerland Builds, New York-Stockholm 1950; S.von Moos et al., Das Neue Bauen in der Ostschweiz, Sankt Gallen 1989; Guide to Swiss Architecture 1920-1990, vol.1, 206, p.54.*

圣加仑

## 住宅

苏诺哈登路 65 号

1931

阿瑟 · 库夫

这座带屋顶平台的方盒子式独户住宅的特点是其建筑外部的悬挂式楼梯和光洁无装饰的立面，

费尔塞格桥
Felsegg Bridge

天主教堂
Catholic Church

住宅
House

该设计显然受到阿道夫·路斯和勒·柯布西耶住宅风格的多重影响，是圣加仑地区理性建筑的杰出代表。

*Das ideale Heim, 11, 1937; S.von Moos et al., Das Neue Bauen in der Ostschweiz, Sankt Gallen 1989; Guide to Swiss Architecture 1920-1990, vol.1, 102, p.36.*

圣加仑

**住宅**

戴安娜路 15 号

1933

**住宅**

法肯斯汀路 92–96 号 b

1934 ~ 1935

默瑞斯·豪瑟

运用美学的基本原理，同时考虑到住宅发展的新模式，默瑞斯·豪瑟将位于戴安娜路的出租公寓设计成带阳台的小单元公寓楼，并在平台上设置日光浴室和其他公用设施。法肯斯汀路大街住宅由三幢平行布置的住宅构成，每幢住宅的平面布

戴安娜路住宅
Dianastrasse Housing

法肯斯汀路住宅
Falkensteinstrasse Housing

局相同，底层是日常起居空间，卧室设在二楼，这两项设计都以实用性为主要的设计标准。

豪瑟在圣加仑的晚期作品还有位于卡佩伦路3号的住宅(1952～1953)。

*S.von Moos et al., Das Neue Bauen in der Ostschweiz, ein Inventar, Sankt Gallen 1989; Guide to Swiss Architecture 1920-1990, vol.1, 103, p.36; 104, p.37.*

圣加仑

## 经济和社科学院

都弗路50号

1957～1963

瓦尔特·M·弗德尔,鲁道夫·奥托,汉斯·兹维夫，布鲁诺·格若萨

该建筑群由主体建筑及围绕四周的其他附属建筑自由布局而成，四个报告厅和行政办公区可通过门厅中引人注目的一个形似雕塑的独立楼梯到达。尽管，该设计不可避免地采用了标准化构件，但通过一些表现主义的设计手法并与造型艺术的某些元素相结合，标准化构件所产生的效果被削弱。许多艺术家包括阿普、卡德尔、乔柯麦提、米若和塔皮斯的雕塑和绘画作品都被布置在室内外多个特别的空间序列中。该建筑群中的图书馆设计充分考虑到与周围其他建筑的和谐一致，图书馆由布鲁诺·格若萨主持设计，1986～1989年建造。

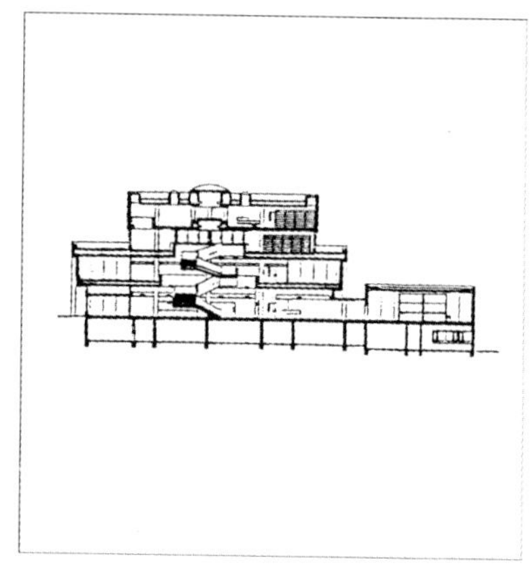

*Werk, 4, 1962; 8, 1963; 12, 1964; Architecture, formes+fonction, 10, 1963-64; A.Altherr, New Swiss Architecture, Teufen 1965; Guide to Swiss Architecture 1920-1990, vol.1, 112, p.41.*

圣加仑

## 市剧院

博物馆路24号

1961～1968

克劳德·派拉德(卡莫－加瑞－派拉德)，H·古勒

市剧院位于市内的一个公园内，毗邻音乐厅和美术馆，是一座造型独特、充满活力的混凝土建筑，平面采用六边形布局，向四周扩展，宜于观众从各方向进入休息厅。主剧场经由一座螺旋形楼梯到达，精心布置的楼梯平台颇具韵律感，主剧场的不规则造型保证了灵活的观赏视角。

*Bauen und Wohnen, 12, 1968; Werk, 12, 1968; Bauwelt, 1969, 17;*

经济和社科学院外观、剖面（剖面见对面页）
School of Economic and Social Sciences,view and, opposite page,section

市剧院外观、楼梯和底层平面
Municipal Theater, exterior view, stairway, and floor plan

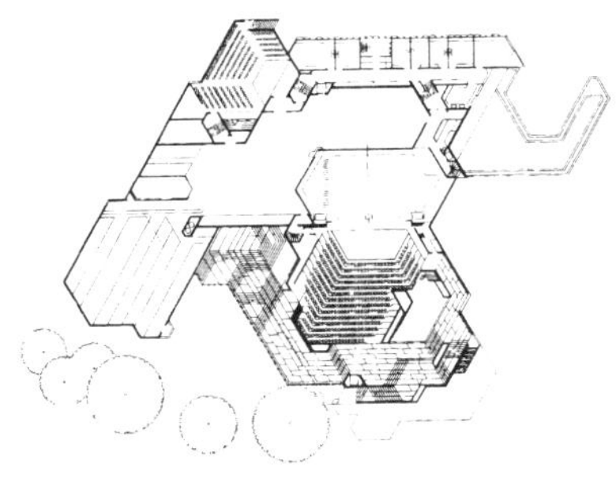

*J.Bachmann and S.von Moos, New Directions in Swiss Architecture, New York 1969; Architettura Svizzera, 9, 1973; Werk, Bauen und Wohnen, 1-2, 1980; Guide to Swiss Architecture 1920-1990, vol.1, 115, p.43.*

圣加仑

## 自然史博物馆和美术馆改造及扩建

博物馆路 32 号

1981 ~ 1987

密歇尔 · 费瑞尔，C · 希姆勒，A · 索莫

经过长期关于是应该拆除还是保护市博物馆的争论之后，市博物馆改造设计竞赛得以举行。这座建筑原是克利斯托弗 · 康克勒于 1877 年设计建造的，竞赛的胜出方案对原建筑进行了重要的重新诠释。原建筑西部的大厅被改造成主入口，分别连接大厅两侧半地下的两翼，两翼中分别布置自然史展区和 20 世纪艺术展区。新扩建的部分沿着建筑的纵轴线方向布置，大厅两侧的半圆形建筑似乎拔地而起，作为临时展厅和多功能用房，它们重新塑造了这个建筑的外观体量。

*Archithese, 1, 1986; Werk, Bauen und Wohnen, 5, 1988; 12, 1989; Rivista Tecnica, 1-2, 1988; Schweizer Architekten, Winterthur 1990; Abitare, 296, 1991; P.Disch(ed), L'architettura recente nella Svizzera tedesca 1980-1990, Lugano 1991, p.246; Guide to Swiss Architecture 1920-1990, vol.1, 119, p.45.*

希维伦 - 沃登堡

## 高速公路上的维修站和人行天桥

高速公路 N13

1988 ~ 1990

昆特斯 · 米勒，保拉 · 马兰塔，克利斯托弗 · 马塞斯，沃尔特 · 彼勒，M · 施密德

自然史博物馆和美术馆
Museum of Natural History and Fine Arts

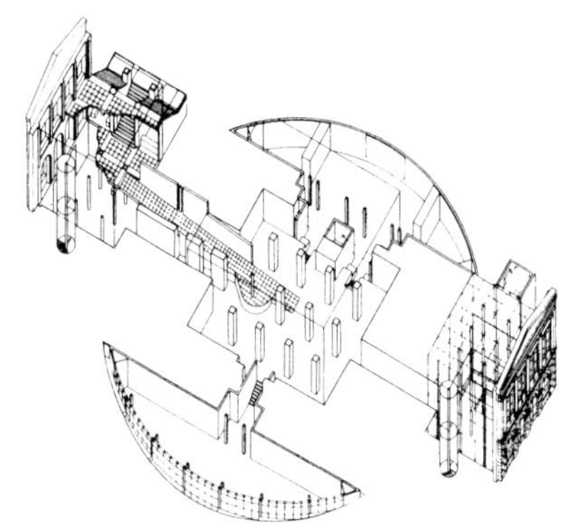

这座钢筋混凝土支撑的木质人行天桥横跨高速公路，连接两端的瞭望塔，整座天桥酷似传统的廊桥，该设计赋予平凡的题材以典雅的风格，运用简单的建筑元素创造出优美的建筑效果。

*Hochparterre, 6, 1990; W.Stadelmann, Holzbrücken der Schweiz, Chur 1990; Holz Bulletin, 32, 1992; Werk, Bauen und Wohnen, 3, 1992; Guide to Swiss Architecture 1920-1990, vol.1, 212, p.57.*

瓦特威尔

**赫波林公司工厂**

车站路／艾伯纳特路 79 号

1925，1969 ~ 1971

泽克勒与巴莫尔，沃尔特·卡斯特尔，弗雷德·豪斯塔瑟，汉斯·布里克

这座建于 1925 年的纺织厂内尺度高大的气窗和建筑内部的柱头向人们展示着 19 世纪的建筑风格。与之形成鲜明对比的是在工厂扩建时期建造的生产车间和办公建筑（1969 ~ 1971），它们标志了当时工业建筑发展的顶峰，灵活的内部空间布局、网格状的铝材立面和整体太阳能保温装置使建筑显得轻盈灵活，具有伊更·埃尔曼风格。

*Baumeister, 12, 1971; Schweizerische Bauzeitung, 34, 1971; 10, 1971; Architettura Svizzera, 9, 1973; Werk, Bauen und Wohnen, 1-2, 1980; S.von Moos et al., Das Neue Bauen in der Ostschweiz, Sankt Gallen 1989; Guide to Swiss Architecture 1920-1990, vol.1, 216, p.60.*

高速公路上的维修站和人行天桥
Highway Service Station and Footbridge

赫波林公司工厂
Heberlein Industrial Plant

瓦特威尔

## 住宅和工作室

人民大厦路 24 号

1930

弗莱兹 · 恩格勒

1930 年，弗莱兹 · 恩格勒仅用 3 个半月设计建造的“没有屋顶”的住宅和工作室在瓦特威尔当地引起巨大反响，该设计采用经济实用的建筑空间和材料，重视功能，省略各种装饰，这些处理手法使这座住宅成为该地区第一个现代建筑的代表。

瓦特威尔地区另一座引人关注的建筑是赫波林住宅，位于埃赫豪夫路 6 号，1940 ~ 1941 年建造，马克思 · 恩斯特 · 黑夫利设计。

*S.von Moos et al., Das Neue Bauen in der Ostschweiz, Sankt Gallen 1989; Guide to Swiss Architecture 1920-1990, vol.1, 217, p.61.*

维德诺

## 贝尔多纳纺织厂

诺尔伦大街 13 号

1985 ~ 1987

苏特与苏特

该设计源自一项邀请设计竞赛的胜出方案，设计以注重功能、布置灵活和高效率为主要标准，该建筑的突出特征是采用锯齿形的棚式屋顶与玻璃幕墙的立面相呼应。

*Werk, Bauen und Wohnen, 10, 1989; Guide to Swiss Architecture 1920-1990, vol.1, 220, p.62.*

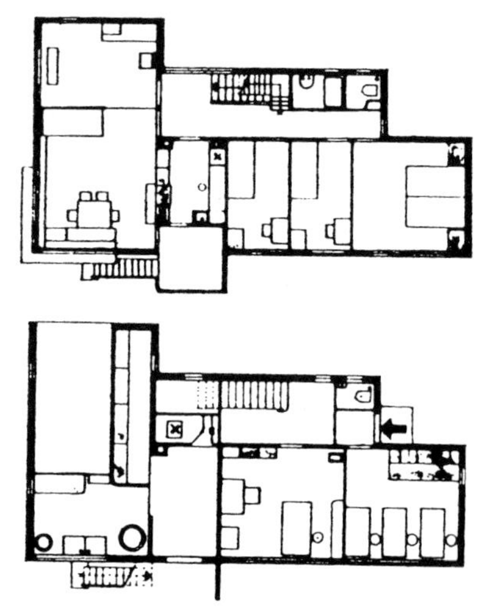

维尔

## 霍尔利曼工厂

车尔菲斯汀路 54 号

1937 ~ 1939，1947，1967

保罗 · 楚尼格，弗瑞兹 · 沃特

这座工厂自 20 世纪 30 年代起经历了几个建设阶段，反映了身为业主兼客户的汉斯 · 赫里曼这个从前的手工艺人朴素实用的设计手法。最初的设计构想从对称布置的入口建筑处仍依稀可辨，入口建筑包括办公区、主人住宅和经理住宅，后期的扩建工程力图保持原有的网格布局，以满足新的需求。平面布局反映了早期工业建筑对于生产控制的设计理念。

*S.von Moos et al., Das Neue Bauen in der Ostschweiz, Sankt Gallen 1989.*

住宅和工作室外观、底层平面（底层平面见对面页）
House and Studio, view and,opposite page,floor plans

贝尔多纳纺织厂
Beldona Textile Factory

霍尔利曼工厂早期照片
Hürlimann Works, period photo

# 阿彭策尔州

赫瑞索

## 地区精神病诊所

克鲁巴赫路 1-15 号

1906 ~ 1908

瑞特迈耶与弗瑞尔

建筑师充分考虑到诊所的功能需求，采用已经成熟的成组分隔式的建筑形式，按照 19 世纪流行的健康和卫生观念，将诊所单独设在城市郊外的一片绿地上，各诊疗部门和病房的设计具有地方风格。

*Schweizerische Bauzeitung, 56, 1910; INSA.Inventario Svizzero di Architettura 1850-1920, vol.I, Berne 1984.*

赫瑞索

## 地区银行

水果市场 1 号

1977 ~ 1984 年

恩斯特 · 吉泽，P · 迈耶，R · 克莱默，W · 斯卡夫

这座新建的银行大楼位于水果市场广场的一端，具有传统风格。建筑立面采用阿彭策尔地方建筑的比例，二层以上出挑，底层形成柱廊，屋顶与邻近的建筑尺度相似。通过材料的选用，该建筑试图与周围建筑取得联系，从而达到最终的和谐，这些材料包括柱子的铜制贴面、立面上的铝材以及窗户上出挑

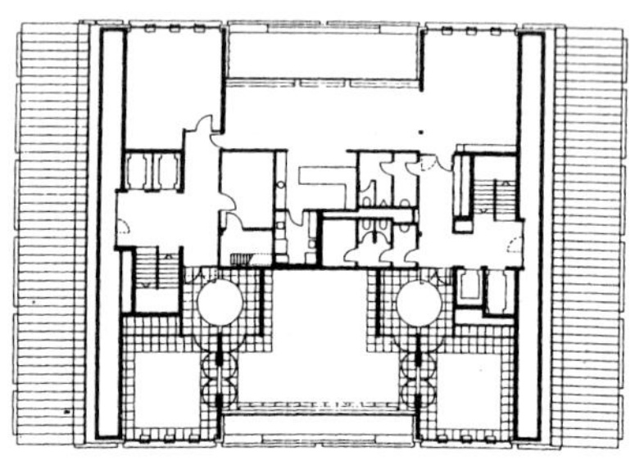

地区精神病诊所
Cantonal Psychiatric Clinic

地区银行外观和平面
Cantonal Bank,view and plan

的斜撑。

*Werk-archithese, 25-26, 1979; Archithese, 1, 1986; Detail, 4, 1986; Rivista Tecnica, 1-2, 1986; Guide to Swiss Architecture 1920-1990, vol.1, 204, p.53.*

托罗更

### 佩斯特鲁兹村

1946 ~ 1949，1959 ~ 1960，1967 ~ 1968

汉斯 · 菲施利，马克思 · 格雷夫，恩斯特 · 吉泽

佩斯特鲁兹村建于二战刚刚结束之后，由瑞士慈善家罗伯特 · 卡迪出资建造，它成为许多基金会专为无论任何种族和国家的孤儿和难民提供帮助的机构的典范。通过应邀参加设计竞赛，菲施利设计建造了该项目第一期的住宅。20 世纪 50 年代，格雷夫设计了学校和职工宿舍，这里的最后一个项目是吉泽设计的一个木质小礼拜堂，它塑性的造型创造了一个适合基督教氛围的祈祷场所。

*Schweizerische Bauzeitung, 128, 1946; 45, 46, and 47, 1949; L' architecture d'aujourd'hui, 25, 1949; H.Volkart, Schweizer Architektur, Ravensburg 1951; J.Maurizio, Der Siedlungsbau in der Schweiz 1940-1950, Erlenbach 1952; Werk, 3, 1961; 3, 1969; Guide to Swiss Architecture 1920-1990, vol.1, 213, p.58.*

佩斯特鲁兹村鸟瞰
Pestalozzi Village, aerial view

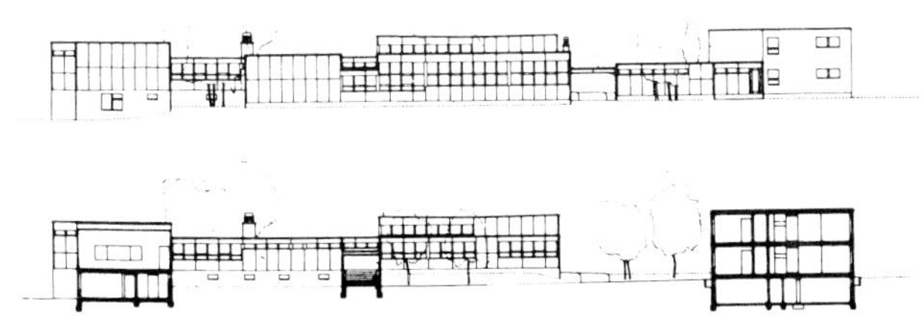

佩斯特鲁兹村学校、立面和剖面
Pestalozzi Village Schools,elevation and section

# 列支敦士登公国

斯堪

## 学校和娱乐中心

1973 ~ 1976

沃尔特 · 辛德勒

这个建筑组团由一所学校和多种娱乐设施组成，建筑围绕三个中心区布置，三个中心区之间由半开放式走廊相连接，建筑高低错落，采用扇形窗和活动隔断，从而使建筑获得最佳的室内自然采光和最大的空间灵活性，这些方面均是教学设施设计探索的出发点。

施伦堡

## 天主教堂

1958 ~ 1963

埃德华德 · 雷德纳，G· 迈林，F· 维格纳，R · 阿里希亚

天主教堂坐落在一片高地上，俯瞰下面的峡谷，该建筑朴素的外形与内部螺旋上升的空间相结合，突出了教堂建筑的精神境界。

*Werk, 1, 1965; Guide to Swiss Architecture 1920-1990, vol.1, 211, p.56.*

瓦图兹

## 穆莱霍兹学校

马里安农路 45 号

1968 ~ 1990

恩斯特 · 吉泽，C· 斯维菲尔

穆莱霍兹学校是 1968 年的设计竞赛胜出方案，20 世纪 80 年代又经扩建。这所学校包括文法高中和理科高中，一个体育馆、图书馆、礼拜堂和管理学校的神职人员宿舍。总体布局自由，各种设施被布置在不同的建筑体量中，并通过专门的通道和空间相联系。

在列支敦士登，值得关注的建筑除了位于沙伦路 1-9 号的瓦图兹联排式住宅，还有吉泽设计的位于莱布拉大街 12 号的斯堪剧院(1972)。

*Architettura razionale, exhibition catalogue, Milan 1973; Architectural Design, 8, 1977; A+u, architecture and urbanism, 8, 1977; Costruire, 109, 1978; Werk-archithese, 13-14, 1978; W.Blaser, Architecture 70/80 in Switzerland, Basel 1981.*

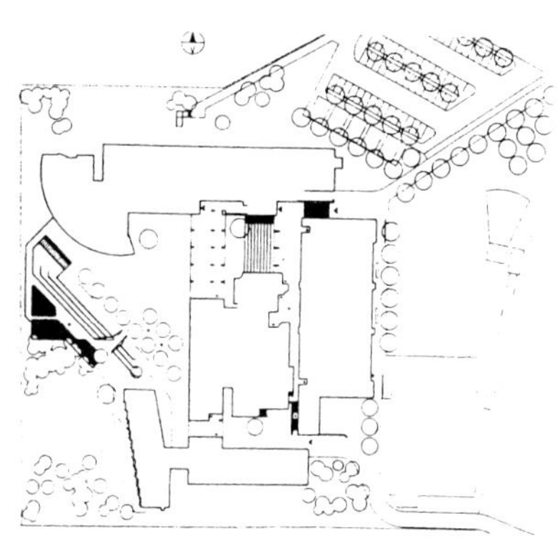

学校和娱乐中心，总平面
School and Recreation Center,site plan

学校和娱乐中心外观
School and Recreation Center, view

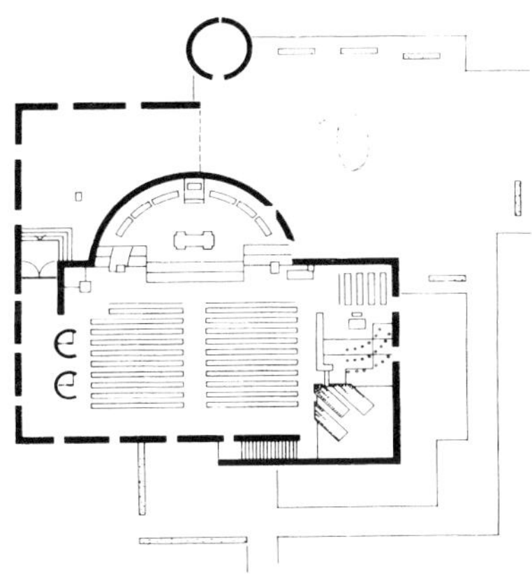

天主教堂室内和底层平面
Catholic Church, internal view and floor plan

穆莱霍兹学校
Mühleholz School Complex

# 阿尔高

阿劳

## 室外游泳池及浴场

乌弗普莱曼耐德 / 舒森豪斯路

1952

马克思·恩斯特·黑夫利，维尔纳·马克思·默泽尔，鲁道夫·施特格

阿尔高浴场的设计采用了与阿伦莫斯浴场相似的设计手法，阿伦莫斯浴场建于战前的苏黎世，由同一批建筑师设计完成，阿尔高浴场位于河岸的绿地之中，包括几个游泳池、多个休息亭、更衣室和一家餐馆。

*L'architecture d'aujourd'hui, 121, 1965.*

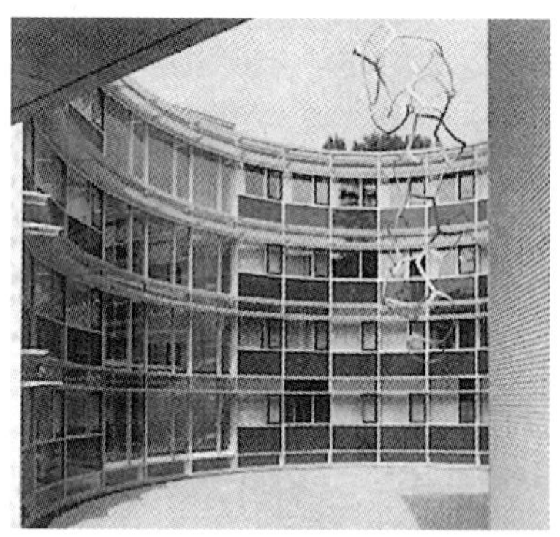

阿尔高

## 办公楼

劳伦森沃斯塔特 11 号

1987 ~ 1992

乌尔斯·布卡德，阿德立安·迈耶，马克思·斯汀格，D·克莱格，H·尼恩豪斯，M·布拉特，W·泰勒

这座圆形办公楼是这一地块周边建筑的重要定位点，该建筑出色的功能组合、恰当的立面构图和精致的细部处理突出了这座建筑的个性特征。

室外游泳池及浴场早期照片
Outdoor Swimming Baths,period photo

办公楼内院和室内
Office Building, court and internal view

*P.Disch(ed), L'architettura recente nella Svizzera tedesca 1980-1990, Lugano 1991, p.110.*

巴登

**NOK 大楼**

公园路 23 号

1927 ~ 1928

奥托与维尔纳 · 普菲斯特

NOK 公司（瑞士东北部电力公司）的行政办公楼是一座不高的三层楼，其特征是采用了复折式屋顶和花岗石檐口，窗间墙由突出的带状线角划分出来，使立面具有一种紧凑的几何韵律。设计师在此之前还为 NOK 公司在施维茨州的瓦吉特尔设计建造了一个水坝（1923 ~ 1924）。

*50 Jahre Nordostschweizerische Kraftwerke AG Baden, Zurich 1965; INSA.Inventario Svizzero di Architettura 1850-1920, vol.I, Berne 1984.*

巴登

**邮局**

车站路 3 号

1929 ~ 1931

卡尔 · 莫泽尔

莫泽尔设计的这座邮局无论是在功能组合还是在建造特征方面，都堪称邮局建筑的典范，在这里，莫泽尔将各种办公空间环绕一个中庭布置，采用钢筋混凝土框架结构，立面采用人造石饰面。库尔耶与莫泽尔在 19 世纪与 20 世纪之交在巴登设计的其他值得关注的建筑作品有位于兰德里路 5 号的包弗瑞别墅（1895 ~ 1997）、位于罗莫路 30 号的朗玛特别墅（1899 ~ 1906）和位于米林格大街 34 号的布尔哈德别墅（1904 ~ 1905）。

*INSA.Inventario Svizzero di Architettura, vol.I, Berne 1984.*

NOK 大楼
NOK Building

邮局
Post Office

巴登

## 市服务中心

哈赛尔路 15 号

1931 ~ 1934

罗伯特 · 朗，汉斯 · 鲁弗

改造

1987 ~ 1989

埃普勒，马里兰与合作者

这座建筑是巴登地区自 20 世纪 30 年代以来最引人注目的建筑作品之一，是罗伯特 · 朗和汉斯 · 鲁弗合作设计的成果，他们在 1931 年的设计竞赛中分别获得了第一名和第二名，奥托 · 萨尔维斯伯格是评委之一。该方案是一组清水混凝土建筑，细致地分为主体建筑、工作车间和商业侧翼。立面使用大面玻璃和带状金属窗框构件，由于采用了模数制，立面取得了均衡的构图效果。

*Neues Bauen in der Schweiz, Führer zur Architektur der 20er und 30er Jahre, Blauen 1985; Guide to Swiss Architecture 1920-1990, vol.2, 213, p.100.*

巴登

## 布朗 · 巴弗瑞工业集团

哈赛尔路 / 布鲁格路 / 维森路

1942 ~ 1946

罗兰特 · 罗恩

布朗 · 巴弗瑞工业集团始建

市服务中心（左上）
Above left: Municipal Services Headquarters
布朗 · 巴弗瑞工业集团鸟瞰和办公楼早期照片
Brown Boveri Industrial Complex, aerial view and period photo of offices

于19世纪末，是瑞士主要的电动机械制造商，同时也是巴登地区城市发展的一个重要因素。罗恩在20世纪40年代工业集团扩建时期设计的几座建筑采用了纯粹的几何造型，其中，位于哈赛尔路的两座建筑（厂房和办公室）的特征是立面上竖向布置的窗孔，而位于布鲁格大街的建筑则采用水平向的带形窗与之对应。

*H.Volkart, Schweizer Architektur, Ravensburg 1951; Werk, 7, 1954; INSA.Inventario Svizzero di Architettura 1850–1920, vol.I, Berne 1984; Guide to Swiss Architecture 1920–1990, vol.2, 209, p.96.*

巴登

## 礼拜堂和火葬场

里本菲斯墓地

1957

埃迪与鲁斯·拉奈斯，莱斯·沃伦

一条带有肃穆宗教气氛的小路从南坡上古老的墓地旁经过，通向矩形的教堂广场，广场设有一座巨大的铜质喷泉、礼拜堂和火葬场。礼拜堂的坡屋顶和混凝土大门从周边的围墙中庄严地耸立出来，围墙内部形成了一个围合空间。

这几位建筑师还设计了一座天主教堂（1965），位于温迪施罗马圆形剧场旁。

*Schweizerisches Baublatt, 7, 1957; Werk, 10, 1959; Deutsche Bauzeitschrift, 8, 1960; A.Altherr, New Swiss Architecture, Teufen*

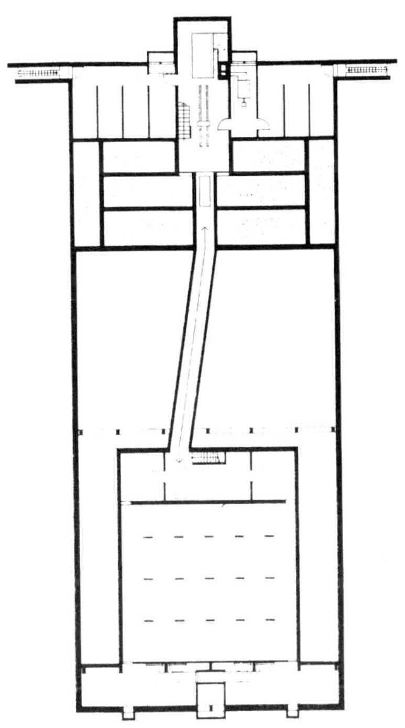

礼拜堂和火葬场
Chapel and Crematorium

*1965; Guide to Swiss Architecture 1920-1990, vol.2, 215, p.101.*

巴登

## 州立学校

塞米纳路 3 号

1960 ~ 1964

弗莱兹·哈勒,E·梅埃尔,A·瑞格特,J·伊登

弗莱兹·哈勒对钢结构体系的研究令人瞩目，他把建筑工业化的成果运用于建筑设计，由于对建造过程的重要性和材料的特殊品质十分了解，哈勒试图在建筑和功能之间建立一种中性的联系，并为灵活使用和进一步开发留有余地。他的模数化研究涵盖了从单体建筑定位到总体规划布局等一系列项目。在这个实例中，他设计了若干尺度各异的长方体用以安置教室、体育馆和办公区。

*Bauen und Wohnen, 10, 1964; 7-8, 1981; 7-8, 1992; Domus, 695, 1988; Guide to Swiss Architecture 1920-1990, vol.2, 216, p.101.*

巴登

## 多功能大楼

火车站路 40-42 号

1979 ~ 1983

乌尔斯·布卡德，安德鲁·迈耶,马克思·斯汀格,Y·莫雷安,R·德提克,H·尼恩豪斯,P·苏斯图恩科

## 霍驰中心

霍驰，达特维尔

1984 ~ 1988

乌尔斯·布卡德,安德鲁·迈耶,马克思·斯汀格，W·阿诺德,H·尼恩豪斯,P·斯莫曼,C·施韦泽尔，R·泰迪施

## 综合楼

马丁斯伯尔路 40 号

1989 ~ 1992

乌尔斯·布卡德,安德鲁·迈耶,马克思·斯汀格,R·堪施,W·克尼士特，D·巴恩瓦特

这座多功能大楼位于车站地区，楼内设有一个州立银行、一家百货商场、一些商铺和公寓。设计的重点是模数构件的应用，其目的不仅仅是要把建筑设计成一个巨大的容器，而且要使它成为城市结构中的一个组成部分。设计者从不同的层面来处理环境，广场、道路和门廊的设计是和楼层与楼层之间的透视景观相关联的。在布卡德、迈耶和斯汀格的作品中，建筑被视为“房屋的艺术”，通过这样的设计过程，塑造出了每栋建筑的特征和它新颖的城市格局。

这个阿尔高的事务所还设计了位于车站广场上的瑞士信贷银行（1987 ~ 1991）。

*Rivista Tecnica, 1-2, 1984; Domus, 657, 1985; Werk, Bauen und Wohnen, 3, 1989; P.Disch(ed), L'architettura recente nella Svizzera tedesca*

州立学校外观和总平面
Cantonal School, view and site plan

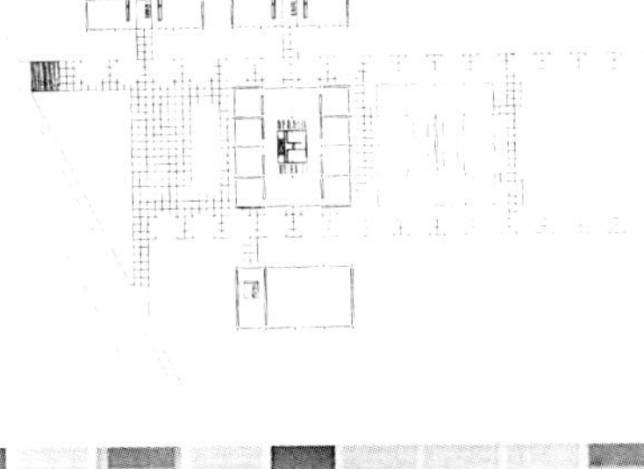

多功能大楼（中左）
Middle left: Multipurpose Building

综合楼（中右）
Middle right: Mixed-Use Building

霍驰中心
Höchi Center

*1980-1990, Lugano 1991, p.124 and 127; Guide to Swiss Architecture 1920-1990, vol.2, 218, p.102; 222, p.104; 219, p.103.*

巴登－达特维尔

## 住宅

皮尔格路

1985 ~ 1987

沃尔纳·埃格里，汉斯·鲁尔，U·穆勒，J·迈耶，R·霍夫曼

这个住宅项目位于巴登近郊，由6排住宅和东南角的一栋5单元公寓楼组成。设计者通过设计高度个性化的住宅，创造良好的外部空间和设计屋顶花园等手段，力图消除城市边缘生活的平淡氛围。

这个事务所还设计了布尔哈德地区学校的扩建项目（1982 ~ 1986）。

*Werk, Bauen und Wohnen, 6, 1988; Ideales Heim, 3, 1991; P.Disch(ed), L'architettura recente nella Svizzera tedesca 1980-1990, Lugano 1991, p.123; Guide to Swiss Architecture 1920-1990, vol.2, 222, p.104f.*

巴登

## 历史博物馆

兰德沃提施路斯

1988 ~ 1992

维尔弗雷与卡特雷纳·施泰博

历史博物馆采用钢筋混凝土结构，形似一个凸状构件，紧密地依附在山坡上，静静地融入河畔的景观之中，该建筑面向老城区的部分，立面采用带状长窗强化水平视觉效果。一条人行道环绕博物馆外墙。该设计采用了简单的建筑材料，如清水混凝土、镀锌屋顶、铜、玻璃和木材等。

*P.Disch(ed), L'architettura recente nella Svizzera tedesca 1980-1990, Lugano*

住宅
Housing

历史博物馆
History Museum

*1991, p.132; Werk, Bauen und Wohnen, 12, 1992; Hochparterre, 12, 1992; Bauwelt, 35, 1993; C.Affolter, Unsere Kunstdenkmäler, Berne 1993; Guide to Swiss Architecture 1920-1990, vol.2, 221, p.106.*

巴登

## 卡普勒豪夫学校扩建

1991 ~ 1992

科恩菲尔德路

多尔夫 · 施奈比利，S · 豪赛尔曼，D · 巴斯提安洛，B · 提安科勒，M · 索博格，P · 斯图堡，P · 沃伦威德

在这个项目中，设计者首先考虑的是把当地一所新建的小规模学校与一组原有的建筑相结合，这是两种几何体系即相互垂直的道路网格与斜向布置、东南朝向的原有学校建筑的结合，这使得教室沿学校建筑的周边作弧线形布局，学校入口是一个设在位于道路和多功能厅之间的高大中庭，中庭处在一道阻挡街道噪声的后墙和教室之间。该设计是简洁与丰富的对比：即简单的材料和简洁的细部处理手法与墙面丰富光影效果的对比，个体与整体之间相互联系所创造的丰富空间感受的对比。

另一个新旧结合的实例是位于古老的苏荷大街 13 号的住宅和商店，由施奈比利和伊施多 · 雷瑟设计，1989 ~ 1990 建造。

*The Architectural Review, 1, 1991; du, 5, 1992; Werk, Bauen und Wohnen, 3, 1994.*

历史博物馆室内
History Museum, interior view

卡普勒豪夫学校扩建
Extension to the Kappelerhof School Complex

布雷姆格登

## 兵营

西北城郊外

1959 ~ 1968

伊斯特与鲁道夫·居耶，马诺尔·保利，F·施瓦伦

布雷姆格登兵营采用先进的预制构件技术建造，可容纳700名士兵住宿，虽然使用相同的标准构件重复排列，却取得了惊人的塑性效果。

*Schweizerische Bauzeitung, 10, 1960; Schweizerische Journal, 11, 1966; Werk, 8, 1968.*

布鲁克

## 施塔瑞恩多功能建筑

施塔瑞恩路2号／派罗恩

1985 ~ 1993

迈特恩（乌利·鲁格，弗朗斯·鲁斯，吉奥康达·德·民）

这座三角形平面的办公和公寓楼俯视着布鲁克车站，平面围绕着一个中央庭院布局，垂直交通和公共服务设施安排在顶层。这样，三角形的两翼就得以安置办公区，而在东边的一翼中设置公寓。窗洞的排列强化了石棉水泥饰面的弧形立面效果。这个位于阿尔高的建筑事务所近期其他值得关注的作品还有州立医院（1984 ~ 1992）。

*Hochparterre, 9, 1993; Architektur & Technik, 1, 1994.*

布鲁克－温迪施

## 工学院

克洛斯特茨格路

1962 ~ 1966

弗莱兹·哈勒，A·瑞格特，J·伊登

基于建筑师生产过程中的产品设计理念和寻求通用性解决方案的努力，哈勒在这项设计中采用了模数体系，从而创造出了自由的空间关系，让用户根据具体的功能需求组织内部空间。在布鲁克－温迪施工学院的设计中，各种教学设施被组织在两个简洁的建筑体量之中，主体建筑内布置陈列室、办公室和讲座大厅，教室和工作室则布置在另一个长方体之中。

*Bauen und Wohnen, 8, 1968; 7-8, 1981; 7-8, 1992; Detail, 1, 1969; J.Bachmann and S.von Moos, New Directions in Swiss Architecture, New York 1969; Archithese, 1, 1982; Fritz Haller bauen und forschen, Solothurn 1988; Guide to Swiss Architecture 1920-1990, vol.2, 253, p.123.*

兵营
Barracks

施塔瑞恩多功能建筑，外观及剖面
Stahlrain Mixed-Use Building, view and section

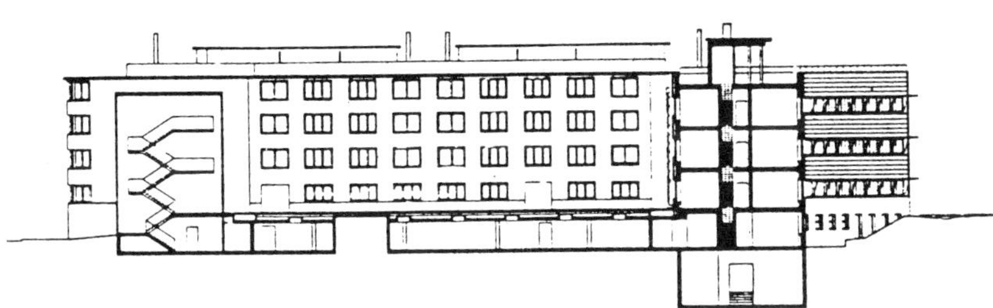

工学院
Technical College

劳芬博格

## 职业学校

温特图尔路 3 号

1985 ~ 1992

马里兰 · 布尔克哈特，克瑞斯蒂安 · 苏密，C · 阿瑞安，A · 弗洛里赫

这个学校建筑是一个总体项目的组成部分，这个总体项目源自1985 年的一次设计竞赛，包括一个老人之家和一个购物中心，职业学校是栋单体建筑，按功能分为 3 层，建筑的南面对着道路，设置了入口、公共图书馆和职工用房，建筑的北面没有采用水平分划，在二、三层布置教室，占了两个楼层。该建筑的室内设计丰富多样，特别是对材料的非常规应用，创造出不同的光感效果。

*Werk, Bauen und Wohnen, 12, 1992; Hochparterre, 11, 1992; Lotus international, 73, 1992; Faces, 27, 1993; Domus, 754, 1993; Guide to Swiss Architecture 1920-1990, vol.2, 234, p.112.*

伦斯伯格

## 教区中心

车站路

1983 ~ 1994

路吉 · 斯诺茨，布鲁诺 · 金尼，C · 布提，E · 多蒙尼黑尼，R · 卡瓦迪尼，M · 阿诺伯蒂

这个项目的关键是设计了一个连接车站大街的广场和一个通向特纳路的公园，该项目还包括一座具有当地典型别墅风格的儿童之家。周边的城市建筑环境为：一座带钟塔的大教堂、一座教区住宅、一座古老的小礼拜堂和沿车站大街的住宅，小教堂经改造后增加了钟塔作为广场的入口标志。这些公共空间成为连接广场和公园的纽带。

*Rivista Tecnica, 11, 1983; T.Boga, Tessiner Architekten, Zürich 1986.*

默赫林

## 巴塔社区

巴塞尔西面的莱茵河畔

1930 ~ 1960

汉尼堡 · 纳夫

巴塔社区是 1930 年捷克制鞋商托马斯 · 巴塔（1876 ~ 1932）创建的。从兹林开始，倡导在世界各地建立工人新村，兹林甚至邀请勒 · 柯布西耶参与多项巴塔的工厂和商店设计。位于默赫林的巴塔社区由制鞋区和住宅区以及休闲活动区构成，不仅具有很高的建筑品位，而且还突出了与当时的开拓进取思想相吻合的企业战略，把伦理和社会原则与生产激励机制相结合。巴塔公司的建筑师运用具体模型制定了这几个项目的总体方案，汉尼堡 · 纳夫在 20 世纪 40 年代和 50 年代参与了该社区的设计。

汉尼堡 · 纳夫的另一个值

得关注的建筑作品是位于苏黎世奥伯拉特路 13 号的施龄造纸厂(1949 ~ 1951)。

*Rassegna, 3, 1980; J.L.Cohen, Article Bat'a in:Le Corbusier(Centre Pompidou publication), Paris 1987; Die Bata-Kolonie in Möhlin, exhibition catalogue, Basel 1992; Guide to Swiss Architecture 1920-1990, vol.2, 239, p.115.*

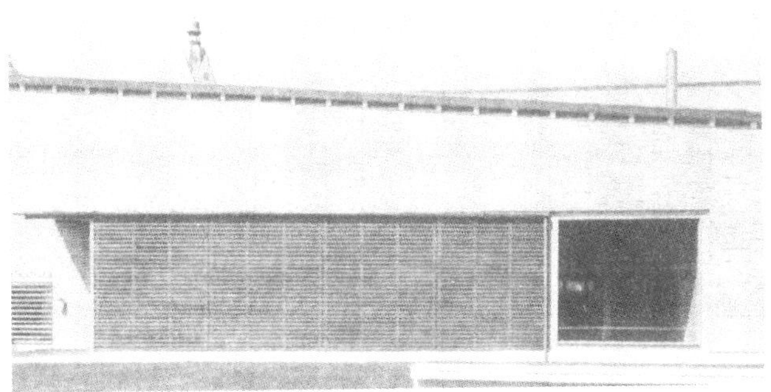

劳芬博格职业学校
Laufenburg School

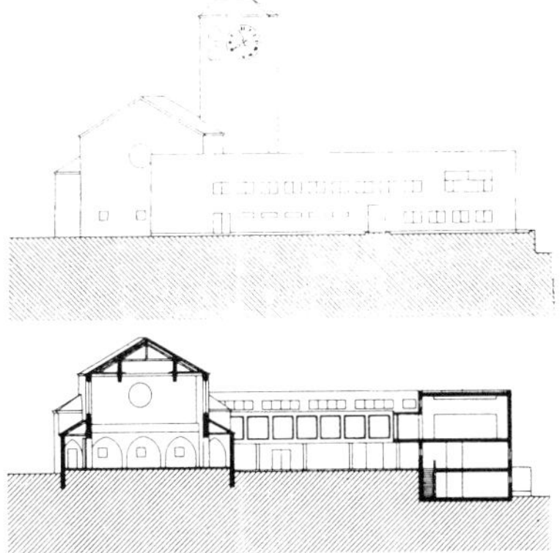

教区中心模型鸟瞰、立面和剖面
Parish Center, model view, elevation and section

巴塔社区
Bat'a Colony

穆里根

## 劳赫住宅区

1985 ~ 1987

迈特恩(乌利 · 鲁格,弗朗斯 · 鲁斯, 吉奥康达 · 德 · 民), J· 克兰特

迈特恩事务所完成的大批重要的设计作品表明他们在住宅设计领域积累了丰富的经验。这个设计事务所20世纪60年代的特点是力图使建筑业成为一个真正自律的行业，由于受构成派现实主义的启发，他们研究的重点是根据具体的文脉特征，使功能和形式的设计以及材料的选择理性化。

该事务所在阿尔高州设计的其他住宅项目有：泽赫利住宅区，位于温迪施的泽尔利彻路（1979 ~ 1981）；奥菲尔巴姆，位于斯特藤的巴姆格登大街（1984 ~ 1986）。

*J.Bachmann and S.von Moos, New Directions in Swiss Architecture, New York 1969; Werk-archithese, 21-22, 1978; Aktuelles Bauen, 8, 1980; Archithese, 2, 1985; Werk, Bauen und Wohnen, 12, 1985; 10, 1989; P.Disch(ed), L'architettura recente nella Svizzera tedesca 1980-1990, Lugano 1991, p.122.*

劳赫住宅区，泽赫利住宅区和奥菲尔巴姆

Siedlungen Loh, Zelgli and Oepfelbaum

苏尔

**购物中心**

伯恩西路

1984 ~ 1986

圣地亚哥・卡拉特拉瓦，彼得・弗雷

**巴朗玛特社区中心**

1984 ~ 1988

圣地亚哥・卡拉特拉瓦，G・赫汀

卡拉特拉瓦的雕塑造型天赋在这两个项目中得到了最好的体现，巴朗玛特社区中心的音乐厅屋顶造型就像一台装弦的乐器，采用 V 形剖面的箱形梁结构支撑在周边的柱子上，并用钢缆牵引加固，覆盖了 25m × 40m 的范围，建筑的纵向墙体向内倾斜 45° 角，使结构更加牢固。购物中心的造型像一个巨大的圆柱体，其主要特征是连续的环状金属阳台，由预制混凝土构件支撑，屋顶的自然采光强化了内部的空间效果。

*Domus, 705, 1989; P.Disch (ed), L'architettura recente nella svizzera tedesca, Lugano 1991, p.111.*

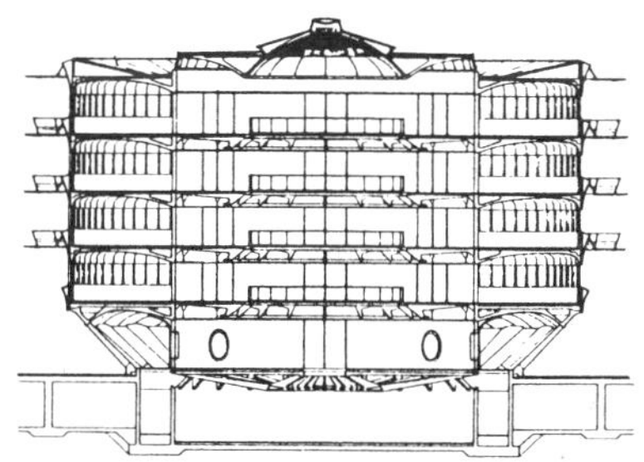

购物中心外观和剖面
Shopping Center, view and section

巴朗玛特社区中心室内
Bärenmatte Community Center, internal view

沃伦

## 州立学校

阿曼德路

1983 ~ 1988

乌尔斯 · 布卡德，安德鲁 · 迈耶，马克思 · 斯汀格，圣地亚哥 · 卡拉特拉瓦，D · 克莱格，R · 吉瑟格，H · 宾格利

这所建于沃伦的学校是由布卡德、迈耶和斯汀格设计的，其中四个部分的设计具有明显的卡拉特拉瓦的形式语言特征，它们是入口雨篷、图书馆、门廊和大厅。图书馆的屋顶由四个混凝土拱壳构成，它们固定在一个位于中心的支柱上，大厅采用V形剖面的箱形梁体系，巨大的雨篷由门廊向外出挑，由横梁和钢缆支撑，成为学生聚会的场所。

*P.Disch(ed), L'architettura recente nella svizzera tedesca, Lugano 1991, p.125; Guide to Swiss Architecture 1920-1990, vol.2, 257, p.125.*

沃瑞林根

## 山坡下的住宅

斯汀布鲁赫路

1983 ~ 1988

多尔夫 · 施奈比利，鲍路 · 克里克，J · 费尔，C · 古驰

这个住宅项目分三期开发，已融入该城市的环境之中，虽然这是一个低租金公寓的住宅区，但设计的原则是不忽视住宅区的总体品质，并通过总体规划和新的建筑技术予以强化，该设计不仅包括公共娱乐场地，还包括私家花园和露台。这几位建筑师还设计了阿尔高的一个重要的学校建筑，这就是位于沃

州立学校
Cantonal School

伦的邦斯马特学校（1966）。

*Detail, 4, 1984; 2, 1988; Archithese, 2, 1985; Parametro, 141, 1985; Docu Bulletin, 2, 1989; Werk, Bauen und Wohnen, 12, 1989; 12, 1990; 3, 1993; P.Disch(ed), L'architettura recente nella svizzera tedesca, Lugano 1991, p.121; du, 5, 1992; Guide to Swiss Architecture 1920-1990, vol.2, 261, p.127.*

左封根

## 陈列室和住宅

鲁泽纳路 7 号

1989 ～ 1993

马里奥 · 博塔

这座建筑不仅拉近了与临街景观的距离，而且还与其后的一座 20 世纪建筑风格的别墅相呼应。这个设计方案异乎寻常，一楼和出挑的第一层平台是宽敞的展厅，其特点是垂直的自然采光，阳光滤过天窗，洒向室内。三楼布置了一套小住宅，两边设有侧廊。建筑立面正中一个大胆的裂口突出了对称的布局，这是博塔惯用的手法。两旁紧邻的两个空透的体量则融入到周围的公园绿地中。

*a+u, architecture and urbanism, 279, 1993; Raum und Wohnen, 11, 1993.*

山坡下的住宅（上）
Top:Unter der Halde Housing

陈列室和住宅，正立面和室内
Showroom and Dwelling, front and internal view

# 巴塞尔城市半州

巴塞尔

## 巴迪彻火车站

施瓦兹沃里路 200 号

1909 ~ 1913

卡尔 · 莫泽尔

巴塞尔新车站由享有“瑞士现代建筑之父”盛誉的卡尔 · 莫泽尔设计，他以沙里宁的赫尔辛基火车站（1904 ~ 1914）为榜样，同时又对辛克尔的新古典主义进行了典雅的诠释。莫泽尔采用连续统一的檐口装饰各个建筑体量，并使用同一种材料取得总体建筑风格的完整与统一。

*W.Stutz, Bahnhöfe der Schweiz, Zurich 1976; U.Jehle-Schulte Strathaus, Bauten im 20.Jahrhundert, Basel 1977; INSA.Inventario Svizzero di Architettura 1850-1920, vol.II, Berne 1986; D.Huber, Architekturführer Basel, Basel 1993, S.144-146.*

巴塞尔

## 粮仓

哈芬路 3-7 号 / 小汉尼根

1924

汉斯 · 波恩诺里，奥斯卡 · 博斯哈特

粮仓建筑在现代主义运动中被激进的历史学家们视为最值得称赞的建筑之一，甚至勒 · 柯布西耶在他的《走向新建筑》中称其为现代主义时代的实用范例。这种实用性的建筑出现在世纪之交欧美的主要港口城市中，如伦敦、汉堡、芝

巴迪彻火车站
Badischer Bahnhof Station

粮仓
Granary

加哥和布宜诺斯艾利斯等地。这座巨大的粮仓是波恩诺里在 1924 年设计建造的，其特点在于巧妙地继承了传统形式并加以发扬，该设计采用间隙较大的砖砌图案构成巨大的中厅空间，并使用具有新浪漫主义韵律的连续券，最终以塔楼收尾。

*U.Jehle-Schulte Strathaus, Bauten im 20.Jahrhundert, Basel 1977; INSA. Inventario Svizzero di Architettura 1850-1920, vol. II , Berne 1986.*

巴塞尔

**圣安托尼斯教堂**

卡农菲尔德路 35 号

1925 ~ 1927

卡尔 · 莫泽尔与古斯塔夫 · 都普勒及儿子

改造

1981 ~ 1991

希蒂 · 都普勒，工程事务所，埃格林 · 芮丝提克 · 阿格

圣安托尼斯教堂是莫泽尔采用历史主义的手法所设计的宗教建筑中最重要的作品，运用这种手法，他还设计了苏黎世的圣安托尼斯教堂（1905 ~ 1908）和巴塞尔的圣鲍鲁斯教堂（1898 ~ 1901），位于斯汀环路 20 号。圣安托尼斯教堂是瑞士第一座钢筋混凝土教堂，负责建造该教堂的工程师是奥托 · 茨威格。该教堂是在奥古斯特 · 贝瑞设计的勒雷尼圣母教堂（1922 ~ 1923）刚刚落成之后建造

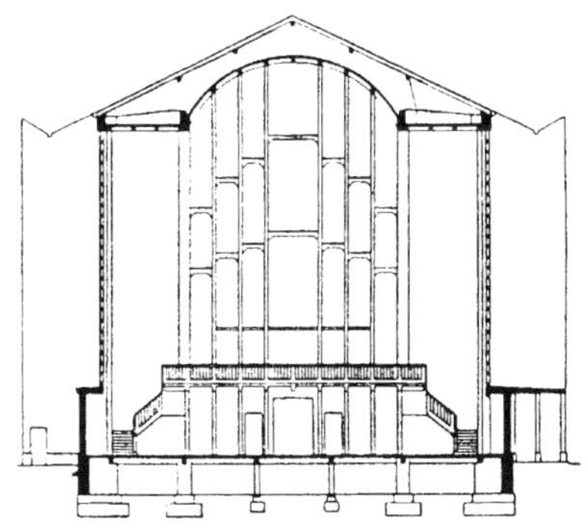

圣安托尼斯教堂，外观及剖面
Church of St Antonius,view and section

的，圣安托尼斯教堂的几何形体量组合和粗糙的表面质感被巨大的窗户设计和钟塔的造型所强化。

莫泽尔和库耶还设计了位于舒森马特路 49–55 号的住宅（1905 ~ 1906）。

*Werk, 5, 1927; Max Bill et al., Moderne Schweizer Architektur 1925–1945, Basel 1947; U.Jehle-Schulte Strathaus, Bauten im 20.Jahrhundert, Basel 1977; Die Antoniuskirche in Basel: ein Hauptwerk von Karl Moser, Basel 1991; D.Huber, Architekturführer Basel, Basel 1993, S.298 f.; Guide to Swiss Architecture 1920–1990, vol.2, 002, p.23.*

巴塞尔

## 沃格尔松住宅区

埃根乌施勒格路 1–65 号，2–60 号

1924 ~ 1925

汉斯·波恩诺里，奥古斯特·昆泽尔

## 赫尔斯布鲁农住宅区

赫尔斯布鲁农尚斯路 1–93 号，2–92/ 小林根路 50–76 号

1924 ~ 1930

汉斯·波恩诺里，奥古斯特·昆泽尔，保罗·奥伯鲁赫，汉斯·凡·德·穆尔

沃格尔松住宅区是低造价大众化住宅中最成功的实例之一，表现了建筑师波恩诺里所倡导的“社会的建筑”原则。这种花园城市的理想在设计中体现为成排地设置独户住宅，为每户设临街立面（作为典型的公共场所）和屋后花园，借以探索最基本的生活空间标准，同时采用清水的砖墙使建筑整体具有地方特色。赫尔斯布鲁农住宅区几乎建于同一时期，占据了圣克拉拉医院所在街区东部的大片地区。这里也有一排住宅建在托林根路上，是由波恩诺里在 1934 年设计的。

*Schweizerische Bauzeitung, 72, 1918; Werk, 4, 1929; 17, 1930; Habitation, 3–4, 1945; U.Jehle-Schulte Strathaus, Bauten im 20.Jahrhundert, Basel 1977; Archithese, 6, 1981; Parametro, 140, 1985; INSA.Inventario Svizzero di Architettura 1850–1920, vol. II , Berne 1986; D.Huber, Architekturführer Basel, Basel 1993, S.250–252; Guide to Swiss Architekture 1920–1990, vol.2, 001, S.24f.*

瑞亨

## 桑德鲁特住宅

温肯豪夫路 29 号

1924 ~ 1925

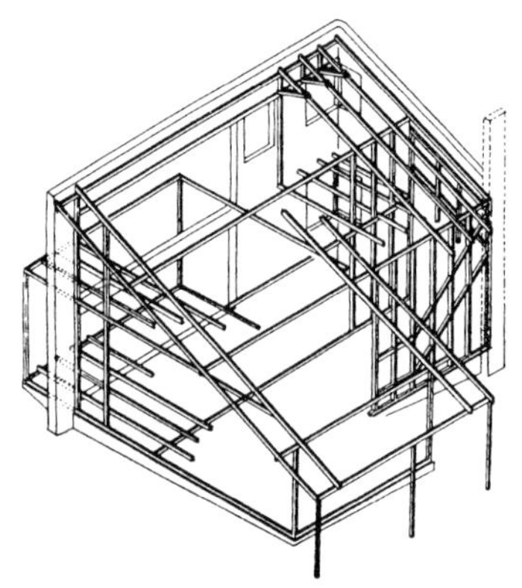

桑德鲁特住宅轴测图和拼装方式
Sandreuter House,axonometric with indications for assembly

沃格尔松住宅区
Siedlung Im Vogelsang

桑德鲁特住宅
Siedlung Hirzbrunnen

赫尔斯布鲁农住宅区
Sandreuter House

鲁道夫 · 施特格与弗莱拉 · 施特格 – 克劳弗德

该建筑采用混合结构体系建造，使用了木材、钢筋混凝土和砖石结构，体现了瑞士现代主义运动中独户住宅的基本设计原则：诸如重视建筑的基址条件和朝向、使用天然材料的固有形式，更重要的是尝试新的建造技术。

*ABC, 1924, series I, 5; Schweizerische Bauzeitung, 91, 1928; J.Gubler, Nationalisme et internationalisme dans L'architecture moderne de la Suisse, Lausanne 1975; Archithese, 2, 1980; Guide to Swiss Architecture 1920-1990, vol.2, 054, p.59.*

舒瑞恩马腾住宅区
Siedlung Schorenmatten

巴塞尔

**舒瑞恩马腾住宅区**

舒瑞恩马腾路 1–95 号

1927 ~ 1929

汉斯 · 施密特，保罗 · 阿特瑞尔，奥古斯特 · 昆泽尔

**埃格里希（沃巴）住宅区**

苏里南路 108–138 号 / 邦达姆路 / 格特巴姆路

1929 ~ 1930

A· 克勒姆勒与 H· 霍夫曼，H· 凡 · 德 · 穆尔与 P· 奥伯鲁赫，E·F· 布尔克哈特，P· 施泰戈与 K· 埃根德，M· 布瑞拉德，E· 穆门泽勒

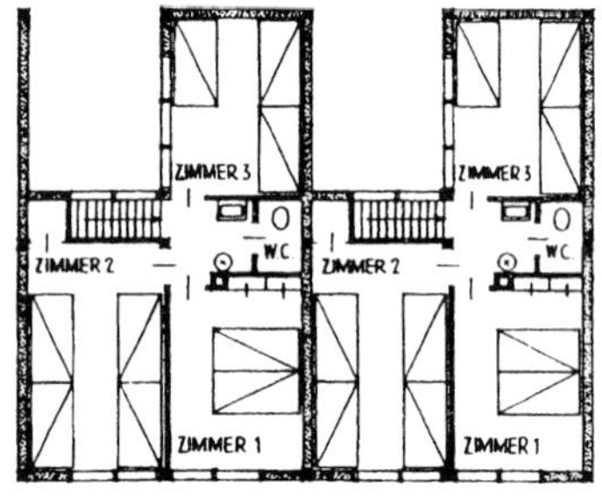


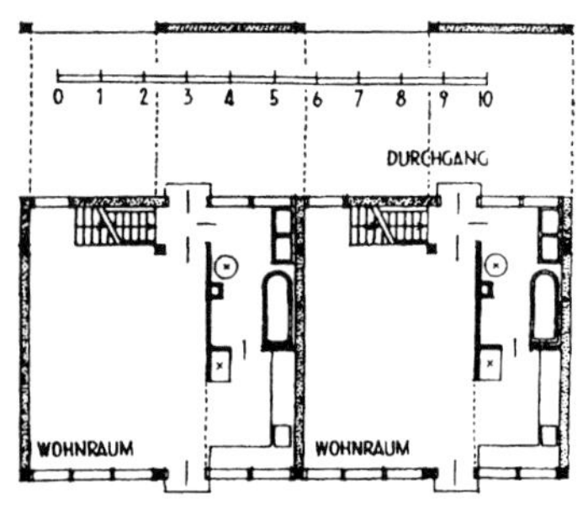

与O·迈尔,K·施瑞尔与P·梅埃尔,H·施密特与P·阿塔瑞亚,A·胡彻尔,H·波恩诺里与A·昆泽尔,H·鲍尔,F·吉尔拉德与F·古德特,W·莫泽尔,E·鲁斯

这两个住宅项目是魏玛共和国时期瑞士先锋建筑师所探索的新住宅理念的标志性实例。舒瑞恩马腾住宅区由六排住宅和一个幼儿园组成，它为施密特在《ABC》杂志中所倡导的大规模住宅开发提供了发展模式。

在其对面的西侧是埃格里希住宅区，它是瑞士制造联盟举办的巴塞尔建筑展览会的一部分。由于有众多建筑师和设计事务所的参与，建筑类型多样性的尝试得以体现，后来虽经改造，但仍可辨认。

位于舒瑞恩马腾住宅区东面，朱利乌斯·玛瑞吉奥设计了埃格里希路85号的埃格里希市立游泳池（1930～1931），此外他还设计了位于沙夫豪瑟尔亨路的精神病院（1938）。

*Das Wohnen, 12, 1929; 1, 3, 7, and 9, 1930; Woba-Führer durch die Ausstellungs-Siedlung Eglisee, Basel 1930; Baumeister, 11, 1930; Schweizerische Bauzeitung, 96, 1930; Werk, 6, 1930; 10, 1972; H.Baur,*

沃巴－埃格里希住区立面细部
Woba-Siedlung Eglisee, facade detail

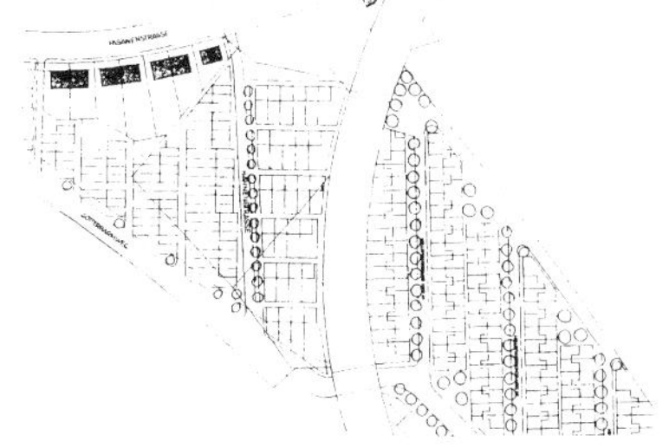

舒瑞恩马腾住区和沃巴－埃格里希住区总平面
Site plan of both estates

埃格里希市立游泳池
Eglisee Municipal Swimming Pool

*Das Wohnungswesen in der Schweiz, Stuttgart 1932; U.Jehle-Schulte Strathaus, Bauten im 20.Jahrhundert, Basel 1977; Werk, Bauen und Wohnen, 5, 1981; Archithese, 5, 1982; Parametro, 140, 1985 D.Huber, Architekturführer Basel, Basel 1993, p.259-263; Guide to Swiss Architecture 1920-1990, vol.2, 003, p.26; 006, p.28.*

瑞亨

## 卡恩纳希住宅

温肯路 81 号

1927

汉斯 · 施密特与保罗 · 阿特瑞尔

改造

1990 ~ 1993

T · 澳瑟琳与 P · 德 · 默鲁恩

施密特不断尝试中档住宅的新形式和建造技术，卡恩纳希住宅中所使用的金属框架在瑞士是第一次使用，这种金属框架和小型混凝土砌块是单纯、理性与经济的施工现场组织的完美结合。此外这几位建筑师在瑞亨还设计了位于施里夫路22号的施里夫住宅（1924 ~ 1925）和位于莫斯哈登路 5 号的温克工作室及住宅（1926）。

*Werk, 10, 1972; J.Gubler, Nationalisme et internationalisme dans L'architecture moderne de la Suisse, Lausanne 1975; J.Gubler(ed), ABC.Architettura e avanguardia 1924-1928, Milan 1983; S.von Moos, Estetica industriale, Disentis 1992; D.Huber, Architekturführer Basel, Basel 1993, p.273; Guide to Swiss Architekture 1920-1990, vol.2, 055, p.60.*

巴塞尔

## 单身女性公寓

斯贝瑟路 98 号

1927 ~ 1929

汉斯 · 施密特与保罗 · 阿特瑞尔

该建筑采用 L 形平面，公共空间设在一楼，面向花园，二楼和三楼布置 1 ~ 3 室户不等的小套公寓，附设阳台或凉廊。该设计采用铸铁框架和混凝土砌块以及标准金属窗框。这座建筑为探索适应建筑构件工业化生产模式的理论提供了尝试的机会。

*Schweizerische Bauzeitung, 12, 1929; Das Wohnen, 5, 1930; P.Artaria, Fragen des Neuen Bauens, Winterthur 1933; Max Bill et al., Moderne Schweizer Architektur 1925-1945, Basel 1947; Werk, 10, 1972; U.Jehle-Schulte Strathaus, Bauten im 20.Jahrhundert, Basel 1977; Archithese, 4, 1980; D.Huber, Architekturführer Basel, Basel 1993, p.275 f.; Guide to Swiss Architekture 1920-1990, vol.2, 004, S.27.*

单身女性公寓
Single Women's Residence

卡恩纳希住宅外观和底层平面
Colnaghi House,
views and floor plan

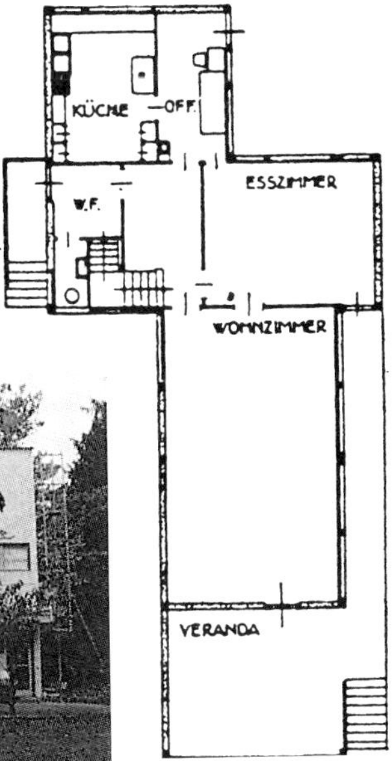

KÜCHE
OFF.
ESSZIMMER
W.F.
WOHNZIMMER
VERANDA

单身女性公寓
Single Women's
Residence

瑞亨

## 施埃菲尔住宅

桑德鲁特路 44 号

1927 ~ 1929

汉斯 · 施密特与保罗 · 阿特瑞尔

### 改造

1990

雅克 · 赫尔佐格与皮埃尔 · 德梅隆

## 胡伯 – 斯维菲尔住宅

海克堡路 29 号

1928 ~ 1930

汉斯 · 施密特与保罗 · 阿特瑞尔

这两栋独户住宅为尝试激进的新建筑流派所极力倡导的细胞式单元化和探索住宅建设规模化的构想提供了机会。在施埃菲尔住宅中，施密特设计了带环形走廊的卧室，他多次采用这种形式来代替勒 · 柯布西耶的“车厢式住宅”模式。胡伯 – 斯维菲尔住宅采用了公共空间和私人空间划分清晰并可以灵活地重复布置的设计。

此外，阿特瑞尔和施密特还设计了位于埃森班路 19 号的瑞森住宅（1929 ~ 1930）、位于西登曼路 / 弗雷德豪夫路的哈斯勒瑞恩住宅区（1945 ~ 1947）和位于豪恩里 – 阿利 / 克利斯泰戈 / 劳瑞彻大街的霍夫利住宅区（1946 ~ 1954）。

*Baumeister, 5, 1930; Werk, 1, 1930; Das Wohnen, 6, 1930; Max Bill et al., Moderne Schweizer Architektur 1925-1945, Basel 1947; J.Gubler(ed), ABC.Architettura e avanguardia 1924-1928, Milan 1983; Baukonstruktion der Moderne aus heutiger Sicht, Basel-Boston-Berlin 1990; A.Rüegg, Artaria & Schmidt-*

施埃菲尔住宅
Schaeffer House

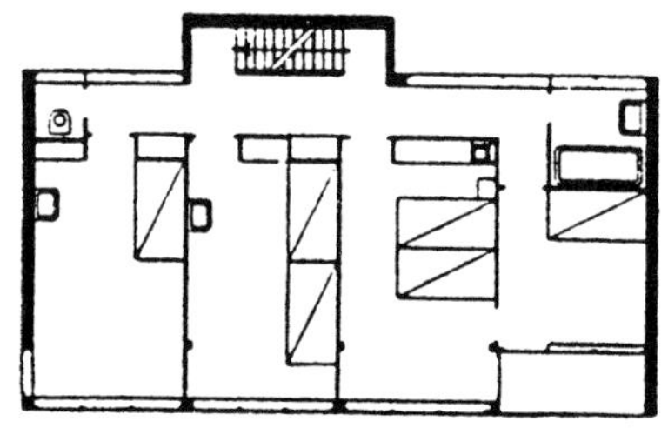

胡伯 – 斯维菲尔住宅外观和底层平面
Huber-Zweifel House,view and floor plan

*Wohnhaus Schaeffer, Riehen, Basel 1927/1928, Zurich 1993; D.Huber, Architekturführer Basel, Basel 1993, p.274; Guide to Swiss Architecture 1920-1990, vol.2, 055, p.60f.*

巴塞尔

**转角楼**

科里拜克路 83 号 / 布拉希环路 50 号

1927

汉斯 · 维瑟恩伯恩

这座转角楼因为采用了红色饰面而出名，具有一些 20 世纪 30 年代建筑的典型特征，比如：突出的转角阳台和屋顶小塔，小塔原是圣布劳希斯塑像的基座，也是巴塞尔建筑的一个传统元素。

*U.Jehle-Schulte Strathaus, Bauten im 20.Jahrhundert, Basel 1977.*

巴塞尔

**住宅**

瑞恩环路 5–25 号

1931

埃米尔 · 伯彻尔与乌根 · 塔姆

这个住宅项目沿着弧线形道路布置，建筑由造型规则的单体形成总体的韵律，突出的入口和楼梯间弱化了庞大建筑组团的体量感。

伯彻尔和塔姆还设计了雷奥托室内游泳池，位于博西格路 45 号（1934 ~ 1935）。

*Schweizerische Bauzeitung, 1, 1935; Werk, 1, 1968; D.Huber, Architekturführer Basel, Basel 1993, p.285.*

转角楼
Corner Building

住宅
Housing

巴塞尔

## 美术馆

圣阿班格雷班 16 号

1931 ~ 1936

保罗·伯纳兹与鲁道夫·科瑞斯特

该设计是 1929 年的一个颇具争议的设计竞赛的胜出方案。竞赛在失掉很多机会后才得以举办，竞赛争议的主题是有关建筑的纪念性。这个问题是彼得·迈耶于 1937 年撰文提出的，并在《沃克》杂志上发表。巴塞尔美术馆展示了新古典主义的风格，它的荣誉广场采用了轴线布局，广场上陈列了罗丹、阿普和卡德尔的雕塑作品，建筑立面吸收了威尼斯公爵府的建筑元素，采用了花岗石石柱和多种石材饰面，这些处理手法使美术馆看上去像是守卫艺术宝库的城堡。

*Werk, 3, 1937; U.Jehle-Schulte Strathaus, Bauten im 20.Jahrhundert, Basel 1977; Werk-archithese, 11–12, 1978; Parametro, 140, 1985; Archithese, 1, 1993; D.Huber, Architekturführer Basel, Basel 1993, p.300–302; Guide to Swiss Architecture 1920–1990, vol.2, 013, p.32.*

瑞恩

## 儿童之家

巴姆格登，瑞恩

1933

恩斯特·穆蒙泽勒与奥托·梅埃尔

儿童之家建在一处坡地上，该建筑的公共空间朝向东南，面向花园和一楼的服务设施展开，二楼以上沿走廊布置卧室，立面为横向布置的窗洞，建筑结构采用金属框架并以砖墙填充。

这几位建筑师还设计了努韦尔住宅，位于波立豪夫路 39 号和苏登德瑞林登，位于奥古斯特路和基本纳克路，这是一个与巴塞尔出生的建筑师奥古斯特·昆泽尔在 1944 年合作设计的住宅区。

*Moderne Schweizer Architektur 1925–1945, Basel 1947; U.Jehle-Schulte Strathaus, Bauten im 20.Jahrhundert, Basel 1977.*

巴塞尔

## 巴雷勒住宅

雷恩路 62 号

1932 ~ 1934

## 基督教科学家第一教堂

都弗路 27 号 / 毕加索广场 2 号

1935 ~ 1936

## 霍夫曼－拉－罗彻实验室

格林塔赫路 / 沙夫豪瑟－瑞恩路

1935 ~ 1937

奥托·R·萨尔瓦斯堡

扩建

1953 ~ 1954

罗兰特·罗恩

有了在德国工作的经验，亲身经历了表现主义风格阶段之后，萨尔瓦斯堡从 20 世纪 30 年代开始就致力于最本质的建筑语汇研究。完全抛弃了历史主义的元素，他的建筑风格除了不排斥巴雷勒住宅的典雅华丽之外又具有雕塑感，这一点在基督科学教堂的体量特征上表现得非常突出。接着，他又在霍夫曼－拉－罗彻实验楼的设计中完美地运用了雕塑造型，用连续的带状窗和白色的混凝土窗间墙交替划分立面，强化水平向构图。

*Moderne Bauformen, 1, 1936; 9, 1937; Werk, 4, 1936; 7, 1937; L'architecture d'aujourd'hui, 6, 1939; Schweizerische Bauzeitung,4,1939; Moderne Schweizer Architektur 1925-1945, Basel 1947; U.Jehle-Schulte Strathaus, Bauten im 20.Jahrhundert, Basel 1977; D.Huber, Architekturführer Basel, Basel 1993, p.303-306.*

巴雷勒住宅
Barell House
美术馆（右）
Right:Fine Arts Museum
儿童之家
Children's Home

基督教科学家第一教堂
First Church of Christ,Scientist
霍夫曼－拉－罗彻实验室
Hoffmann-La Roche Laboratories

巴塞尔

## 朱恩尼斯教堂

莫特瑟路 52 号 / 莫尔豪瑟路 145 号

1934 ~ 1936

卡尔 · 埃根德尔与恩斯特 · F · 布尔克哈特

朱恩尼斯教堂距离卡尔 · 莫泽尔设计的圣安托尼斯教堂（1925 ~ 1927）只有一箭之遥，是瑞士第一座具有现代风格的新教教堂。教堂中庭采用钢筋混凝土和铁结构，通过一侧的玻璃砖和砖拼成的花格墙采光，地下层布置会议和辅助用房，东南翼是教区活动场所，包括教室、会议室和牧师寓所。钟塔雕塑形的金属结构强调了新材料的时代感。

*Moderne Schweizer Architektur 1925-1945, Basel 1947; U.Jehle-Schulte Strathaus, Bauten im 20.Jahrhundert, Basel 1977; Werk-archithese, 11-12, 1978; D.Huber, Architekturführer Basel, Basel 1993, p.279; Guide to Swiss Architecture 1920-1990, vol.2, 014, p.33.*

巴塞尔

## 巴塞尔大学研究所

彼得广场 1 号

1937 ~ 1939

罗兰特 · 罗恩

该研究所总体设计沿着公路的走向布局，形成一个 U 形平面，围合了一个花园，花园隶属于临近校区后面的一座校外建筑。该设计采用连续出挑的檐口、凝灰石墙面和与之形成强烈反差的窗洞，营造出庄严的视觉效果。

*U.Jehle-Schulte Strathaus, Bauten im 20.Jahrhundert, Basel 1977; Werk-archithese, 1978, 11-12 D.Huber, Architekturführer Basel, Basel 1993,*

朱恩尼斯教堂
Church of Johannes

巴塞尔大学研究所
University College

*p.307-308; Guide to Swiss Architecture 1920-1990, vol.2, 017, p.35.*

巴塞尔

**布鲁德豪斯文法学校**

水库路

1938 ~ 1939

赫尔曼 · 布尔

**艺术学校**

沃格尔松路/瑞亨路/彼得 - 若特路

1953 ~ 1961

赫尔曼 · 布尔，弗朗斯 · 布朗宁，阿瑟 · 都瑞格，H · P · 布尔

阿尔弗雷德 · 若瑟在《瑞士社会建设》一书中称布鲁德豪斯文法学校是瑞士的第一座系馆式的教育设施，该学校的教室布局呈“人”字形，形成有趣的空间布局，开口朝向东南。工艺美术学校的设计源自1940年的一个备受批评的设计竞赛胜出方案，1953年才开始建设。学校入口设在位于沃格尔松大街的行政办公楼和艺术楼中，工作室沿着瑞亨大街呈线性布置，建筑立面采用预制混凝土板，并运用雕塑和绘画展示造型艺术教育的重要性。

*H.Volkart, Schweizer Archifektur, Ravensburg 1951; Architecture, formes+fonction, 9, 1962-63; L'architecture d'aujourd'hui, 121, 1965; B.De Sivo, L'architettura in Svizzera oggi, Naples 1968; U.Jehle-Schulte Strathaus, Bauten im 20.Jahrhundert, Basel 1977; D.Huber, Architekturführer Basel, Basel 1993, p.329 f.; Hermann Baur-Architektur und Planung in Zeiten des Umbruchs, exhibition catalogue, Basel, 1994; Guide to Swiss Architecture 1920-1990, vol.2, 018, p.35; 030, p.42.*

布鲁德豪斯文法学校
Bruderholz School

艺术学校
Arts and Crafts School

巴塞尔

**市立医院**

斯皮特尔路

1938 ~ 1945

赫尔曼·布尔，布朗宁，路，都瑞格，恩斯特与保罗·维斯彻

**传染病病房**

尚泽恩路

1939 ~ 1946

汉斯·施密特

这座医院位于市中心，占地 $28000m^2$。总体布局首先考虑使住院病房有东南朝向，并可眺望公园，这样服务设施就被安置在走廊的北边。各医疗部门、手术室、综合诊所以及教室和科研实验室设置在另一座独立的建筑中。在这两座建筑之间连接了四个小型体量作为门诊治疗区。位于尚泽恩大街的低层建筑是传染病部，后期建造，由汉斯·施密特设计。

*Werk, 6, 1948; H.Volkart, Schweizer Architektur, Ravensburg 1951; U.Jehle-Schulte Strathaus, Bauten im 20. Jahrhundert, Basel 1977; Werk-archithese, 11-12, 1978; D.Huber, architekturführer Basel, Basel 1993, p.308-310; Guide to Swiss Architecture 1920-1990, vol.2, 019, p.36.*

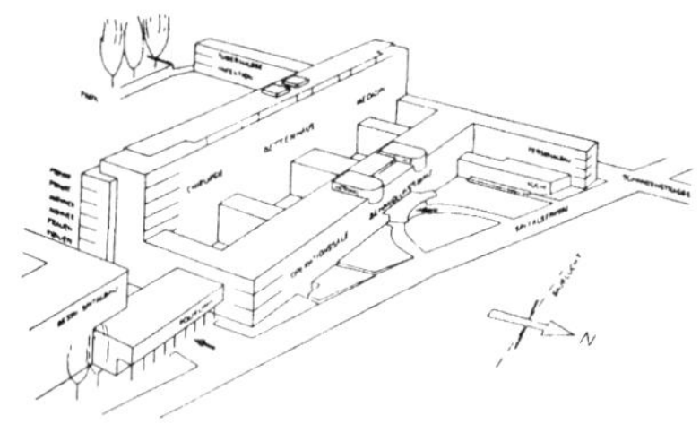

市立医院正立面外观和透视图
Bürger Hospital, front view and perspective drawing

传染病病房
Infectious Diseases Ward

巴塞尔

**郎萨塔楼**

莫琛斯汀纳路 38 号

1959 ~ 1962

苏特与苏特事务所

这座高层写字楼至今仍是巴塞尔的标志性建筑，其特征是在转角处采用铝板肋状框架砌筑，内部沿纵向布置一系列人工光源，使用垂直交通系统，地面以上 19 层为行政办公用房，通信系统、档案室和库房设在地下层。

*Architecture, formes+fonction, 9, 1962-63; L'architecture d'aujourd'hui, 121, 1965; U.Jehle-Schulte Strathaus, Bauten im 20.Jahrhundert, Basel 1977.*

巴塞尔

## 希巴行政管理和实验大厦

乌特瑞莱恩路

1963 ~ 1966

苏特与苏特事务所

这座塔楼地处河畔，占地 26000m²，内设生物实验室和行政管理办公室。立面采用统一的金属网格窗框架，突出了棱柱体的特征，并通过使用标准化设备来满足该公司灵活多变的功能需求。

1966 ~ 1967 年，这几位建筑师还设计建造了希巴餐厅，位于埃克噶特纳路 / 莫尔瑞路。最近，他们承担了位于阿琛广场的巴塞尔证券交易所的内部改造项目（1982 ~ 1986）。

*U.Jehle-Schulte Strathaus, Bauten im 20.Jahrhundert, Basel 1977; Guide to Swiss Architecture 1920-1990, vol.2, 031, p.44f.*

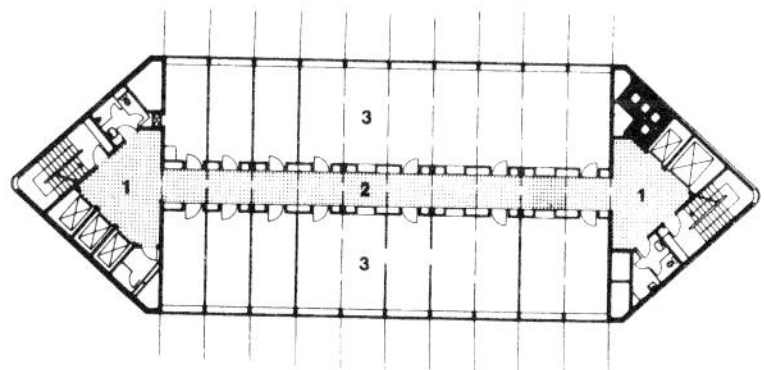

郎萨塔楼外观和底层平面
Lonza Tower, view and floor plan

希巴行政管理和实验大厦
Ciba Administration and Laboratories

巴塞尔

## 沃斯更瑞恩学校

维尔施马特路／布罗兹莫尔路 82 号

1951 ～ 1962

弗莱兹·哈勒，M·斯韦彻尔

沃斯更瑞恩学校分两期建设，文法学校于 1953 ～ 1954 年建造，中学于 1960 ～ 1962 年建造。该校平面布局自由，相互独立的建筑由半封闭式走廊连接，形成通透的视觉效果。

*Bauen und Wohnen, 5, 1955; 11, 1962; Werk, 4, 1956; D.Huber, Architekturführer Basel, Basel 1993, p.326-328; Guide to Swiss Architecture 1920-1990, vol.2, 026, p.40.*

巴塞尔

## 家具公司大楼

格特尔路 133 号

1956 ～ 1957

汉斯·菲施利，F·艾施霍尔兹尔，E·弗朗兹

家具公司大楼建在一座被拆除的建筑物的基址上，内设展销区、办公室和仓库，由两个呈直角布置的建筑体量构成。这两个建筑体量各采用不同的材料，位于格特尔路的四层主楼是办公楼，采用钢筋混凝土结构；另一个单层的建筑体量是展销区，与仓库相连，采用轻型

沃斯更瑞恩学校
Wasgenring School

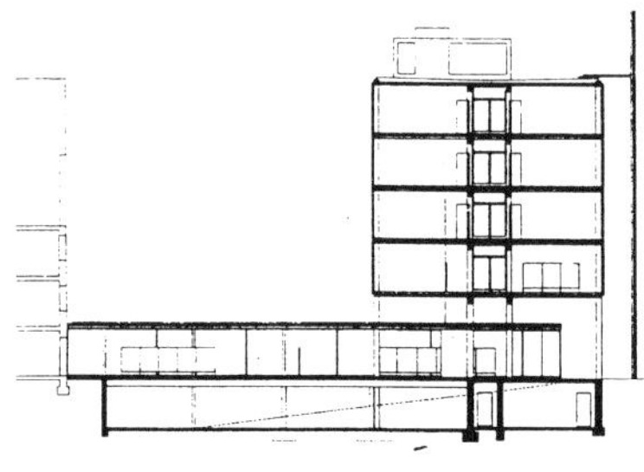

家具公司大楼剖面和外观
Furniture Cooperative Building, section and exterior view

金属结构。

*Bauen und Wohnen, 8, 1958; Werk, 7, 1958.*

巴塞尔

**大学图书馆**

舒恩贝恩路 20 号

1962 ~ 1968

奥托 ·H· 希恩

为使原有设施继续发挥作用，该图书馆分两期建造。新图书馆位于老植物园的边缘，被一个十字路口限定在很有限的范围之内，新建筑的两翼只能呈 60° 角布置。一期工程是行政办公大楼，与老图书馆对称；二期工程是带穹顶的阅览室，最后将对入口门厅进行改造。

奥托 ·H· 希恩的其他重要作品有：帕克豪斯苏森住宅，位于巴塞尔的圣阿尔班－安拉格 37 号（1934 ~ 1935），与鲁道夫 · 莫克共同设计完成，以及瑞恩住宅，位于施尼特路 40 号（1934），与沃特 · 希恩共同设计。

*L'architecture d'aujourd'hui, 121, 1965; Werk, 11, 1966; D.Huber, Architekturführer Basel, Basel 1993, p.334f.; Guide to Swiss Architecture 1920-1990, vol.2, 035, p.47.*

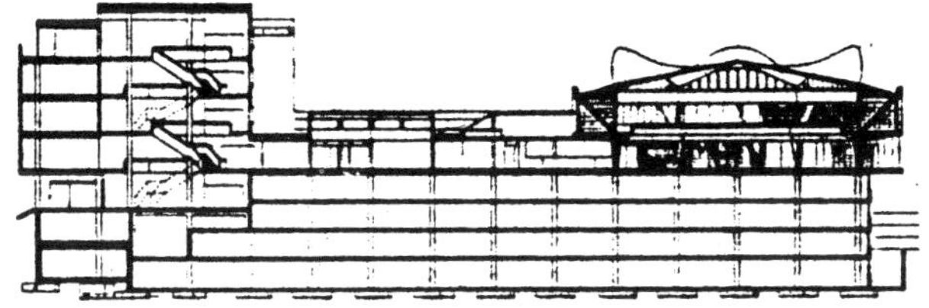

大学图书馆
University Library

巴塞尔

## 住宅和银行

密森斯路 86 号 / 圣约翰斯 – 瑞恩

1982 ~ 1985

丹尼尔与丹尼尔（罗杰 · 丹尼尔，丹特尔 · 瑞赫提，安德瑞斯 · 茹迪，保罗 · 郎洛兹，M · 斯汀格林）

## 住宅和工作室

圣阿尔班 – 瑞恩路 94–96 号

1984 ~ 1986

丹尼尔与丹尼尔（M. 布瑟尔，罗杰 · 丹尼尔，丹特尔 · 瑞赫提，E · 瑞斯勒）

## 菲迪斯办公楼

因奈瑞马格瑞森路 5 号 / 斯汀南拖堡路 8–12 号

1984 ~ 1990

丹尼尔与丹尼尔（罗杰 · 丹尼尔，金斯 · 埃尔伯，丹特尔 · 瑞赫提，安德瑞斯 · 茹迪，沃尔福冈 · 施奈特）

## 行政办公楼

毕加索广场

1990 ~ 1993

丹尼尔与丹尼尔（罗杰 · 丹尼尔，金斯 · 埃尔伯，丹特尔 · 瑞赫提，莫瑞尔利 · 布拉特）

城市的概念被视为个体关系的总和：城市空间，或是公共空间，或是私人空间，按其层次和相互依存关系界定，这两个因素一直在影响着巴塞尔丹尼尔事务所的各种设计活动。建筑是对各种空间，诸

住宅和银行
Housing and Bank
住宅和工作室
Housing with Studio
菲迪斯办公楼
Fides Offices
行政办公楼
Adminstrative Building

如：街区、街道、院落、内部空间的性质及特点分析比较，以此进行功能组织。每个设计的独特性都不能与其所处的历史文化环境的特色相违背。

该事务所在巴塞尔的其他重要作品还有：位于哈默路及布拉希环路的哈默I期（1978 ~ 1981）和瑞恩环路及阿莫巴赫大街的哈默II期住宅（1980 ~ 1985），位于霍施路的办公楼（1986 ~ 1988）；位于瓦埃德科特路45号的瑞士银行培训中心（1990 ~ 1994）。此外该事务所还承担了都莫斯－汉斯的室内设计（1958），1985年又将其改造成建筑博物馆，位于弗鲁哈斯林路3号，设计人马克思 · 瑞瑟尔和提伯瑞 · 瓦迪。

*Werk, Bauen und Wohnen, 12, 1982; 12, 1983; 1-2 1987, 1-2; Casabella, 535, 1987; Quaderns d'Arquitectura i Urbanisme, 173, 1987; Abitare, 2, 1990; A.Rüegg, Diener & Diener Architekten.Wohnhäuser St Alban-Tal, Basel 1982-1986, Zurich 1993; D.Huber, Architekturführer Basel, Basel 1993, p.370f., 402-406; Guide to Swiss Architecture 1920-1990, vol.2, 044, p.54; 043, p.52f.; 049, p.56; 050, p.57.*

巴塞尔

## 综合楼

斯巴伦沃斯塔特11号

1981 ~ 1985

乌利 · 马尔巴赫与阿瑟 · 鲁格，C · 瑟彻

这座建筑的基址深而窄，具有巴塞尔历史城市结构的典型特征。

综合楼
Mixed-Use Building

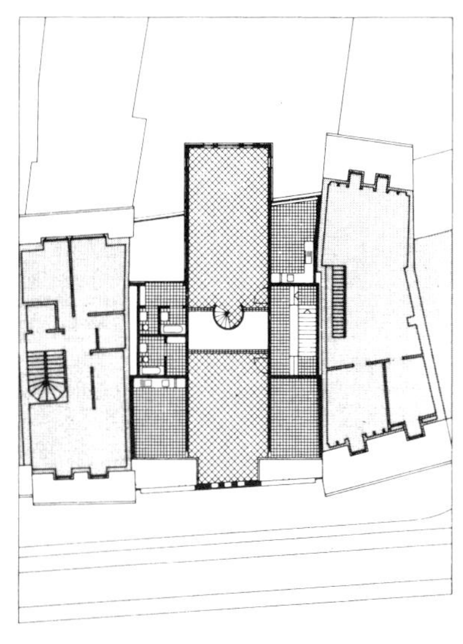

该设计集商住为一体，简单明了地满足了设计要求，将楼梯布置在建筑的一端，使整个一层空间通畅无阻，适合用作商场，二层以上布置住宅。

*Werk, Bauen und Wohnen, 1-2, 1986; C.Fingerhuth(ed), Bauten in Basel, Basel 1988; Holz Bulletin, 24, 1990; D.Huber, Architekturführer Basel, Basel 1993, p.372f.*

巴塞尔

## 维森花园住宅

维森达姆／阿瑟海因路／吉斯利路，小汉尼根

1983 ~ 1986

维尔弗雷与卡特雷纳 · 施泰博，布鲁诺 · 布瑟尔，捷克伯 · 萨斯林

维森花园住宅位于铁路旁的前工业区中，该设计充分利用建筑造型给整个地区带来新意，通过巧妙地设计露台和阳台使建筑立面逐步后退，富于变化，大大改进了周围城市景观的特征。维尔弗雷与卡特雷纳 · 施泰博还设计了位于圣阿尔班－瑞恩路60号的巴塞尔当代艺术画廊（1978 ~ 1980）和位于瑞亨的因兹林格路30号的老人之家(1986 ~ 1988)。

*C.Fingerhuth(ed), Bauten in Basel, Basel 1988; P.Disch(ed), L'architettura recente nella Svizzera tedesca 1980-1990, Lugano 1991, p.30, 34, 36; D.Huber, Architekturführer Basel, Basel 1993, p.410.*

巴塞尔

## 沿着一道共用隔墙而建的住宅

海博尔路11号

1984 ~ 1988

海博尔路住宅
Hebelstrasse House

维森花园住宅
Wiesengarten Housing

*对面页图*
施维特尔综合楼（左上）
Top left:Schwitter Building
SUVA 综合楼扩建部分（左下）
Bottom left : SUVA Extension
综合楼（右）
Right:Mixed-Use Building

雅克 · 赫尔佐格与皮埃尔 · 德梅隆，M · 迈耶

### 施维特尔综合楼

阿尔施维勒路 90 号

1985 ~ 1988

雅克 · 赫尔佐格与皮埃尔 · 德梅隆，A · 吉贡

### SUVA 综合楼改造和扩建

圣捷克伯路 24 号

1988 ~ 1993

雅克 · 赫尔佐格与皮埃尔 · 德梅隆

### 舒森马特路综合楼

舒森马特路 11 号

1992 ~ 1993

雅克 · 赫尔佐格与皮埃尔 · 德梅隆

沿着一道隔墙而建的这栋住宅位于海博尔路大街广场，在布局和建造方面恢复了传统的巴塞尔建筑特征。临街的建筑主体采用砖石结构，背街的附属体量采用木结构，木材选用了橡木，出挑的木结构凉廊支撑在一排橡木柱上，强化了该住宅结构的特征。施维特尔综合楼的外形由两个半径不同、相互连接的弧线构成，其形状是由临街道路的走向及其后侧小广场的几何形状决定的。位于舒森马特路的综合楼受到周围哥特风格城市景观的影响，没有过多的设计发挥，建筑师把设计的重点集中在立面处理上，尝试使之成为一幅具有抽象风格的帷幕。

瑞士意外事故保险公司（SUVA）的综合楼集公寓和办公为

一体，该楼的改建、扩建方案主要是采用玻璃幕墙掩盖新旧建筑。赫尔佐格与德 · 默隆其他重要的建筑作品还有：位于瑟维尔的勒琛瑞恩路 5 号的住宅（1985 ~ 1986）；巴塞尔铁路机车主车库和镀铜的奥夫德姆沃尔夫信号亭（1988 ~ 1996）。

*Abitare, 206, 1982; 11, 1983; Parametro, 11, 1985; du, 5, 1992; Lotus international, 73, 1992; Domus, 747, 1993; 756 and 761, 1994; Werk, Bauen und Wohnen, 1993; Casabella, 612, 1994; D.Huber, Architekturführer Basel, Basel 1993, p.407-409; Guide to Swiss Architecture 1920-1990, vol.2, 046, 047, p.55.*

瑞亨

## 沃格尔巴赫住宅区

弗雷德豪夫路，瑞亨

1989 ~ 1992

迈克尔 · 阿尔德尔与汉斯皮特 · 穆勒，罗兰德 · 奈赫林，A · 卢迪施里，C · 布莱辛

## 鲁泽纳环路住宅区

布恩施路 10–28 号

1989 ~ 1993

迈克尔 · 阿尔德尔与汉斯皮特 · 穆勒，A · 亨德曼

这两个住宅项目各自占据城市中的一整个街区，表现了迈克尔 · 阿尔德尔一贯的设计原则。位于瑞亨的沃格尔巴赫住宅区是他清晰简洁的建筑语汇的经典实例。在鲁泽纳环路住宅区的设计中，建筑沿街呈线性布置，形成都市中的一段步行廊，建筑入口和阳台体量的韵律感更增强了景观效果。

类似的巧妙处理手法也见于小规模的建筑设计中，参见其设计的位于巴塞尔的圣 – 阿尔班 – 托 40 号 A 和 42 号的车间、工作室和一座改造后的工业建筑（1986 ~ 1987）。

*Baumeister, 12, 1993; Guide to Swiss Architecture 1920-1990, vol.2, 059, p.63; 052, p.58.*

巴塞尔

## 特布瑞特里夜总会改造

斯巴伦堡 12 号

1986 ~ 1988

圣地亚哥 · 卡拉特拉瓦，拜达 · 黄

这个项目是 16 世纪的斯巴伦豪夫街区修复工程的一部分，也是巴塞尔市政当局 1976 年开始的历史中心区开发计划的一部分。该设计将新建的楼梯架在一个钢“球”

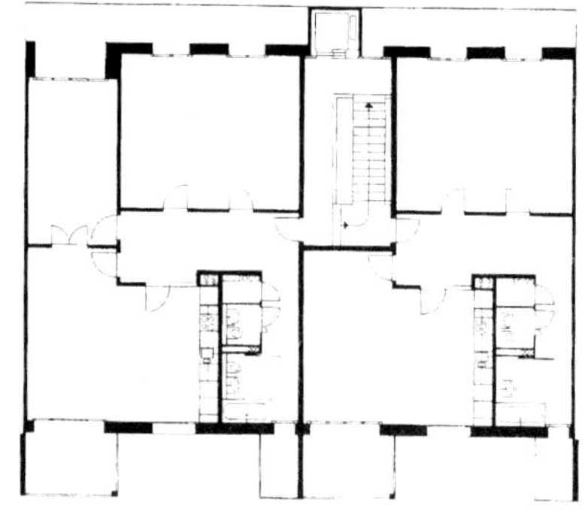

鲁泽纳环路住宅底层平面

Luzernerring Housing, floor plan

沃格尔巴赫住宅区
Vogelbach Housing

鲁泽纳环路住宅区
Luzernerring Housing

特布瑞特里夜总会
Tabourettli Cabaret

上，把所有的力都集中于一个简单的支撑点，解决了原建筑的静态平衡问题。这个新增的元素在平面布局和结构上具有双重功能，好像一个复杂的机器一样改变了空间的布局和形式。

*Bauten für Basel, Basel 1988; Domus, 697, 1988; Holz Bulletin, 24, 1990; D.Huber, Architekturführer Basel, Basel 1993, p.364..*

巴塞尔

**瑞士联邦银行（UBS）总部**

阿琛广场 1 号

1986 ~ 1995

马里奥·博塔，布克哈德特与合作者（负责现场管理）

该设计解决了如何协调城市格局中对立的景观特征的问题，也就是阿琛格瑞本持续进行的建设与圣雅各布路空旷的布局所形成的强烈反差。解决办法是设计一个独立的体量，分隔这两种反差强烈的城市发展状态。瑞士联邦银行总部的设计方案是一个巨大的圆柱体，一层布局开敞，设有入口大厅、人行通道和各种公共设施，由此形成的高度通透的空间效果强化了街道和建筑内部空间的延续性。

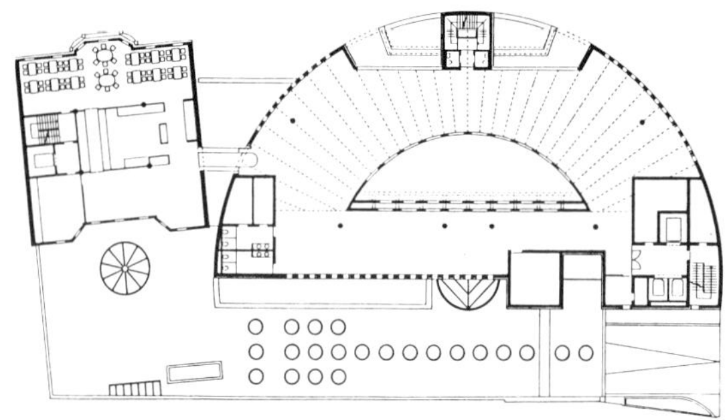

瑞士联邦银行（UBS）总部，底层平面和外观
Schweizerische Bankgesellschaft Headquarters,floor plan and view

博塔还设计了苏利托德公园内的汀格雷博物馆，位于格林塔赫路（1992 ~ 1996）。

*Emilio Pizzi, Mario Botta. The Complete Works, vol.3, Basel Boston Berlin 1997.*

巴塞尔

## 住宅

穆尔海默路 138-140 号

1989 ~ 1993

梅恩瑞德·莫吉尔与亨瑞克·德格罗以及L·埃格利

这座布局紧凑的红色混凝土棱柱形建筑是政府资助的住宅项目，同时也是 1989 年市政当局举办的设计竞赛的胜出方案，该设计方案的建筑体量非常适合位于莱茵河右岸的马特豪斯传统的巴塞尔劳动阶层社区的棋盘式结构。这个项目是对战后住宅建筑重要的重新诠释，也是为应对社会出现的新问题在建筑类型上进行的探索。方案将公共空间作为设计重点，并且沿阿莫巴赫鲁布置多功能厅和幼儿园，给交通枢纽和出入口空间以特殊的安排。

*Rivista Tecnica, 4, 1992; Detail, 1, 1993; Faces, 281, 1993.*

穆尔海默路住宅
Müllheimerstrasse Housing

# 巴塞尔乡村半州

比尔－本克恩

**斯皮特尔豪夫住宅**

斯皮特尔豪夫路／胡尔巷

1990～1996

彼得·卒姆托，T·都瑞施，J·布曼

这个住宅项目位于比尔郊区的一个坡地上，由多座住宅组成，坡顶上布置的一栋公寓楼可容纳几户人家，坡下设置了两列住宅，建筑立面上的门窗布置形成有节奏的韵律，使整个项目具有统一性。

贝宁根

**施密德特－库尔住宅**

霍尔斯利路15号

1929，1947，1954

汉斯·施密特与保罗·阿特瑞尔

这座住宅的主人是一个不寻常的业主，他是设计师汉斯·施密特的兄弟、艺术史学家、评论家、巴塞尔艺术馆馆长和现代建筑狂热的信徒。该设计方案被视为"建筑专业论文"，它试图证明建筑构件的理性化不仅会带来工业化的建筑体系，而且会引发低造价住宅的大规模建造，使用标准平面和建筑构件构成基本的建筑语言。后来，施密特在该住宅的扩建中设计了新的空间，并采用了不十分激进的半圆形窗洞。

阿特瑞尔在贝宁根的瑞伯巷32号建造了同样的住宅（1931）。

*U.Jehle-Schulte Strathaus,Bauten im 20. Jahrhundert,Basel 1977;Archithese,5,1985;Guide to Swiss Architecture 1920-1990,vol.2,105,p.73*

博西菲尔登

**莱茵河上的电厂**

霍夫路60号／格林塔赫路

1955

汉斯·豪夫曼

这座电厂与莱因河岸的景观优美地融为一体，该设计没有模仿任何的建筑形式的模仿，其主要特征是波状轮廓的屋顶和色彩的巧妙运用，并采用大跨度结构使建筑整体具有相当的通透空感，同时，通过小型体量控制室的排列形成韵律以削弱建筑整体体量的庞大感觉。

豪夫曼另一个值得关注的作品是为巴塞尔贸易博览会设计的位于哈伦路10–21号／若森特尔路（迈斯广场）的圆形庭院式建筑（1953～1954）。

*Werk, 7, 1954; D.Huber, Architekturführer Basel, Basel 1993, p.314f.; Guide to Swiss Architecture 1920-1990, vol.2, 107, p.74.*

博西菲尔登

**维特瑞行政办公楼和商店**

科伦菲尔德路

1993～1994

弗兰克·盖里

弗兰克·盖里在德国莱茵河畔距瑞士和法国边境不远的维尔设计了用于大型现代家具展览的盖里设计博物馆之后，又为该公司设计了办公楼、展厅和商店。在这个项目的设计方案中，建筑体量的连续与断开、相互渗透与并列、空间的转换和建筑元素的运用都是加利福尼亚建筑师惯用的手法，这些手法汇聚于此，创造了与高品质的企业形象相适应的建筑形式。

*Werk, Bauen und Wohnen, 7-8, 1993; Hochparterre, 6-7, 1994; Guide to Swiss Architecture 1920-1990, vol.2, 109, p.75.*

维特瑞行政办公楼和商店，模型外观
Vitra Adminstrative Building and Shop, model view

施密德特－库尔住宅
Schmidt-Kohl House

莱茵河上的电厂
Power Station on the Rhine

斯皮特尔豪夫住宅模型鸟瞰
Spittelhof Housing, model view

伯特明根

## 住宅和工作室兼剧院

拉蓬伯登路 6 号

1984 ～ 1985

雅克·赫尔佐格与皮埃尔·德梅隆

该项目的设计包括业主的住宅和一个小型木偶剧院，从特殊的细部设计可以看出设计师把这座建筑的设计当作一件家具或乐器的设计来对待，完全采用木材建造，建筑拔地而起，强调了与周围花园的相对独立性。

*Rivista Tecnica, 1-2, 1986; P.Disch(ed), L'architettura recente nella Svizzera tedesca, Lugano 1991; du, 5, 1992; D.Huber, Architekturführer Basel, Basel 1993, p.391.*

伯特明根

## 住宅

科尔施鲍姆路 27 号

1987 ～ 1988

迈克尔·阿尔德尔

这座住宅的设计与位于亨特尔花园23号的伊廷根住宅（1983 ～ 1984）的设计有许多相似之处。建筑师阿尔德尔以木材为主要的建造材料，从居住建筑的传统中探索和回归到建筑的基本形式。这种“简朴”的建筑理性存在于形式、功能和通过工艺实现其价值的技术之间的相互关系。

希芬住宅（1969）是阿尔德尔研究住宅建筑的另一个重要实例。

*Archithese, 1, 1980; Holz Bulletin, 24, 1990; P.Disch(ed), L'architettura recente nella Svizzera tedesca, Lugano 1991; du, 5, 1992.*

穆特兹

## 弗雷德豪夫住宅区

圣捷克伯路

1919 ～ 1921

汉斯·迈耶与 A·昆泽尔

在当时瑞士的社会政治背景下，这个项目被视为具有革命性的意义，它是第一个把裴斯泰洛齐所倡导的，及其支持者所拥护的改革意识付诸实践的合作型住宅区。作为一个开拓性思维的忠实倡导者，汉斯·迈耶为劳动阶层构思了一种新的居住模式，他在整个社区的三角形地段上采用古典模式进行设计，将社区的活动中心，如学校、图书馆、剧院和市场，都集中在位于中心广场上的一座建筑中，将 150 套带花园的公寓布置在三条平行的轴线上。这种回归自然的设计使居住者从都市的奴役中解脱出来，同时，该方案根据住宅的类型建造，使用标准化的建筑材料，满足了最经济的造价要求。

*J.F.Schär, H.Faucherre, and H.Meyer, Die siedlung Freidorf, Basel 1921; Werk, 12, 1925; J.Gubler, Nationalisme and internationalisme dans L'architecture moderne de la Suisse, Lausanne 1975; U.Jehle-Schulte Strathaus, Bauten im 20.Jahrhundert, Basel 1977; Parametro, 140, 1985; D.Huber, Architekturführer Basel, Basel 1993, p.256f.; Guide to Swiss Architecture 1920-1990, vol.2, 115, p.80.*

住宅和工作室兼剧院，外观及剖面
House and Studio-Theater, view and section

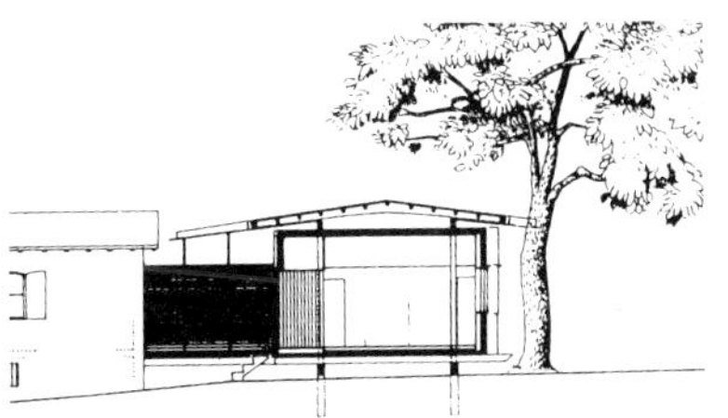

科尔施鲍姆路住宅
Kirschbaumweg House

弗雷德豪夫住宅区，立面和外观
Siedlung Freidorf, elevation and view

# 索洛图恩

多纳赫

**古斯纳姆**

鲁提路 45 号

1924 ~ 1928

鲁道夫 · 斯汀格

鲁道夫 · 斯汀格的作品多集中于多纳赫灵智学村，他试图把受古耶赫的色彩理论和自然隐喻启发的宇宙观转译到建筑中。基于他自己的灵智学观点，这位灵智学运动的奠基人设计了现浇的钢筋混凝土形式，富有表现派的张力，创造出富有活力的内部空间效果。

*Architettura, 55-58, 1960; Architectural Association Journal, 6, 1963; W.Pehnt, Rudolf Steiner, Goetheanum, Dornach, Berlin 1991; Guide to Swiss Architecture 1920-1990, vol.2, 111, p.76.*

格林琛

**帕克剧院**

火车站广场

1949 ~ 1955

恩斯特 · 吉泽

这个建筑组团平面呈 U 形，环绕一个作为入口的小广场布置，由几个不同形态的建筑体量构成，其中包括剧院、旅馆和餐厅。采用的饰面材料，如红砖和铜，使人联想到阿尔瓦 · 阿尔托的作品。

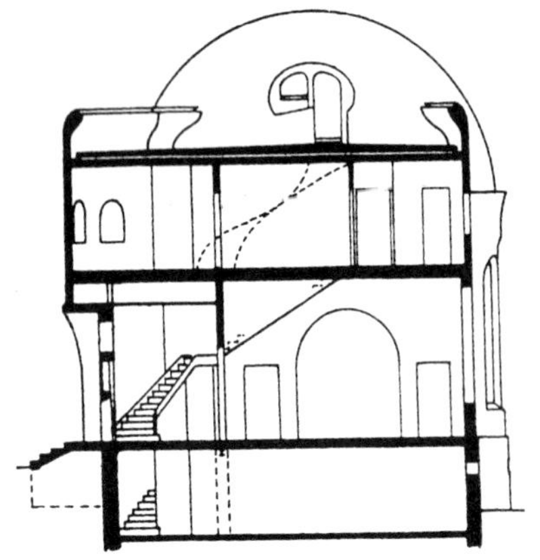

古斯纳姆早期照片和剖面

Goetheanum, period photo and section

帕克剧院

Park Theater

*Werk, 10, 1949; 3, 1951; 5, 1956; Schweizerische Bauzeitung, 4, 5, 34, 1950; L'architettura, 10, 1956; L'architecture d'aujourd'hui, 71, 1957; Edilizia Moderna, 63, 1958; B.de Sivo, L'architettura in Svizzera oggi, Naples 1968; J.Bachmann and S.von Moos, New Directions in Swiss Architecture, New York 1969; Guide to Swiss Architecture 1920-1990, vol.2, 306, p.136.*

穆姆利斯维尔

## 儿童之家

1938 ~ 1939

汉斯 · 迈耶

儿童之家位于一个乡村北面的小山上，由瑞士合作运动的先驱伯恩哈德 · 吉格创立的基金会委托建造，是汉斯 · 迈耶从莫斯科回国作短暂停留，也就是在他去墨西哥之前设计的。该设计展示了建筑师所钟爱的主题，其中包括恰当的建筑与周围景观的关系，地域性建筑形式的运用，传统材料的现代表现手法以及标准化等等。该设计采用一个圆柱体连接两翼，主导平面布局，圆柱体后来又增加了一层，内设公共设施。

此外，汉斯 · 迈耶1921年和1930年还为巴尔斯特尔工厂设计了两座位于霍夫马特路8–30号的工人宿舍。

*Arquitectura, 8, 1941; Werk, 7, 1953; 10, 1954; Rivista Tecnica, 10, 1954; M.Kieren, Hannes Meyer:Dokumente zur Frühzeit 1919–27, Teufen 1990.*

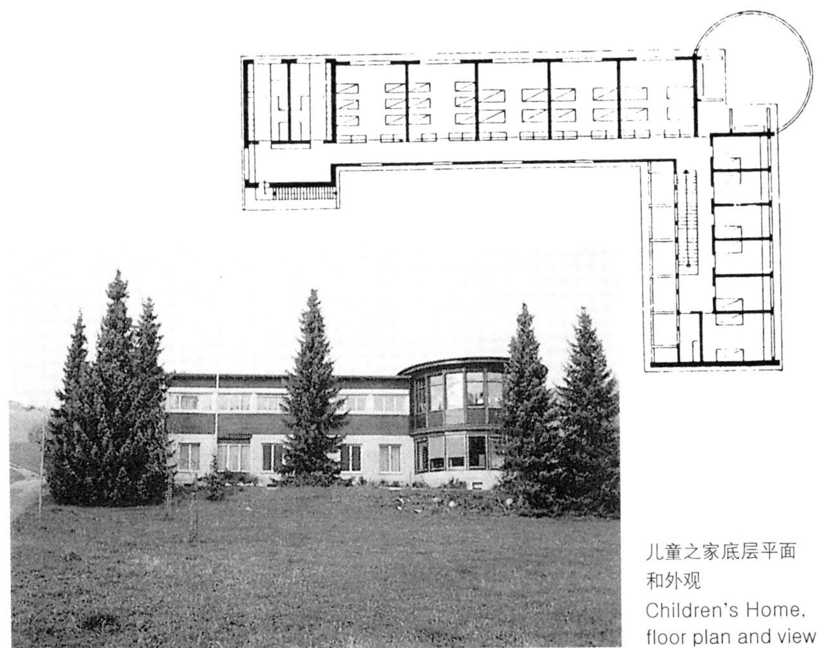

儿童之家底层平面和外观

Children's Home, floor plan and view

奥恩施根

**维伯康复中心**

沃克豪夫路 8 号

1980 ~ 1984

阿尔方斯·巴斯与汉斯·佐格，U·维尔蒂与 H·施伯勒尔

巴斯和佐格不仅设计了位于奥尔登的沙利学校（1964 ~ 1968）和位于赫尔瑞路 18 号的索洛图恩州立学校（1986 ~ 1990）的扩建方案（图书馆和餐厅），他们还设计了这座残疾人的康复设施。这是一个环绕中心广场自由布置的，由四个长方形体量构成的建筑组团。

此外，他们还设计了位于奥尔登的弗斯特利哈德 92 号的索格住宅（1956）。

*Werk, 1, 1968; J.Bachmann and S.von Moos, New Directions in Swiss Architecture, New York 1969.*

奥尔登

**公共浴室**

舒森马特路 3 号

1937 ~ 1939

赫尔曼·弗雷与恩斯特·施恩德勒

这座体育设施位于阿瑞海滨，毗邻历史中心，具有传统的瑞士体育建筑的典型特征，该设计采用了理性主义的建筑语汇、钢筋混凝土结构和非常实用的设施。

*Moderne Schweizer Architektur 1925-1945, Basel 1947; Guide to Swiss Architecture 1920-1990, vol.2, 314, p.139.*

索洛图恩

**瑞士人民银行大楼**

温格路 2 号

1926 ~ 1928

奥托·R·萨尔瓦斯伯格

虽然萨尔瓦斯伯格未被正统的建筑史学家视为具有鲜明现代风格的建筑师，但是他为建筑从传统向现代的逐步过渡铺设了道路，功不可没。索洛图恩银行大楼的设计显示了他整体性地协调对立因素的高超技艺。该设计采用灰色花岗石饰面，立面上的窗洞排列所形成的节奏韵律和入口门廊中的拱券成为该建筑的主要特征。

*Schweizerische Bauzeitung, 25, 1926; Werk, 7, 1929; Werk-archithese, 10, 1977.*

维伯康复中心

Vebo Rehabilitation Center

公共浴室

Public Baths

索洛图恩

## 学校

阿尔蒙德路

1956 ~ 1959

弗莱兹·哈勒以及F·姆勒

## 州立学校扩建

赫尔瑞路

1984 ~ 1993

弗莱兹·哈勒以及H·维伯

位于阿尔蒙德路的这所学校建于20世纪50年代，采用混凝土和金属框架结构，它与近期扩建的州立学校相比，形成强烈的反差，州立学校的扩建方案采用了模数体系和大型钢梁，这种反差突出地表现了哈勒在结构技术方面所取得的进步。

哈勒典型的建筑语汇及结构技术在其他设计作品中得到进一步的体现，例如，哈夫勒住宅，位于菲格沙勒路7号（1976）。

*Werk, Bauen und Wohnen, 7-8 1981; 7-8, 1992; 3, 1994; Domus, 695, 1988; Guide to Swiss Architecture 1920-1990, vol.2, 320, p.144.*

索洛图恩

## 布鲁尔学校

布鲁恩哈本大街

1988 ~ 1992

马库斯·都科姆，W·堪伯，A·杰尼

该项目是1988年设计竞赛的胜出方案，设计采用环形与椭圆形建筑体量相结合的布局，满足了功能需求，教室和行政管理区布置在建筑的外环中，体育馆和露天赛场位居中心位置。

*P.Disch(ed), L'architettura recente nella Svizzera tedesca 1980-1990, Lugano 1991, p.70.*

人民银行大楼
Volksbank
阿尔蒙德路学校
Allmendstrasse School

州立学校扩建
Cantonal School Extension
布鲁尔学校
Brühl School

# 伯尔尼

比尔

## 人民住宅

格雷路 11 号 / 阿尔堡路 112 号

1930 ~ 1932

爱德华 · 兰斯

改造

1986 ~ 1989

安德瑞与海波曼，亨利 · 莫里特

人民住宅是比尔地区最重要的现代建筑之一，它见证了 20 世纪 30 年代市政当局所追求的社会民主理想。建筑师爱德华 · 兰斯以他的理论文章和车站规划设计人之一而盛名远扬。在这个项目中，为了满足功能要求，他沿阿尔堡路设计了一个长条形的侧翼，其中包括一个大厅和一座 8 层的写字楼。大楼的转角处理也很特别，采用一个弧线形体量与地段的形状相呼应。

*E.Lanz, Das neue Bieler-Volkshaus, Biel/Bienne 1933; Werk-archithese, 23-24, 1978; Guide to Swiss Architecture 1920-1990, vol.2, 803, p.220 f.*

比尔

## 通用汽车装配线

格比拉路 21-27 号

1935 ~ 1936

鲁道夫 · 斯汀格以及 C · 胡巴彻尔

该建筑组团位于车站的西南面，包括一个按生产要求设计的装

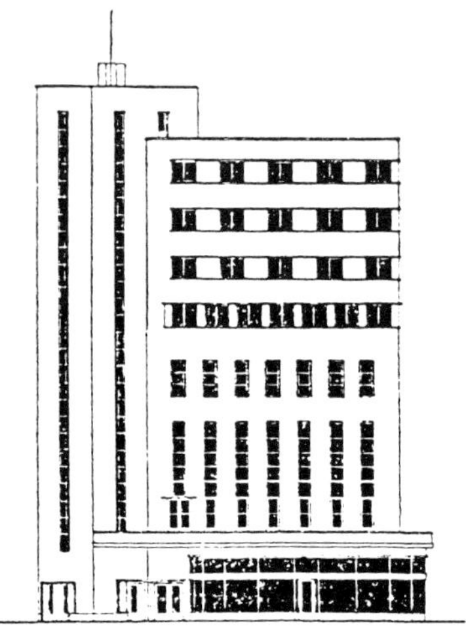

人民住宅外观和立面

Volkshaus, view and elevation

配车间和一座办公楼。办公楼的主体中布置了展厅和一部突出的楼梯间，建筑内部的工艺流程组织使每位参观者都为该生产流程的设计而惊叹。

*Schweizerische Bauzeitung, 110, 1937; Max Bill et al., Moderne Schweizer Architektur 1925–1945, Basel 1947; Archithese, 2, 1980; Guide to Swiss Architecture 1920–1990, vol.2, 804, p.219.*

比尔

**国会中心**

希尔伯路／松特尔Ⅰ路

1957 ~ 1966

马克思·斯科普

该设计采用裸露的混凝土为主要材料，着力表现建筑结构，在高层办公塔楼和较低的建筑体量之间寻找构图的平衡点，低层的建筑体量中布置了游泳池和剧院，屋顶向上升腾，富有活力。

斯科普在比尔设计的其他重要作品还有：位于尚浦耐里的尚斌雍学校（1960）和位于鲁格尼路 6 号的办公楼（1984 ~ 1985）。

*B.de Sivo, L'architettura in Svizzera, Naples 1968; Guide to Swiss Architecture 1920–1990, vol.2, 807, p.224.*

通用汽车早期装配线鸟瞰

General Motors Works Offices and period aerial view

国会中心

Congress Center

比尔

**木材工业培训学院扩建**

索洛图恩纳大街 102 号

1990 ~

密歇尔 · 莫利与马库斯 · 彼得以及 U · 舒农博格

该学院的扩建部分是一个木结构的长方形体量，其特征表现在水平向富韵律感的窗洞布置，顶部阁楼冠以深远的出檐。建筑师娴熟的细节处理技巧为保持瑞士木结构建筑传统作出了重要贡献。

*Construction.Intention.Detail.Five Projects from Five Swiss Architects, London-Zürich 1994.*

伯尔尼

**人民大厦**

祖格豪斯巷 9 号

1913 ~ 1914

奥托 · 因格德

奥托 · 因格德设计的这座建筑位于商业区，其纪念性通过入口之上 3 层以及顶层正中巨大的弧形体量体现出来。因格德的这个早期作品是他设计生涯发展的重要阶段，从中可以感受到其风格特征。此外，他还设计了位于布彻尔路 2–4 号的住宅（1933 ~ 1935）。

*Schweizerische Bauzeitung, 5, 1913; INSA.Inventario Svizzero di Architettura 1850–1920, vol.II, Berne 1986.*

伯尔尼

**劳瑞医院**

弗雷伯格大街 18 号

1924 ~ 1929

奥托 · R · 萨尔瓦斯伯格与奥托 · 布瑞赫布尔

**埃芬诺诊所**

埃尔芬诺路 68 号

1929 ~ 1930

奥托 · R · 萨尔瓦斯伯格与奥托 · 布瑞赫布尔

扩建

1948 和 1967

奥托 · 布瑞赫布尔

劳瑞医院的设计源自于 1924 年设计竞赛的胜出方案，是在原有建筑的基础上扩建而成的。纵向布置的体量为病房区，都是南向的房间，该建筑的中段布置开敞的阳台，两端布置半圆形房间，立面采用玻璃幕墙。

这种处理手法也被用于埃芬诺州立诊所，在这座建筑中，推拉窗的设计形成了开敞的房间，后期扩建中，在布瑞赫布尔的指导下，该建筑又增建了一层。

此外，萨尔瓦斯伯格还设计了侏罗州的圣伊莫尔区医院（1933 ~ 1934）。

*Schweizerische Bauzeitung, 87, 1926; 97, 1931; 97, 1930; Werk, 13, 1926; 7, 1929; Moderne Bauformen, 9, 1930; L'architecture d'aujourd'hui, 2, 1939; Werk-archithese, 10, 1977; 11–12, 1978; Guide to Swiss Architecture 1920–1990, vol.2, 701, p.189.*

培训学院扩建，模型外观
Training College Extension,model view

人民大厦
Volkshaus

埃芬诺诊所
Elfenau Clinic

劳瑞医院
Lory Hospital

伯尔尼

## 大学自然科学院

布尔大街 20 号 / 萨赫里大街 6–10 号

巴特茨大街穆斯马特大街

1928 ~ 1931

奥托·R·萨尔瓦斯伯格与奥托·布瑞赫布尔

该设计采用均衡的构图比例，将同类元素重复排列，形成水平向延伸的混凝土体量，建筑中布置了若干实验室和各学院共用的报告厅，从主体建筑延伸出的体量形成了梳齿形的布局以及朝南的侧院，阶梯教室的弧线形处理创造出入口空间的韵律感。

*Schweizerische Bauzeitung, 4, 1929; Werk, 7, 1929; 8, 1932; Moderne Bauformen, 9, 1930; 2, 1933; Werk-archithese, 10, 1977; Parametro, 140, 1985; Guide to Swiss Architecture 1920–1990, vol.2, 704, p.192.*

伯尔尼

## SUVA 大楼

劳彭大街 11 号 / 希勒尔大街

1930 ~ 1931

奥托·R·萨尔瓦斯伯格与奥托·布瑞赫布尔

萨尔瓦斯伯格刚从柏林回国就被委以设计 SUVA 大楼的重任，他的设计方案在竞赛中胜出。SUVA 大楼是 20 世纪 30 年代伯尔尼最重要的建筑，该设计明显地受到恩瑞克·门德尔松设计的百货公司（1928 ~ 1929）的影响，建筑立面上突出的垂直楼梯平衡了水平带状窗的弧形混凝土墙面。

1936 年，萨尔瓦斯伯格还设计了位于比尔的阿尔蓬大街 64 号的菲瑞住宅。

*Schweizerische Bauzeitung, 96, 1930; Werk, 8, 1932; Moderne Bauformen, 2, 1933; Werk-archithese, 10, 1977; 11–12 1978; Guide to Swiss Architecture 1920–1990, vol.2, 706, p.193.*

伯尔尼

## 瑞士国家图书馆

豪威尔大街 15 号

1928 ~ 1931

阿尔弗雷德·奥斯格,约瑟夫·考夫曼，埃米尔·豪斯特勒

该方案是一个全国性设计竞赛的胜出方案，采用对称布局，根据具体的功能要求布置空间，诸如办公室、阅览室和书库等，通过不同的开窗处理和不同的体量高度区分不同的功能空间。

国家图书馆的附近还建有自然历史博物馆，位于伯恩大街 5 号，由克瑞伯和穆勒设计，1932 ~ 1933 年建造，分别在 1938、1960 和 1970 年进行过三次扩建。

*Werk, 11, 1931; Moderne Schweizer Architektur 1925–1945, Basel 1947; H.Volkart, Schweizer Architektur, Ravensburg 1951; Werk-archithese, 11–12, 1978; Guide to Swiss Architecture 1920–1990, vol.2, 705, p.191.*

大学自然科学院
University Institutes
of Natural Sciences

SUVA 大楼正面外观和平面
SUVA Building,front
view and plan

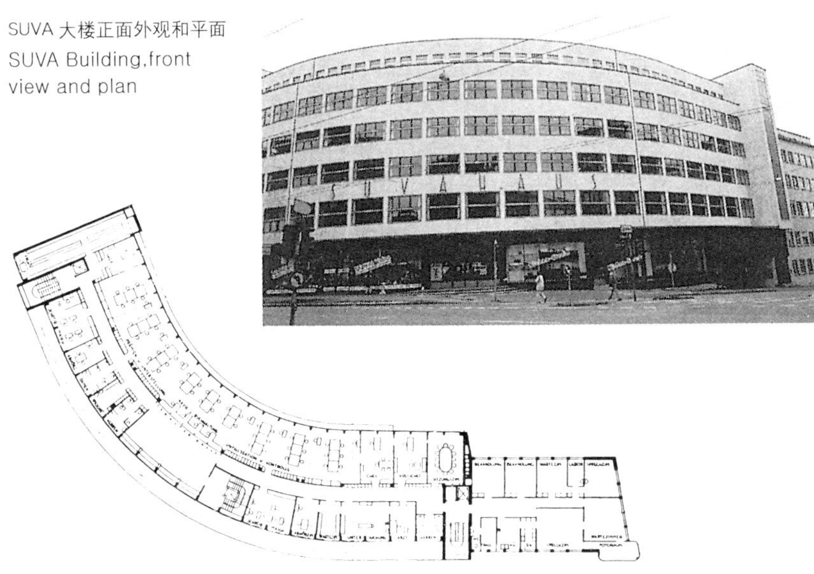

瑞士国家图书馆
Swiss National
Library

伯尔尼

## 斯特普芬奈克学校

布鲁能路 40 号，布姆普拉斯

1929 ~ 1932

卡尔 · 尹德穆尔

扩建

1946

彼得 · 尹德穆尔

斯特普芬奈克学校的设计源自一次竞赛的胜出方案。但在实施时，整个方案都经过了调整，平面为 L 形，西北翼为教室，建筑被楼梯间划分为三段，南边设计了自由活动的场地。

卡尔 · 尹德穆尔设计的其他值得关注的作品还有：和平教堂科赫布尔路 25 号（1917 ~ 1920）和格林琛的新教教堂索洛图恩州，斯维格里路 9 号（1914）。

*Werk, 10, 1932; Werk-archithese, 11-12, 1978; Guide to Swiss Architecture 1920-1990, vol.2, 707, p.193.*

伯尔尼

## 住宅楼

哈勒尔路 49-55 号

1934 ~ 1935

恩斯特 · W · 埃博瑟德

这栋住宅楼位于一片坡地上，可以远眺伯尔尼火车站，各种户型被组织在一栋弧形的建筑体量中，入口庭院在建筑的后部。

*Werk-archithese, 11-12, 1978.*

斯特普芬奈克学校外观和底层平面
Stapfenacker School,view and floor plan

哈勒尔路住宅楼
Hallerstrasse Housing

伯尔尼

## 工艺美术学校

洛瑞安路 1 号

1935 ~ 1939

汉斯 · 布雷赫布尔

工艺美术学校位于洛瑞安桥边，与河道平行，像一个钢筋混凝土的方盒子，底层架空，两侧为独立的楼梯间塔楼。这种处理显然受到勒 · 柯布西耶的影响，实习车间独立设置，沿着坡地上的主体建筑向阿瑞河岸延伸。

*Schweizerische Bauzeitung, 106, 1935; Werk, 7, 1940; Werk-archithese, 11-12, 1978; Guide to Swiss Architecture 1920-1990, vol.2, 712, p.196.*

伯尔尼

## 阿姆豪斯扩建

霍德勒路 7 号

1976 ~ 1981

第五工作室

尽管阿姆豪斯（区司法办公楼）经过全面的整修和扩建以满足新的工作空间需要，其 19 世纪的临街立面仍得以保留，扩建部分与原有建筑的后部平行，并紧密结合转角地形，形成了若干封闭的中庭。由于使用钢和玻璃，建筑体现出一种微妙的现代风格，与周围的建筑形成对比。

*Baumeister, 3, 1978; Guide to Swiss Architecture 1920-1990, vol.2, 724, p.207.*

工艺美术学校
Arts and Crafts School

阿姆豪斯，内院立面细部
Amthaus, detail of court facade

伯尔尼

## 艺术馆扩建

霍德勒路 12 号

1976 ~ 1983

第五工作室与 C · 巴登巴赫，H · 艾琛伯格，以及 R · 苏格

艺术馆的扩建依循原有建筑的比例和朝向，运用对比的建筑语言，与传统的博物馆建筑语汇大相径庭，创造出一个“知觉机器”，并通过精密的技术设施融合了自然采光和人工照明。

*Baumeister 3, 1978; Docu Bulletin, 1, 1980; Architettura Svizzera, 4, 1984; Archithese, 1, 1984; Rivista Tecnica, 1, 1984.*

伯尔尼

## 维汀豪芬老人院

朱彼特路 65 号

1983 ~ 1985

第五工作室

老人院由两栋 L 形建筑组成，其特点表现在一系列的阳台和露台上，房间能够获得最佳自然采光，

艺术馆和扩建部分
Art Museum and Extension

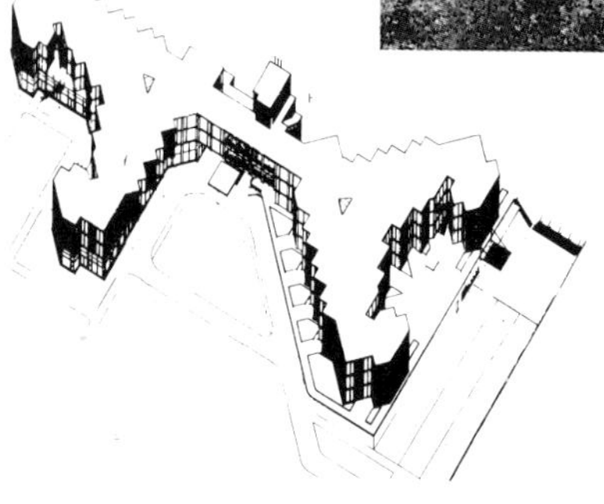

维汀豪芬老人院，轴测图和外观
Wittigkofen Nursing Home, axonometric and view

细致入微的平面设计充分满足了医院照料慢性病患者的综合性要求。

*Baumeister, 2, 1985; Werk, Bauen und Wohnen, 12, 1989; Architettura Svizzera, 7-8, 1990; Architectural Review,1,1991; P.Disch(ed), L'architettura recente nella Svizzera tedesca 1980-1990, Lugano 1991, p.77; Deutsche Bauzeitung, 5, 1992; Guide to Swiss Architecture 1920-1990, vol.2, 732, p.211.*

伯尔尼

## 乌尼特布勒人文社会科学中心

兰格斯路／勒琛路／穆斯－拉特路

1987～1993

皮埃尔·科拉蒙肯，丹尼尔·赫林，与安德鲁·鲁斯特以及G·霍夫曼

这个方案是为了重新开发多元化的城市肌理，原托波勒巧克力工厂和旁边别具一格的加建部分形成了大学的人文和社会学中心。设计过程中保留了原有建筑的承重结构，以此作为工厂历史的纪念。设计的重点集中在建筑群的中心部位，在原有院落的中心建造了一座图书馆，各学院和研究机构分设在原生产区中，教室沿着勒琛路布置，面对着新建的、沿路有成排法国梧桐的庭院。

*P.Disch(ed), L'architettura recente della Svizzera tedesca, Lugano 1991, p.85; Guide to Swiss Architecture 1920-1990, vol.2, 734, p.212.*

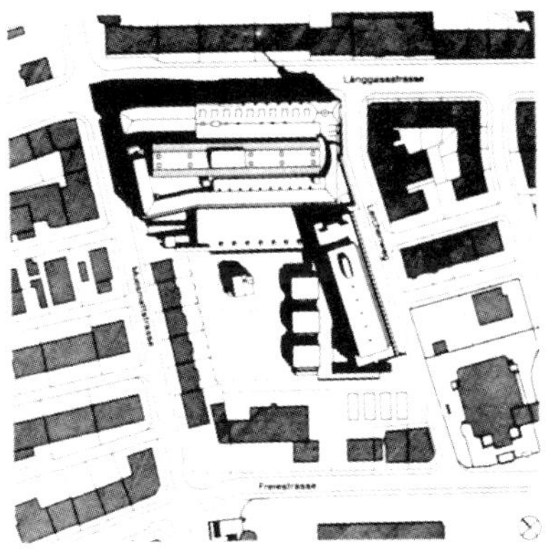

乌尼特布勒人文社会科学中心，室内和总平面
Unitobler Human and Social Sciences Center, interior and site plan

伯尔尼

## 布尔广场学生中心

杰托德－沃克路 3 号

1988 ～ 1991

瑞格纳与阿莱恩 · 格瑟尔以及 B · 申克与 E · 比施霍夫

布尔广场学生中心距自然科学院不远（布尔路 20 号，奥托 · R · 萨尔瓦斯伯格和奥托 · 布瑞赫布尔设计，见第 154 页）。从整体设计来讲，它是一个独立的部分，是规整布局的大学区中的一个独立元素。作为集会和娱乐场所，学生中心是学校的一个重要组成部分，建筑依照清晰的几何原则建造，与公共区域相联系，如餐厅和服务设施等，放射状的结构向外开敞，技术用房设在建筑后部。

除此之外，这几位建筑师还设计了位于胡尼巴赫－特恩的住宅区（沃特伯登路 27 号，1985 ～ 1988）。

*P.Disch(ed), L'architettura recente nella Svizzera tedesca 1980-1990, Lugano 1991, p.80; Hochparterre, 1992, 6; Architettura Svizzera, 1993, 6; Werk, Bauen und Wohnen, 1993, 7-8.*

布鲁克

## 瑞恩花园住宅区

瑞恩花园

1968 ～ 1971

## 哈伦住宅区

哈伦布鲁克／朗格路

1955 ～ 1961

## 陶马特 I 号和 II 号住区

迈特伦沃尔德路

1967 ～ 1974 和 1981 ～ 1985

第五工作室

自 20 世纪 50 年代起，第五工

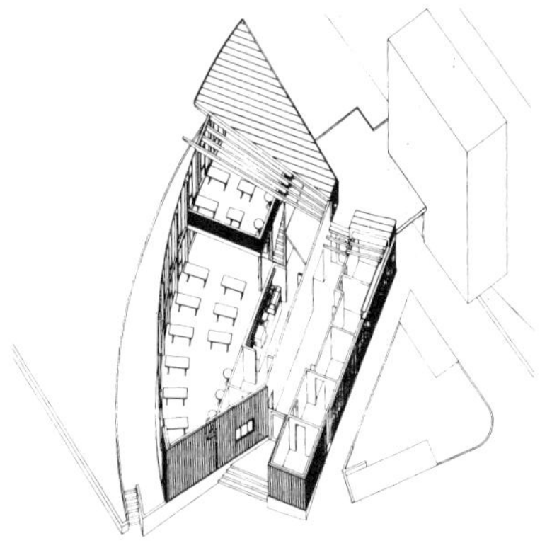

布尔广场学生中心，外观和轴测图
Bühlplatz Student Center, view and axonometric

作室设计的众多住宅项目中，哈伦住宅区被公认为是战后最重要的住宅设计之一。在这个设计里，79户住宅成排的沿台地布局，其中包括两类建筑和四种户型，此外还有一些公共设施，诸如游泳池、体育中心、餐厅和其他服务设施等，这种设计反映出设计者在创造紧凑城市景观的同时，还注意展现自然景观中的优美之处。与此相类似的手法在瑞恩花园住宅区和陶马特I号及II号住宅区的设计中得到了进一步的体现，在这两处住宅区中，还对交通路线进行了合理划分。

同样的设计原则还被第五工作室用到了雷德住宅区的设计中，尼登沃根，布鲁克布尔路，(1983 ~ 1991)。第五工作室设计的另外一个引人注目的设计作品是陶马特购物中心，赫尔瑞施瓦登，迈特伦沃尔德路（1985 ~ 1988)。

*G.E.Kidder Smith, The New Architecture of Europe, New York 1961; Architectural Design, 2, 1963; Werk, 2, 1963; 7, 1971; 4, 1974; 3, 1975; L'architecture d'aujourd'hui, 121, 1965; 11-12, 1973; 252, 1987; R.Banham, The New Brutalism, London-New York 1966; J.Bachmann and S.von Moos, New Directions in Swiss Architecture, New York 1969; Architettura Svizzera, 1, 1972; 10, 1974; a+u, architecture and urbanism, 10, 1975; Werk-archithese, 9-10, 1978; Abitare, 206, 1986; Faces, 2, 1986; P.Disch, L'architettura recente nella Svizzera tedesca 1980-1990, Lugano 1991, p.88; Guide to Swiss Architecture 1920-1990, vol.2, 812, p.226; 602, p.177; 603, p.178.*

住宅区: 哈伦
Siedlungen: Halen

瑞恩花园 陶马特I号和II号
Rainpark Thalmatt I and II

伯尔尼

## USM 制造厂

图恩路 55 号

1961 ~ 1987

弗莱兹 · 哈勒与鲁道夫 · 施特格，H · 维伯，J · 路特巴彻

为了适应 USM 制造厂分四期建造的需要，哈勒设计了一种新的具有最大程度灵活性的钢结构体系，这种思路也是他采用“体系设计”的方法为该制造厂设计办公家具的基础。

*Bauen und Wohnen, 11, 1962; 10, 1964; Detail, 2, 1967; J.Bachmann and S.von Moos, New Directions in Swiss Architecture, New York 1969; F.Haller, Bauen und Forschen, Solothurn 1988.*

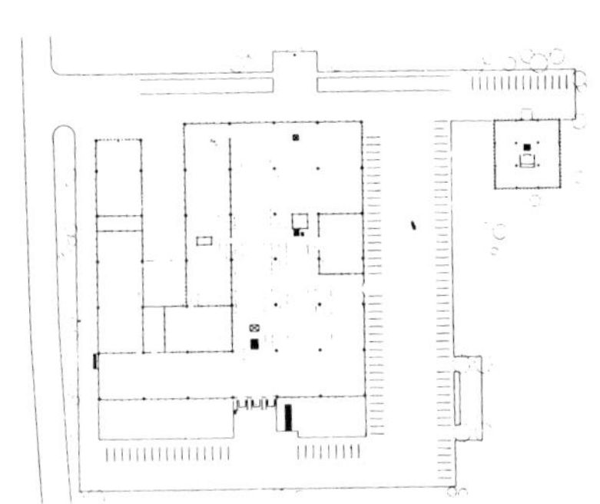

USM 制造厂总平面
USM Manufacturing Plant,site plan

施瓦森伯格

## 洛斯格拉本桥

舒恩塔伦 – 亨特福特根公路

1932

罗伯特 · 马里兰

为了探索钢筋混凝土的潜力，马里兰设计了这座三重箱式桁架结构的洛斯格拉本桥，与他设计的著名的施瓦德巴赫拱桥一样，这些探索有效地为形成新的，以形式、结构和造价等要素为基础的钢筋混凝土美学铺平了道路。

*Max Bill et al., Moderne Schweizer Architektur 1925-1945, Basel 1947; Werk, Bauen und Wohnen, 12, 1983; D.P.Billington, Robert Maillart and the Art of Reinforced Concrete, Zurich and Munich 1990.*

斯特夫斯伯格

## 工作室住宅

克施布尔路 15 号

1928

阿诺德 · 伊登

阿诺德 · 伊登与其艺术家客户的密切合作在这栋带工作室的住宅中得以充分体现，这座建筑已经成为 20 世纪 20 年代瑞士现代建筑的一个重要作品。该建筑目前保存完好如初，建筑清晰的体量和立面上的水平分划，使人联想起伊登在穆伦设计的旅馆。不幸的是，穆伦旅馆的外观和立面上突出的水平分划已经被改造得面目全非。

*Neues Bauen in der Schweiz, Führer zur Architektur der 20er und 30er Jahre, Blauen 1985.*

USM 制造厂
USM Manufacturing Plant

洛斯格拉本桥，外观和剖面
Rossgraben Bridge, view and section

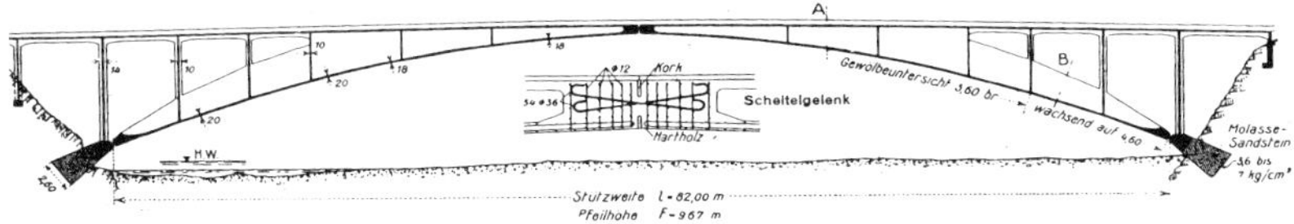


工作室住宅外观
Studio-House, exterior views

维尔勒特

## 卡特尔工厂

1990 ~ 1992

让·努韦尔，伊曼努尔·卡特尼与合作者以及J·沙波赖特与E·玛丽亚

营造商：IMZA

这个高档装饰品工艺公司坐落在传统上以生产钟表而闻名的圣特－伊莫尔河谷中的一片工业区中。建筑采用玻璃立方体的形式，体现出强劲的力度感。虽然设计采用了抽象的手法将建筑与周围环境区分开来，但通透的玻璃面上的反射反而使建筑融入到周围的景观当中。建筑内部简洁明晰的功能组织表明这座建筑的设计源自特定的功能类型。

*Architecture romande, 4, 1991; Faces, 28, 1993; Guide to Swiss Architecture 1920-1990, vol.2, 826, p.234.*

松利克芬

## 综合楼

工厂路1号

1987 ~ 1991

第五工作室

这幢综合楼的设计充分考虑到城市的整体需要，并且最有效地利用了基地。平面依照基地的形状布局，满足了办公、储藏和工艺车间等的多种功能需求。

第五工作室设计的许多车间都在伯尔尼州：其中有工厂（伯恩街19号，1958 ~ 1959），一所学校（图恩，奥瑟尔环路，1977 ~ 1986），精神病医院（姆施根，1984 ~ 1991），以及沃彻大楼（尼登沃根，豪尔马特街4号，1980 ~ 1983）。

*Werk, Bauen und Wohnen, 12, 1992; Architettura Svizzera, 5, 1993; Guide to Swiss Architecture 1920-1990, vol.2, 611, p.182.*

卡特尔工厂
Cartier Factory

综合楼，沿街立面，底层平面和鸟瞰
Mixed-Use Building: Street facade, floor plan,and aerial view

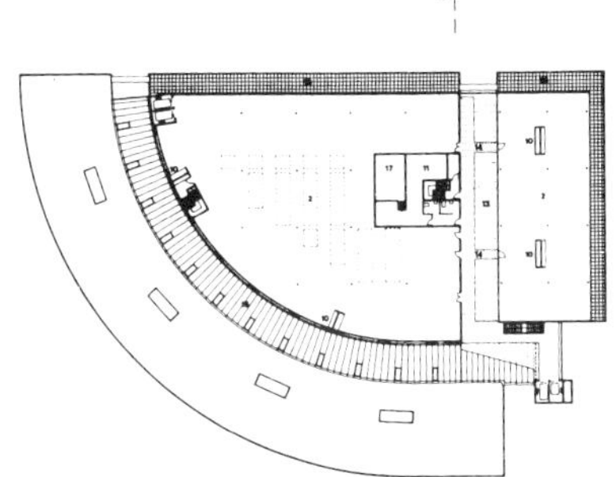

综合楼车间
Mixed-Use Building: Workshops

# 格拉鲁斯

格拉鲁斯

**画廊**

奥斯沃尔德－赫尔路2号

1951～1952

汉斯·路森格尔

路森格尔的设计以其简洁明快而令人折服。这个画廊由两个各具特色的方形体量组成，采用密实的黄砖墙面及带玻璃的坡屋顶。两个建筑体量之间通过一个平顶的门廊相连，形成向公园敞开的L形平面。

路森格尔还设计了一个在当时被称作“新山地建筑”典范的建筑，这就是奥特斯托克豪斯高山避难所（建于海拔1700m的布鲁恩沃尔德，1931年），遗憾的是该建筑后来经过了改造。

*Werk, 9, 1952; Guide to Swiss Architecture 1920-1990, vol.1, 405, p.99.*

格拉鲁斯

**州立医院员工宿舍**

布彻豪斯路／埃斯尔路

1950～1953，1967～1969

雅各布·斯维菲尔与C·霍夫曼

州立医院的员工宿舍是分期建成的，各阶段采用了不同的建筑类型。首先在塔楼两侧建造了一组护士宿舍，而后建起了带有露台的联排式住宅，后被用作医生宿舍，该

项设计着重于寻求最适合居住需求的解决方案。

*Werk, 1, 1952; 1, 1954; 5, 1955; Werk, Bauen und Wohnen, 7-8, 1989; Guide to Swiss Architecture 1920-1990, vol.1, 404.*

尼登瑞恩

## 艾特尼特公司总部大楼

艾特尼特路

1953 ~ 1954

马克思·恩斯特·黑夫利与维尔纳·马克思·默泽尔以及 F·凡·库克

为了体现公司形象，艾特尼特有限公司总部大楼的外立面主要采用了艾特尼特砖贴面，两个大的功能分区通过办公室成排的窗户和窗间墙区分开来，封闭的楼梯间则扩大成为一间展厅。

这种采用本公司产品作为建筑外观的做法亦可见于艾特尼特公司的佩耶尼工厂（沃州，包弗瑞路，保罗·沃尔登斯普尔设计，1956 ~ 1957）。

*Werk, 6, 1956; Deutsche Bauzeitschrift, 5, 1958; Archithese, 2, 1980; 5, 1993; Guide to Swiss Architecture 1920-1990, vol.1, 408, p.102.*

尼登瑞恩

## 乡村礼拜堂

1955 ~ 1956

汉斯·路森格尔与汉斯·霍沃德

乡村礼拜堂位于一块自然凸起的岩石基座上，经岩石到达入口。礼拜堂平面为六角形，坡屋顶在中轴线的前端升起。

在尼登瑞恩，路森格尔与让·格雷夫还合作设计了一所学校（佩斯特鲁兹街，1953 ~ 1954）。

*Werk, 4, 1957; Deutsche Bauzeitschrift, 10, 1961; Guide to Swiss Architecture 1920-1990, vol.1, 409, p.102.*

艾特尼特公司总部大楼
Eternit Headquarters

乡村礼拜堂
Village Hall

*对面页图*
画廊
Art Gallery
州立医院员工宿舍外观
Cantonal Hospital Staff Lodgings, exterior views

# 施维茨州

布汀根

## 教区中心

多尔夫广场

1964 ~ 1970

朱彻姆 · 纳伊夫，恩斯特 · 斯图德与格特菲德 · 斯图德

教区中心的设计源自 1964 年的竞赛中标方案，教堂是镇中心总体改造项目的一部分，整个设计包括市政厅、商店和住宅等。教堂为集中式平面，采用钢筋混凝土结构，清水混凝土墙面，利用天窗自然采光，三个入口分别设计了塔楼。内部螺旋形的流线布局将信徒引向圣坛，室内空间布局灵活，适合于举办各种类型的教区活动，诸如举行音乐会、讲座和聚会等。

这几位建筑师因长期从事宗教建筑实践而享有盛誉，他们还设计了布彻瑞恩教堂（卢塞恩州，1970 ~ 1972)，以及圣马汀教区中心（伯尔尼州，图恩，1971）。

*Rivista Tecnica, 24, 1971; Werk, 12, 1971; Werk, Bauen und Wohnen, 1–2, 1980.*

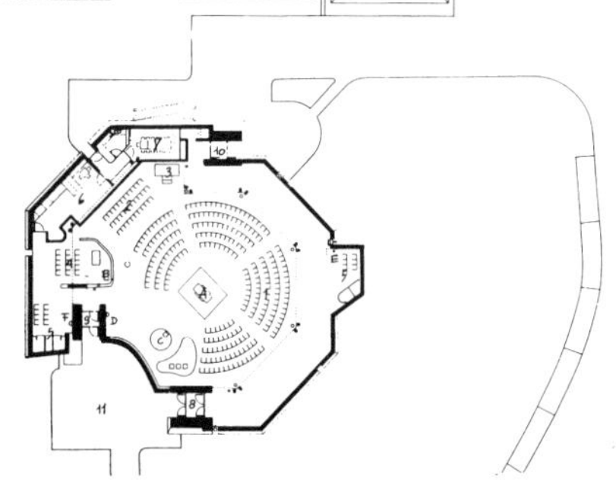

教区中心
Parish Center

# 楚格州

巴尔

**普尔住宅区**

普尔路 21–27 号

1983 ~ 1986

多尔夫·施奈比利与托比斯·阿曼，沃尔纳·埃格里与汉斯·鲁尔，V·布兰德里与F·沃格尔

普尔住宅区靠近铁路沿线，由围绕着广场的各种住宅楼组成，布局开敞，在住宅区西边一栋封闭的建筑中设置了小区入口，这栋楼同时也是隔绝外部噪声的屏障。大部分住宅类型为跃层式的公寓，各有独立的入口。二层以上的单元可直达屋顶平台，底层的公寓都设计了私家花园。

*Archithese, 2, 1986; 3, 1986; Rivista Tecnica, 1-2, 1986; Faces, 14, 1989; Architettura Svizzera, 2, 1990; Detail, 1, 1990.*

普尔住宅区
Büel Housing

奥伯拉格利

## 凡·德·维尔德住宅 I 号和 II 号

霍德巴赫路 1 号 a/ 阿尔特兰德路 4 号 a

1939 和 1957

阿尔弗雷德·罗特

这两栋住宅中的第一栋是阿尔弗雷德·罗特在 20 世纪 30 年代为一位著名的客户亨利·凡·德·维尔德设计的度假别墅。当主人因年老体弱，不便经宅前小径步行进入住宅时，罗特就在附近为他设计了第二座住宅，凡·德·维尔德在此撰写他的回忆录，度过了他的余生。凡·德·维尔德在回忆录中提到了这两栋带露台的木质平房，它们优美地镶嵌在周围的景观当中，其构思显然受到赖特的早期住宅设计的启发。

*Werk, 11, 1962.*

奥伯拉格利

## 住宅

穆斯利环路 9 号

1990 ~ 1992

马里奥·坎普与弗兰克·佩森纳

遵照当地的建筑规范，这栋住宅选用了镀锌铁皮的坡屋顶。屋顶与天然光滑的石材相结合，形成了坎普和佩森纳设计的这栋住宅的主要特色。出挑深远的屋顶给建筑以非常轻盈的外观，住宅对外的通道在下方的半地下车库内，从车库可以直达二层的起居室，而后是颇具戏剧性高潮的空间，即一个两层通高的厅。从这里可以眺望远处的景色，这个空间是整个住宅设计的空间中心。

*Rivista Tecnica, 10, 1992; Domus, 751, 1993; A+u, architecture and urbanism, 3, 1993.*

施廷豪森

## 宗教中心

施里马特

1976 ~ 1981

恩斯特·吉泽以及亨茨·施密德，P·斯汀纳，与 J·M·布维特

设计该宗教中心的目的是为这个距苏黎世不远、发展迅速的居住型城镇创造一种城市的可识别性，同时提供相应的社区配套服务设施。除了一座天主教堂和一座新教教堂外，该中心还有供社区活动的各种房间，这些房间安置在一栋建筑中，方案设计有意远离任何的等级划分，仅根据使用的需要将各个房间进行合理的安置。建筑外墙采用清水混凝土，同时结合铜、木材和天然石材饰面，并通过这些饰面划分和界定出各个建筑体量。室内采用白色抹灰墙面，墙面在顶部采光的作用下，显得更加明亮。

*Abitare, 206, 1982; Werk, Bauen und Wohnen, 7-8, 1982; Detail, 4, 1983.*

凡·德·维尔德住宅
I号和II号
van de Velde
Houses I and II

奥伯拉格利住宅
House in Oberägeri

宗教中心
Ecumenical Center

乌特瑞格雷

## 原儿童医院（护士住宅）

黑密里路

1935 ~ 1938

多格博特 · 凯瑟尔与里查德 · 布彻尔，E · 斯廷格和 P · 托廷格

该医院的设计沿袭了理性主义的设计传统，建筑采用了别具特色的金属结构，整个结构坐落在底层结实的混凝土基座上，外墙全部用木材贴面。

*Moderne Schweizer Architektur 1925-1945, Basel 1947; Werk, 9, 1954.*

楚格

## 新教教堂

阿尔蓬路

1903 ~ 1906

卡尔 · 莫泽尔，雅各布 · 科瑞尔与弗雷德里克 · 维尔利

与库尔耶与莫泽尔设计的圣迈克尔教堂（佐格伯格街，1892 ~ 1902）及圣鲍鲁斯教堂（卢塞恩，穆斯马特街 2 号，1911 ~ 1912）一样，这座新教教堂的设计印证了莫泽尔在众多宗教建筑设计中，探

儿童医院
Children's Hospital

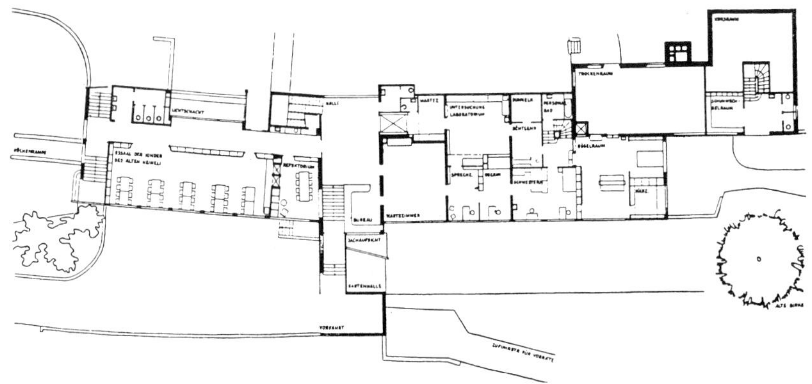

索适宜性风格的尝试。这次，莫泽尔相当大程度地偏向了罗马风风格，他试验性地将这种风格与非古典的比例和细部结合起来，创造了若干非正统的空间效果。

*Schweizerische Bauzeitung, 47, 1906; ISNA.Inventario Svizzero di Architettura 1850-1920, vol.10, Berne 1992.*

楚格

## 住宅楼

布利赫马特路 11 号

1931

海因里希 · 皮科特

这座住宅楼的设计采用了联排式住宅的形式，连续的阳台突出了建筑的水平走向，方案设计不仅强调了朝向、日照和理性建造的重要性，同时也密切关注现代住宅设计新方法这样的重要问题。

*I.Noseda, Kulturobjekte der Stadt Zug, Zug 1990.*

新教教堂
Protestant Church

住宅楼
Housing

楚格

## 州银行大楼

班豪夫路 1 号

1949 ~ 1958

里奥 · 哈弗纳与阿尔方斯 · 维德克尔

州银行的设计，平面布局明确，整栋建筑围绕着中庭布置，1985 年经过整修；立面设计再现了一些传统的府邸建筑元素，例如环廊和顶冠等，但这一切均以功能实用为前提。银行大楼中多采用轻质的建筑材料，如铝、钢以及玻璃等。

*Werk, 5, 1959; A.Altherr, New Swiss Architecture, Teufen 1965; Guide to Swiss Architecture 1920–1990, vol.1, 843, p.246.*

楚格

## 特瑞松路住宅楼

特瑞松路 1–9 号

1957 ~ 1960

弗莱兹 · 斯图克与鲁道夫 · 姆利

斯图克与姆利是瑞士曾经非常流行的一种建筑类型的设计者。他们这次在瑞松路设计了沿 51° 斜坡呈阶梯状布置的住宅楼，每栋楼均由逐层递增的五层公寓组成，每户的起居室都可以俯瞰层层跌落的大平台，公寓的服务性房间设在背山一面。

这种住宅类型的另一个实例是穆尔哈尔德的住宅楼（阿尔高州，

州银行大楼
Cantonal Bank

特瑞松路住宅楼
Terrassenweg Housing

布鲁克－乌密肯，1962～1971)，彻瑞尔、斯图克勒与沃伯尔设计。

*Werk, 2, 1961; 10, 1964; Architecture, formes+fonction, 8, 1961; L'architecture d'aujourd'hui, 100, 1962; A.Altherr, New Swiss Architecture, Teufen 1965; J.Bachmann and S.von Moos, New Directions in Swiss Architecture, New York 1969; Guide to Swiss Architecture 1920-1990, vol.1, 844, p.246.*

楚格

## 赫尔提五号住宅楼

基纳瑞尔－古森路 22-30 号

1989～1994

库恩，菲舍尔与合作者（W·菲舍尔与G·彻瑞尔）,P·温尼斯托弗，P·梅赫特瑞，以及C·斯帕提。

赫尔提住宅楼由两部分组成，一条步行道将两部分分开。竖向外露的楼梯形成的韵律感体现了这栋住宅楼的特色，主体建筑为公寓楼，一直延伸到基纳瑞尔－古森路，旁边一栋梳齿形建筑容纳了各种公共服务设施。

*Schweizer Ingenieur und Architekt, 50, 1989; Hochparterre, 10, 1990.*

赫尔提五号住宅楼
Herti V Housing

# 卢塞恩州

巴尔德格

## 苏诺哈德育婴院，幼儿园和老人院

苏诺哈登路 2 号

1968 ~ 1972

密歇尔 · 布鲁尔与比特 · 卓地

苏诺哈德育婴院、幼儿园和老人院是一栋内向型的建筑，平面呈 H 形，有走廊通向院子。建筑采用了混凝土预制构件（在立面上形成了深深的窗洞）和天然的建筑材料（如木材和石材等），从而形成了特点鲜明的外观和水平伸展的立面效果，材料的质感在光影的作用下得到了充分展示。

密歇尔 · 布鲁尔还与赫尔伯特 · 贝卡德以及艾伯哈德 · 艾登本斯合作设计了斯特赫林住宅（苏黎世州，费尔德梅伦，豪萨克路 35 号，1957），它目前仍是一户私人住宅。

*Werk, 4, 1973; Bauen und Wohnen, 9, 1975; Architettura Svizzera, 38, 1979.*

埃根

## 艾尔尼工作室住宅

科鲁兹布赫路

1957 和 1966

汉斯 · 艾尔尼，朱瑟夫 · 格特纳以及保罗 · 格斯纳

画家、雕塑家汉斯 · 艾尔尼为自己在这座可眺望湖面的山丘上设计了工作室住宅，建筑形体的处

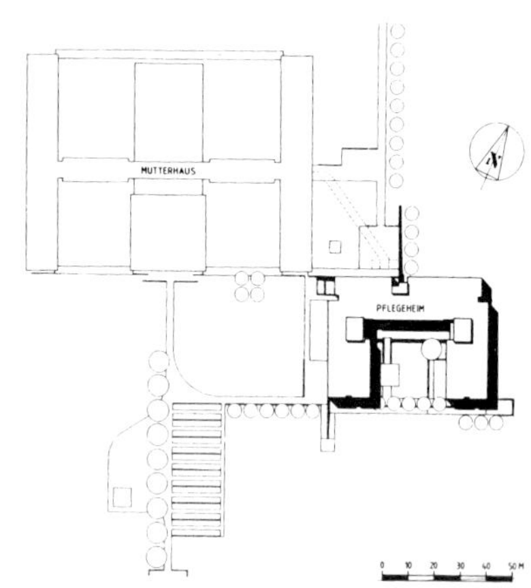


理以及设计中对“人体尺度”的探索，体现了艺术家对勒 · 柯布西耶作品的钦佩。

*H.Ineichen and T.Zanoni(eds), Luzerner Architekten 1920–1960, Zurich-Berne 1985.*

艾门布鲁克

## 科瑞恩－朗格住宅

奥本菲格路 7 号

1992 ~ 1993

丹尼尔 · 马奎斯与布鲁诺 · 苏克琛以及 S · 莫赫与 F · 瑞特

科瑞恩－朗格住宅位于城外一处高度多元化的区域，其中有工业建筑、住宅楼等，这使得建筑师将这幢住宅设计得像一个容器一样。处理带有明显的临时性，住宅建造使用了轻质材料，如预制木结构体系和金属饰面板等，与周围厚重的钢筋混凝土建筑形成了鲜明的对比。

*Hochparterre, 5, 1994; Werk, Bauen und Wohnen, 5, 1994.*

苏诺哈德育婴院，幼儿园和老人院外观，总平面（总平面见上页）
Sonnhalde Crèche, Kindergarten and Nursing Home,view and ,opposite page, site plan

艾尔尼工作室住宅
Erni Studio-House

科瑞恩－朗格住宅
Kraan-Lang House

利图

**若比更中心**

若比更广场 4–20 号

1962 ~ 1987

多夫 · 施奈比利，托比斯 · 阿曼与伊施多 · 雷瑟以及 R · 马特尔，P · 胡伯尔，M · 米利，A · 费科特与 J · 库布里

小学

若比更中心

1974

多夫 · 施奈比利以及 K · 多尔勒和多蒙－普鲁斯

若比更中心位于大卢塞恩区内，中心的设计方案源自 1962 年举办的一次概念性设计竞赛，需要 20 年的规划建设过程，其目的在于让这个毫无特色的区域形成城市的特征。规划包括在这项工作面积为 53 万 $m^2$ 的用地上为 9000 个居民提供住所，同时按照公共空间与私人空间的相互关系，分等级设计组织总体空间，这种做法汲取了英国新城模式和勒 · 柯布西耶的思想。

该方案几经修改，分期规划的建设工作开始于 1974 年，先建成

若比更中心
Ruopigen Center

了一所小学，20 世纪 80 年代住宅中心建成。

在这个区域，城市结构建立在“有机”环境处理的基础上，采用人车分流的交通网络。这些措施不仅对卢塞恩的建筑规范，同时对单体建筑的设计而言，也是一种创新。

*Archithese, 2, 1980; Abitare, 206, 1982; Werk, Bauen und Wohnen, 11, 1985; Architektur und Technik, 3, 1987; Rivista Tecnica, 7-8, 1987; Detail, 6, 1988; The Architectural Review, 1, 1991; du, 5, 1992; Guide to Swiss Architecture 1920-1990, vol.1, 826, p.236; 825, p.237.*

卢塞恩

## SUVA 办公楼

弗鲁玛特路 1 号

1914 ~ 1915

奥托与维尔纳 · 普菲斯特

普菲斯特兄弟设计的SUVA办公楼是1914 年设计竞赛的中标方案，评委由当时著名的建筑师组成，其中有姆瑞斯 · 布瑞拉德、卡尔 · 尹德穆尔以及罗伯特 · 里特迈耶。办公楼采用府邸建筑的形式，满足了各项功能需求；在整体建筑空间的布局上，前部为一个布置紧凑的空间体量，顶层之上有新巴洛克式的穹顶，这给整栋建筑赋予了纪念性的尺度。

*Werk, 10, 1916; INSA.Inventario Svizzero di Architettura 1850-1920, vol. VI, Berne 1991; Archithese, 3, 1993.*

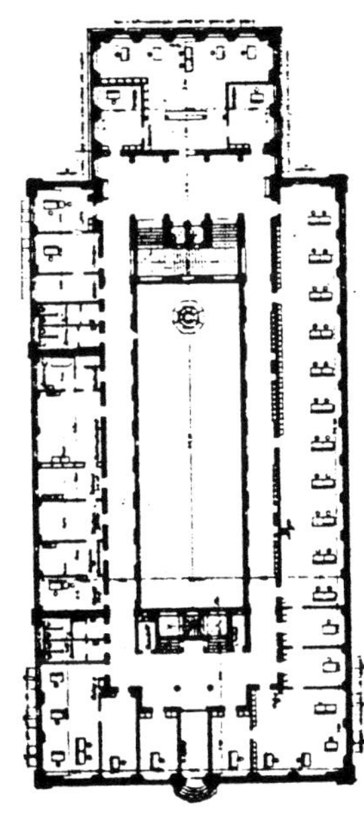

SUVA 办公楼，外观和底层平面

SUVA Offices, view and floor plan

卢塞恩

**瑞士信贷银行总部**

施瓦恩广场 8 号

1922

卡尔 · 莫泽尔与埃米尔 · 沃特

**瑞士国家银行**

皮拉图斯路 10 号

1922

赫尔曼 · 赫特

这两座银行大楼矗立在城市景观之中，外观具有很强的纪念性。卡尔 · 莫泽尔和埃米尔 · 沃特将巨大的柱墩和柱列用于这两座建筑，尝试着形成尊贵的风格。在瑞士国家银行大楼中，赫尔曼 · 赫特使用了简约式的古典风格，他对简单立方体的喜好也尽显于此。

*H.Ineichen and T.Zanoni(eds), Luzerner Architekten 1920-1960, Zurich-Berne 1985; Guide to Swiss Architecture 1920-1990, vol 1, 901, p.255.*

卢塞恩

**火葬场**

弗雷登特尔

1923 ~ 1926

阿尔伯特 · 弗瑞里赫

这座对称布局，具有纪念性效果的火葬场建在城外的西北面，在墓地边的台地上，建筑师将主体建筑设计成集中式的圆柱形体量，并

瑞士信贷银行总部
Schweizerische Kreditan stalt Headquarters

瑞士国家银行
Swiss National Bank

火葬场
Crematorium

冠以穹顶，两翼用于安置骨灰。阿尔伯特 · 弗瑞里赫还设计了苏黎世和阿尔高的火葬场。

卢塞恩

**平民社会住宅区（ABL）**

诺路 / 布鲁彻路 / 布蒂斯路 / 克莱登路 / 黑马特路 / 托蒂路

1926，1931

奥托 · 莎尔利 · 施尔，维尔纳 · 杜尔德

**基斯马特住宅区**

斯皮特尔路 26，27，29 号

斯皮特尔路 6 号

1935 ~ 1936

卡尔 · 莫斯多夫

这个平民社区住宅分两期建设，采用了两种建筑类型。1926 年，奥托 · 莎尔利的设计方案（诺路 / 布鲁彻街）是将所有住宅楼围绕一个花园式院落布局。5 年后，维尔纳 · 杜尔德沿布蒂斯路设计了 3 栋南北向的弧形 6 层公寓楼，它们是 PTT 的主要建筑（奥古斯都 · 古蒂尼，1932）。

在基斯马特住宅区，体现了地产业的援助性努力。开发商将四栋低造价住宅楼，以及楼前的通道平行建在城边比较便宜的用地上，每户公寓都有朝西的阳台，坡屋顶使住宅楼呈现出一些现代风格。

平民社会住宅区
Siedlung of the Allgemeine Baugenossenschaft

基斯马特住宅区
Siedlung Geissmatt

卢塞恩

**综合楼**

伯格路 33 号

1930 ~ 1931

**艺术和会议中心**

火车站广场 2 号

1930（毁坏）

**阿曼德兵营**

穆尔马特路 6 号

1935

阿尔敏 · 梅里

梅里设计的艺术和会议中心位于湖滨区，靠近火车站，它的正对面是梅里在 1935 年设计的精巧的金属码头。伯格路的大楼是一栋办公居住综合楼，大楼有着传统式的立面，而内部装备着先进的技术设施。钢筋混凝土结构的粗糙表面和立面上一排排严整的窗洞，使建筑具有一种威严的气质。

*Guide to Swiss Architecture 1920-1990, vol.1, 906, p.258; 904, p.257; 908, p.260.*

卢塞恩

**文化和国会中心**

火车站广场

1989/1993 ~ 2001

让 · 努韦尔

综合楼
Mixed-Use Building

文化和国会中心（上）
Top:J.Nouvel,Cultural and Congress Center

艺术和会议中心（中）
Middle:A.Meili, Art and Conference Center

阿曼德兵营
Allmend Barracks

新文化和国会中心由三个平行布置的音乐厅和表演厅组成，这些表演厅用一个横向的结构体系连接起来，新的中心用以取代原来梅里设计的艺术及会议中心。

*Olivier Boissière, Jean Nouvel, Basel/Berlin/Boston 1996.*

卢塞恩

**杜勒学校**

布鲁赫路 78 号

1931 ~ 1933

阿尔伯特 · 瑟耶

**布莱希住宅和工作室**

阿德利更斯维勒路 31 号

1938

阿尔伯特 · 瑟耶

瑟耶为杜勒学校设计的方案赢得了 1930 年的竞赛，也为他争得了第一个重要的公共建筑委托合同。后来，杜勒学校成为卢塞恩最著名的功能主义建筑之一。学校内除了教室之外，还容纳了其他的一些公共设施。但遗憾的是，1965 年由于楼层加建，破坏了健身房屋顶上的体操房和日光浴空间。

瑟耶为其雕塑家朋友奥古斯特 · 布勒希设计的住宅兼工作室是一栋毫不张扬的建筑，矩形的工作室与坡地平行，上面有两层居住空间，与工作室垂直。这样，工作室前方就形成了一个带顶棚的空间。同时，工作室的屋顶在侧面也形成了一个露台。

杜勒学校
Dula School

布莱希住宅和工作室
Blaesi Studio-House

*H.Ineichen and T.Zanoni(eds), Luzerner Architekten 1920-1960, Zurich-Berne 1985; Guide to Swiss Architecture 1920-1990, vol.1, 905, p.257; 911 and 910, p.261.*

卢塞恩

## 圣卡尔教堂

圣卡尔利路 23 号

1930 ~ 1934

弗莱兹 · 迈特格尔

迈特格尔设计的这座宏伟的圣卡尔教堂，采用钢筋混凝土结构。河边的教堂入口非常突出，整个建筑体现了杰出的城市内教堂的设计效果，这也是现代建筑多年来对宗教建筑设计的重要贡献。卡尔 · 莫泽尔曾因设计了巴塞尔的圣安东尼教堂而在瑞士引发了一种设计趋势。圣卡尔教堂用了一些新的形式元素，诸如独立支柱的承重结构和带形窗等，这些做法表明墙体不再承重，仅起围护作用。教堂纪念性的前厅内保留着一些古典元素，并以奥古斯特 · 布勒希的雕塑作品作为装饰。

*Werk, 4, 1937; G.E.Kidder Smith, Switzerland Builds, New York-Stockholm 1950; Docu Bulletin, 5, 1984; H.Ineichen and T.Zanoni(eds), Luzerner Architekten 1920-1960, Zurich-Berne 1985; Guide to Swiss Architecture 1920-1990, vol.1, 907, p.259.*

圣卡尔教堂
Church of St Karl

卢塞恩

## 圣卢卡斯教堂和教区礼堂

穆尔卡登路 16 号

1935

阿尔弗雷德 · 莫瑞与卡尔 · 科瑞伯

圣卢卡斯教堂及教区礼堂在实施时，对 1924 年的竞赛获胜方案做了根本性的修改，教堂和教区礼

圣卢卡斯教堂
Church of St Lukas

堂的空间关系采用了邻里空间中的正交式布局，垂直、高耸、开敞的钟塔形成了教堂的主入口。

*Werk, 3, 1938; Docu Bulletin, 5, 1984; H.Ineichen and T.Zanoni(eds), Luzerner Architekten 1920-1960, Zurich-Berne 1985 Guide to Swiss Architecture 1920-1990, vol.1, 909, p.260.*

卢塞恩

**圣朱瑟夫教区教堂，迈霍夫**

维格马特路

1941 ~ 1951

**中心图书馆**

塞姆巴赫路 10 号

1949 ~ 1952

奥托 · 都耶

奥托 · 都耶是 20 世纪三四十年代间，瑞士最具代表性的现代教堂建筑设计师之一。都耶的设计特点是采用清水混凝土，用最必要的建筑元素以及最简洁实用的建筑形式。在圣约瑟夫教堂中，奥托 · 都耶采用了非常特殊的方法，在教堂中部设计了非常宽敞的楼梯，这个楼梯将教堂的钟塔和中厅完全分开。

中心图书馆的设计是 1944 年设计竞赛的中标方案，原计划建在约瑟夫教堂边，但后来改为现在的基址。设计本身没有做任何的改动，图书馆的三个侧翼向公众开放，五层的书库围合着一个矩形的内院。该图书馆的设计和细部处理均反映了 20 世纪 50 年代现代主义的复兴。

*H.Volkart, Schweizer Architektur, Ravensburg 1951; H.Ineichen and T.Zanoni(eds), Luzerner Architekten 1920-1960, Zurich-Berne 1985; Guide to Swiss Architecture 1920-1990, vol.1, 912, p.262; 914, p.263; 918, p.265.*

圣朱瑟夫教区教堂，迈霍夫
Church of St Joseph Maihof

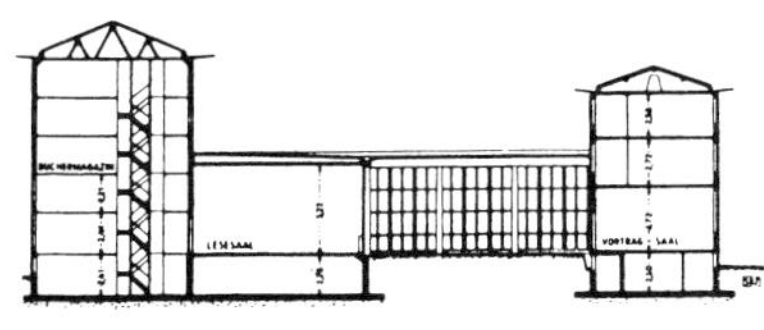

中心图书馆，外观和剖面
Central Library, view and section

卢塞恩

## 菲尔斯堡学校

菲尔斯堡路 10–12 号

1944 ~ 1948

埃米尔・朱赫与艾尔温・伯格

菲尔斯堡学校的设计是 1944 年设计竞赛的中标方案，建于 1944 ~ 1948 年，这所学校为两位建筑师在卢塞恩提供了开业的机会。学校有三栋针对不同年龄组的独立式教学楼，它们沿着一条弧形的道路排成一排，并向旁边的公园敞开，体育馆也是学校的入口。学校的设计中重复使用简洁的形式和简单的材料，这种做法可以追溯到瑞典的朱赫时期（1936 ~ 1939）。菲尔斯堡学校的设计与赫吉斯维尔的马特学校的设计有许多共同之处（下瓦尔登半州，鲍姆花园路 7 号）。

*Werk, 7, 1949; H.Volkart, Schweizer Architektur, Ravensburg 1951; H.Ineichen and T.Zanoni(eds), Luzerner Architekten 1920–1960, Zurich-Berne 1985; Guide to Swiss Architecture 1920–1990, vol.1, 913, p.262.*

卢塞恩

## 职业培训学院

海姆巴赫路 12 号

1954 ~ 1958

朱瑟夫・戈瑟尔与戈尔弗雷德・维尔兰德

戈瑟尔在 1954 年职业培训学院的设计竞赛中设计了一栋方形集中式的建筑，它与通常情况下线形布局的学校设计形成了鲜明的对比。建筑中央有一个圆形的内院，院子上方横跨着精美的屋架，方形与圆形的完美结合决定了各种房间的总体布局，庭院在建筑顶端形成了一个圆形的阁楼。20 世纪 50 年代，戈瑟尔在设计这所学院时，也在瑞士各类的建筑讨论中不断倡导着赖特的建筑观。

*Archithese, 3, 1985; H.Ineichen and T.Zanoni(eds), Luzerner Architekten 1920–1960, Zurich-Berne 1985 Guide to Swiss Architecture 1920–1990, vol.1, 916, p.264.*

卢塞恩

## 舒恩布尔塔楼

郎根桑德路 37 号

1965 ~ 1968

阿尔瓦・阿尔托，卡尔・弗雷戈与马克思・沃德勒

## 购物中心

郎根桑德路 23 号

1965 ~ 1967

阿尔弗雷德・罗特与 R・阿尔尼与 A・莫瑞尔

16 层的舒恩布尔塔楼是阿尔瓦・阿尔托这位芬兰建筑师在瑞士设计的惟一建筑作品，塔楼的底层平面为扇形，与附近罗特设计的购物中心一起，成为城市南面湖滨区的标志性建筑。阿尔托的塔楼，罗特雅致的停车场入口，均表明了建筑师可以在普普通通的项目中设计出引人入胜的建筑来。

*Werk, 10, 1968; J.Bachmann and S.von Moos, New Directions in Swiss Architecture,*

菲尔斯堡学校
Felsberg School

职业培训学院
Professional
Training College

舒恩布尔塔楼，外观
Schönbühl Tower,
view

购物中心，模型鸟瞰
Shopping Center,
model view

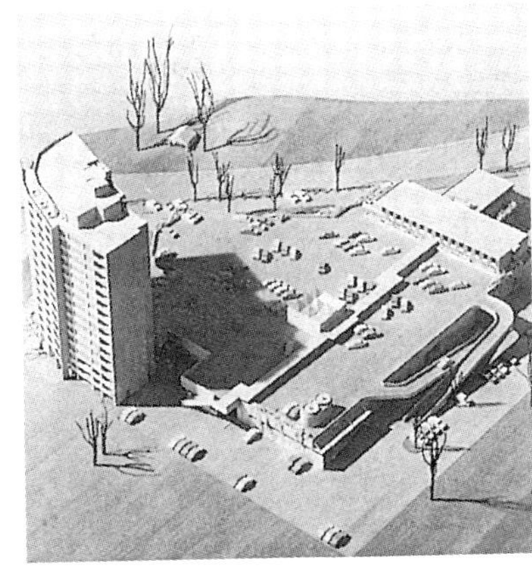

*New York 1969; Rivista Tecnica, 4, 1982; Guide to Swiss Architecture 1920-1990, vol.1, 920, p.267.*

卢塞恩

## 火车站地区改造

火车站广场

1975 ~ 1991

汉斯－彼得·阿曼，彼得·鲍曼与圣地亚哥·卡拉特拉瓦以及R·波尔彻特，M·博斯哈德，M·布克哈特尔，H·库莫尔特，F·菲舍尔，K·格拉特，D·吉斯布勒，R·赫尔格特，G·亨德勒夫，P·霍尼格，E·尹姆霍夫，E·库尔斯，R·雷蒙斯托尔，A·林克，E·卢希，H·波特曼，J·波特曼，A·瑞恩特尔，P·斯托克里，G·凡·沃尔特伯格与H·维贝尔

卢塞恩老车站被大火烧毁后，新车站开始设计，最终的方案源自1971年的竞赛中标方案。整个工程项目包括，到站旅客大厅、行政管理用房、购物区、停车场、一所工艺美术学校、美术馆后面的邮政中心、多层车库以及可以远眺湖面的尹斯里克综合楼。卡拉特拉瓦设计的新车站，有着朝向湖面的钢筋混凝土门廊和悬索式的玻璃屋顶，这使得站前广场的主立面充满了建筑的感染力。

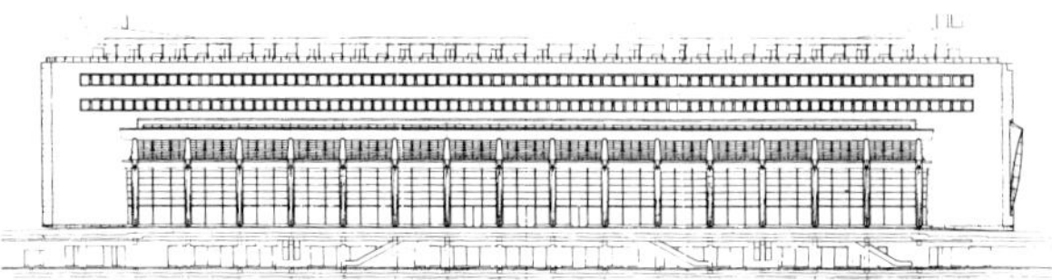

卢塞恩火车站，鸟瞰和车站立面
Lucerne Station, aerial view and station elevation

*Werk-archithese, 9–10, 1979; Werk, Bauen und Wohnen, 12, 1983; 12, 1988; 6, 1990; 3, 1991; Archithese, 3, 1985; 3, 1986; Quaderns d'Arquitectura i Urbanisme, 6, 1987; 1–2, 1992; Detail, 6, 1988; Architectural Record, 8, 1991; Hochparterre, 1, 1991; P.Disch(ed), L'architettura recente nella Svizzera tedesca 1980–1990, Lugano 1991, p.144; du, 5, 1992; Guide to Swiss Architecture 1920–1990, vol.1, 922, p.268f.*

卢塞恩

## 办公楼

若斯里马特路 40 号

1982 ~ 1987

汉斯·艾格斯汀与瓦尔特·若斯里以及 H·布尔曼与 F·施奈德尔

这栋办公楼在城市中所处的位置很不理想，用地被周边的几条道路限定为三角形。大楼由两个相互独立的体量组成，它们之间通过玻璃楼梯间相互连接起来，这样的处理不仅突出了体量间的对比，也使建筑总体上统一。建筑内部的功能组织与外部的体量划分相呼应，比如将办公空间设置在矩形体量之中，而将档案室放在旁边的半圆形体量中。

*Archithese, 2, 1988; Werk, Bauen und Wohnen, 12, 1988; P.Disch(ed), L'architettura recente nella Svizzera tedesca 1980–1990, Lugano 1991, p.150; Architettura Svizzera, 101, 1992; Guide to Swiss Architecture 1920–1990, vol.1, 923, p.270.*

卢塞恩火车站
Lucerne Station

办公楼
Offices

卢塞恩

## 商住综合楼

弗鲁玛特路 4 号

1988 ~ 1994

丹尼尔·马奎斯与布鲁诺·苏克琛

这栋商住综合楼与 SUVA 大楼同处一个地段，商住楼的用地在由两条坡度不同的道路限定出的陡坡上，而连接两条道路的阶梯和几何形的承重墙正是该建筑的明显特征。在形式处理上，这栋商住楼还回应了周边现有建筑的一些细部，比如，曼德萨式的坡屋顶的韵律和整块的钢筋混凝土结构之间的对比。同时，通过比例的推敲，建筑师还努力探求一种新型的地方建筑形式。

*P.Disch(ed), L'architettura recente nella Svizzera tedesca 1980-1990, Lugano 1991, p.151.*

迈更

## 天主教堂和教区中心

施罗斯里路

1964 ~ 1966

弗朗斯·弗格

位于迈更的这座教堂有着巨大的几何形体量，立面特征体现在金属构件的韵律感上，教堂的结构体系由预制钢结构和大理石嵌板组成，由于大理石嵌板很薄，光线可以透过大理石板的纹理，从而创造出一种适合于冥想和祈祷的气氛。

*Bauen und Wohnen, 12, 1966; J.Bachmann and S.von Moos, New Directions in Swiss Architecture, New York 1969; R.Gieselmann, Neue Kirchen, Stuttgart 1972.*

天主教堂
Catholic Church

商住综合楼，模型外观和底层平面

Mixed-Use Building,model view and floor plan

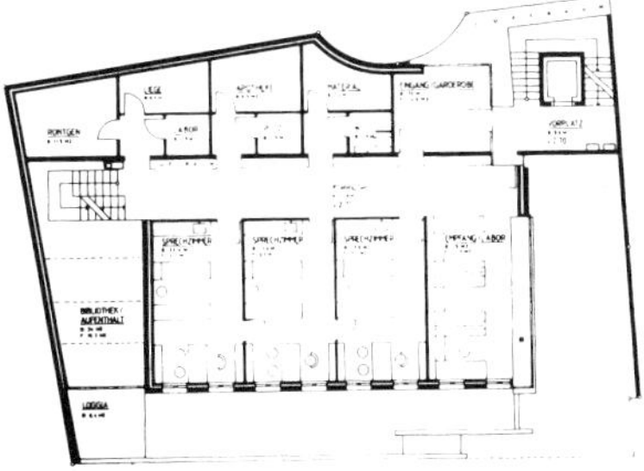

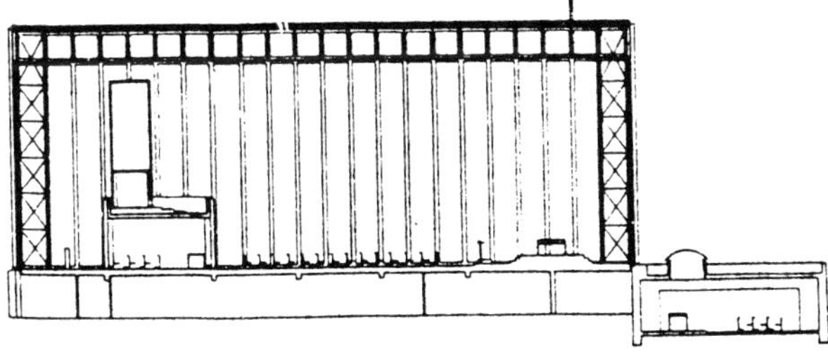

天主教堂，室内和剖面

Catholic Church, internal view and section

迈更

## 霍德尔住宅

布罗斯格林路 2 号

1984 ~ 1985

丹尼尔 · 马奎斯与布鲁诺 · 苏克琛以及 J · 戈兰德

霍德尔住宅是这几位建筑师完成的第一项设计任务，繁杂的建筑规范和邻近建于 19 世纪的旧建筑，使得建筑师只能将住宅的两端封闭，朝向马路，局部面向花园。住宅的角度倾斜，使它看起来比实际尺寸要大。霍德尔住宅朝南向的山坡敞开，由于构件的悬挑尺寸较大，整栋建筑好像悬浮在山坡上一样。设计中使用的若干元素，如起居室盒子式的窗洞，使人联想起 20 世纪 50 年代的现代主义复兴。

建筑师马奎斯与苏克琛还设计了苏尔希的一栋独立式住宅（希豪森路 25 号，1985 ~ 1986）。

*Archithese, 5, 1985; 5, 1986; Rivista Tecnica, 1-2, 1986; Quaderns d' Arquitectura i Urbanisme, 173, 1987; Häuser, 1, 1988; Bulletin ETH, 225, 1990; P.Disch(ed), L'architettura recente nella Svizzera tedesca 1980-1990, Lugano 1991, p.159; du, 5, 1992; Guide to Swiss Architecture 1920-1990, vol.1, 828, p.237.*

诺特维尔

## 瑞士瘫患者康复中心

1987 ~ 1990

维尔弗雷与卡特雷纳 · 施泰博

康复中心的方案来自一次概念性的设计竞赛，方案依循医疗和康复的要求设计，其中有住院部及病人康复所需的运动设施。尽管中心的平面布局松散，但建筑在临湖一侧呈现出连续的立面，这个蜿蜒曲折的体量容纳了数量众多的住院病房，阳台的金属框架显示出了现代设计手法。

*Werk, Bauen und Wohnen, 5, 1990; P.Disch(ed), L'architettura recente nella Svizzera tedesca 1980-1990, Lugano 1991, p.160 f.; Guide to Swiss Architecture 1920-1990, vol.1, 832, p.240.*

霍德尔住宅
Hodel House

里季－卡尔巴德

**革新教堂**

乌特瑞夫斯特路

1960 ~ 1963

恩斯特 · 吉泽与路易斯 · 普鲁斯

恩斯特 · 吉泽较早前曾设计过数栋宗教建筑，但自 20 世纪 50 年代起，开始频繁介入这类建筑的设计工作，并完成了好几项优秀的教堂设计。其中有恩斯特 · 吉泽与路易斯 · 普鲁斯合作设计的艾弗瑞特康教堂（瑞布柯路，1956 ~ 1961），奥伯格拉特教堂（苏黎世州，鲁姆朗路 5 号，1960 ~ 1964），以及瑞纳赫教堂（巴塞尔乡村半州，1958 ~ 1963）。这两位建筑师的设计着重探索了混凝土的塑性潜力，瑞吉－卡尔巴德礼拜堂就是他们极富诗意地使用天然材料的例证，它既能与环境融为一体，又没有失去自身的形式特征。

*A.Altherr, New Swiss Architecture, Teufen 1965; Werk, 1, 1965; L'architecture d'aujourd'hui, 126, 1966; Rivista Tecnica, 1, 1982; Guide to Swiss Architecture 1920-1990, vol.1, 834, p.241.*

瑞士瘫痪者康复中心，临湖外观和室内

Swiss Paraplegic Center,lakeside front and interior view

革新教堂

Reformed Church

# 上瓦尔登半州

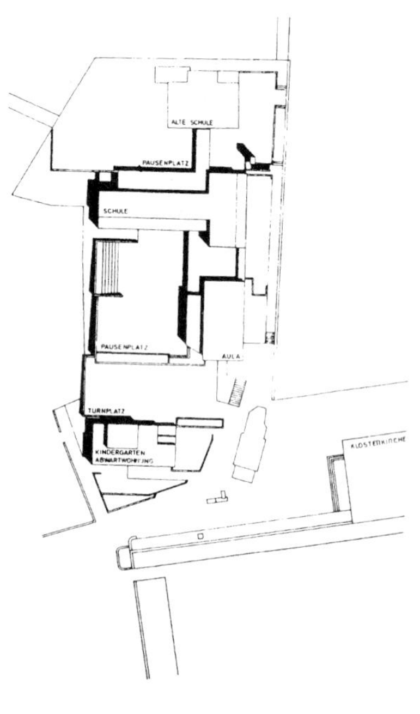


恩格尔堡

**修道院学校**

阿施路 2 号

1961 ~ 1967

恩斯特·吉泽，C·斯维菲尔协助

这所修道院学校位于教堂下方一处狭小的陡坡地上，修道院的各种用房沿着坡地分 5 层阶梯状布局，体育馆的屋顶被用作活动场地。棱角分明的体量分划，厚重的混凝土体块赋予这栋建筑雕塑般的外观，室内只有一些砖饰面的墙壁稍稍削弱了所用材料的粗糙感。

*Architektur Wettbewerbe, 55, 1968; 7-8, 1982; Baumeister, 11, 1968; Werk, 7, 1968; J.Bachmann and S.von Moos, New Directions in Swiss Architecture, New York 1969; A+u, architecture and urbanism, 8, 1977; Rivista Tecnica, 1, 1982; Guide to Swiss Architecture 1920-1990, vol.1, 813, p.230.*

萨尔农

**学院教堂**

布瑞尼格路 177 号

1964 ~ 1966

朱彻姆·纳伊夫，恩斯特·斯图德和戈尔弗雷德·松德尔以及 G·斯摩尔曼

学院教堂的外观有着极强的雕塑感，一方面是因为它连续的庞大体量在光影变化下的造型，另一方面是因为粗糙的表面质感与柔和流畅的线条形成的对比。圣坛是平面布局及宗教仪式的中心，神职人员必须经过一条曲折的通道到达这里，这条沿外墙的通道不时被侧面的小礼拜堂打断。

此外，这几位建筑师还设计了萨赫斯林学校和社区中心（马特里路 24 号，1969 ~ 1974）。

*Werk, 2, 1967; J.Bachmann and S.von Moos, New Directions in Swiss Architecture, New York 1969; R.Gieselmann, Neue Kirchen, Stuttgart 1972; Guide to Swiss Architecture 1920-1990, vol.1, 837, p.243.*

修道院，外观、总平面（总平面见对面页）
Convent School, view and,opposite page,site plan

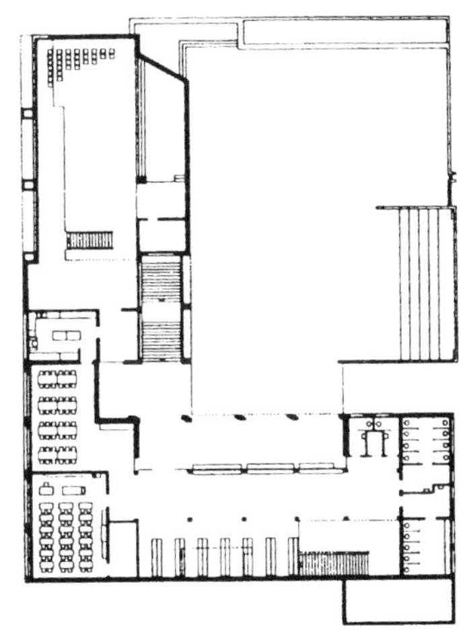

学院教堂，底层平面和室内
Collegiate Church, floor plan and internal view

# 下瓦尔登半州

布瑞恩

**学校扩建（部分）**

布瑞恩镇中心

1989 ~ 1992

丹尼尔·马奎与布鲁诺·苏克琛，H·凡·德·梅斯与J·沃尔斯

这所学校的扩建部分与原校区所处的镇中心的布局方式相类似，新建筑围绕主广场布局，单体分散式的布局使建筑和谐地融入景观之中，立面和材料的选用也沿袭了当地的建筑传统。

*P.Disch(ed), L'architettura recente nella Svizzera tedesca 1980-1990 Lugano 1991, p.165; Werk, Bauen und Wohnen, 3, 1994.*

布瑞恩学校扩建
Büren School Extension

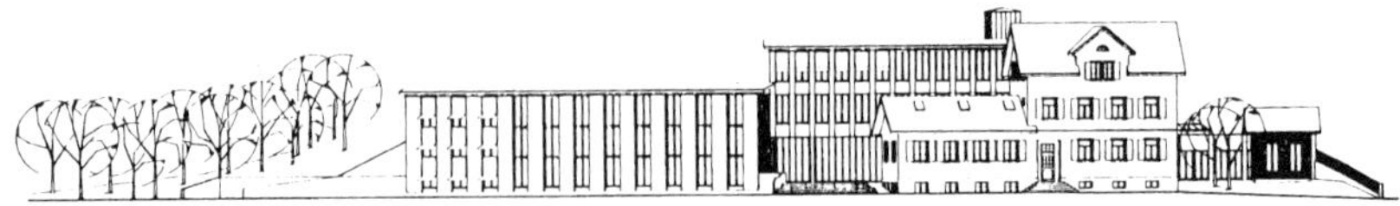

赫吉斯维尔

**马特学校**

鲍姆花园路 7 号

1952 ~ 1954

瓦尔特 · 莎德和埃米尔 · 朱赫

马特学校的设计源自竞赛的中标方案，建筑师以一种新的视角探求儿童教育和环境之间的关系。方案在模仿自然景观的同时，又不排斥将几何形体作为构图的元素。简单的材料以及对自然采光的强调，使建筑与环境相得益彰。

*Werk, 3, 1955; H. Ineichen and T. Zanoni(eds), Luzerner Architekten 1920-1960, Zurich-Berne 1985; I.Noseda and M.Steinmann, Zeitzeichen, Schweizer Baukultur im 19. und 20. Jh., Zurich 1988; Guide to Swiss Architecture 1920-1990, vol.1, 814, p.230.*

马特学校
Matt School

# 乌里

阿尔特多夫

**达特维勒公司总部大楼**

格特哈德路 31 号

1939 ~ 1940，1951 ~ 1965

奥托 ·R· 萨尔瓦斯伯格，罗兰特 · 罗恩

在 1916 年之后的 30 多年时间里，达特维勒橡胶导线公司与其首席建筑师萨尔瓦斯伯格合作，设计建造了公司的厂房、职工宿舍以及其他生活设施。1939 ~ 1940 年，公司为了创造良好的形象，建造了一栋临街的办公楼。自 1950 年起，以设计工业建筑见长的罗兰特 · 罗恩成为该公司的主要建筑师。其间，罗兰特 · 罗恩与 W · 格特克、C · 姆斯多夫、F · 斯维奇和 A · 博耶尔合作设计了施恩德勒中心（卢塞恩州，艾比康，1953 ~ 1957）。之后，他又为达特维勒公司设计了新的生产设备中心（1951）和社区中心（1964 ~ 1965）。

*INSA. Inventario Svizzero di Architettura, vol. I, Berne 1984; Guide to Swiss Architecture 1920-1990, vol.1, 802, p.224.*

阿尔特多夫

**粮仓综合体**

伊斯沙亭

1912 ~ 1913

埃德华德 · 苏布林和罗伯特 · 马里兰

修复

1989 ~ 1991

马克思 · 格尔曼和布鲁诺 · 阿彻曼以及 M · 特伦普

阿尔特多夫粮仓被吉迪翁比作形式与功能完美结合的范例。粮仓建成后，经过多次整修，甚至原来的结构也经过改动。近来，格尔曼和阿彻曼工作室又重新修复了这个粮仓，并重建了端部的塔楼。

*Heimatschutz,8,1913;Sigfried Giedion, Space, Time and Architecture, Cambridge, Mass. 1941; Schweizerische Bauzeitung, 74, 1956; INSA. Inventario Svizzero di Architettura, vol. I, Berne 1984.*

阿尔特多夫

**健康和教育中心**

格特哈德路 14 号

1974 ~ 1979

朱彻姆 · 纳伊夫，恩斯特 · 斯图德以及格特弗里德 ·. 斯图德

中心的设计来自 1974 年一次设计竞赛的中标方案，设计内容包括儿童之家、健康中心、学校以及各种政府机构设施。方案将新旧建筑有机结合起来，主要的功能空间集中在一个板式的建筑体量中，各个建筑均向周围环境敞开，每个单体建筑的几何形入口门廊是这个中心的建筑特征。

*Archithese, 3, 1980.*

沙特多夫

## 格特哈德－拉斯特职工宿舍

伯斯里格路

1988 ~ 1992

马克思·格尔曼和布鲁诺·阿彻曼以及 P·阿尔格尔

格特哈德－拉斯特职工宿舍的设计源自 1988 年一次设计竞赛的中标方案，该建筑是为格特哈德－拉斯特高速公路餐厅的季节性员工提供住宿。就风格而言，该建筑的颜色选用、体量关系、材质对比、门窗细部等等都体现出了设计的原创性。

健康和教育中心
Health and Pedagogic Center

达特维勒公司总部大楼
Dätwyler Ag Headquarters
粮仓综合体
Confederation Granaries
格特哈德－拉斯特职工宿舍
Gotthard-Raststätte Staff Lodgings

# 侏罗

弗特纳斯

## 圣皮埃尔和保罗教区教堂

学院路

1935

菲尔纳德 · 都马斯

菲尔纳德 · 都马斯曾在瑞士法语区设计过多个教堂，特别是在弗里堡地区，如奥尔松恩斯、布希、姆瑞斯特和迈泽尔斯等地都有它的作品。都马斯在设计弗特纳斯教堂时采用了长方形的平面形式，通过运用最基本的建筑语汇和多变的形体组合，消除了传统建筑形式的局限性。

*L'artisan liturgique, 27, 1932.*

若瑟迈松

## 安纳海姆住宅

格兰德斯尚普路 139 号

1979 ~ 1980

文森特 · 曼格特和 J · 莎普斯以

圣皮埃尔和保罗教区教堂
Parish Church of Saints Pierre et Paul

安纳海姆住宅
Annaheim House

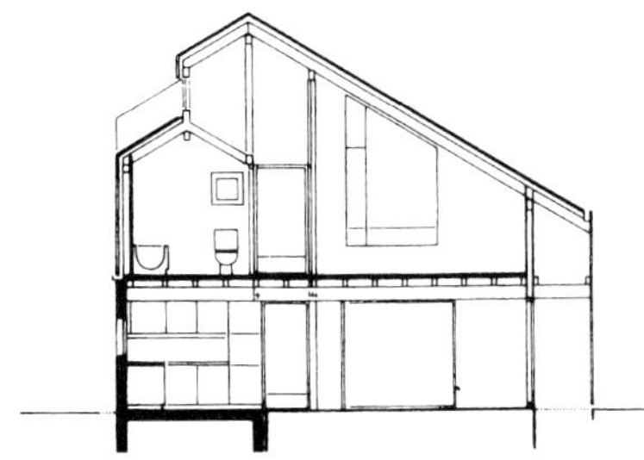

及S· 瑟罗特

建筑师在设计这个住宅时，没有将它当作单独的一栋建筑，而是用它来整合周边的环境；住宅轻巧的木制外墙，一直延伸到北面室外的大片墙面上，室内墙面转折凹凸形成的韵律与流动性的空间相映成趣。

*Architettura Svizzera, 48, 1981; Lignum, 12, 1984; Werk, Bauen und Wohnen, 9, 1985; Techniques et Architecture, 8-9, 1989; Hochparterre, 5, 1991; Rivista Tecnica, 11, 1992; Guide to Swiss Architecture 1920-1990, vol.2, 824, p.233.*

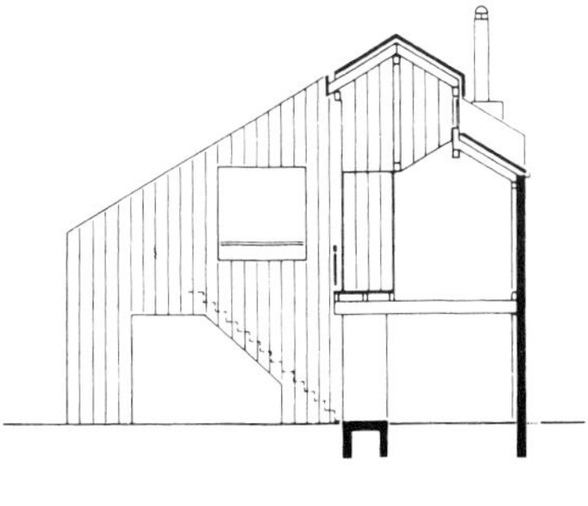

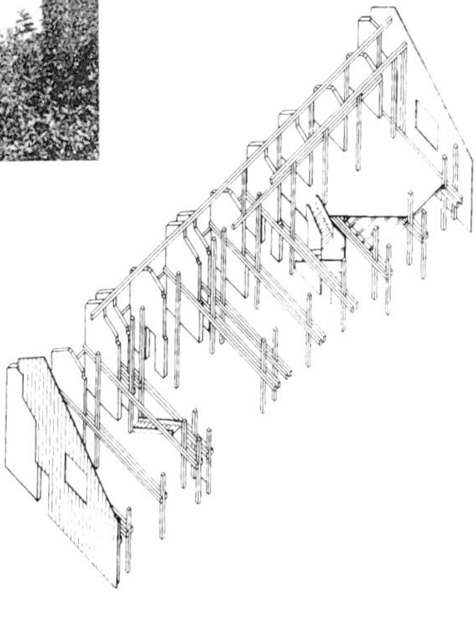

# 纳沙泰尔

库特拉德

## 斯福瑞克斯工厂

鲍德瑞路 1 号

1978 ~ 1982

马尼 · 克劳德 · 伯特克斯，艾瑞尔德 · 堪索拉斯克，布鲁诺 · 拉施林和 P · 胡伯尔

斯福瑞克斯工厂的锯齿形屋顶非常显眼，在使用砖、铝、铸铁以及玻璃等多种材料时，充分发挥了材料的形式特征，不同材料的应用反映出建造的整个过程。

这几位建筑师还设计了苏黎世的伯瑞尼仓库（尤斯特区，阿克路 50 号，1981 ~ 1982）。

*Archithese, 1, 1980; 4, 1993; Werk, Bauen und Wohnen, 9, 1981; 3, 1988; Abitare, 206, 1982; Domus, 647, 1984; Baumeister, 6, 1986; Guide to Swiss Architecture 1920-1995, vol.3, 013, p.36.*

拉绍德封

## 法雷别墅

普尔利瑞尔路 1 号

1905 ~ 1907

夏尔斯 · 爱德华 · 让纳雷（勒 · 柯布西耶）和瑞尼 · 莎帕拉斯以及艾普拉登纳工作室

“17 岁时，我有幸遇到一位客户，他没有给我任何的条条框框，只是委托我设计一栋住宅”，勒 · 柯布西耶这样描述他第一次

斯福瑞克斯工厂
Sterax Factory

的设计经历（与瑞尼·莎帕拉斯合作），柯布西耶十分感谢他的设计主管艾普拉登纳先生和他的事务所。这栋小别墅位于城北侏罗山的一片坡地，距艾普拉登纳设计的自用住宅不远。住宅的各个房间围绕中央两层通高的起居室布局，这种设计脱胎于19世纪中产阶级的别墅，也预示着柯布西耶后来形成的一种建筑类型。这栋住宅体现了当地的新艺术运动风格，但很多精美的细部装饰已经由自然的形状改变为几何形了。

*Werk, 1963, 12; M.Sekler, The Early Drawings of Charles-Edouard Jeanneret, New York-London 1977; P.Turner, The Education of Le Corbusier:a Study of the Development of Le Corbusier's Thought 1900-1920, New York 1977; J. Gubler, The Temperate Presence of Art Nouveau, in Art Nouveau Architecture, London 1979; INSA. Inventario Svizzero di Architettura 1850-1920, vol. III , Berne 1982; Abitare, 206, 1982; Archithese, 2, 1983; W. Curtis, Le Corbusier:Ideas and Forms, Oxford 1986; G. Baker and J. Gubler, Le Corbusier.Early Works by Charles Edouard Jeanneret-Gris, London 1987; S. von Moos, Estetica industriale, Disentis 1992; Guide to Swiss Architecture 1920-1995, vol.3, 002, p.28 f.*

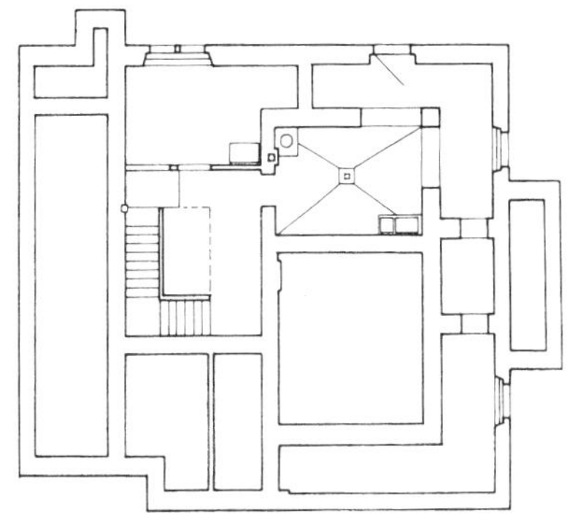

法雷别墅
Villa Fallet

拉绍德封

**捷克迈特别墅**

普尔利瑞尔路 8 号

1908 ~ 1909

夏尔斯 · 爱德华 · 让纳雷（勒 · 柯布西耶）和瑞尼 · 莎帕拉斯

**斯特茨别墅**

普尔利瑞尔路 6 号

1908 ~ 1909

夏尔斯 · 爱德华 · 让纳雷（勒 · 柯布西耶）和瑞尼 · 莎帕拉斯

**让纳雷 · 贝瑞别墅**

普尔利瑞尔路 12 号

1912

夏尔斯 · 爱德华 · 让纳雷（勒 · 柯布西耶）

早期委托让纳雷（柯布西耶）做设计的客户大都来自艾普拉登纳在拉绍德封斯钟表界的中产阶级朋友。让纳雷在去意大利的旅行途中和在威尼斯的停留期间设计了捷克迈特别墅和斯图特斯别墅。莎帕拉斯担任这两个设计的顾问，两栋住宅的室内设计与外部形式相呼应，设计采用了相似的平面形式。尽管使用了钢筋混凝土(汉尼比克体系)，让纳雷在这两座别墅的设计中，仍采用了新艺术运动的装饰元素，力求创造一种受当地动植物启发而形

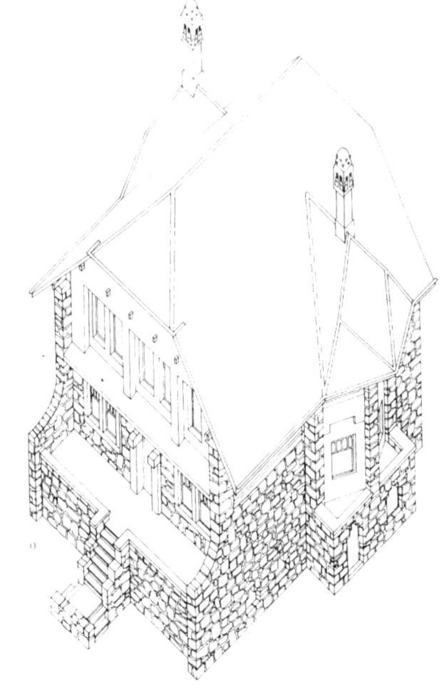

捷克迈特别墅
Villa Jacquemet

成的地方特色。1908～1911年让纳雷风格的形成时期，他多方面汲取创作源泉，让纳雷曾在巴黎的贝瑞工作室和柏林的贝伦斯工作室工作，在慕尼黑停留期间又与德意志制造联盟取得联系，还曾到东方去旅行。1912年返回后，让纳雷成为独立的开业建筑师。他为其父母设计的让纳雷·贝瑞别墅，摒弃了装饰主题，并积极探索新的平面布局形式。让纳雷·贝瑞别墅的中央有一间被四根柱子限定出来的音乐室，是整个设计的核心。

*For literature see p.203.*

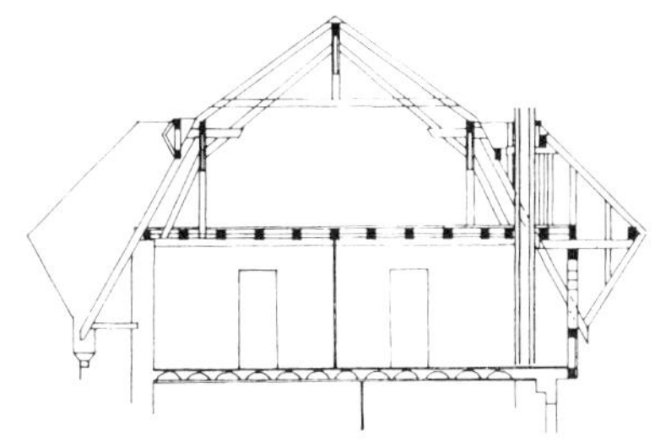

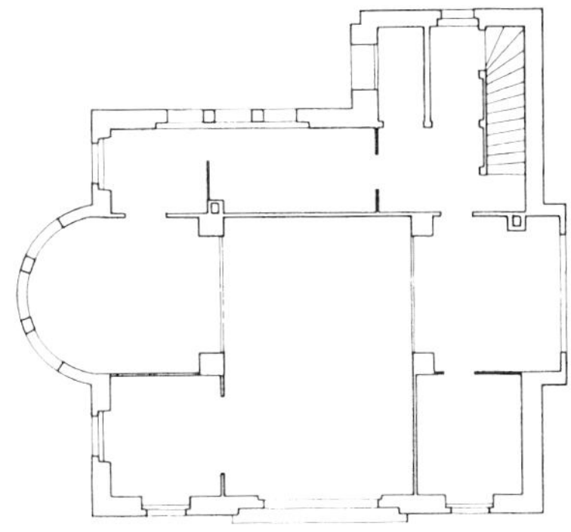

斯特茨别墅
Villa Stotzer

让纳雷·贝瑞别墅
Villa Jeanneret – Perret

拉绍德封

## 施韦伯住宅

都博斯路 167 号

1916 ~ 1917

夏尔斯 · 爱德华 · 让纳雷（勒 · 柯布西耶）

让纳雷（柯布西耶）受巴黎逗留时设计方案的启发，在设计施韦伯住宅时采用了许多为他父母设计住宅时用过的手法，诸如正立面上大片的窗户和半圆柱形的体量。除了受到奥古斯特 · 贝瑞的影响之外，评论家们指出让纳雷的设计还受到弗兰克 · 劳埃德 · 赖特和约瑟夫 · 霍夫曼作品的影响。施韦伯住宅的业主是钟表业界的知名企业家，这栋住宅是让纳雷青年时期的作品。设计体现了他对多种元素独到的应用能力，以及对当时建筑界不同设计趋势的广泛兴趣。让纳雷的设计除了着力表现钢筋混凝土以外，从施韦伯住宅还可以看出他以后的一个重要特征，即中央两层通高的起居室，并通过半圆柱形的体量显示出来。与以往住宅建筑的施工不同，让纳雷这次没有现场督造，因为他已移居巴黎。施韦伯住宅的设计曾在《新精神》杂志上发表。

*For literature see p.203.*

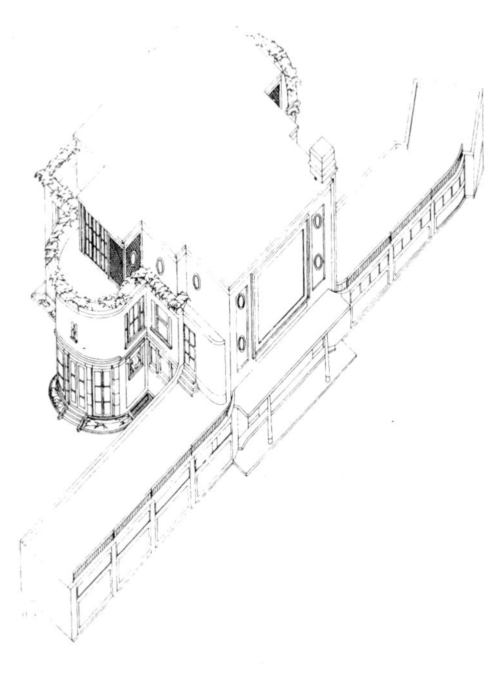

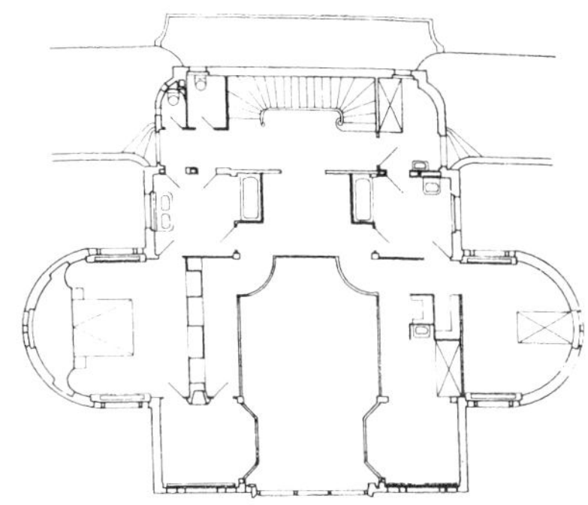

施韦伯住宅
Villa Schwob

拉绍德封

## 斯卡拉电影院

苏瑞路 52 号

1916

夏尔斯・爱德华・让纳雷（勒・柯布西耶）

斯卡拉电影院的结构——支撑于混凝土柱子上的六个木拱券——由苏黎世一家专业公司建造完成。让纳雷（柯布西耶）的任务是接手曾委托给莎帕拉斯的工作，这项工作是为电影院设计路易十六式的古典立面，让纳雷的设计借鉴了贝伦斯的建筑形式。1971 年电影院的一部分被烧毁后，经过了重建，目前只有后部得以原貌保留。

*For literature see p.203.*

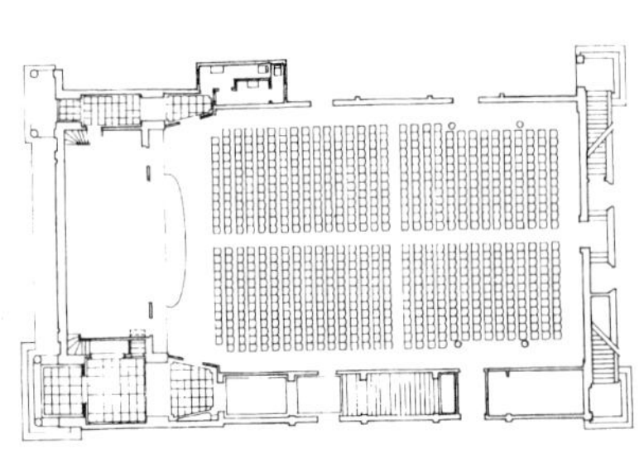

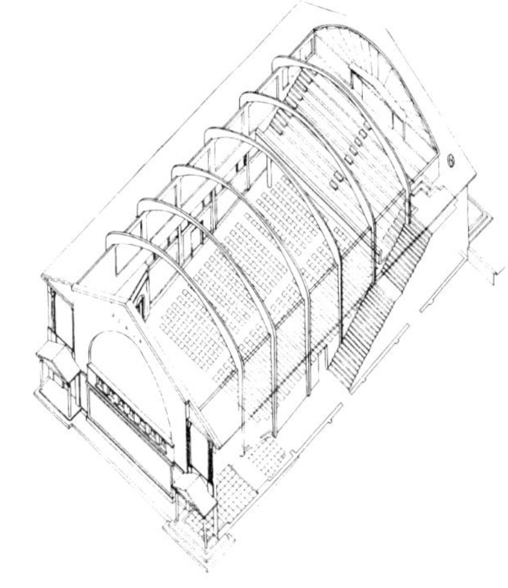

斯卡拉电影院
La Scala Cinema

拉绍德封

## 艾斯帕赛特建筑群

里奥伯德罗伯特路

1987 ~ 1994

捷克斯·瑞施特和伊格纳西奥·达尔·若沙以及K·罗斯

艾斯帕赛特建筑组群的设计是1987年萨斯－诺姆地区概念规划设计竞赛的获胜方案，也是地方当局为纪念勒·柯布西耶百年诞辰而进行的中心区二次开发项目的一部分。这个多功能综合体包括广场、北边的板式楼和一座塔楼。设计除了容纳办公、居住和商业活动外，还设有很多公共活动空间，诸如广场、平台和绿地等。通过重建与历史中心区肌理相融合的网格式布局，整个建筑群被有机地整合到拉绍德封市的城市空间结构中，塔楼也因其顶层的回廊而成为当地的标志性建筑。

*Baumeister, 1, 1990; Archithese, 4, 1993; Construction et énergie, 9, 1993.*

艾斯帕赛特建筑群
Espacité Complex

勒－洛克尔

## 菲瑞 · 杰克特别墅

比洛德斯滨海路 6 号

1912

夏尔斯 · 爱德华 · 让纳雷（勒 · 柯布西耶）

这座别墅设计是受乔治 · 菲瑞－杰克特，一位当地钟表业巨头的委托。这使让纳雷有机会摆脱投资的限制，去尝试各种不同的设计思路，如中央庭院、非对称的造型，直线与曲线的相互衬托，传统的形式、庭院以及延伸室内空间的平台等。从这座别墅的设计中，可以看到贝伦斯的传统元素，霍夫曼的装饰元素以及地中海的地域元素。除此之外，还有路斯设计的卡尔马别墅的影响（沃州的蒙特鲁斯区附近的科拉伦斯），卡尔马别墅距菲瑞 · 杰克特别墅不远，最终由胡格 · 艾尔利科于 1912 年完成。（见 219 页）

*For literature see p. 203; Ingénieurs et architectes suisses, 21, 1987.*

纳沙泰尔

## 住宅

托瑞斯－波提斯路 3 号

1933 ~ 1934

弗兰克斯 · 维瑞和路易斯 · 卡普乃尔

这栋独户住宅坐落在一片陡峭的坡地上，是 20 世纪 30 年代纳沙泰尔最著名的建筑之一。设计有着严谨的体量组合，通过向室外一片

菲瑞 • 杰克特别墅
Villa Favre-Jacot

树林开敞的露台和阳台，建筑充分利用了地形的自然特征。

*Werk, 1, 1968; Guide to Swiss Architecture 1920-1995, vol.3, 021, p. 40.*

拉绍德封

## 州警察总部

1993

奥伯瑞·艾特·莫尼尔及其合作者，P·施密德，L·根尼纳斯卡，C·吉尔斯特，P·鲍奎恩和R·德拉·科斯塔

州警察总部的用地处在复杂的道路交叉口上，十字路口、地下通道和人行道集中在这里，设计采用了与所处不利的城市环境相适应的建筑处理。建筑师理性地选择了内向型的建筑布局，该建筑强有力的外观为这个原本毫无特色的地区赋予了高水准的城市特征。

罗伯特·莫尼尔工作室最近还设计了莱斯－都克斯－特莱斯学校和体育中心（勒－拉德龙，1991）。

*Archithese, 4, 1993.*

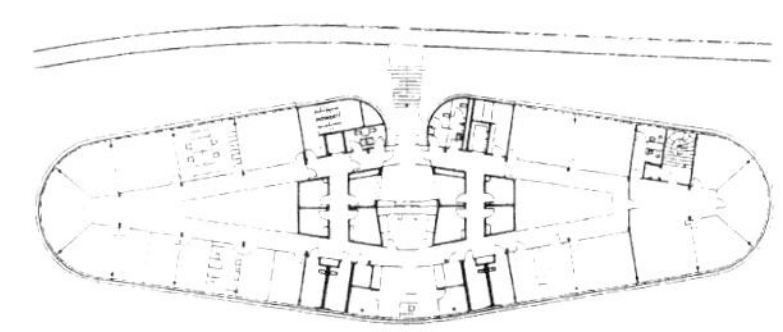

托瑞斯－波提斯住宅
House at Trois-Portes

州警察总部，底层平面和外观
Cantonal Police Headquarters, floor plan and view

# 弗里堡

## 弗拉马特1号、2号、3号住宅

努恩奈格路6，8，10号

1957 ~ 1958，1960 ~ 1961，1984 ~ 1988

第五工作室

这三处住宅已经建成30多年了，它们的设计显示出第五工作室对于住宅设计理念的变化过程。弗拉马特1号住宅建成时，鼎鼎大名的哈伦住区还正在设计中。弗拉马特1号底层架空，有六户带阳台的住宅，每户都有一间带屋顶花园的工作室，这种住宅形式是这三处住宅的设计原型。弗拉马特2号是长排的两层住宅，房间和工作室朝西，每户都有独立的入口、屋顶花园和门廊，弗拉马特3号则由13户独立式住宅组成。

第五工作室在伯尔尼的事务所还设计了莫斯住宅（弗瑞伯格州，莫提尔，拉克路301号，1958 ~ 1959）。

*Werk, 11, 1958; L'architecture d'aujourd'hui, 87, 1959-60; 103, 1962; Casabella, 258, 1961; Architectural Design, 9, 1962; Bauen und Wohnen, 4, 1962; a+u, architecture and urbanism, 12, 1971; 9, 1993; GA Global Architecture, 23, 1973; Baumeister, 9, 1990; Faces, 17, 1990; Architectural Review, 1, 1991; Guide to Swiss Architecture 1920-1990, vol.2, 907, p.246.*

弗拉马特1号、2号、3号住宅

Flamatt I, II, and III

弗里堡

## 州立图书馆

松提尔－古拉姆－瑞特尔路 18 号

1905 ～ 1910

布瑞车尔，维德莫尔与达克斯霍夫尔以及里昂 · 赫尔特林（施工监理）

扩建和更新

1967 ～ 1975

奥托 ·H· 希恩

州立图书馆的设计是 1905 年国际竞赛的获胜方案。建筑被分为不同的三个功能区，分别是顶部采光的椭圆形的阅览室、旁边沿圣特－迈克尔路的商店以及联系主入口和侧面建筑的弧形办公楼。图书馆采用地方特色的新巴洛克形式。奥托 · 希恩于 1967 ～ 1975 年间在原书库前又加建了新的一翼。

*Schweizerische Bauzeitung, 48, 1906; 55 and 56, 1910; La Bibliothèque cantonale et universitaire, Fribourg 1909-1976, Fribourg 1976; INSA. Inventario Svizzero di Architettura 1850-1920, vol.IV, Berne 1982.*

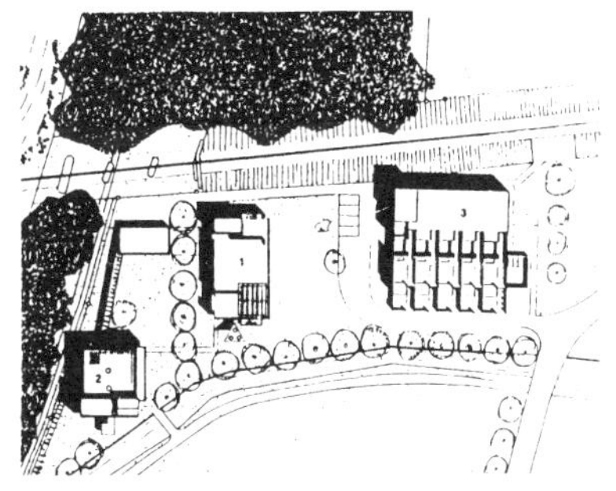


弗拉马特 1 号、2 号、3 号住宅，总平面
Flamatt I, II, and III, Site plan

州立图书馆
Cantonal Library

弗里堡

**鲍尔路希大楼**

格尔大道

1950 年

恩斯特·维斯彻与保罗·维斯彻

鲍尔路希大楼沿街立面采用连续的石灰石贴面，有着规整划分的窗格和严谨的结构韵律。整体上延续着现有沿街立面的规律，顶层的凹廊使网格窗的立面具有浮雕感。

*H.Volkart, Schweizer Architektur, Ravensburg 1951.*

弗里堡

**米瑟瑞卡德大学**

佅罗路

1938 ~ 1941

丹尼斯·霍尼格尔和菲尔纳德·都马斯

米瑟瑞卡德大学是瑞士 20 世纪 30 年代最重要的设计作品之一。

鲍尔路希大楼
La Bâloise Building

米瑟瑞卡德大学
Miséricorde University

整个大学坐落在一片绿地之中，艺术系、神学系和法律系分设于三栋建筑中。主教学楼中部为入口大厅、主报告厅、博物馆和服务用房；南面为一东南向的教学楼，其中设有小型剧场；北面一翼用作音乐研究室、车间、阅览室以及一间小礼拜堂。立面由钢筋混凝土框架间隔地填充玻璃砖和预制墙板组成，构成了一系列的图案肌理。

*Vie, art et cité, 1941(special issue); Max Bill et al., Moderne Schweizer Architektur 1925-1945, Basel 1947; Werk, 1, 1968; Parametro, 140, 1985; Guide to Swiss Architecture 1920-1990, vol.2, 909, p.248.*

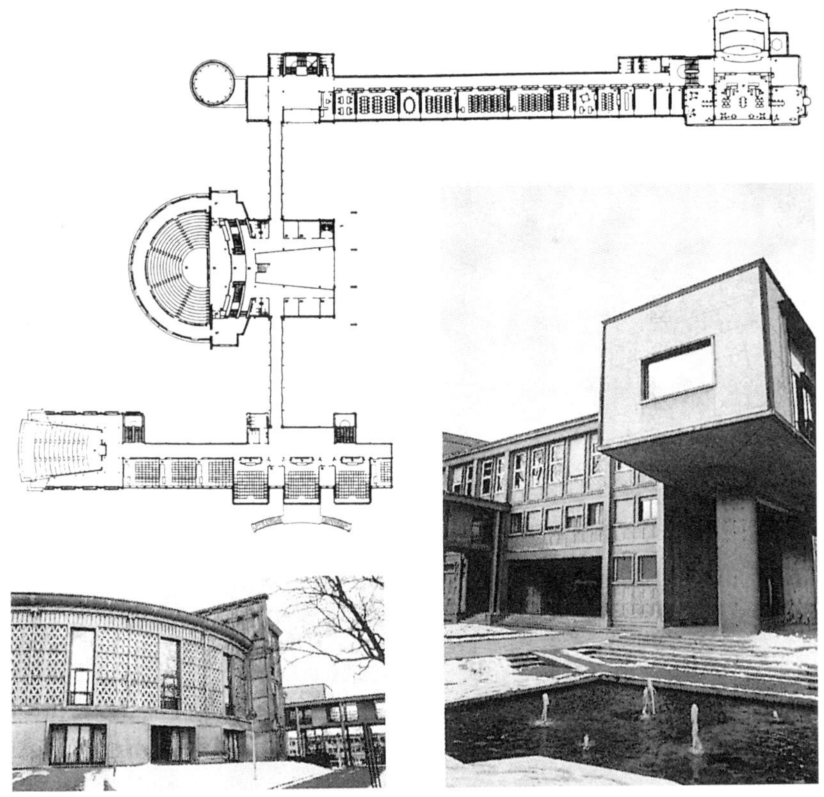

米瑟瑞卡德大学，平面和外观
Miséricorde University,plan and views

弗里堡

## 国家银行

派若里斯大道 1 号

1977 ~ 1982

马里奥·博塔以及E·霍尔特，T·乌尔菲尔，A·古恩特奈尔，T·霍恩,J·M·卢菲克斯,E·瑞斯勒，G·施勒尔和C·施洛特

通过强调自身的特殊性，弗里堡国家银行的设计从一定程度上呼应了城市的文脉。建筑外观为一个面向广场的圆筒形体量和两侧临街的侧翼，入口和人行道是圆形体量与主体建筑联系的纽带。银行侧面不同的开窗方式分别与邻近的建筑相适应，而中央的圆形体量则赋予建筑纪念性的外观，不同尺寸的绿色花岗石贴面统一了建筑外观。地下室有一间迪斯科舞厅，建筑师通过巧妙的灯光和镜面处理，重新演绎了舞厅几何形的平面。

*Lotus International, 15, 1977; a+u, architecture and urbanism, 105, 1979; Werk-archithese, 25-26, 1979; Abitare, 206, 1982; Casabella, 484, 1982; Progressive Architecture, 7, 1982; Archithese, 1, 1983; Baumeister, 6, 1983; GA Document, 6, 1983; Werk, Bauen und Wohnen, 1-2, 1983; GA Architect, 3, 1984; Guide to Swiss Architecture 1920-1990, vol.2, 915, p.252.*

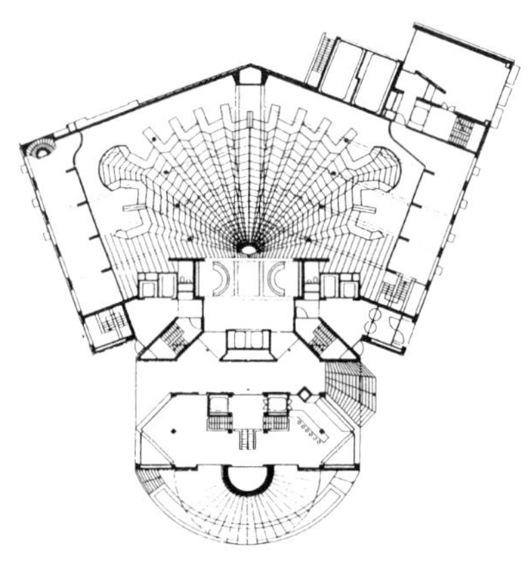

弗里堡国家银行

Fribourg State Bank

莫登

## 瑞士铁路培训中心

卢温堡

1978 ~ 1982

弗莱兹·哈勒，阿尔方斯·巴斯和汉斯·佐格

瑞士铁路培训中心的教育中心、宿舍、餐厅和服务用房被分别安置在独立的四栋建筑中。其中两栋方形，两栋圆形，但中心的整体形象是统一的，因为这几栋建筑均由预制构件装配而成，功能简单。追随着密斯·凡·德·罗的足迹，这几位模数结构系统的先驱设计师们，积极探索着纯粹的技术性建筑。

*Werk, Bauen und Wohnen, 7-8, 1981; W.Blaser, Architecture 70/80 in Switzerland, Basel 1981; Detail, 3, 1984; 7-8, 1992; Rivista Tecnica, 1-2, 1986; Guide to Swiss Architecture 1920-1990, vol.2, 920, p.254.*

瑞士铁路培训中心
Swiss Railway
Training Center

# 沃州

*沙瓦尼斯*

**州档案馆**

姆林尼路 32 号

1980 ~ 1984

立方体工作室（古艾·科鲁姆和马克·科鲁姆，帕特里克·沃格尔）以及 M·沙瓦农恩

州档案馆的设计是 1980 年一次竞赛的中标方案，整个大楼从形态上分为几部分：公共用房、管理用房和南向的半圆形阅览室，以及按模数系统向北面扩展的储藏室。建筑共 4 层，坐落在一片坡地上，入口设在中间层，下面的两层库房为地下室，从而保护档案不受阳光直射的影响；整栋建筑的尺度相当紧凑。

*Archithese, 4, 1983; Werk, Bauen und Wohnen, 7-8, 1985; Architettura Svizzera, 7-8, 1986; Rivista Tecnica, 4, 1989; Guide to Swiss Architecture 1920-1995, vol.3, 107, p.60.*

州档案馆
Cantonal Archives

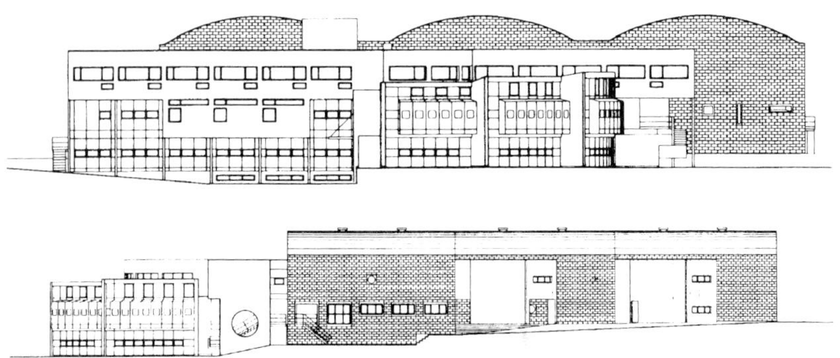

科拉伦斯

## 卡尔马别墅

圣莫瑞兹路 352 号

1904 ~ 1912

阿道夫·路斯，亨利·拉瓦施和胡格·艾尔利科

威尼斯的精神病医生特多尔·比尔先生曾委托亨利·拉瓦施将位于勒曼湖北岸的一栋乡村旧宅改建成他的住所。阿道夫·路斯被请来做室内设计——这是他首次为私人住宅做设计。路斯发展了拉瓦施的原始设计，将该建筑加高了一层，东南和西南两面设置了双层的连廊。除此之外，路斯给建筑加了一个小小的观景塔，加长了角部的藤架。两层通高的椭圆形门厅通向起居室，色彩和灯光的设计增强了装饰效果，体现出典型的路斯设计特征（遗憾的是室内空间不对公众开放）。1906 年，建造中的卡尔马别墅由于与房主的争议而被迫中断，但最终还是由胡格·艾尔利科于 1912 年完成，当时他是约瑟夫·霍夫曼在威尼斯工作室的助手。

*Formes et Couleurs, 4, 1944; Architectural Review, 3, 1969; Alte und moderne Kunst, 113, 1970; Werk-archithese, 6, 1977.*

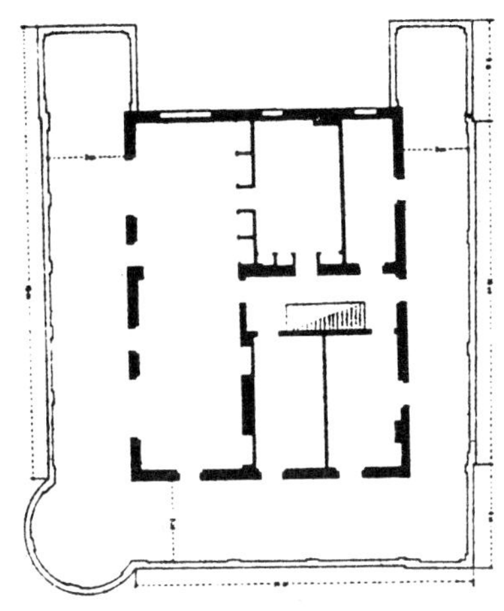

卡尔马别墅
Villa Karma

科苏克斯－维维

## 让纳雷别墅（小住宅）

拉瓦克斯路 21 号

1922 ~ 1925

勒·柯布西耶和皮埃尔·让纳雷

这座很小的别墅是勒·柯布西耶为父母设计的住宅，位于维维地区的日内瓦湖边。依照柯布西耶的构想，这座住宅严谨的功能设计在其用地选定之前就完成了。整个设计方案是勒·柯布西耶在 20 世纪 20 年代提出的住宅是“居住的机器”的具体体现。这座住宅集中了许多勒·柯布西耶惯用的设计手法，诸如屋顶花园、带形长窗以及简单的材料。住宅北面与道路平行，表面覆有一层金属贴面以免受气候的影响，南面的墙壁上设计了一个景窗。这栋用现实主义手法设计的建筑“机器”可以看作是勒·柯布西耶的诗意最成功的宣言。

*Le Corbusier, Une petite maison, Zurich 1954; Werk-archithese, 6, 1977; Abitare, 206, 1982; Le Corbusier a Genève 1922-1932, exhibition catalogue, Lausanne 1987; Lotus international, 60, 1989; F.Vaudou, La petite maison de Le Corbusier, Nyon 1991; Guide to Swiss Architecture 1920-1995, vol.3, 112, p.64.*

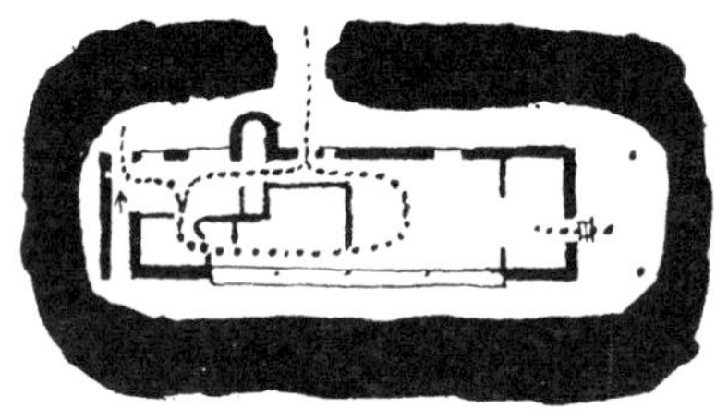

让纳雷别墅

Villa Jeanneret

科苏克斯

## 格兰蒂工作室住宅

恩特瑞－杜克斯－维利斯路7号

1937～1939

阿尔伯托·萨特瑞斯

这栋住宅建于勒曼湖上方葡萄园中的一处缓坡上，是为画家格兰蒂兄弟建造的一系列工作室中的最后一个。立面处理有三个主要元素：工作室北向的大窗户，西面方便作品搬运的落地通长的洞口，以及南面的观景阳台。室内只设计了生活必需的固定家具，主要为白色、黄色、灰色和绿色（入口处地面和楼梯都覆有绿色大理石），外墙是常用的白色抹灰。格兰蒂兄弟后来在东南角进行了扩建，破坏了原有的体量特征。

1935年，萨特瑞斯为艾米特格圆环，即老磨坊的咖啡吧（沃州，艾普塞斯，行政区路）做了室内设计，遗憾的是后来被改动了。只有一张彩色轴测图（1936年发表在《建筑回顾》上）和一张绢网印花画（画面与前一张画相同，1982年出版于米兰）遗存下来，作为原始设计的证据。

*Alberto Sartoris, Lisbon 1980; G.Remiddi(ed), Sartoris.Casa de Grandi 1937-1939, Rome 1987; Guide to Swiss Architecture 1920-1995, vol.3, 113, p.63.*

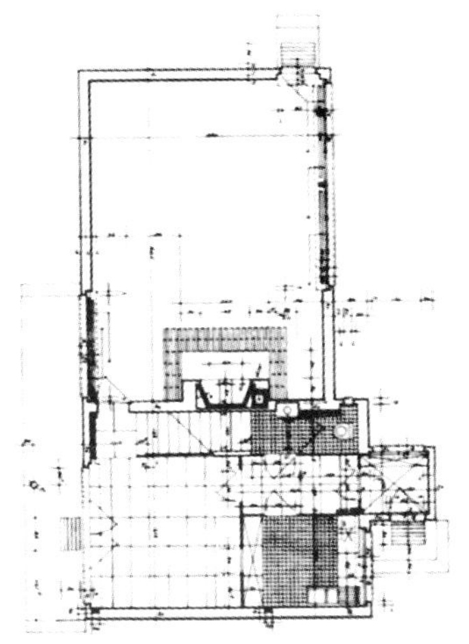

格兰蒂工作室住宅

De Grandi Studio-House

库里

## 前布隆乃西斯（现洲际）汽车旅馆

州立路

1963 ~ 1965

阿尔伯托 · 萨特瑞斯

汽车旅馆地处洛桑和维维之间，建在勒曼湖岸的一片开阔地上，建筑地上高 3 层，底层设有酒吧、停车场、车库和服务设施。上面两层为客房，朝南向湖或朝北面山，通过内廊和两部楼梯相联系。原设计的外墙白色抹灰和金属栏杆都被更换过。为了突出坡地，后侧一翼通过屋顶花园与其他建筑相连。

*Alberto Sartoris, Lisbon 1980; Controspazio, 2, 1988.*

伊库布伦斯

## 洛桑联邦工艺学校（EPFL）

大学校园

1970 ~

捷克伯 · 斯维菲尔，罗伯特 · 巴默特和阿里克山德 · 亨兹以及 H · U · 格劳瑟尔，M · 施伦堡，D · 巴迪克，A · 伯尔勒，R · 德塞斯，K · 霍斯普，H · 科斯，P · 西蒙德和 U · 凡 · 莫里万

洛桑联邦工艺学校新校区的总平面设计按照相互重叠的正交网格布局，外部入口的轴线决定了这些密度很高的建筑的位置。校园中设有多个系馆，在 30 年多年的时间里，分别由瑞士的一些著名建筑师完成，诸如马克思 · 瑞施特尔和密歇尔 · 古特设计的物理学系馆（1969 ~ 1973 年）；弗雷德里克 · 布鲁格设计的社会科学系 1 号馆（1977 年），方索 · 布施特、珍 · 捷克斯 · 阿尔特、杰罗德 · 伊斯利和弗兰克斯 · 马丁设计的生物系馆（1983 年）；马里奥 · 布韦拉克、捷克斯 · 托马斯和让 · 卢克 · 泰巴德设计的社会科学系 2 号馆（1987）；莫达纳与季奥吉斯设计的药理学系馆（1991 年）。校园西边的化学系综合楼由立方体工作室和伊沃 · 弗雷在 1991 年设计完成，楼中容纳了很多研究和教学机构。此后，立方体工作室和伊沃 · 弗雷还设计了等离子物理研究中心（1981 ~ 1996）。

*Werk, 10, 1970; Bauen und Wohnen, 5, 1978; Detail, 1, 1984; 4, 1985; Rivista Tecnica, 1-2, 1989; Archithese, 4, 1993; Guide to Swiss Architecture 1920-1995, vol.3, 252, p.124 f.*

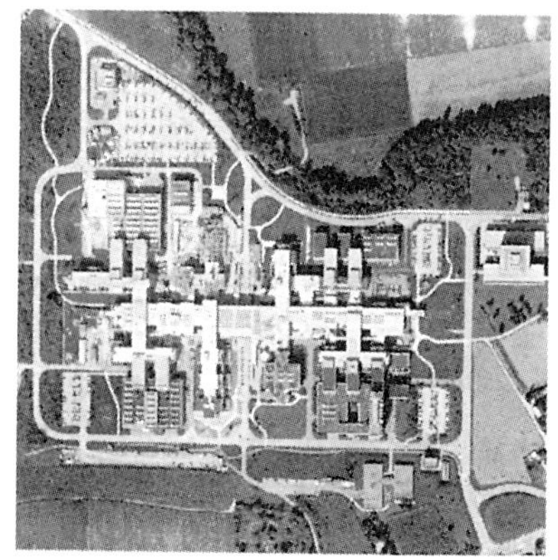

洛桑联邦工艺学校，鸟瞰

Federal Polytechnic School,aerial view

布隆乃西斯汽车旅馆
Motel Les Blonnaisses

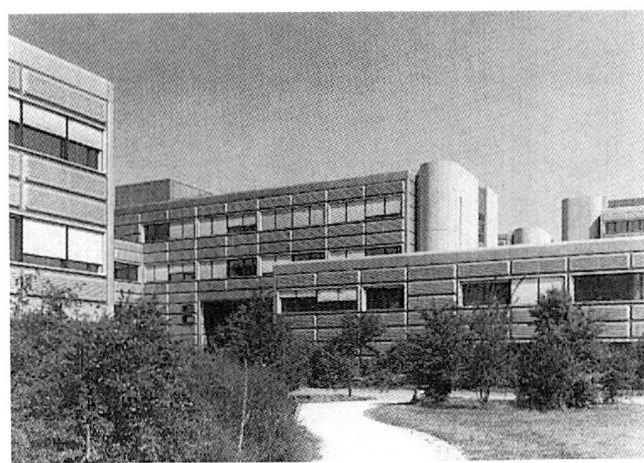

洛桑联邦工艺学校，外观
Federal Polytechnic School,views

伊库布伦斯

## PTT 广播通信大楼

弗瑞尔路

1987 ~ 1994

鲁道夫 · 鲁彻尔以及 D · 林弗德

坐落在洛桑联邦工艺学校校园东边的广播通信中心是当地的标志性建筑。在一块半月形的用地上，建筑的三个体量各自扭转，使三个功能分区各有不同的朝向。中央部分作为交通空间，东边体量的下面几层是入口和管理用房，上层是高频实验室；西边的体量是技术楼。建筑中部，有一面高耸的预应力混凝土墙，墙上装有拉 – 多尔和蒙特 · 普莱林地方电台的天线接收设备。

*Werk, Bauen und Wohnen, 5, 1988; Hochparterre, 12, 1988; Edilizia, 211, 1989; Rivista Tecnica, 1, 1989; Guide to Swiss Architecture 1920-1995, vol.3, 254, p.126.*

格兰德

## 大尚普中学

学院路

1985 ~ 1992

帕特里克 · 迈斯特兰和伯纳德 · 盖赫特

大尚普中学内有两栋主要建筑，其一是教学楼，其二是集体活动中心（剧院、健身房和餐馆）。两栋建筑围绕着广场布置，面向广场的一面设有底层柱廊，周围景观开敞。设计突出了学校的特征，创造了一个便于社会交往的小天地，诸如广场、庭院和围廊等，这些都是利于集会和交往的场所。

*Faces, 22, 1991; Rivista Tecnica, 3, 1991; Controspazio, 3, 1993; Guide to Swiss Architecture 1920-1995, vol.3, 118, p.67.*

拉 – 多尔

## 瑞士指挥大楼

1990 ~ 1992

文森特 · 曼格特以及 H · 吉克瑞，S · 凡 · 阿尔万斯利本和 M · 托斯堪

受到让 · 普鲁威作品的启发，曼格特在大楼的设计中采用了一种明晰的结构方案，从而解决了用地和极端的气候条件（海拔 1670m）不利于建造的问题，这里没有道路通达，设计最大程度地减少了现场施工，具体的解决措施是先建好一个混凝土基座，作为运送小型预制构件的直升机停机坪，然后运送构件现场拼装。

*Hochparterre, 11, 1992; Rivista Tecnica, 11, 1992; Deutsche Bauzeitschrift, 5, 1993; Journal de la construction, 1-2, 1993; Werk, Bauen und Wohnen, 3, 1993; Guide to Swiss Architecture 1920-1995, vol.3, 109, p.61.*

PTT 广播通信大楼，模型外观
PTT Radio-Communications Building, model view

大尚普中学
Grand-Champ Secondary School, views

瑞士指挥大楼
Swisscontrol Building

洛桑

## 苏韦格尔别墅

沃尔德尔路 6 号

1905

阿尔方斯 · 拉弗瑞尔和艾格尼 · 莫纳德

## 中央火车站

车站广场

1908 ~ 1916

阿尔方斯 · 拉弗瑞尔,艾格尼 · 莫纳德，珍 · 塔伦斯和查尔斯 · 都波斯

## 贝尔 – 埃尔都市塔楼

贝尔 – 埃尔广场 1 号

1929 ~ 1932

阿尔方斯 · 拉弗瑞尔

修复 1996 ~ 1997

都瑞瑟瑞与拉姆尼赫

拉弗瑞尔曾在巴黎的学院派艺术学校接受训练，第一次世界大战之前他在洛桑设计了很多重要建筑。莎德伦桥（1902 ~ 1905）的设计体现了一种雕刻效果的新艺术运动风格特征，这与它的技术形象和在城市中的重要性是一致的。苏韦格尔别墅的设计也采用了同样的手法。这是一栋具有现代风格的优雅的分离派建筑，而中心车站的设计则采用了 W · 罗索和 M · H · 库尼的类型学方法，W · 罗索和 M · H · 库尼在莱比锡车站（1902 ~ 1915 年）的设计中曾使用过这种方法。

20 世纪 30 年代建造的贝尔大厦，体量庞大，是瑞士的第一栋钢结构摩天楼。它容纳了几百套公寓、众多的办公室，1600 座的影剧院、舞厅和商店；1996 年由都瑞瑟瑞与

苏韦格尔别墅
Villa Sauvagère
中央火车站
Central Station
贝尔 – 埃尔都市塔楼
Bel-Air Métropole Tower

拉姆尼赫将其整修一新，这栋大楼为洛桑引入了大都市尺度的建筑。拉弗瑞尔在洛桑还设计了波斯－德－沃克斯墓地（1924年），以及一栋商业性办公大楼（鲁梅尼大道4–8号，1927～1928）。

其他值得关注的建筑还有莎德隆桥上的公共电梯（1990～1993），由立方体工作室与工程师让·马克·多维辛合作设计。

*Schweizerische Bauzeitung, 51, 1908; 59, 1912; 71, 1918; 100, 1932; Journal de la Construction, 11, 1930; E.Scotoni, Bel-Air Métropole, Lausanne:1929–1931, Lausanne 1933; Werk, 20, 1933; J.Gubler, Nationalisme et internationalisme dans L'architecture moderne de la Suisse, Lausanne 1975; Werk-archithese, 11–12, 1978; Parametro, 140, 1985; INSA.Inventario Svizzero di Architettura 1850–1920, vol.V, Berne 1990; Faces, 18, 1990; Guide to Swiss Architecture 1920–1995, vol.3, 207, p.97.*

洛桑

## 普瑞拉斯小区

莫吉斯路45–117号

1921

弗雷德里克·基拉德和弗雷德里克·戈德特

普瑞拉斯花园城市的构想与伯恩诺里的建筑理念以及瑞士的住房改革政策一脉相承，普瑞拉斯小区包括有独户住宅和集合式住宅，各种各样的多户型住宅围绕着一个中心广场对称布置。

这两位建筑师与查尔斯·都波斯和捷克斯·法沃格合作还设计了附近的商业学校（日内瓦路，73号，1929）。

*Habitation, 6, 1969; J.Gubler, Nationalisme et internationalisme dans L'architecture moderne de la Suisse, Lausanne 1975; Werk-archithese, 11–12, 1978; INSA.*

普瑞拉斯小区住宅楼

Prélaz Quarter,housing block

莎德伦桥上的公共电梯

Chauderon Bridge Public Elevator

*Inventario Svizzero di Architettura 1850–1920, vol.V, Berne 1990; Guide to Swiss Architecture 1920–1995, vol.3, 201, p.92.*

洛桑

## 蒙特施斯综合楼

蒙特施斯路 4–10 号

1931

查尔斯 · 特拉维利和约瑟夫 · 阿斯特迈尔

蒙特施斯综合楼坐落在一个居住区外侧，一块由街道限定的三角形用地上。特拉维利和阿斯特迈尔在设计中用一个与道路相邻的内院来组织建筑，中轴线上设有一个带商店和车库的建筑体量。大约在同一时期，这两位建筑师还设计了圣路斯商业街（小施尼路，圣路斯路，1931 ~ 1934），并解决了由于商业街的建设而给城市中心带来的一系列问题。

*Werk, 6, 1937; Neues Bauen in der Schweiz, Führer zur Architektur der 20er und 30er Jahre, Blauen 1985.*

洛桑

## 尚德林住宅楼

尚德林路

1932 ~ 1934

亨瑞 · 罗伯特 · 凡 · 德 · 穆尔

作为 CIAM 1928 年在勒 · 萨尔拉斯堡成立时的奠基人和《ABC 回顾》的资助人之一，凡 · 德 · 穆尔既是一位提倡现代设计理论的理论家，同时又是一位设计了大量作品的建筑师。在弗提诗别墅（1930 ~ 1931）的设计完成后，凡 · 德 · 穆尔又设计了尚德林住宅楼，这个作品成为他最著名的设计之一。尚德林住宅楼中采用了严谨的功能主义语汇，南立面为大片的玻璃窗，北面是带形长窗，窗外有半圆形阳台。凡 · 德 · 穆尔还曾致力于探索低造价住宅的问题，这种探索体现在普瑞里的瓦伦希住宅设计中。

*A.Sartoris, Gli elementi delL'architettura funzionale, Milan 1941; J.Gubler. Nationalisme et Internationalisme dans L'architecture modern de la Suisse, Lausanne 1975; Werk-archithese, 23–24, 1978; Archithese, 1, 1982; 4, 1993; Neues Bauen in der Schweiz, Führer zur Architektur der 20er und 30er Jahre, Blauen 1985; Guide to Swiss Architecture 1920–1995, vol.3, 210, p.98.*

洛桑

## 希尔霍弗书店

小施尼路

1934

阿尔伯托 · 萨特瑞斯

希尔霍弗书店的外观上，可以看到一片围绕门窗周边的 L 形朱红色金属面板。书店入口由一扇玻璃门和两根细长的柱子构成，门框也漆成红色，柱子一根黄色，另一根黑色，店名和店标均为白色。室内是一个大空间，设有画廊，服务用房布置在商店后面。建筑右侧的金属贴面板在隔壁商店的翻修中被去掉了。

蒙特施斯综合楼
Montchoisi Mixed-Use Building

尚德林住宅楼外观
La Chandoline Housing, views

希尔霍弗书店
Selhofer Bookstore

洛桑

## 比利瑞弗游泳馆

罗丹尼路 23 号

1934 ~ 1937

马克 · 皮卡德

修复

1990 ~ 1993

都瑞瑟瑞与拉姆尼赫

比利瑞弗游泳馆是洛桑夏季受欢迎的公共场所，也是功能主义风格的第一个市政建筑、城市风格的代表性建筑。游泳馆为圆形，有一个中庭，中庭内设计了楼梯。游泳馆入口处设有餐厅，同时也是联系各部分的纽带。更衣室的连续性空间，分隔出了日光浴区。在游泳馆最近的整修中，清水混凝土被翻新，门窗框也整修一新，原设计潜力被进一步发展，以适应新的使用需求。

*Habitation, special issue, 1937; Werk, 5, 1938; Max Bill et al., Moderne Schweizer Architektur 1925-1945, Basel 1947; Werk-archithese, 11-12, 1978;*

比利瑞弗游泳馆

Bellerive Plage

*Rassegna, 49, 1992; Archithese, 4, 1993; Construction, 11, 1993; Faces, 29, 1993; Werk, Bauen und Wohnen, 3, 1994; Guide to Swiss Architecture 1920-1995, vol.3, 212, p.100.*

洛桑

**州银行扩建**

格洛特路／鲍－希耶尔路

1947

Ch·特维纳斯，Ch·布鲁格和M·马尔特德

州银行是20世纪40年代洛桑最重要的建筑之一，扩建部分位于相邻的街区中，并与原有建筑相连。为了与地形相呼应，扩建部分围绕一个中庭布局，立面用模数化的手法进行了精心设计。

*H.Volkart, Schweizer Architektur, Ravensburg 1951.*

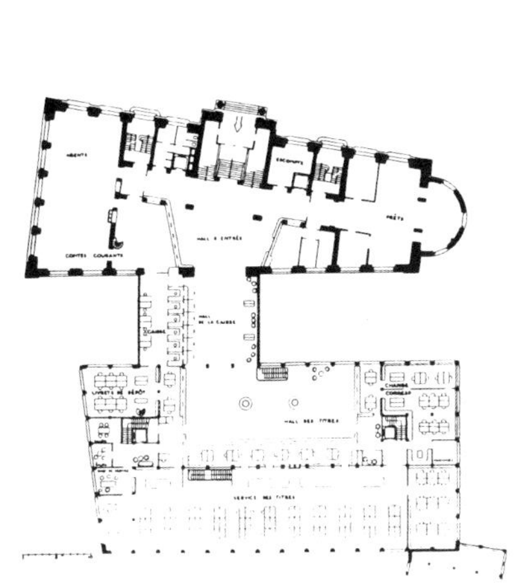

州银行扩建
Cantonal Bank Extension

洛桑

## 职业学院

日内瓦路 55 号 / 维希路

1953 ~ 1955

查尔斯和弗雷德里克 · 布鲁格以及珍妮 · 贝瑞特，劳伦特 · 斯特里和皮埃尔 · 库利特

## 柯达大楼

罗纳丹尼路 50 号

1960 ~ 1962

弗雷德里克 · 布鲁格以及 W · 布莱瑟

## 艾利希中学综合楼

艾利希路

1961 ~ 1964

弗雷德里克 · 布鲁格以及 J · 穆特克斯和 J · P · 鲍格德

职业学院坐落在洛桑一处非常重要的地段上，这使它成为布鲁格在洛桑设计的众多建筑中最重要的一项。而艾利希中学设计的独到之处则在于各个建筑体量之间的和谐与均衡，建筑通过一系列台阶和平台与所处的坡地相呼应，州立艺术学院也设在这所中学内。处于相同理念，柯达大楼的设计着意于与周围自然景观融为一体。该建筑管理用房的中部设有竖向交通核，一直通达地下室。地下室为仓库和设备中心，有坡道与地面相连。所有这

职业学院
Professional Institute

柯达大楼
Kodak Building

艾利希中学综合楼
Elysée School Complex

三栋建筑的设计都显示了布鲁格在处理复杂地形方面的设计技巧。

*L'architecture d'aujourd'hui, 121, 1965; B.De Sivo, L'architettura in Svizzera, Naples 1968; Werk, 1, 1968; J.Bachmann and S.von Moos, New Directions in Swiss Architecture, New York 1969; Guide to Swiss Architecture 1920-1995, vol.3, 218, p.103; 231, p.110; 229, p.109.*

洛桑

## 沃尔蒙特女子寄宿学校

奥朗路 47 号

1961 ~ 1964

马克思·瑞施特尔和密歇尔·古特

学校坐落在一座小山上，面对湖面并俯瞰市区。整个学校建筑沿水平向展开，以适应场地的形态。主体建筑三层，围绕着两个内院布局，一层作为集体活动空间，二、三层是宿舍，服务用房设在地下室，立面采用重复的钢筋混凝土预制构件，效果统一。学校通过一条坡道与上方的树林相连，屋顶花园内设有特殊用途的教学用房和布局紧凑的设备用房。

*L'architecture d'aujourd'hui, 121, 1965; Werk, 1, 1968; Guide to Swiss Architecture 1920-1995, vol.3, 230, p.109.*

沃尔蒙特女子寄宿学校
Valmont Girls'
Boarding School

洛桑

**维迪剧院**

维迪公园

1963 ~ 1964

马克思 · 比尔

1996

扩建

鲁道夫 · 鲁彻尔

维迪剧院是为1964年国家博览会建造的，也是当时专门为博览会建造的各种展览馆和展示设施中惟一保存至今的建筑。剧院坐落在维迪公园的湖边，400座的观众厅由预制构件建成，是“艺术与生活”展览区的一部分；观众厅的体量与舞台的垂直体量相互对比，勾勒出剧院的轮廓。由于外部空间设计合理，维迪剧院还可用于露天演出。

*J.Bachmann and S.von Moos, New Directions in Swiss Architecture, New York 1969; Abitare, 206, 1982.*

洛桑

**博斯奈特1号和2号住宅**

博斯奈特路32，34–46号

1982 ~ 1985和1984 ~ 1990

库伯工作室（古艾和马克 · 科鲁姆，与帕特里克 · 沃格尔），以及D · 霍伯尔和M · 皮多科斯

**综合楼**

阿洛斯 – 弗科斯路87号／恩特伯斯路2号

1984 ~ 1987

立方体工作室（古艾 · 科鲁姆和马克 · 科鲁姆，帕特里克 · 沃格尔）以及M · 沙瓦农恩

**基诺特尔旅馆**

波斯 – 德 – 沃克斯路36号

维迪剧院
Vidy Theater

博斯奈特住宅
Boissonet Housing

1991 ~ 1993

立方体工作室（古艾·科鲁姆和马克·科鲁姆,帕特里克·沃格尔）

立方体工作室曾在多项设计中解决了凹形用地中的建筑问题，格兰德斯－博德综合楼就是其中之一(博德路 16–23 号，1985 ~ 1992)。博斯奈特住宅则是一栋圆形的单居室公寓楼和一栋板式双居室公寓楼的综合体，两栋建筑沿一块阶梯状用地南北方向错落布局，施工分两期完成。对于阿洛斯－弗科斯路边的综合楼，建筑师则将公寓和商店分置在两个建筑体量中。基诺特尔旅馆的设计，主要是通过四个内院来组织建筑空间。

*Lit.:Habitation, 3, 1986; Werk, Bauen und Wohnen, 5, 1986; 12, 1989; 7–8, 1991; Architettura Svizzera, 2, 1987; 12, 1993; Techniques et architecture, 10–11, 1988; Rivista Tecnica, 1–2, 1989; Faces, 18, 1990; 26, 1992; Baumeister, 2, 1993; Guide to Swiss Architecture 1920–1990, vol.3, 241, p.117; 247, p.120.*

博斯奈特住宅
Boissonet Housing

综合楼
Mixed-Use Building

基诺特尔旅馆
Jeunotel

洛桑

## 幼儿园

尚普瑞里路 21 号 A，瓦伦希公园

1983 ~ 1989

鲁道夫 · 鲁彻尔以及 S · 卢温兹，P · 施密德和 R · 苏斯

瓦伦希儿童中心的设计说明了建筑师具有认识了解儿童特殊需求的敏锐洞察力。这个儿童中心的设计脱离了形式必须与功能相结合的传统模式，空间按照结构的规律来划分，多为自然采光。从技术设施到材料的颜色和纹理，每个部分的设计都试图引起孩子们的好奇心。比如彩色的水管可以让孩子根据水流的线路找到水龙头，这种处理方法使建筑本身成为嬉戏的乐园。孩子们可以在开放或封闭的空间中不断探索，可以从一个受到呵护的内部空间世界到与大自然亲密接触。

*Abitare, 290, 1990; Detail, 6, 1990; Habitation, 7, 1990; Rivista Tecnica, 4, 1990; Techniques et Architecture, 390, 1990; Werk, Bauen und Wohnen, 10, 1990; Architectural Review, 9, 1991; Modulo, 190, 1993; A.Hablützel and V.Huber, Architecture d'interieur en Suisse 1942-1992, Sulgen 1993; Guide to Swiss Architecture 1920-1995, vol.3, 243, p.118.*

洛桑

## 乌立希综合楼

日内瓦路

1987 ~ 1994

阿罗里奥 · 格尔费提以及 A · 斯皮西斯和 T · 埃斯托比

幼儿园
Kindergarten

乌立希综合楼的设计源自1987年设计竞赛的获奖方案，格尔费提在设计中试图解决如何重建城市肌理的问题。综合楼角部的三个塔楼暗示出已经存在的建筑秩序，建筑中央是一个独立的圆柱形体量，与周边的建筑体量形式迥异。圆形体量底层架空，柱子表面抹灰，外立面为连续的石质墙面，只是在入口部分开设了一个巨大的缺口。

*Journal de la Construction, 7, 1993; Guide to Swiss Architecture 1920-1995, vol.3, 249, p.121.*

鲁特瑞

## 托西斯公寓楼

康维松路，托西斯

1959

阿尔伯托 · 萨特瑞斯

托西斯公寓楼的位置相对独立，主要是为中产阶级建造的住宅。公寓楼由两栋独立的、标高不同的建筑组成，它们通过中央的楼梯间和一个开敞的入口相联系。走廊一侧全部是大面积的玻璃墙面，根据地方建筑法规，原设计的平屋顶后被改成了瓦屋面。

萨特瑞斯在20世纪60年代设计的其他值得关注的住宅建筑还有：尚莫雷低造价住宅和小科尼施－尚莫雷住宅（鲁特瑞，1961～1966），以及另外一栋商住楼（沃州，托·德·佩斯，派洛萨斯路79号，1964）。

*Alberto Sartoris, Lisbon 1980; Contro-spazio, 9-10 1988.*

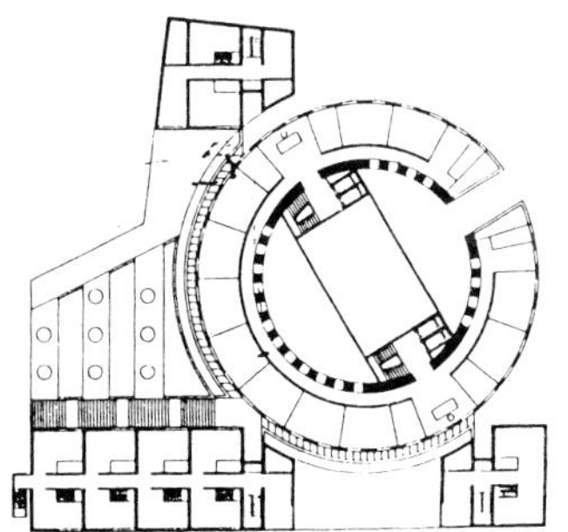

乌立希综合楼，外观和底层平面

Ulysse Mixed-Use Building,view and floor plan

托西斯公寓楼

Les Toises Condominium

蒙特鲁斯

## 公寓楼

剧院路 6 号

1962

阿尔伯托·萨特瑞斯

这座夹在两栋建筑中间的三层住宅楼，主要户型是为出租的较小面积及中等面积的公寓，底层为内部车库。正立面上一系列深深的阳台标示出每套公寓的位置。

*Controspazio, 9-10, 1988.*

尼昂

## 高级中学

迪温尼路 48 号

1984 ~ 1988

文森特·曼格特以及 H·吉克瑞，C·克雷希斯，G·曼，O·比纳，B·维尔登，M·弗鲁德

学校地处城市边缘，横跨一条深深的峡谷，这决定了曼格特在设计中所采用的建筑形式。学校包括一栋用于集体活动的桥梁式建筑和一栋斜坡式用于教学的建筑。广场横跨峡谷两侧，紧连着向上升起的地形。经过精细设计的自然采光，加强了混凝土结构的视觉效果。

*Archithese, 1, 1986; Werk, Bauen und Wohnen, 5, 1986; Techniques et Architecture, 8-9, 1989; Abitare, 240, 1990; Hochparterre, 5, 1991; Rivista Tecnica, 11, 1992; Guide to Swiss Architecture 1920-1995, vol.3, 129, p.73.*

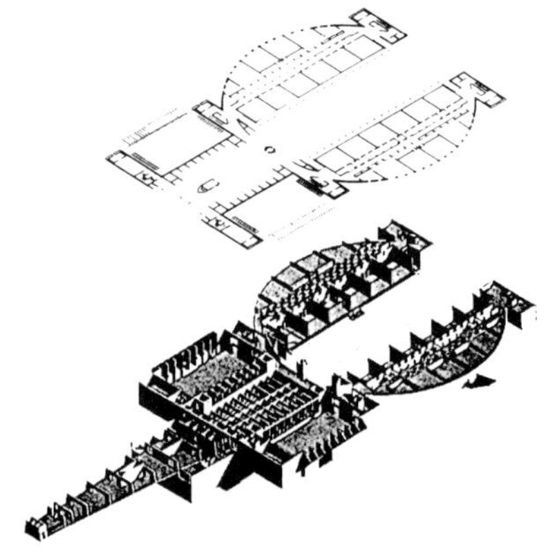

雷恩斯

## 西门子中心

博密特斯路 57 号

1989 ~ 1992

埃德华德·卡特勒，弗雷德里克·布鲁格及协作者，D·莫尼尔和 P·A·瑞希恩

西门子中心位于一块刚刚形成的城市绿地中，办公和实验室分置在两栋板式建筑中，通过中央的圆筒形体量相连。这个圆筒形体量是设计的核心所在，其中设有公共活动及交通空间。建筑外观依循规整的分格，突出了高技术公司的形象。

圣普雷克斯

## 科勒工业建筑

1959

阿尔伯托·萨特瑞斯

这栋建筑主要用于展示、销售和机器维修，因而由三个方形体量构成。每个体量服务于不同的功能，也采用不同的开窗方式。该建筑的特别之处在于采用了巨大的平开式玻璃门（门可以完全打开），以及与侧墙分离的悬挑楼梯。

*Controspazio, 9-10, 1988.*

西门子中心
Siemens Center

科勒工业建筑
Keller Industrial Works

*对面页图*
公寓楼
Apartment Building

尼昂高级中学，外观和轴测图
Nyon High School,view and axonometric

圣苏尔比斯

## 胡伯别墅

布施特路

1960 ~ 1961

阿尔伯托 · 萨特瑞斯

胡伯别墅也称作罗丹尼那别墅，是一位艺术品收藏家的住宅。别墅的日常活动区设在底层，卧室在二层；住宅和车库通过藤架相连。建筑中使用了多种结构材料，如混凝土、金属和砖等，根据地方建筑法规，采用坡屋面，并覆盖着卡特兰风格的瓦。

*Alberto Sartoris, Lisbon 1980; Casa Vogue, 4, 1982; 5, 1983; Controspazio, 9-10, 1988; Arte costruita, 1, 1988.*

塔恩尼

## 学校

1983 ~ 1987

文森特 · 曼格特以及H · 吉克瑞，P · 伯特朗，P · 德 · 贝诺特和O · 德鲁兹

这所学校坐落在塔恩尼城堡的花园中，建筑师以类型学的方法回应了场所的主题。设计采用了方锥形屋顶的规整几何形体量，在一片巨大的墙壁后设有教学用房、服务用房以及楼梯间。教室两层与门廊对角布置，门廊面向城堡和公园。设计采纳了阿尔弗雷德 · 罗特和达斯 · 努维 · 舒尔豪斯的建议，用高侧窗自然采光。

*Aktuelles Bauen, 3, 1985; Rivista Tecnica, 1-2, 1989; Techniques et Architecture, 8-9, 1989; Architecture contemporaine, 11, 1989-90; Hochparterre, 5, 1991; Werk, Bauen und Wohnen, 3, 1991; Guide to Swiss Architecture 1920-1995, vol.3, 140, p.79.*

托洛申纳兹

## FVE 机构大楼

雷恩德 – 波斯恩路

1983 ~ 1988

帕特里克 · 迈斯特兰和伯纳德 · 盖赫特以及N · 巴赫迪，J · L · 布亚德，N · 库西奥和M · 卢特施

FVE 学院楼坐落在公园中，设计以两条正交的轴线为起点，两条轴线决定了入口的位置和扩建的方向。建筑师在确保建筑环境的自然特征上花费了很多的心思。整栋建筑围绕着一个带有装饰性水池的中央庭院布局，主体建筑两侧设有顶部采光的画室，中央部分用作集体活动。两翼是教室和储藏室，教室面向庭院，服务用房面向外部。这栋建筑的的建造过程也被当作了一个教学范例。

*Parametro, 141, 1985; Werk, Bauen und Wohnen, 1-2, 1988; Architettura Svizzera, 10, 1989; Hochparterre, 5, 1989; Rivista Tecnica, 1-2, 1989; Archithese, 4, 1993; Guide to Swiss Architecture 1920-1995, vol.3, 141, p.79.*

胡伯别墅
Villa Huber

塔恩尼学校，外观和立面
Tannay School, views and elevations

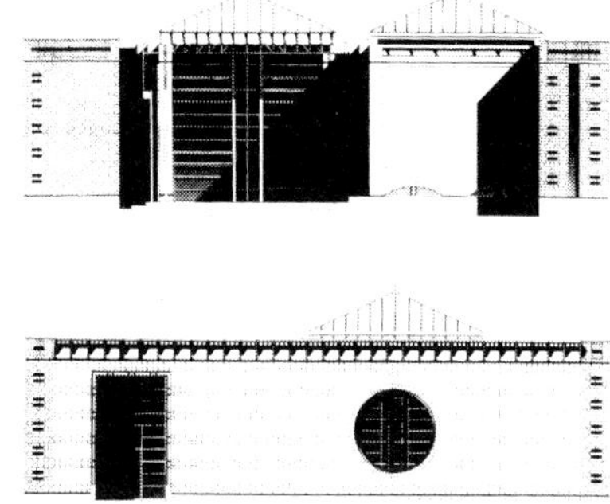

FVE 机构大楼
FVE Institute of Building

维维

## 人民宫

马德林尼路，若希奥路

1932 ~ 1933

阿尔伯托 · 萨特瑞斯

在萨特瑞斯为这个项目所做的第二个方案中，底层设有商店和一家电影院，人民宫位于二层，其上是 5 层高的公寓，洗衣房设在阁楼之中，建筑稍稍退后于红线。这个方案 1932 年由于地产商的原因，经维德莫（维德纳与格罗尔工作室）修改过。官方的解释是因为修改之后的设计，更加符合地方法规的要求，比如安全条例和本街区其他营造商所采用的工业化施工技术。从最后建成的结果看，整个用地被完全利用，建筑上部的阁楼被取消了。

*Fillia(ed), Gli ambienti della nuova architettura, Turin 1935; R.Giolli, Alberto Sartoris, Milan 1936; Faces, 28, 1993.*

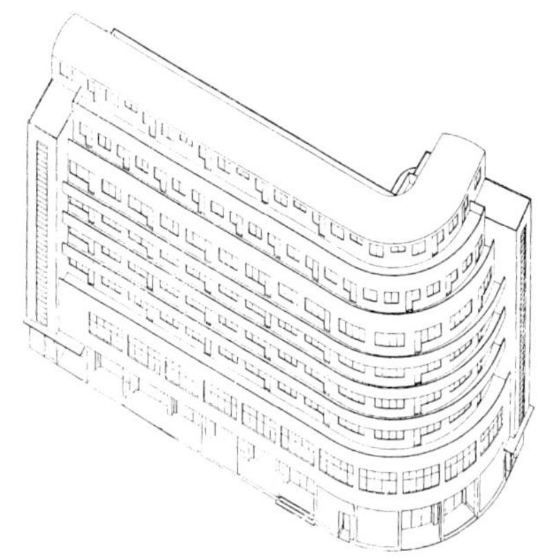

人民宫，轴测图
Maison du Peuple, axonometric

维维

## 雀巢总公司

雀巢路 55 号

1959 ~ 1960

让 · 屈米

建筑师屈米设计的主要特点是结构逻辑清楚，形式与功能呼应紧密，以及对于材料的谨慎应用。这些特点首先体现在姆托勒 · 沃多斯保险公司的管理大楼（洛桑，米兰广场，1953）以及普雷格尼－尚博希的 WHO 总部中（日内瓦区，维路，屈米与皮埃尔 · 博纳德合作设计，1965 ~ 1966）。但给人印象最深的还是他设计的勒曼湖边的 Y 型雀巢公司办公楼。该建筑底层由多边形柱子支撑，使底层几乎完全通透，柱子上面是钢筋混凝土平台，7 层高的办公楼中装备了最新的技术设施，外挂铝框玻璃幕墙的立面精致典雅。

*Architecture, formes+fonction, 9, 1962-63; Werk, 1, 1968.*

人民宫，早期照片
Maison du Peuple, period photo

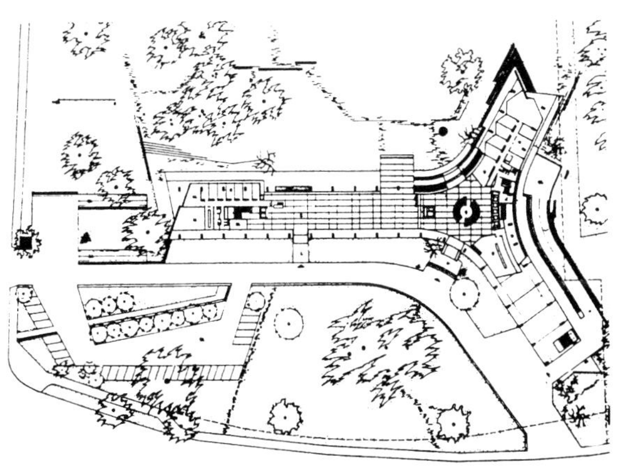

雀巢总公司，外观和总平面
Nestlé Head Office, view and site plan

# 日内瓦州

库洛尼

## 让纳雷－拉维汀住宅

王子路

1955 ~ 1956

珍·马克·拉姆尼尔和皮埃尔·布萨特

在让纳雷－拉维汀住宅的整个体量中，包括了两个跃层式住宅、一个包含儿童卧室和服务用房的公共空间。住宅的钢筋混凝土承重结构与填充墙在构造上互相脱开。这样，起居室可以敞开面对湖面，起居室之外还设有独立的平台。

这两位建筑师值得关注的作品还有彼达特别墅（凡德鲁斯，霍特－克瑞特路 64 号，1960）。

*Architecture, formes et fonction, 5, 1958; Habitation, 9, 1958; Werk, 10, 1958; Arte Costruita, 1, 1988; Architettura Svizzera, 3, 1991.*

日内瓦

## 孔雀宫

彼科特－德－罗彻蒙特路 7 号

1902 ~ 1903

乌根·卡瓦利和阿密·格雷

孔雀宫是日内瓦新艺术运动风格最著名的建筑之一，它的功能主要是商店和公寓。孔雀宫雕塑式的细部、铁质阳台栏杆的处理、带有尖顶的角部塔楼均受到当时巴黎模式的影响。日内瓦另外一栋引人注目的建筑是百货大楼（马施路 13–15 号 A·奥利维特设计于 1911 ~ 1914 年），建于 20 世纪初，遗憾的是大楼现已被改造了。

*Art Nouveau Architecture, London 1979; INSA.Inventario Svizzero di Architettura, vol.IV, Berne 1982.*

日内瓦

## 住宅楼

格拉汀路 3，圣吉恩

1911 ~ 1913

姆瑞斯·布瑞拉德

## 蒙特施希住宅

蒙特施希路／威廉姆－弗雷路（广场 A）

蒙特施希路 62–72（广场 D），

奥克斯－维维斯

1926 ~ 1933

姆瑞斯·布瑞拉德和鲁伊斯·维尔

## 圆形住宅

查里斯－格伦路 11–19 号，圣吉恩

1927 ~ 1930

姆瑞斯·布瑞拉德

建筑师布瑞拉德毕生致力于住宅设计的探索，住宅理论总是欧洲建筑争论的源由。他的研究领域很广，通过关注建筑类型学和公共空间的层级关系，布瑞拉德进行了与城市问题密切相关的中产阶级住宅试验。他关于居住空间的理性化过程，远离任何严格意义上的功能主义，通过双面贯通的平面设计，增加了建筑的通透性，也获得了良好的采光。布瑞拉德的细部设计体现了他极强的建筑表现语汇。

布瑞拉德设计的其他公共建筑还有奥奈克斯市政厅(1908～1909，最近才被修复)、沃区的密斯学校、日内瓦的车库(蒙特布瑞拉德山路，99号，1935～1936)，以及萨尔维空中索道(1931～1932)，该索道离法国的霍特－索维尔很近，目前该索道只有顶部的转换站未被改动过。

*Werk, 12, 1929; 10, 1931; Habitation, 1, 1931; A.Corboz, J.Gubler and J.M.Lamunière, Guide d'architecture moderne à Genève, Lausanne 1969; J.Gubler, Nationalisme et internationalisme dans L'architecture moderne de la Suisse, Lausanne 1975; Archithese, 2 and 3-4, 1984; Faces, 13, 1989; 16, 1990; Architecture de la raison, la Suisse des années vingt et trente, Lausanne 1991; Casabella, 604, 1993; Domus, 751, 1993; Werk, Bauen und Wohnen, 9, 1993; Guide to Swiss Architecture 1920-1995, vol.3, 405, p.151; 406, p.157.*

孔雀宫

Maison du Paon

让纳雷－拉维汀住宅

Jeanneret-Reverdin House

格拉汀路住宅楼

House on Avenue de Gallatin

蒙特施希住宅

Montchoisy Housing

圆形住宅

Maison Ronde

日内瓦

## 阿瑞花园城

阿瑞路

1920 ~ 1923

卡米尔·马丁，阿诺德·霍彻尔和保罗·奥伯特

## 维勒希斯花园城

弗朗彻希斯路／维勒希斯路／里昂路

1929 ~ 1931

莫里斯·布瑞拉德，路易斯·文森特，马克思·鲍姆格特尔，弗雷德里克·格姆博特和弗雷德里克·迈尔格尔

这两项住宅区设计来源于瑞士式的花园城市构想，遗憾的是目前许多部分已被拆除了。这两项住宅的建设是日内瓦在一战后为解决住房短缺问题而采取的补救性措施。措施的第一步就是举办设计竞赛，竞赛目的是为了更好地解决城市低造价住宅问题。规划师霍彻尔沿着阿瑞路在一块三角形用地上设计了

阿瑞花园城
Aïre Garden City

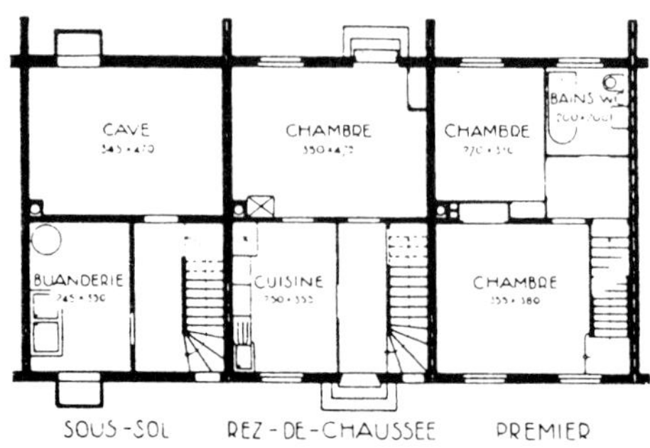


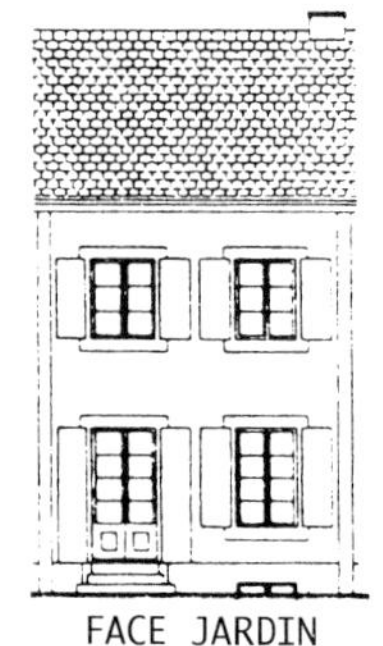

90 栋住宅，其中以带农作物种植的花园住宅为主。维勒希斯花园小区的六栋住宅楼由不同的建筑师根据布瑞拉德提出的总平面设计完成，这些住宅楼与小区主轴线上的中央林荫道垂直。林荫道也是这个小区的公共活动中心。布瑞拉德对柏林、法兰克福探索性的公共住宅设计实践有很深刻的认识，在这个社会性项目的实践过程中，他淋漓尽致地表现了他的建筑视觉效果。弗雷德里克 · 迈尔格尔也在这个小区中设计了一座老人院（弗朗彻希斯路，22–28 号，1931 ~ 1932）。

布瑞拉德还曾经做过多瑞尔河的规划和日内瓦的城市规划。

*Habitation, 3-4, 1945; J.Gubler, Nationalisme et internationalisme dans L'architecture moderne de la Suisse, Lausanne 1975; Werk-archithese, 11-12, 1978; Archithese, 2, 1984; Parametro, 140, 1985; Guide to Swiss Architecture 1920-1995, vol.3, 403, p.146 f.*

维勒希斯花园城
Vieusseux Garden City

日内瓦

## 卡尔韦恩火车站

卡尔韦恩广场

1927 ~ 1933

朱利安 · 弗来格海默

由于原火车站1909年毁于火灾，因此建造新的火车站进入议事日程。1925年举行了一次国家级的设计竞赛，布瑞拉德相对灵活的设计和斯达姆集中式的设计各具特色，评委久议未决。最终，弗来格海默的新古典主义方案胜出，这个方案被认为反映了城市的本质。但方案中沿布兰克山路的塔楼却一直未建，这栋塔楼在空间上加强了建筑的轴线。车站对面，是马克 · 卡莫里提1932年设计的卡尔韦恩旅馆。虽然设计风格不同，但卡尔韦恩旅馆与当时的裁军会议大厦（奎尔 · 维尔森，阿道夫 · 库耶奈特与路易斯 · 派瑞恩设计）采用了同样的金属结构体系。裁军会议大厦最近毁于大火。

*Schweizerische Bauzeitung, 81, 1923; 19, 20 and 23, 1925; ABC, 6, 1925; Werk-archithese, 2, 1977; 11-12, 1978; Archithese, 2, 1984.*

日内瓦

## 国际联盟总部

派克斯路8-14号，国家广场

1926 ~ 1936

亨利－鲍弗亨利 · 尼诺特和朱利安 · 弗来格海默，卡洛 · 布鲁格，朱瑟夫 · 维格和卡米尔 · 里弗瑞

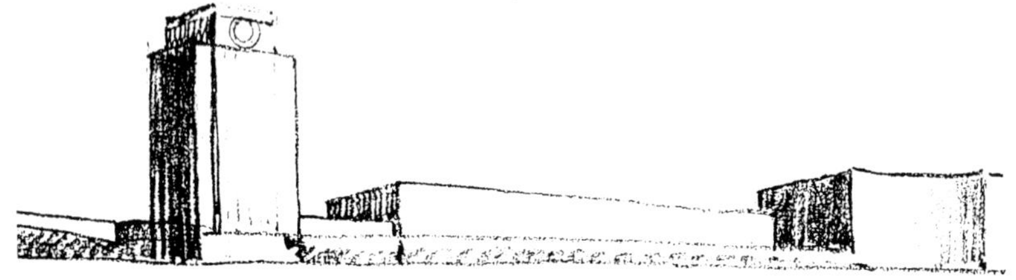

卡尔韦恩火车站，M · 布瑞拉德的草图和正面外观

Cornavin Station, sketch by M. Braillard and front view

国际联盟为自己的总部大楼举办了设计竞赛，最终建成的这组建筑源自当初竞赛评选出的一个不尽人意的方案。激进的建筑历史学家评价它为现代建筑发展进程中一次苦涩的溃败。此次竞赛成立了由九位评委组成的评审团，其中有维克多·霍尔塔、焦瑟夫·霍夫曼、卡尔·莫泽尔以及亨德里克·皮特瑞斯·拜尔拉格等人。竞赛的评审很特别，最终三个方案分享了九个奖项，但却没有产生出中选的方案。实际上，这个中选的方案本应该属于勒·柯布西耶的设计。竞赛结果说明了那些急于得到委托的建筑师的游说以及官方压力的作用。最终临时委员会决定，由建筑师鲍弗亨利·尼诺特和朱利安·弗来格海默把布鲁格，里弗瑞和维格三家设计的方案进行综合，并提出一个适应于建造用地的方案。为了使自己与皮埃尔·让纳雷的方案得以实施，勒·柯布西耶后来也进行了多方努力，包括起诉甲方对自己方案的剽窃，但这些努力都无济于事。联盟总部于1932年在阿瑞安娜公园开工，1936年落成。

*S.Giedion, Space, Time and Architecture, the Development of a New Tradition, Cambridge Mass.1941; B.Zevi, Spazi dell'architettura moderna, Turin 1973; Werk-archithese, 11-12, 1978; C.L.Anzivino and E.Godoli. Geneva 1927:il concorso per il palazzo della Società delle Nazioni e il caso Le Corbusier, Florence 1979; Archithese, 2, 1984; Parametro, 144, 1985; 7, 1986; Le Corbusier a Genève 1922-1932, exhibition catalogue, Lausanne 1987; Guide to Swiss Architecture 1920-1995, vol.3, 404, p.148-150.*

国际联盟总部，外观
The League of Nations Building, view

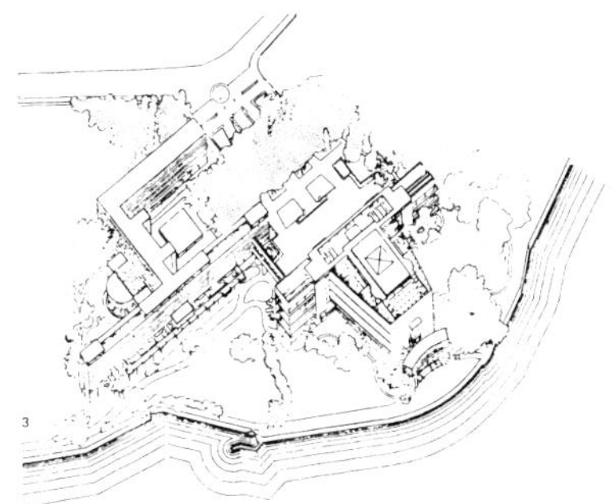

勒·柯布西耶与皮埃尔·让纳雷的方案轴测图
Le Corbusier and P.Jeanneret, axonometric of competition design

日内瓦

## 科拉特住宅楼

圣劳伦特路 2–4 号 / 安德立安 – 拉琛纳尔路

1928 ~ 1932

勒·柯布西耶和皮埃尔·让纳雷以及 R·迈拉特(基金会), J·托卡皮尔, F·克朗特和 B·纳兹瑞夫

修复

1976 ~ 1978

卡莫勒特与霍斯曼

这栋住宅楼是为日内瓦的实业家埃德华德·沃尔纳设计的，他也是该建筑的承包商。这座建筑是勒柯布西耶在瑞士设计的第一栋集合式住宅；他放弃了在别墅中用通道来组织房间的手法。这栋玻璃方盒子式的大楼共有 45 户跃层式公寓，它们被分成两组，分布在楼梯周围。建筑采用轻便的预制结构，标准的钢结构和装配式施工，因而施工工期很短，30 个月内就完成了建造工作。由于外墙不承重，立面完全根据功能的需要而设计。

*Bauwelt, 37, 1932; Die Kunst in der Schweiz, 4-5, 1933; Werk-archithese, 11-12, 1978; Rassegna, 3, 1980; Abitare, 206, 1982; C.Courtiau, L' immeuble Clarté à Genève, Le Corbusier 1931/1932, Berne 1982; Archithese, 2, 1984; Le Corbusier a Genève 1922-1932, exhibition catalogue, Lausanne 1987; Immeuble-villa/plan libre/maison à sec, Zurich 1989; Werk, Bauen und Wohnen, 6, 1989; The Footsteps of Le Corbusier, New York 1991; Guide to Swiss Architecture 1920-1995, vol.3, 408, p.159.*

科拉特住宅楼
Maison Clarté

日内瓦

## 路弗住宅

曼诺斯路，格兰德 – 西康纳斯

1928 ~ 1929

## 住宅

罗切斯路 1–3 号

1934 ~ 1935

弗朗西斯 · 奎朗特

建筑师奎朗特是 GANG（日内瓦新建筑学小组）的成员之一，1931 年他曾与勒 · 柯布西耶在设计科拉特住宅楼时一起工作过，那段时间他充分开发了预制砌块的使用潜力。实际上在此之前，他设计的路弗独户住宅（大萨康纳克斯，1928 ~ 1929）就曾使用了这种砌块。在路弗住宅的设计中，建筑师采用了一种新的构造方法，即在钢结构的骨架上填充钢丝网秸杆板。而在罗切斯路的住宅楼设计中，奎朗特使用了钢筋混凝土结构和石材墙面，以及一些特殊的保温隔热材料。除此之外，奎朗特还设计了梅勒别墅（库洛尼，普瑞朗卡德路 6 号，1936）。

*Moderne Schweizer Architektur 1925-1945, Basel 1947; J.Gubler, Nationalisme et internationalisme dans L'architecture moderne de la Suisse, Lausanne 1975; A.Rüegg, Le Corbusier, Edmond Wanner, Francis Quétant und die Villa Ruf, Zürich 1987; Guide to Swiss Architecture 1920-1995, vol.3, 444, p.180.*

路弗住宅
Villa Ruf

罗切斯住宅
Chemin de Roches Housing

梅勒别墅
Villa Meyer

日内瓦

## 瑞士信贷银行

贝尔－埃尔广场

1930

姆瑞斯·特瑞提尼和罗伯特·马里兰

瑞士信贷银行的设计源自设计竞赛的中标方案，这栋建筑曾经引起过激烈的争议，一方面是因为它在城市中所处的位置，另一方面则是因为它的形式特征。该建筑借鉴了传统的罗马古典艺术，方形的体量、立面竖向的开窗处理与实墙面之间形成了交替的韵律。这座建筑曾整修过多次，最后还增加了铝制的推拉门窗。

*Werk-archithese, 11-12, 1978.*

日内瓦

## 帕奎斯公共浴场

布兰克山

1931～1932

城市服务工作室

修复

1993～1994

建筑师集合（马瑟芬·巴萨斯夫，克劳德·博迪，卡布瑞尔·克罗尼斯和捷克斯·蒙诺德）

帕奎斯公共浴场与瑞普索尔海滨浴场（普雷格尼，洛桑路）一样，都是城市服务工作室于1937～1938年间设计建造的。帕奎斯浴场可以看作是顺应现代建筑发展的公共建筑，同时它也是一栋体现公共建筑特征的实例。帕奎斯浴场替换了旧的木结构浴场，设计采用钢筋混凝土结构，平面像一把梳子并与码头平行，浴场朝向湖面，并设有服务设施，湖滨被分为男女两区。1993～1994年，一家运动协会对浴场进行了扩建，添置了各种各样的运动设施。

*A.Corboz, J.Gubler and J.M.Lamunière, Guide d'architecture moderne de Genève, Lausanne 1969; Guide to Swiss Architecture 1920-1995, vol.3, 409, p.158.*

日内瓦

## 住宅楼

施尼路102号

1932

阿诺德·霍彻尔和亨利·米纳

霍彻尔是一位建筑师和城市规划师，也是教师和CIAM在1928年创立时的代表之一，同时它还是《居住回顾》杂志的编辑。霍彻尔设计了阿瑞花园城之后(1920～1923年，参见246页)，又设计了这栋带有六户私人公寓的住宅楼。设计采用了严格的功能主义手法；虽然资金拮据，但沿楼梯间对称布置的两个单元，却有着宽敞明亮的空间。透明的竖向楼梯间是立面的中心。

*Werk, 4, 1933; J.Gubler, Nationalisme et internationalisme dans L'architecture moderne de la Suisse, Lausanne 1975; Archithese, 2, 1984.*

瑞士信贷银行
Swiss Credit Bank

帕奎斯公共浴场，外观
Les Pâquis Pubilc Baths, views

施尼路住宅楼
Route de Chêne
Housing

日内瓦

## 弗朗特纳克斯公园住宅楼

弗朗特纳克斯路 53–57 号

1933 ~ 1934

路易斯 · 文森特和珍 · 捷克斯 · 汉尼格

文森特和汉尼格两位建筑师曾在韦伯大道 5–7 号的住宅楼设计中探索过低造价住宅的设计方法。而弗朗特纳克斯公园住宅楼的设计，必须遵守维尔和布瑞拉德 1928 年所做的蒙特施斯区控制性规划(1928)。住宅楼按照理性主义的原则来设计，立面与所采用的结构形式紧密呼应，清水混凝土的外墙上设有预制成型的玻璃门窗。

汉尼格兄弟在日内瓦设计了很多作品，诸如德克斯帕克斯住宅(威廉姆 – 弗雷路 32–34 号，1947 ~ 1949)。

*Habitation, 1, 1951; H.Volkart, Schweizer Architektur, Ravensburg 1951; A.Corboz, J.Gubler and J.M.Lamunière, Guide d'architecture moderne de Genève, Lausanne 1969; Werk-archithese, 11–12, 1978; Archithese, 3, 1984.*

日内瓦

## 住宅

古斯塔夫 – 阿多尔湖滨路 28 号

1935 ~ 1936

建筑师工作室(文森特，施瓦尔兹，里瑟曼和索格艾)

这栋住宅楼内设有一家咖啡馆

弗朗特纳克斯公园住宅楼
Frontenex Parc Housing

古斯塔夫 – 阿多尔湖滨路住宅
Quai Gustave-Ador Housing

（马瑞斯咖啡馆），立面处理强调水平划分，带形的阳台突出了这一点。该建筑师工作室设计的克雷戈路3号也用到了这种手法，并以此强调其体量特征。阿多尔湖滨路住宅除了优雅的立面外，平面功能的理性化处理和精彩的细部也是这栋建筑的重要特征。

*Archithese, 2, 1984.*

日内瓦

## 新使徒教堂

里奥托德路14号

1949

维尔纳·马克思·默泽尔，马克思·恩斯特·黑夫利，鲁道夫·施特格和弗朗西斯·奎朗特

沿里奥托德路的新教教堂由默泽尔设计，苏黎世工作室和弗朗西斯·奎朗特协作建造完成，教堂的特点主要体现在它纪念性的体量处理上，以及有机的几何形和不同立面的特殊肌理效果。采用这种手法的目的是拓展战后瑞士的建筑表现形态，并使之成为瑞士建筑表现的主流。

*Werk, 2, 1952; A.Corboz, J.Gubler and J.M.Lamunière, Guide d'architecture moderne de Genève, Lausanne 1969; Archithese, 2, 1980; Guide to Swiss Architecture 1920-1995, vol.3, 413, p.161.*

新使徒教堂

New Apostolic Church

日内瓦

**州立大学医院**

迈克尔利 · 都 · 克瑞斯特路

1949 ~ 1953，1959，1968 ~ 1973

阿诺德·霍彻尔，皮埃尔·尼尔勒，捷克斯·路兹隆和珍·艾尔伯

州立大学医院的设计来自1945年设计竞赛的中标方案，它是建筑师阿诺德 · 霍彻尔丰富多彩的建筑生涯的最后一项作品。医院分三期建造完成，1949年开工，1973年建成，该医院设计也体现了奥古斯特 · 贝瑞对于瑞士法语区建筑的影响。

建筑师皮埃尔 · 尼尔勒在其设计的鲍 – 希耶尔医院（鲍 – 希耶尔路，1961）中，进一步发展了州立医院中采用的设计理念。

*Archithese, 2, 1984.*

日内瓦

**马拉格诺公园住宅楼**

韦伯路34–36号

1948 ~ 1951

**隆尼旅馆**

特瑞提尼湖滨路

1950

**万宝龙中心和广场电影院**

州立医院
Cantonal Hospital

马拉格诺公园住宅楼
Malagnou-Parc Housing

尚特普赖特路 1–3 号
1953 ~ 1954

## 迈瑞蒙特 – 勒 – 克雷特住宅

迈瑞蒙特路 6–8 号 / 卡拉斯路
1957
马克 · 朱瑟夫 · 索格艾

索格艾是日内瓦发展研究委员会（1945 年由劳工部成立）、CIAM 以及 GANG（日内瓦新建筑小组）的成员。他在设计生涯中不断地拓展着自己的职业阅历；20 世纪 50 年代，索格艾已成为日内瓦当地最具创新力的建筑师之一。日内瓦是一个国际化大都市，并由此带来了很多问题，在这种状况下，索格艾运用一切可能的新技术手段，积极探索如何采用适当的规范性方法来满足不断增长的建筑市场需求。在他完成的众多设计项目中，非常著名的有一家饲料厂（卡尔韦恩路，1951 ~ 1955），巴黎电影院（迈尔路 1 号，1957），以及一栋办公大楼（隆尼路，1963）。

*Werk, 1, 1951; 9, 1959; L'architecture d'aujourd'hui, 45, 1952; 55, 1954; 121, 1965; Bauen und Wohnen, 5, 1953; Bulletin technique de la Suisse romande, 18, 1955; Architecture, formes+fonction, 4, 1957; 5, 1958; 8, 1961-62; Werk-archithese, 3-4, 1978; Faces, 21, 1991; Archithese, 4, 1993; Guide to Swiss Architecture 1920-1995, vol.3, 417, p.163; 423, p.167.*

隆尼旅馆
Hôtel du Rhône

万宝龙中心和广场电影院
Mont Blanc Center and Plaza Cinema

迈瑞蒙特 – 勒 – 克雷特住宅
Miremont-le-Crêt Housing

日内瓦

**市立体育馆**

斯坦德路／特尔路

1951 ~ 1952

保罗 · 沃尔登斯普尔

**吉松多夫帕克学校与教师中心**

里昂路／里奥托德路

1952 ~ 1967

保罗 · 沃尔登斯普尔和乔治斯 · 布瑞尔以及 K · 克伦奈尔

**托瑞利住宅区**

M · 都博尔路，小萨康纳克斯

1964 ~ 1970

保罗 · 沃尔登斯普尔，乔治斯 · 布瑞尔，乔治斯 · 博特霍德，科拉瑞与奥斯卡 · 鲁弗，以及 J · 阿诺德

作为保罗 · 沃尔登斯普尔的合伙人，布瑞尔往往是通过清晰的结构将工程师和建筑师的工作完美地结合起来。设计强调建筑与地形的适应关系，无论是传统的还是现代的材料，其使用都非常精心。帕克－吉松多夫中心分期建成，在这一片学校建筑中，建筑师采用了团

市立体育馆
Municipal Gymnasia

吉松多夫帕克学校与教师中心
Parc Geisendorf School and Pedagogic Center

托瑞利住宅区
La Tourelle Housing

托斯－德－卡鲁格住宅
Tours de Carouge Housing

簇式的布局方式。这种形式曾在瑞士德语区试用过，现在又被引入到法语区中。

沃尔登斯普尔曾经系统地设计并研究过学校建筑，比如帕拉提斯学校（兰希，鲁尼斯公社路，1964～1967）。他还曾设计过一批低造价住宅，其中托斯－德－卡鲁格住宅（与G·布瑞拉，R·施沃兹，L·阿什纳德，E·巴若，A·德梅和J·J·麦戈万德合作设计）和托瑞利住宅等，都是为了探索如何在日内瓦城郊建造住宅的问题。

*Architecture, formes+fonction, 6, 1959; 9, 1962-63; 10, 1963-64; A.Corboz, J.Gubler and J.M,Lamunière, Guide d'architecture moderne de Genève, Lausanne 1969; Guide to Swiss Architecture 1920-1995, vol.3, 416, p.163; 419, p.164; 405.7, p.155.*

日内瓦

## 沃奈特运动中心

沃奈特湖滨路

1956～1958和1966～1968

阿尔伯特·辛格瑞亚，弗兰克斯·莫瑞斯，珍·都瑞特以及E·古科斯，P·托姆泰特，J·P·多姆

沃奈斯运动中心是分阶段建成的，它由数个不同的建筑体量组成。其中10000座的室内大溜冰场（1956～1958）采用钢筋混凝土结构，带有一个巨大的由柱子支撑起来的金属屋顶，为了适应新的规范要求溜冰场最近被改建。游泳馆（1966～1968）的特点是其格栅状屋面形成的结构韵律，这些格栅由交替的天窗构成，游泳馆还包括一个室外溜冰场。除了必需的技术设施之外，在这个中心还设计了行政管理空间和一间带酒吧的餐厅。

*Architecture, formes+fonction, 6, 1959; Bauen und Wohnen, 7, 1960; Bulletin technique de la Suisse Romande, 12, 1967; Werk, 9, 1968; Faces, 23, 1992; Guide to Swiss Architecture 1920-1995, vol.3, 425, p.168.*

沃奈特运动中心
游泳池
Vernets Sports Center Swimming Pool

日内瓦

**阿瑞住宅区**

尼古拉斯－伯格瑞特路

1958～1959和1960～1961

弗兰克斯·莫瑞斯，珍·都瑞特，珍·皮埃尔·多姆以及G·斯汀曼

**联邦工会联盟总部**

圣吉恩路98号

1965～1967

珍·皮埃尔·多姆和弗兰克斯·莫瑞斯

阿瑞住宅区的设计应归功于建筑师多年来对规划和低造价住宅的研究，同样的设计手法还可以在凯萨路大楼中看到（路易斯·凯萨路，由同一批建筑师设计，1958～1959）。阿瑞低造价小区的总平面设计包括两组各三栋住宅楼。一期工程始于一栋南北向的5层住宅楼，小区全部采用预制装配体系，于20世纪70年代初期建成。工会联盟总部则是一栋设计巧妙的高效率办公建筑，伊特利街和隆尼街的办公建筑也具有同样的特点。

*Architecture, formes+fonction, 7, 1960; 14, 1968; Habitation, 3 and 7, 1961; Bauen und Wohnen, 3, 1962; L'architecture d'aujourd'hui, 104, 1962; Bauwelt, 19, 1968.*

日内瓦

**布德公园住宅区**

布德路，小萨康纳克斯

1958～1964

乔治·阿多尔，多米尼克·朱利阿德，雅克斯·博利戈，珍·捷克斯和皮埃尔·霍格尔

**里格农住宅区**

里格农路，阿瑞－威尔纳

阿瑞住宅区
Aïre Housing
联邦工会联盟总部
Fédération des Syndicats Patronaux
布德公园住宅区，外观和总平面
Parc de Budé Housing, view and site plan

1962 ~ 1971 和 1985
乔治·阿多尔，多米尼克·朱利阿德，雅克斯·博利戈，路易斯·佩耶特

## 迈瑞安住宅区

菲尔拉斯路／迈特农路／博第斯路
1963 ~ 1967
乔治·阿多尔，多米尼克·朱利阿德，雅各布·博利戈，路易斯·佩耶特

在日内瓦郊区建造住宅区是城市总体规划确定的，日内瓦发展研究委员会早在1948年的报告中，就对该政策提出了大纲，并建议城市的增长不应该超过20万居民，报告为卫星城的建设铺平了道路。城市总体规划试图寻求公共和私人利益的结合点，并提倡在大面积的绿地中建设住宅（比如邻近管理区的耕地）。里格农住宅区与迈瑞安住宅区的设计有若干相同的特征，比如多层住宅楼围绕服务和公共设施布置，采用先进的预制建造体系。

最早体现这种城市规划及设计的是位于蒙特布瑞拉德和沃蒙特路上的沃蒙特住宅区，由安德鲁·伯蒂格尼、珍·格罗斯和安托尼·德·苏舍尔设计，乌根·博杜恩和阿尔多·古耶奈特任顾问（1949 ~ 1954）。

*Bauen und Wohnen, 2, 1968; B.De Sivo, L'architettura in Svizzera, Naples 1968; A.Corboz, J.Gubler and J.M.Lamunière, Guide d'architecture moderne de Genève, Lausanne 1969; J.Bachmann and S.von Moos, New Directions in Swiss Architecture, New York 1969; Werk-archithese, 5, 1977; Archithese, 4, 1993; Guide to Swiss Architecture 1920-1995, vol.3, 405.6 and 405.9, p.154 and 156.*

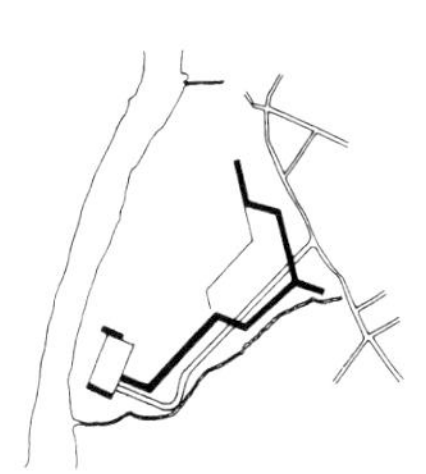

里格农住宅区，外观和总平面
Le Lignon Housing, view and site plan

迈瑞安住宅区，外观和总平面
Meyrin Housing, view and site plan

日内瓦

## 法语学校

韦伯路／罗切斯路／沃格尔路 4 号

1961 ~ 1964

阿瑟·伯格纳和乔治斯·坎迪利斯

## 小学校

查米利斯广场

1966

艾斯蒙德·古科斯和吉尔德·科克豪夫

以 20 世纪 60 年代典型的教育模式为基础，法语学校的设计以正交的网格来布置建筑。同时，留有平台和空地以满足户外课程的需要。由于雕塑般的混凝土体量和对材料的精心处理，形成了查米利斯小学优美的外观。

*J.Bachmann and S.von Moos, New Directions in Swiss Architecture, New York 1969; Guide to Swiss Architecture 1920-1995, vol.3, 427, p.169.*

日内瓦

## 国际劳工组织新总部大楼（ILO）

莫里隆路 4 号

1965 ~ 1969

乌格尼·伯汀，阿尔伯特·卡曼施德和皮尔·鲁格·奈尔维，以及 J·姆勒和 ILO 建筑事务所（BABIT）

## 国际会议中心（CIGC）

沃瑞姆博路 15 号

1968 ~ 1973

安德鲁与弗朗西斯·格拉德，阿

法语学校
French School

小学校
Primary School

国际劳工组织新总部大楼
New Headquarters of the International Labor Organization

尔伯托·卡尼施德以及CICG建筑事务所

## 国际红十字会中心研究机构新楼（CICR）

Paix路17号

1979～1984

马里奥·巴格斯，阿莱恩·布纳尔和安德鲁·罗伯特·提索特以及迈克尔·吉尔拉特

国际建筑组织基金会（FIPOI）

很多重要的国际组织都把日内瓦作为它们永久性的总部所在地。其结果是，在近几十年的时间中，日内瓦市区建起了许多大型的多功能综合楼，而这也更进一步巩固了日内瓦作为世界性大都市的形象。国际劳工组织新总部大楼是一栋长长的曲线形的大楼，立面上凹凸有致的预制构件给人以塑性的感觉，采用预应力钢筋混凝土结构与适应复杂平面的柱网是奈尔维的设计特点。国际会议中心的平面为八边形，有一套可变的观众厅系统（从260座到1700座）。观众厅可根据使用的需要，经由垂直滑动的隔断来分割大小。国际红十字会中心研究机构新楼则以功能原则来组织设计，档案室放在较高楼层，对保温隔热的需求很大程度上影响了建筑的外观。

*L'architecture d'aujourd'hui, 121, 1965; Werk, 6, 1973; Parametro, 140, 1985; Werk, Bauen und Wohnen, 1-2, 1985; Architettura Svizzera, 7-8, 1986.*

国际会议中心
International Conference Center

国际红十字会中心研究机构新楼
New Building for the Red Cross International Committee

日内瓦

## 联合国学校

普雷格尼路

1968 ~ 1970 和 1973 ~ 1976

珍・马克・拉姆尼尔，雷诺・布鲁德拜克，杰罗德・库夫尔和乔治斯・凡・伯格尔特

## 住宅

古斯塔夫－阿多尔湖滨路 64 号

1979 ~ 1985

珍・马克・拉姆尼尔和乔治斯・凡・伯格尔特

## 综合楼

卡尔—沃特路 2–4 号

1984 ~ 1991

让・马克・拉姆尼尔，乔治斯・凡・伯格尔特和布鲁诺・马尚德

作为建筑师、理论家和城市规划师的拉姆尼尔，从 20 世纪 70 年代起，就开始卷入到关于建筑理性主义的论争当中，他致力于为设计者和使用者寻找一种建立在类型和

联合国学校
United Nations School

古斯塔夫－阿多尔湖滨路住宅
Quai Gustave-Ador Housing

语义分析基础上的共通的设计语言，并将其作为改善城市和建筑空间视觉效果的工具。这里介绍他的这几项作品，以及托斯－德－兰希（温迪路29号，拉姆尼尔与乔治斯·凡·伯格尔特和布鲁诺·马尚德合作设计，1963～1964），就是采用预制建造的严谨设计语言的最好实证。

日内瓦植物园温室（1984～1988），全部由玻璃和钢建造，是这些多产建筑师设计的另一类作品。

*L'architecture d'aujourd'hui, 121, 1965; 166, 1973; J.Bachmann and S.von Moos, New Directions in Swiss Architecture, New York 1969; Werk, 2, 1972; Techniques et Architecture, 298, 1974; Architettura Svizzera, 8, 1975; 3, 1991; La presenza del passato, exhibition catalogue, Milan 1980; Werk, Bauen und Wohnen, 1-2, 1980; 3 and 6, 1986; 11, 1988; Architecture, 12, 1982; Architettura per il terzo millenio, Milan 1991; Archithese, 4, 1993; Guide to Swiss Architecture 1920-1995, vol.3, 402, p.145.*

综合楼
Mixed-Use Building

日内瓦

## 帕奎斯学校和图书馆

伯尔尼路/纳维格琛路/莫勒路

1975～1979和1978～1981

珍·捷克斯以及G·库洛尼希，M·库拉特，R·罗蓬特，乌格·布鲁诺尼

帕奎斯学校与图书馆是帕奎斯城区二次开发计划的第一期工程，这一区主要是为工人阶层提供良好的社交、文化、体育和住宅设施。设计在尊重地方城市形态的基础上，对每个部分都有细致明确的考虑。方案采用四个独立的钢筋混凝土体量，两两结合，通过建筑间架空的通道相联系。

布鲁诺尼的另外一项设计是将一个19世纪的小学校改建成公共图书馆。建筑的外部结构被保留，新的使用空间围绕玻璃中庭里的一个螺旋形铸铁楼梯布局，室内空间装饰多采用当代的建筑语汇，但仍可看出历史记忆的痕迹。

*Werk-archithese, 9–10, 1978; 11–12, 1979; Architettura Svizzera, 12, 1981; Werk, Bauen und Wohnen, 10, 1981; 5, 1986; Abitare, 206, 1982; Rivista Tecnica, 1, 1982; Parametro, 141, 1985; Guide to Swiss Architecture 1920–1995, vol.3, 433, p.173.*

日内瓦

## 综合楼

佩里施尼路16–18号/弗兰克–马汀路8–10号

1975～1984

朱诺斯·弗瑞格和朱瑟夫·克鲁提以及B·克里尼

这栋综合楼位于城市高低两部分交界处上部的历史中心区边缘，其中包括商店、办公和住宅。设计的立意在于体现两种城市文脉的碰撞和反差。平面逐层依功能需要布局，与立面处理脱离。建筑整合了各项设计要素，克服了分散的空间组合。

*Architettura Svizzera, 1, 1984; L'architettura, 10, 1987; Guide to Swiss Architecture 1920–1995, vol.3, 434, p.172.*

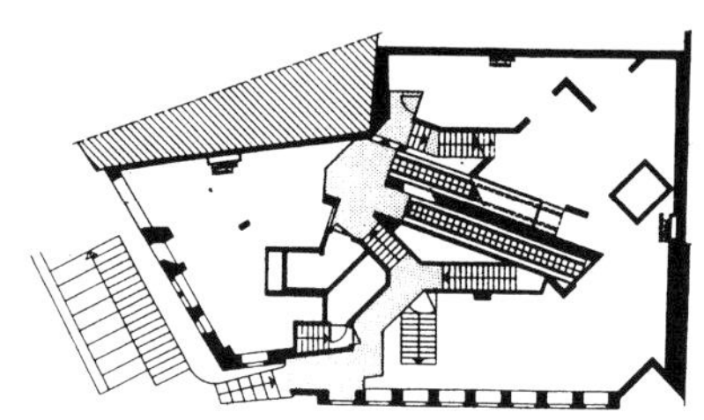

综合楼，总平面及外观（外观见上页）

Mixed-Use Building, site plan and, opposite page, views

帕奎斯学校和图书馆，外观，室内和底层平面
Les Pâquis School and Library,view, interior detail,and floor plan

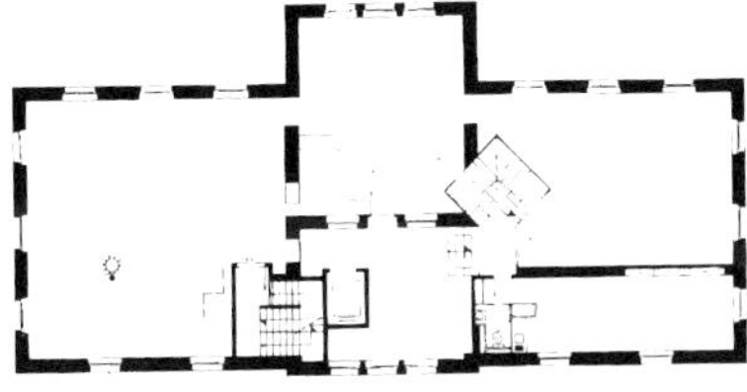

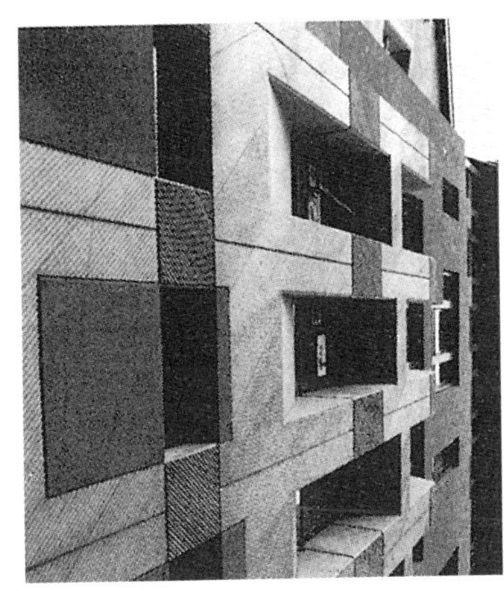

日内瓦

## 格洛特斯一号住宅

格兰德斯－普瑞斯路／路易斯－弗瑞路

1976～1984

克里斯蒂安·霍兹克，罗伯特·弗瑞和乔治斯·博特霍德，以及N·巴拉德，P·德·贝洛德，J·C·德·博特利，E.莫尔，J·P·斯特芬尼，S·施维格尔，R·斯芬耐德和F·奥利维特（雕刻家）

建筑师克里斯蒂安·霍兹克20世纪50年代曾与马克·索戈维有过合作，还与其兄弟捷克伯，以及罗伯特·弗瑞共事过。霍兹克在他设计经验的基础上，完成了这栋住宅楼。这座被称之为“小矮人的房子”，是瑞士低造价住宅中的一个别出心裁的例子。该建筑高度有机的建筑形式在当地引起了关于城市更新的激烈争论，设计遵循住宅、商业设施与工艺活动相结合的原则，并且不是传统上由建筑师独

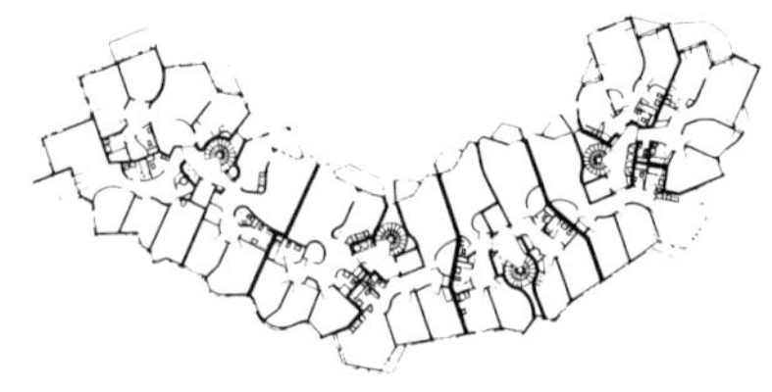

格洛特斯一号住宅，外观和底层平面
Les Grottes I Housing, view and floor plan

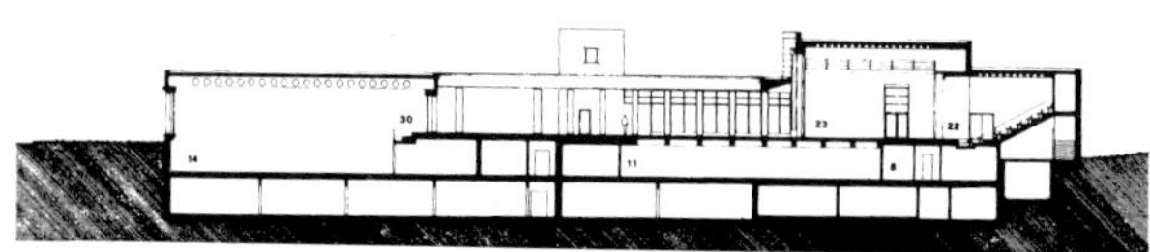

勒·柯布西耶学校，外观和剖面
Le Corbusier School, view and Sections

立设计完成，而是鼓励公众参与到设计建造的过程中来。

*Aktuelles Bauen, 11, 1983; Domus, 657, 1985; Schweizer Journal, 1-2, 1985; Housing 2.1 grandi quartieri come problema, Milan 1988; Guide to Swiss Architecture 1920-1995, vol.3, 435, p.176.*

日内瓦

## 勒·柯布西耶学校

勒·柯布西耶路 2-4-6 号，马拉格诺

1980 ~ 1985 和 1985 ~ 1990

乌格·布鲁诺尼以及伊莫尔·瓦希斯（现场监理），J·V·拉维尔，J·吉伯维和 E·姆勒

学校最初为 L 形平面，后来考虑到建设多功能社区的需要，而改成了 U 形平面。建筑的两个立面有着不同的处理方式，北面为密实的墙面，可以保护教室不受交通噪声的干扰，南面开敞，面向庭院，带有一些地中海建筑的味道，光和空间感是公共空间设计的核心。在日内瓦，建筑师布鲁诺尼还设计了圣三一教堂（1986 ~ 1994）。

*Architecture Romande, 4, 1986; Swiss Design, 10, 1986; Werk, Bauen und Wohnen, 11, 1986; Architettura Svizzera, 2, 1987; Controspazio, 3, 1993.*

日内瓦

## 青年旅馆

罗斯查尔德路 28-30 号

1982 ~ 1987

马瑞亚·科里斯汀与皮埃尔·库斯特尔，克劳德·莫瑞尔，艾瑞克·洛普尔与皮埃尔·鲁汀，J·邦德拉斯，L·格恩特勒和 P·沃斯提格

青年旅馆是 19 世纪洛斯施尔德医院和巴德展厅的二次扩建的从属项目，设计意图是把现存建筑和一个庭院相连接，成为青年旅馆可使用的空间。新旧建筑风格上的反差是通过组织建筑群体当中不同部分的功能和空间关系的一条通廊来实现的。

*Architettura Svizzera, 10, 1988.*

青年旅馆
Youth Hostel

日内瓦

## 综合楼

圣－克劳提德路 18 号／卡尔－沃特大街 29 号

1984 ～ 1988

尚特尔 · 斯卡勒以及 C · 卡施恩，F · 弗萨特和 T · 毕卡特

这栋综合楼包括有停车场、底层商店、办公室以及各种户型的公寓等多种功能空间。建筑采用传统的转角处理手法，设计强调建筑的塑性效果和功能关系。遮阳处理使公寓不受温室效应的影响，同时也起到了隔声的作用（节能处理也是这栋建筑设计的一大特色）。建筑师在南立面上两个刻意设计的传统住宅立面，是为了保留当初由于建造这栋大楼而拆掉的 19 世纪老楼的记忆。

*Architettura Svizzera, 7-8, 1988; Guide to Swiss Architecture 1920-1995, vol.3, 437, p.176.*

日尼瓦

## 警察总部大楼

格拉弗瑞路／阿尔维湖滨路

1985 ～ 1993

卡洛 · 斯特芬，安德鲁 · 格尔菲，雅克斯 · 伯格和雅克斯 · 布格纳

警察总部大楼的设计来自 1985 年设计竞赛的中标方案，平面为篦子形，铺满整个用地。官方建筑的形象通过纪念性的体量和大型的金属结构得以加强，作为室内通道的玻璃廊，打破了立面的单调。其他值得关注的建筑还有蒙特布瑞拉德办公楼（蒙特布瑞拉德路／ 法国大道，卡洛 · 斯特芬、安德鲁 · 格尔菲、雅克斯 · 伯格、乌尔斯 · 舒密与迈克尔 · 胡尔特克斯合作设计，1988 ～ 1994）。

日内瓦

## 建筑组群

库勒夫林奈尔路 19 号

1986 ～ 1989

奥里弗 · 阿尚姆巴尔特，弗兰克斯 · 巴萨特，恩瑞克 · 普拉提与 P · 马瑞施尔

这个建筑组群的设计包含了在同一个街区的两项内容：其一是一座滨水建筑的扩建，主要是用作咖啡馆和音乐厅，其二是沿库勒夫林奈尔路的商住楼。建筑组群的平面设计利用过渡空间与已有建筑在二层形成流畅的水平联系，两项设计在立面处理上尊重相邻建筑肌理的连续性。由于两项设计所处周边环境不同，一边是隆尼发电机厂的工业建筑特征，另一边是 20 世纪 60 年代经过改建的街道，因而建筑的处理也不尽相同。

除此之外，这几位建筑师还设计了奥科特瑞广场（卡罗施，1985 ～ 1989）。

*Architettura Svizzera, 9, 1991.*

综合楼
Mixed-Use Building

警察总部大楼
Hôtel de Police

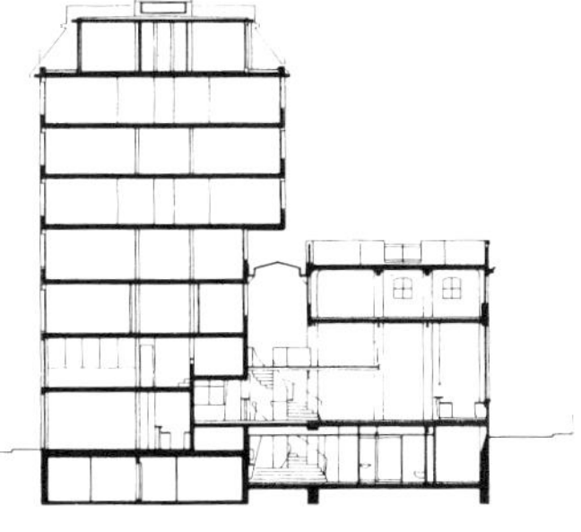

建筑组群，外观和剖面
Multi-Use Complex, view and section

日内瓦

## 阿姆－斯特姆－格兰姆剧院

弗朗特纳克斯路 56 号

1987 ~ 1992

彼得·伯克林和弗雷德里克·皮特罗维克以及 R·法布拉，N·马埃德和 B·鲍舍尔

阿姆－斯特姆－格兰姆剧院的建设为了保护地方特色多样性的城市环境，并使它所处的公园更加完整，因而大部分的建筑体量建在了地下。建筑师充分认识到了剧院的特殊需求，特别设计了具有意大利风格特征的 325 座观众厅和一个活动舞台，主入口与主休息厅由通道连接。通道上方为玻璃顶采光，从光线充足的通道到完全黑暗的观众厅，空间流动过程由光线的变化体现出来。建筑细部的处理和材料的选择都非常精致，体现出建筑师精致的设计敏感性。

*Ingénieurs et Architectes Suisses, 26, 1992; Werk, 12, 1992; Docu Bulletin, 2, 1993; Habitation, 2, 1993; Guide to Swiss Architecture 1920-1995, vol.3, 439, p.177.*

日内瓦

## 普雷－皮科特学校建筑群

弗兰克－托马斯路 31 号 / 弗朗特纳克斯街角

1987 ~ 1993

弗斯特奥·阿姆布鲁斯特，劳伦特·施诺与皮埃尔·杰奎尔以及 M·洛赖特，Y·雅科特，Y·科勒，A·伯希尔，N·普拉德旺德和 P·阿姆布鲁斯特

普雷－皮科特学校的设计着眼于将学校视为儿童早期交往的场所，这个场所的概念既包括儿童周边的物质环境，也包括空间环境。学校的空间设计开敞，教室与户外活动

阿姆－斯特姆－格兰姆剧院
Am Stram Gram Theater

空间联系紧密；三栋建筑沿一条绿树掩映的林荫道布置。整个校园连接了两种类型的空间区域：一边是城市化区域，一边是乡村。像一般的学校建筑一样，普雷－皮科特学校中也设置了多种多样的设施，诸如体育馆、食堂、运动场以及娱乐空间等。它们之间相互联系，并成为当地一个新的公共活动中心。

*Bâtir une école.Groupe scolaire de Pré-Picot, Geneva-Cologny 1993; Archithese, 4, 1993; Faces, 29, 1993; Guide to Swiss Architecture 1920-1995, vol.3, 440, p.178.*

日内瓦

## BBL 银行（布鲁塞尔兰伯特银行）

弗朗特纳克斯路

1987 ~ 1996

马里奥 · 博塔

由于建设用地三面敞开，用地尺寸特殊，一定程度上影响了建筑的体量特征。BBL 银行大楼的设计准确地反映了城市环境的特征，有效地组织了内部使用空间，同时注重了立面处理的多样性。银行大楼有一个非常大的中庭，立面上表现为顶部的玻璃拱廊和正立面上一条竖向的开口，中庭的空间处理为各层不同的功能分区之间建立了流动的视觉联系（1987 ~ 1996）。

还可以参见博塔的自用住宅（库洛尼，鲁斯路 8 号，1989 ~ 1993）。

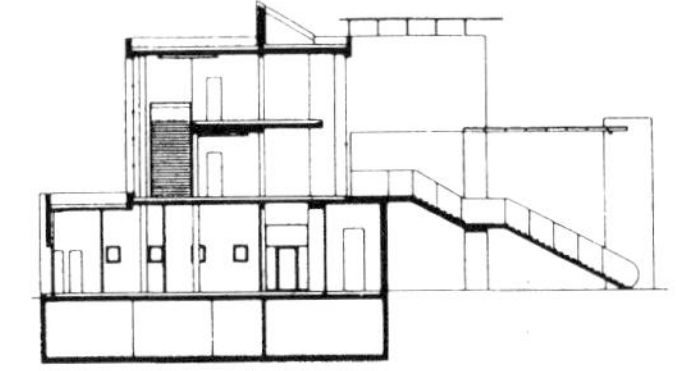

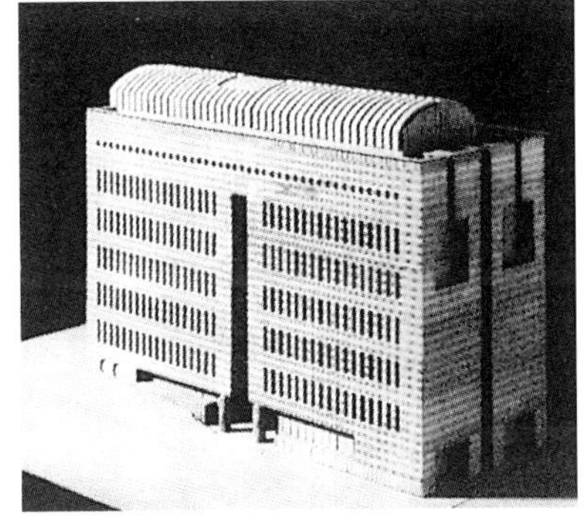

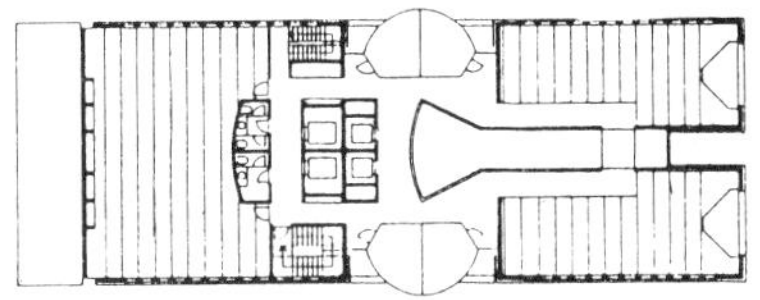

普雷－皮科特学校建筑群，外观及剖面

Pre-Picot School Complex, view and section

BBL 银行（布鲁塞尔兰伯特银行），外观和底层平面

Bruxelles Lambert Bank, model view and floor plan

日内瓦

## 综合楼

弗兰克－托马斯路 80 号

1988 ~ 1991

珍 · 玛瑞亚 · 邦德拉兹

设计中，由于优先考虑功能需要，很容易形成一些边角空间，而建筑师在这组建筑的设计中试图消除这种边角空间。开敞的角部阳台和温室，使阳光能进入到建筑的核心部分。这里有成组的空间和统一的空间尺度以及不同类型的建筑空间，设计师着力为住户创造一些公共活动和交往的空间。距这栋建筑不远，还有一栋邦德拉兹设计的建筑（阿尔皮斯广场 2–4 号，1982 ~ 1989）。

日内瓦

## 乌尼－迈尔大楼

卡尔－沃特大街 102 号 / 封特－阿尔维大街

1988 ~ 1992

ACAU（G · 卡特拉尼与 G · 托涅尔）

室内：马克思 · 比尔，朱尔格 · 伯伦，阿尔弗雷多 · 莫蒙哈勒，吉利斯 · 佩洛特和菲利普 · 斯帕尼

这栋大楼是日内瓦大学扩建的一期工程。根据城市总体规划，整个扩建工程就是在市中心建造社会科学系馆。建筑师用一条全玻璃覆盖的室内通道，连接入口和阿尔维河岸边的公共花园。这条通道构成

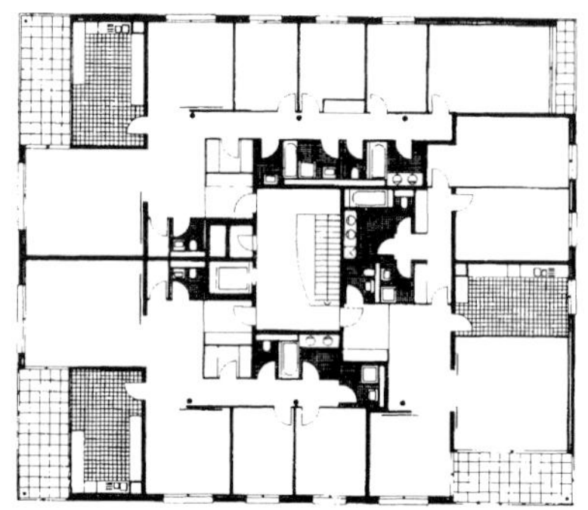

综合楼，外观和底层平面

Mixed-Use Building, view and floor plan

乌尼－迈尔大楼，外观

Uni Mail Building, view

了建筑的轴线，控制着整个空间布局。乌尼－迈尔大楼的用地为矩形，建筑围绕四个内庭院展开，每座建筑具有不同的功能，诸如图书馆、报告厅、多功能厅和食堂等。建筑立面的处理通过尺度、窗户的划分、材料的处理等多方面与周围19世纪的城市环境相和谐。设计中非常关键的一点是对于自然采光的应用，通过采光赋予不同大小和不同功能的室内空间以不同的空间特色。中央的室内广场中陈列着比尔、伯伦、莫蒙哈勒、佩洛特和斯帕尼工作组的艺术作品，建筑空间的艺术品位也因此得以加强。

日内瓦

## 学生公寓

托大街1号／米赫里－都－克莱斯特路，普兰帕拉斯

1988～1993

帕特里克·德维赫瑞和伊尼斯·拉姆尼尔以及I. 沙洛拉斯

这栋学生公寓中有19套房间，大小从2间到5间不等，公寓里的设施非常像普通的居民住宅。建筑的空间和构造逻辑清晰，建筑体量清晰，理性地运用现代建筑语汇，回应了建造与环境协调的建筑体量和材料的挑战。

*Techniques et Architecture, 380, 1988; Baumeister, 1, 1990; Archithese, 4, 1993; Guide to Swiss Architecture 1920-1995, vol.3, 441, p.178.*

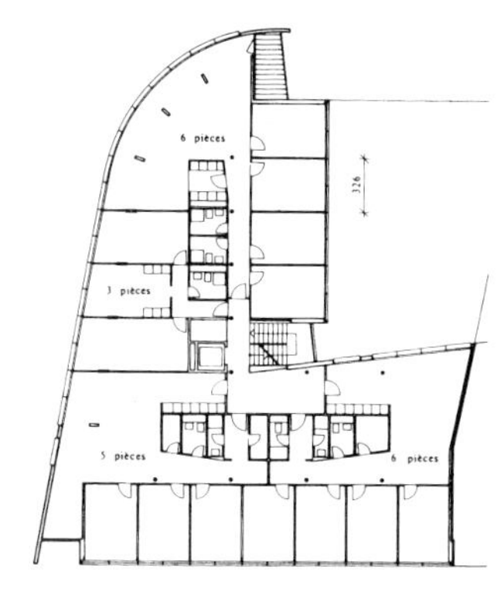


乌尼－迈尔大楼，室内

Uni Mail Building, interior view

学生公寓，外观和底层平面

Student Residence, view and floor plan

兰希

## 索维公园景观设计

1980 ~ 1985

库尔·巴德路/塞梅利斯路

乔治斯·德斯堪比斯以及A·里弗利，W·维博尔和J·吉伯特

索维公园的游览路线实际上是一个步行小路的网络，旅游者可以通过这些小路到达各自独立的景观当中，去寻找当地历史的痕迹，比如一座似非而是的人行隧道桥、一款藤架、一处长长的喷泉、一座金属和玻璃顶的亭子、一片沙坑、一个小的露天剧院等等。在设计游览路线时设计师尽量避免采用规整的形式和惯用的手法，目的是为了让游人自己去发现场所的精神。多种的材料，诸如预制管、波形瓦以及混凝土砌块等，向人们展示着此地的历史。

*Casabella, 515, 1985; L'architecture d'aujourd'hui, 240, 1985; 262, 1989; Parametro, 141, 1985; Faces, 3, 1986; Georges Descombes. Il territorio transitivo, Rome 1988; Controspazio, 2, 1988; Abitare, 6, 1989; Domus, 706, 1989; Denatured visions.Landscape and Culture in the Twentieth Century, New York 1991; Guide to Swiss Architecture 1920-1995, vol.3, 450, p.183.*

索维公园景观，细部

Parc En Sauvy, details

兰德希

## 乡村庄园住宅

1982～1985年

建筑师集合（密歇尔林·巴萨特，马克·布鲁恩，克劳德·布提和捷克斯·蒙诺德），以及Y梯队(一期)，D·布恩奈尔，A·科尼－波西尼，L·施诺和P·马瑞施尔

这栋住宅由乡村中的一座典型的19世纪日内瓦庄园改建而成。为满足住户的需求，设计将住户与公共空间和服务设施分离开。庄园的外部结构基本未变，只是增加了一些新奇大胆的构件。

*Habitation, 7-8, 1987; Architettura Svizzera, 5, 1988; Ingenieurs et Architectes Suisses, 3, 1988.*

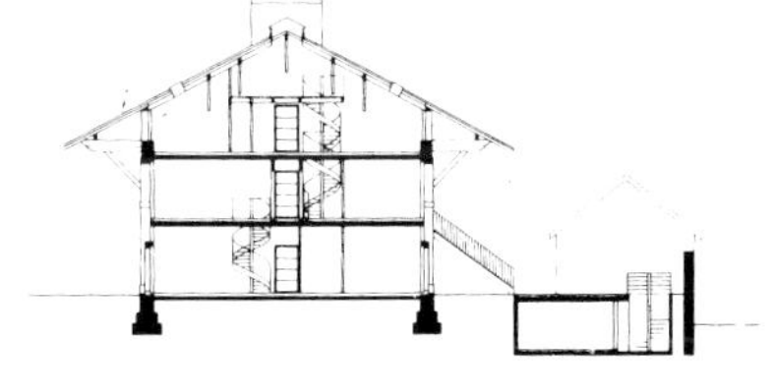

乡村庄园住宅
Country Estate Housing

迈瑞安－萨提尼

## 惠普三号楼

纳恩特－阿维尔路

1982

珍·捷克斯·奥伯森以及珍尼斯·哈斯恩

## 弗蒙尼克办公楼

伯格瑞路 7 号

1985 ~ 1990

珍·捷克斯·奥伯森，劳伦特·施诺，姆瑞斯·库瑞特，迪德尔·朱利梅与 P·科瑞亨布尔，A·伯希尔以及 C·斯尔曼

惠普总部大楼外观相当开敞，沉静的立面与丰富的中庭形成鲜明的对比。而弗蒙尼克制造业办公楼的处理则不尽相同，该建筑用地位于法国边境附近的工业区中。围绕内院的 U 形大楼里设有行政管理中心。建筑布置在试验场的边上，直接对外。除此之外，奥伯森还设计了巴杜克斯客户邮局［与劳伦特·施诺、姆瑞斯·库瑞特以及办公与建设联盟（OCF）合作设计，1986 ~ 1991］。

*Werk, Bauen und Wohnen, 1-2, 1984; 12, 1989; Faces, 13, 1989; 22, 1991; Rivista Tecnica, 3, 1991; Guide to Swiss Architecture 1920-1995, vol.3, 308, p.133; 309, p.134.*

惠普三号楼
Hewlett-Packard III
弗蒙尼克办公楼
Firmenich Offices
巴杜克斯客户邮局
Bardonnex Customs Post

对面页图
帕普林格住宅
House at Puplinge

帕普林格

## 住宅

克里斯蒂安与捷克伯·霍兹克，罗伯特·弗瑞，吉安卡洛·西蒙尼特和弗兰克斯·古恩纳德

1962 ~ 1964

这栋低造价的独户住宅设计采用了与A·拉耶德别墅（沃州的格兰德，1957 ~ 1962）和弗雷别墅（维希纳，赫尔曼斯路39号，1959年）同样的设计原则。太阳能和经济型结构的使用为设计开辟了新的思路，对直观建筑的追求，以及为了体现建筑的本原性，在施工现场，建筑师、工匠和业主一起参与了建造过程。

*Architecture, formes+fonction, 9, 1962-63; L'architecture d'aujourd'hui, 102, 1962; 121, 1965; a+u, architecture and urbanism, 72, 1984.*

维希

## 阿尔维河桥

1936

罗伯特·马里兰

阿尔维河桥是马里兰对钢筋混凝土技术及其结构美学进行探索的结果，它采用中空式三铰拱结构，外形凝重、跨度极大。这座桥被誉为工程师马里兰最优秀的作品之一。

*Moderne Schweizer Architektur 1925-1945, Basel 1947; Faces, 30, 1993-94.*

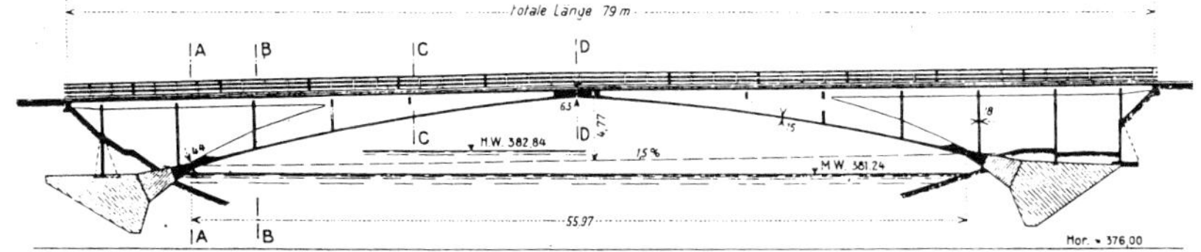


阿尔维河桥，外观和剖面

Bridge over the Arve,view and section

# 瓦莱州

克朗斯－蒙塔纳

## 贝拉－路疗养院

1930～1932

鲁道夫·斯汀格，弗莱拉·施汀格－克劳弗德和阿诺德·伊登

贝拉－路疗养院是1930年间最著名的先锋派建筑之一，疗养院是运用了最新的建筑设计手法的成功范例，其中包括自然采光、功能性以及标准化装修。疗养院受到卡布瑞尔和萨尔维斯伯格设计的类似作品的启发，屋顶设有一间日光浴室，每一间卧室都有南向的阳台，外观具有豪华假日酒店的风格的外观。建筑采用别具一格的混合结构，由金属骨架和混凝土楼面构成。

*Schweizerische Bauzeitung, 96, 1930; Werk, 3, 1933; Moderne Schweizer Architektur 1925-1945, Basel 1947; Parametro, 141, 1985; Archithese, 3, 1991.*

芬霍特

## 沙特拉德水道桥

艾奥－诺尔

1925

罗伯特·马里兰

沙特拉德水道桥外观醒目，是马里兰早期最重要的作品之一，水道桥将水输送到水力发电的巴伯瑞恩水库。该桥跨度达30m，箱

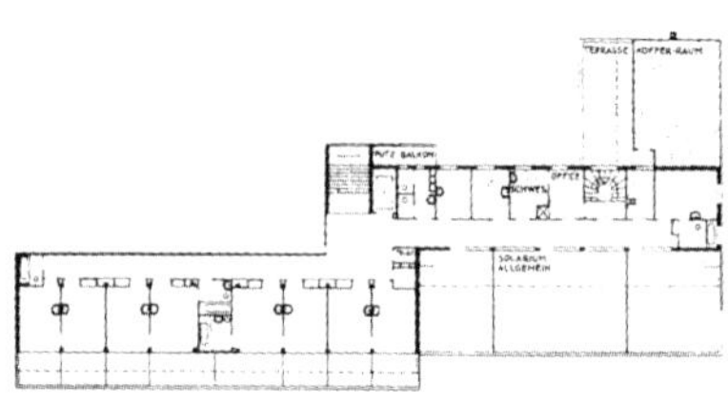

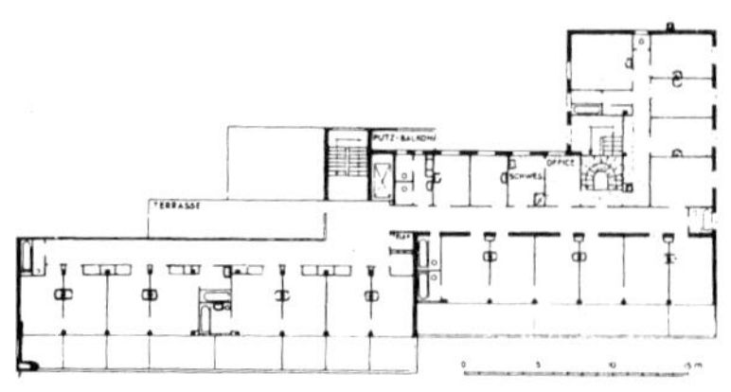

贝拉－路疗养院，外观和底层平面

Bella Lui Sanatorium, floor plans and view

形结构，下面有辅助性的柱子作为支撑，大胆的结构设计给水道桥以轻巧的外观。另外，在瓦莱州阿里克山德 · 萨瑞辛还设计有其他很多工程项目，诸如萨尔温的马里克特泄洪水库（1925 ~ 1926）、斯徒尔登的维格河桥（1928 ~ 1930）以及维尔纳伊斯的特伦特河桥（1931 ~ 1933）。

*Schweizerische Bauzeitung, 10, 1927; Archithese, 3, 1991.*

艾沃特斯

**建筑群**

1989 ~ 1994

克里斯蒂安 · 贝克以及S· 施索和P· 博施特

该建筑群的设计来自1989年的设计竞赛中标方案，建筑空间主要用于娱乐活动、运动设施以及承办各种地方事宜。根据需要，舞台、座位和走廊可以在一处用地上灵活设置，这块用地与广场相连。立面上，清水钢筋混凝土决定了建筑的整体形象。

贝克设计的其他作品还有圣玛丽亚马德林尼教堂（马斯，1983）。

*Cahiers suisses de L'architecture et du design, 5, 1982; Werk, Bauen und Wohnen, 5, 1986; Baumeister, 1, 1990; Faces, 20, 1991; Rivista Tecnica 6, 1992.*

沙特拉德水道桥
Le Châtelard Aqueduct

建筑群
Multipurpose Building

洛尔特尔

## 杜邦理事会圣母教堂

1932 和 1955 ~ 1968

阿尔伯托 · 萨特瑞斯

这座山区小教堂最初建于1932年，当时曾引起公众强烈的抗议。同年，钟塔经过改建，同时由萨特瑞斯负责设计扩建了教堂，最终于1968年落成。教堂主要的改建体现在将入口前移，扩大并升高教堂的中厅，将单坡屋顶改为双坡屋顶，落水管沿支撑屋顶的柱子设置等方面。在柱子表面、半圆形后殿和入口处，都贴有当地特产的花岗石面层，彩色玻璃窗由卡瑞亚 · 普瑞纳设计完成。

*E.Humeau, Légende in La chapelle de Lourtier, Geneva 1932; Le scandale de Lourtier ou la maison de Dieu peut-elle etre moderne? Exposition des pièces du procés, Lausanne 1933; Alberto Sartoris et le Valais, Martigny 1983.*

杜邦理事会圣母教堂，室内与室外

Church of Nôtre-Dame du Bon Conseil, exterior and interior views

马特格尼

## 教区教堂修复

南方广场

1986 ~ 1993

约翰 · 沙伯伊，迈克尔 · 沃拉特，雷蒙德 · 克库兹和雅各斯 · 法瑞威尔以及 J · M · 库尔勒，A · 弗纳德兹和 N · 卡隆

作为城市中最具有历史意义的纪念性建筑物，这座16世纪的教堂多年来经历了数次修复和改建，最近一次的修建力图恢复它的原始

马特格尼教区教堂，剖面

Martigny Parish Church,section

状态，同时赋予教堂一种现代感。修复过程中加了很多精心设计的部分，比如新的走廊、新的礼拜设施以及新的照明系统等。铁被用作表现现代感的主要材料。除此之外，沙伯伊和沃拉特还设计了克瑞登住宅（弗雷，1990～1991）。

*Restauration de l'église paroissiale de Martigny, Martigny 1993.*

蒙特尼

## 克罗哈登剧院

剧院路

1982～1989

让－卢克·葛洛波提，雷沃尔·安德瑞和克瑞斯蒂安·索特兹，R·格伊，斯奈德斯与斯纳尔曼（施工监理）

由于建筑用地面积较小，且位于市中心附近，建筑师采用了集中式的平面设计。剧院中央是两层通高的演出大厅，大厅周边布置了上下两层包间。建筑外观强调了竖向的结构特征，体现出公共建筑的特点；同时又与其他部分取得体量上的均衡，竖向的结构构件像一层外壳一样，包裹着主要的演出空间。

此外，其他值得关注的建筑还有葛洛波提设计的伯瑞特瑞体育中心（侏罗州，1985）。

*Archithese, 3, 1991; Rivista Tecnica, 3, 1991; Guide to Swiss Architecture 1920-1995, vol.3, 526, p.211.*

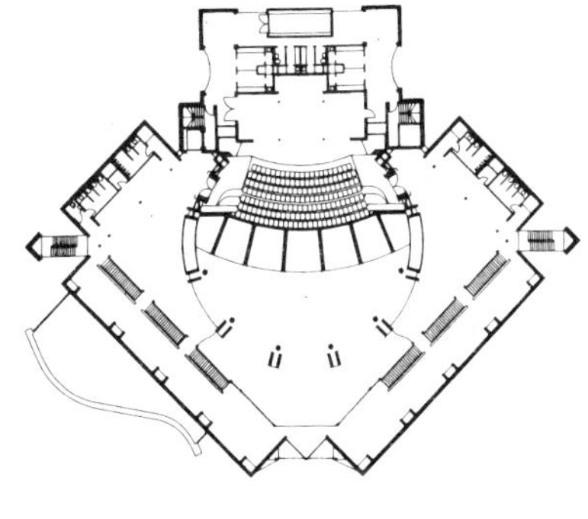

克罗哈登剧院
Crochetan Theater

蒙特尼

## 瑞兹住宅

库伯特路 7 号

1985 ~ 1990

文森特 · 曼格特以及 G · 曼, O · 比纳和 H · 瑞兹

瑞兹住宅在盘山公路拓宽之后建成，住宅的特色主要体现在动静空间的对比上，或者说是金属框架之中的主体空间和背靠挡土墙的服务性空间的对比。住宅基础选择了钢筋混凝土板式基础，设计保持着传统的小建筑尺度。

*Rivista Tecnica, 3, 1991; 11, 1992; Werk, Bauen und Wohnen, 10, 1991; Futurismooggi, 9, 1992; Deutsche Bauzeitschrift, 5, 1993; Guide to Swiss Architecture 1920-1995, vol.3, 527, p.212.*

瑞兹住宅
Ritz House

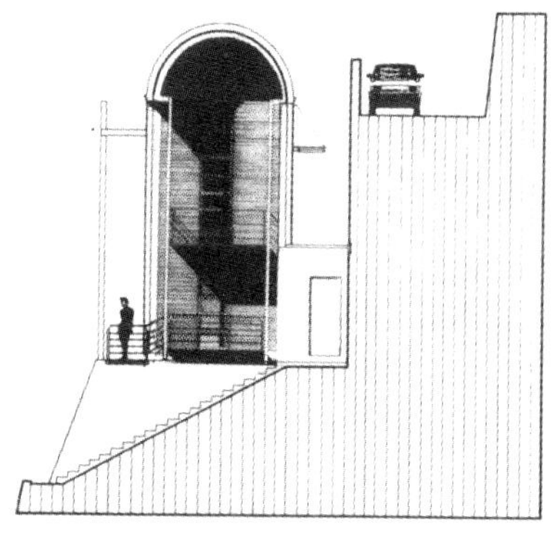

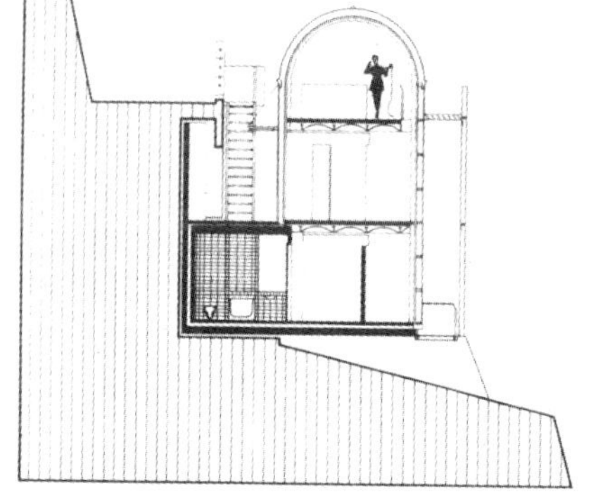

萨尔隆

## 莫兰德－帕斯特尔住宅

1934 ~ 1935

阿尔伯托 · 萨特瑞斯

这座住宅坐落在隆尼峡谷的葡萄园中，是为当地一个农场主设计的。设计采用了萨特瑞斯的典型地中海风格，平屋顶、凉廊和藤架。服务性空间设在半地下，起居室、厨房和车库在一层，两个卧室在二层，可眺望远处的美景。住宅的竖向结构采用钢筋混凝土材料建造，水平向为钢梁，其他建筑材料还有空心砖墙和木制窗框。楼梯表面最初铺有灰色橡胶，内墙用油漆粉刷，外墙为白色灰泥抹面，艾米特格的环形住宅也采用了相同的处理手法。

*Architectural Review, 80, 1936; P.Angeletti(ed), Alberto Sartoris.Un architetto razionalista, Rome 1979; Alberto Sartoris, Lisbon 1980; Alberto Sartoris et le Valais, Martigny 1983.*

莫兰德－帕斯特尔住宅
Morand-Pasteur House

希尔瑞

## 特瑞斯大楼

吉那瑞尔－古森路4号

1984～1991

珍·格拉德·格罗瑞以及M·莫瑞特，M·特伦特曼，A·罗斯提，P·A·马瑟瑞，M·A·阿尔巴希尼，F·格提，A·莫蒙特勒，C·沃舍尔，G·艾维克斯和C·凡尼尼

特瑞斯大楼坐落于一处城市问题突出的关键地段上，整个设计项目还包括一条将车站广场和阿尔卑斯广场连接起来的步行街。阿尔普斯广场中的住宅由迈克尔·苏弗瑞设计（1985），是希尔瑞市中心开发建设的一部分。大楼沿街道布置，完善了现有的街区；并通过一个中央广场与周围高度不同的街道景观相连。广场周边设有多种设施，如商店、办公和住宅等。

格罗瑞还设计了圣卢克斯克车站餐厅（提格诺斯，1985～1987）。

*Baumeister, 1, 1990; Archithese, 3, 1991.*

维斯普

## 邮政文化中心

1984～1992

拿破仑路

艾米利奥·伯尼格，布鲁诺·科勒，艾迪·奎利亚，森德若·卡伯瑞尼，瑞尼特奥·斯徒弗彻，吉安·马里亚·沃尔德以及P·朱利亚特，R·斯徒德，G·布施，J·艾尔汀，H·克森和S·阿纳波蒂

中心的设计源自1984年由维斯普镇议会组织的设计竞赛的中标方案。尽管分期建造，原始设计却一直没有改变。鉴于城市建筑原有的特征，中心采用了复杂的临街立面。整个建筑线性展开，其中有旅行社、餐厅以及保龄球馆等。各个部分相互连接，形成了建筑的沿街立面。剧场和多功能厅的入口门厅及休息厅直接开向广场，西立面上大面积的几何形构图给建筑以公共建筑的外观。北立面由于有一个巨大的黑色钢筋混凝土檐口，使建筑富于一种雕塑感。

*Rivista Tecnica, 9, 1984; 5, 1992; Aktuelle Wettbewerbe, 1, 1985; Architektur+Wettbewerbe, 125, 1986; Archithese, 3, 1991; Schweizer Journal, 1, 1992; Schweizer Holzzeitung, 18, 1992; Guide to Swiss Architecture 1920–1995, vol.3, 546, p.221.*

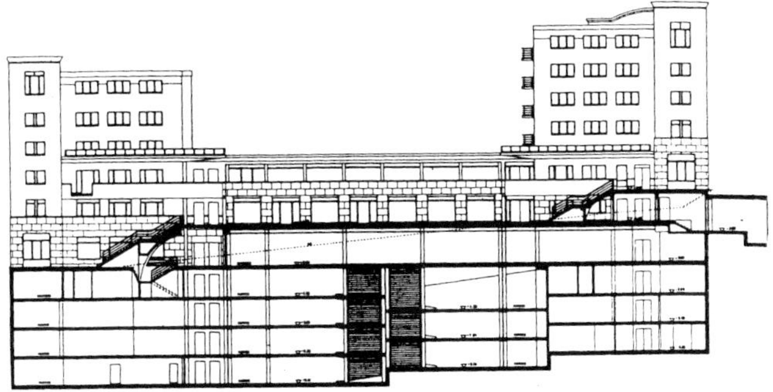

特瑞斯大楼，外观和剖面
La Terrasse, view and section

邮政文化中心
La Poste Cultural Center

# 格劳宾登

彻尔

**圣十字教堂**

马森瑟尔路 161 号

1963 ~ 1969

瓦尔特·弗德尔以及 H·特恩伯尔

弗德尔在设计圣十字教堂时，与几乎同时建造的圣尼古拉斯的教区教堂（瓦莱州，赫瑞蒙斯，1963 ~ 1971）一样，采用了粗野主义的手法，平面设计为有机形态的集中式布局。该教堂不仅用于举行礼拜仪式，还兼顾承办各种社区活动。主要的建筑材料为素混凝土和木材。

*Werk, 12, 1971; R.Gieselmann, Neue Kirchen, Stuttgart 1972; L.Dosch, Die Heiligkreuz-Kirche in Chur, Schweiz, Berne 1989; Guide to Swiss Architecture 1920-1990, vol.1, 306, p.75.*

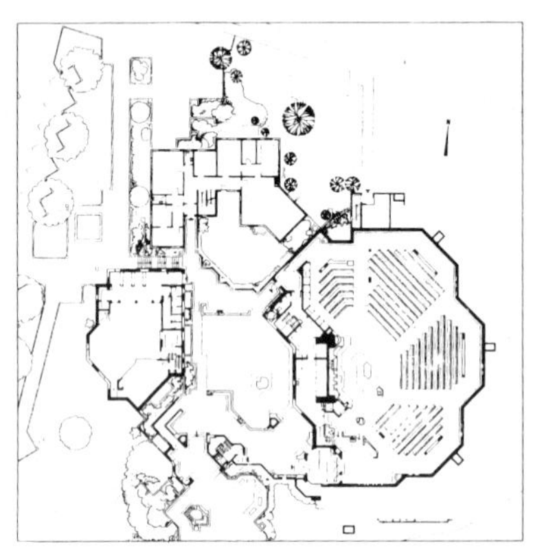

圣十字教堂
Church of the Holy Cross

彻尔

## 女子学校

斯卡拉拉路 17 号

1977 ~ 1983

罗伯特 · 奥伯斯特和合伙人

该学校的设计适应坡地的地形特点，并根据学校建筑的要求，将各种功能空间纳入不同的建筑体量中。一栋用作宿舍、食堂和咖啡馆；一栋用作行政管理，其中有图书馆、报告厅和教室；还有一栋用作体育馆。

这几位建筑师与理查德 · 布罗斯合作，还设计了刚刚完工的 PTT 公共汽车站（彻尔市中心）。

*Werk, Bauen und Wohnen, 3, 1984; 4, 1992; Architettura Svizzera, 63, 1984; P.Disch(ed), L'architettura recente nella Svizzera tedesca 1980-1990, Lugano 1991, p.259; Guide to Swiss Architecture 1920-1990, vol.1, 308, p.76.*

女子学校
Womens' School

彻尔

## 罗马遗迹保护设施

希勒尔伯恩路 17 号，维尔施多弗利

1986

彼得 · 卒姆托以及 R · 莎菲贝尔

## 美术馆更新和扩建

邮政广场，火车站路 35 号

1982 ~ 1990

彼得 · 卡隆德，汉斯 · 佐格 · 鲁斯，彼得 · 卒姆托以及 D · 朱格林

## 老年之家

卡德诺路 69–73 号，马森斯

1990 ~ 1993

彼得 · 卒姆托以及 T · 都瑞施，B · 黑弗利，M · 考特施和 I · 莫尔尼

罗马遗迹保护设施由三个半透明立方体结构组成。这些立方体有着格栅式的围墙，很好地维护着古罗马的遗迹。参观者可以在充满柔和阳光的空间氛围中，顺着铺就的金属步道，行进于引人入胜的考古成果之中。

普朗特别墅的修复设计则来自设计竞赛的中标方案，这栋别墅同时兼作艺术博物馆收藏重要藏品的地方，设计要求与附近的自然博物馆连成一体。为满足这一点，建筑师用一座玻璃桥将两栋建筑连接起来。扩建部分侧面还设有一处平台，直接融入到外界环境之中，设计灵感来自日本的园林建筑，平台用作休息和酒吧。新落成的老人之家结

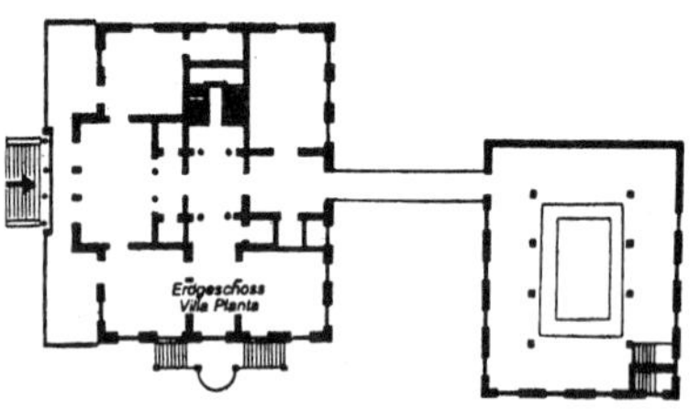

罗马遗迹保护设施

Protective Structures for Roman Ruins

美术馆更新和扩建，外观和底层平面

Museum of Fine Arts Extension, view and floor plan

老年之家

Home for the Elderly

构简洁明确，使用了手工处理的建筑材料，如素混凝土、多孔凝灰岩、落叶松木等，设计还特别注重材料表面的肌理效果。除此之外，附近还有卒姆托设计的夏瓦尔登学校扩建工程（1979 ~ 1983）。

*Archithese, 2, 1984; 2, 1985; Werk, Bauen und Wohnen, 10, 1987; 11, 1993; Detail, 5, 1988; P.Disch(ed), L'architettura recente nella Svizzera tedesca 1980-1990, Lugano 1991, p.262 f.; du, 5, 1992; Construction, Intention, Detail.Five Projects from Five Swiss Architects, London-Zurich 1994; Domus, 760, 1994; Guide to Swiss Architecture 1920-1990, vol.I, 309, p.77; K.Gantenbein and J.Lienhart, 30 Bauten in Graubünden, Zurich 1996, p.30 f.and 36 f.*

达沃斯

## 前雷格纳－阿利桑德拉疗养院（现图尔高－沙夫豪森疗养院）

格鲁姆街 18-20 号，达沃斯广场

1906 ~ 1909 和 1925 ~ 1949

奥托 · 普菲哈德，马克思 · 黑夫利，罗伯特 · 马里兰，鲁道夫 · 卡伯瑞尔

这所肺结核疗养院所处的位置被托马斯 · 曼的小说誉为拥有“神奇空气”的山区，疗养院经过多次扩建和翻新。建筑最初由普菲哈德和黑夫利设计，罗伯特 · 马里兰担任技术顾问。1911 年，在当时最新治疗方法的影响下，又增加了对称的一翼，将建筑分成了三部分。鲁道夫 · 卡伯瑞尔负责其后的多次改建和扩建工作，1934 年，他又为疗养院设计了医生宿舍。

*S.Giedion, Space, Time and Architecture, the Development of a New Tradition, Cambridge Mass.1941; INSA.Inventario Svizzero di Architettura 1850-1920, vol. III , Berne 1982; S.von Moos, Estetica industriale, Disentis 1992.*

阿利桑德拉女王疗养院
Queen Alexandra Sanatorium

医生宿舍
Doctors' Residences

达沃斯－卡瓦德尔

## 苏彻尔－黑斯塔特高山疗养院

卡拉瓦德尔路 681 号

1930 ~ 1932

鲁道夫·卡伯瑞尔

卡伯瑞尔在诊所设计的成功经验基础上，完成了这所高山疗养院的设计。设计中，建筑直观地表达出治疗过程，按照当时的医疗卫生理论，卫生规范是影响建筑形态的基本因素。结合结核病的治疗法，卡伯瑞尔设计了南向的阳台，以使每个房间获得最佳的日照效果。设计尊重卫生原则，室内转角全部设计成圆角，采用光滑的表面，并涂上可擦洗的材料，房间内放置简单的家具。这个以卫生规范为原则的新建筑最突出的特征是采用了带扫雪系统的平屋顶（平屋顶于 19 世纪末在格劳宾登得到普及）。1926 年之后，新建筑的先驱们在反对坡屋顶的斗争中对扫雪系统这项技术作了进一步改进。

*INSA.Inventario Svizzero di Architettura 1850-1920, vol. III , Berne 1982; Docu Bulletin, 12, 1985; Hochparterre, 4, 1990; S.von Moos, Estetica industriale, Disentis 1992; K.Gantenbein and J.Lienhart, 30 Bauten in Graubünden, Zurich 1996, p.18 f.; Guide to Swiss Architecture 1920-1990, vol.1, 311, p.78.*

达沃斯

## 服务性车站

火车站街 11 号，达沃斯村

1927 ~ 1928

## 火车站

Tal 街 4 号，达沃斯广场

1949

鲁道夫·卡伯瑞尔

由于健康原因，鲁道夫·卡伯瑞尔早在 1940 年就移居达沃斯。1940 ~ 1952 年，卡伯瑞尔一直在达沃斯从事着紧张繁忙的建筑创作活动。他主要的设计作品有，布克哈特住宅（1926 ~ 1927 年，1978 年拆除）。该住宅采用了非常简朴的设计语言，具体表现在立方体量、平屋顶以及简洁的细部几个方面。同一年，卡伯瑞尔还设计了服务性车站的“多尔夫”车库。

卡伯瑞尔设计的其他值得关注的作品还有两坡屋顶的达沃斯－弗劳恩科克学校（1936），达沃斯中心火车站以及彻尔州立医院（罗伊街 170 号，与弗雷德·G·布鲁恩合作设计，1938 ~ 1941）。在达沃斯中心车站的设计中，卡伯瑞尔采用了与疗养院同样的设计语汇。

除此之外，卡伯瑞尔还与弗雷德·G·布鲁恩合作设计了彻尔州立医院（罗伊街，170 号，1938 ~ 1941）。

*Werk, 1, 1936; 2, 1938; INSA.Inventario Svizzero di Architettura 1850-1920, vol. III , Berne 1982; Docu Bulletin, 12, 1985; Guide to Swiss Architecture 1920-1990, vol.1, 311, p.78f.*

苏彻尔－黑斯塔特高山疗养院
Zürcher Heilstätte Alpine Sanatorium

服务性车站
Dorf-Garage

达沃斯火车站
Davos Railway Station

达沃斯

## 会议厅和运动中心

普罗蒙德路 92 号

1959 ~ 1990

恩斯特 · 吉泽以及 C · 斯维菲尔

运动中心采用了有机的设计方案，使用空间向周围的景观敞开，中心设有室内游泳池、室外浴场和餐厅。一条螺旋形的通道将各休息厅和会议厅连接起来，通道的天窗形成了波浪形顶棚。室外采用贴在钢筋混凝土结构表面的木材饰面。

*Werk, 7, 1962; 9, 1966; 1, 1971; J.Bachmann and S.von Moos, New Directions in Swiss Architecture, New York 1969; Guide to Swiss Architecture 1920-1990, vol.1, 312, p.80.*

达沃斯

## 科尔施纳博物馆

恩斯特 - 科施纳广场 1 号

1989 ~ 1992

安内特 · 吉根和迈克 · 古耶以及 U · 施耐德，J · 布兰德

两位年轻的苏黎世建筑师在他们设计的第一个重要作品——科施纳博物馆中，探索了作为容器的建筑与艺术品之间的关系。这座博物馆的设计考虑了特殊的要求，比如展厅采用白色墙面、橡木地板以及精心地过滤自然光线的玻璃顶。博物馆由四个高大的半透明立方体构成，立方体的外墙面采用不同种类的玻璃。这种做法是对 19 世纪大

会议厅和运动中心
Conference Hall and Sports Center

型展厅模式的一个重要突破。

除此之外，这几位建筑师还设计了维尼克斯餐厅（普罗蒙德路，119 号）和达沃斯体育中心。

*Faces, 19, 1991; 26, 1992-93; Bauwelt, 12, 1992; Hochparterre, 12, 1992; Werk, Bauen und Wohnen, 12, 1992; 1-2, 1993; AMC.Architecture-Mouvement-Continuité, 38, 1993; Domus, 748, 1993; Rivista Tecnica, 5, 1993; Skala, 29, 1993; Techniques & Architecture, 408, 1993; I.Flagge(ed), Kirchner Museum Davos, Berlin 1994; K.Gantenbein and J.Lienhart, 30 Bauten in Graubünden, Zurich 1996, p.68-71.*

吉奥瓦

## 法蒂玛圣母礼拜堂

桑－维特罗

1986 ~ 1988

马里奥·坎普和弗兰克·佩森纳

礼拜堂采用集中式平面和垂直式体量，这既反映出教堂建筑的共性特征，也符合用地的特点。主要的建筑体量为穹顶和塔楼，塔楼类似于灯塔的变形，其构思和寓意均来自象牙塔。

*Domus, 703, 1989; Rivista Tecnica, 3, 1989; 10, 1992; Kunst und Kirche, 1, 1990; Baumeister, 12, 1991; Häuser, 4, 1993; K.Gantenbein and J.Lienhart, 30 Bauten in Graubünden, Zurich 1996, p.92 f.*

科尔施纳博物馆，外观及室内景

Kirchner Museum, view and interior

法蒂玛圣母礼拜堂

Chapel of Our Lady of Fatima

哈登斯汀

## 半联立式住宅

宝路路 18 号

1982 ~ 1983

彼德 · 卒姆托

卒姆托工作室

苏斯商店街 20 号

1985 ~ 1986

彼德 · 卒姆托与 J · 康斯特

这两栋半联立式住宅的平面组织体现着传统的设计特点，比如对称的布局和庭院的设置。而建筑师的工作室，尽管与村中的其他住宅外观相近，但却更像一个精雕细琢的木头盒子。工作室的设计非常精心，但却似乎没有一个构件表达出它的功能。卒姆托设计的其他引人注目的作品还有马里克斯多功能中心（帕佐马，1981 ~ 1986）和非常著名的瓦尔斯温泉。

*Archithese, 5, 1985; 6, 1986; Detail, 5, 1988; Docu Bulletin, 1, 1988; P.Disch(ed), L'architettura recente nella Svizzera tedesca 1980-1990, Lugano 1991, p.261; du, 5, 1992; Guide to Swiss Architecture 1920-1990, vol.1, 316, p.81.*

库布利斯

## 发电站

布德迈

1921 ~ 1922

尼古拉斯 · 哈特曼

这所发电站是当地的第一个大

半联立式住宅
Semidetached Houses

卒姆托工作室
Atelier Zumthor

型水力发电站，电站的方案源自竞赛的中标方案，由尼古拉斯 · 哈特曼设计，他是伟大的传统建筑革新家特多尔 · 菲舍尔的弟子。该建筑既满足了水电站技术革新的功能要求，又创造了适中、美观、带有地方特色的建筑形式。这项设计证明了借鉴建筑的传统和类型是一种很好的解决问题的方法。

哈特曼设计的博施亚奥火车站(1923)，也采用了同样的设计风格。

*Werk, 6, 1925; Schweizerische Bauzeitung, 92, 1928; 94, 1929; C.Clavout and J.Ragettli, Die Kraftwerkbauten im Kanton Graubünden, Chur 1991; Guide to Swiss Architecture 1920-1990, vol.1, 318, p.84.*

彭特斯纳

## 考斯高山避难所

拉斯－普拉塔斯

1964 和 1982

捷克伯 · 埃斯琛莫泽尔

考斯高山避难所(1982 年扩建)位于海拔 2610 m 的高山上，为穿越伯尔尼那关口的登山者提供休息和住宿。避难所包括一个较大的多边形体量和一个附属性的建筑体量，都采用石材建造，立面上一条彩色石棉水泥板上开设了窗户。

埃斯琛莫泽尔还设计了伯尔托高山避难所（瓦莱州，阿洛拉）。

*R.Obrist, S.Semadeni and D.Giovanoli (eds), Construir-Bauen-Costruire, 1830-1980, Zurich-Berne 1986; Guide to Swiss Architecture 1920-1990, vol.1, 323, p.87.*

发电站
Power Station

考斯高山避难所
Coaz Alpine Refuge

圣莫利兹

**住宅和工作室**

阿若恩路 10 号

1970 ~ 1972

罗伯特 · 奥伯斯特及合伙人

在这栋钢筋混凝土结构的建筑中，包含了建筑师自己的住宅和工作室，以及 10 套出租公寓，建筑采用了与周围传统建筑完全不同的风格。而建筑对于周边环境的适应性体现在与所处坡地相适应的台阶状塑性造型。

奥伯斯特与其合伙人设计的另外一栋同样朴素、尺度适宜的建筑是恩特瓦兹学校（胡尔路 240 号，1983 ~ 1985）。

*R.Obrist, S.Semadeni and D.Giovanoli(ed), Construir-Bauen-Costruire, 1830-1980, Zurich-Berne 1986; Guide to Swiss Architecture 1920-1990, vol.1, 326, p.87.*

施尔斯

**苏格纳布尔大桥**

达沃斯以北 30 公里，28 号公路

施尔斯 – 舒德尔

1929 ~ 1930

罗伯特 · 马里兰

**苏格斯特大桥**

兰德瓦特河上

1991 ~ 1992

沃尔特 · 彼勒以及 R · 森德尔 · 斯顾尔

**郎洛桥**

普拉德尔 – 斯顾尔路上

1990

沃尔特 · 彼勒

20 世纪瑞士工程建设方面取得了许多成就，比如在巩固传统桥梁建造方法的基础上，积极探索新的结构形式。

住宅和工作室
Housing and Studio

苏格纳布尔大桥
Salginatobel Bridge
苏格斯特大桥
Sagastäg Bridge

在罗伯特·马里兰留下的作品中，苏格纳布尔桥是最优秀的一个。它富有特色的中空、拱形结构展现了极其纯净、清晰和优美的形式，桥的跨度达到90m。在这之前，马里兰曾设计了沃尔特施尔桥（多纳赫，桑－伯纳特峡谷，多纳赫，1925）。

沃尔特·彼勒非常娴熟地借鉴了马里兰的方法，但他采用截面更小的新型结构形式，并进一步研究木结构的应用。彼勒后来设计了多斯特布尔桥（克洛斯特斯，1992）。

苏维特／苏韦克斯

## 桑－伯纳特礼拜堂

桑－伯纳特

1987 ~ 1988

彼得和安娜丽萨·卒姆托以及R·莎菲贝尔

隐藏于索尔斯瓦山中的这座木质小教堂，外貌优雅，平面好似一片树叶。设计构思起始于一条双扭线，也就是一条形状像“8”的四次方函数曲线，将这条曲线按比例缩短，就决定了结构剖面的大小。教堂外墙围合了一个富有活力的室内空间，这个空间汇聚于平面的重心。这座教堂既是诗意与理性的完美结合，还隐约暗示出当地历史传统中的一些往事和形象。这一切都使得该教堂成为当之无愧的20世纪瑞士建筑的瑰宝。

*Domus, 710, 1989; Werk, Bauen und Wohnen, 4, 1989; Archithese, 6, 1990; du, 5, 1992; P.Disch, L'architettura recente nella Svizzera tedesca, Lugano 1991, p.265; Guide to Swiss Architecture 1920-1990, vol.1, 330, p.91; K.Gantenbein and J.Lienhart, 30 Bauten in Graubünden, Zurich 1996, p.110 f.*

多斯特布尔桥
Drostobel Bridge

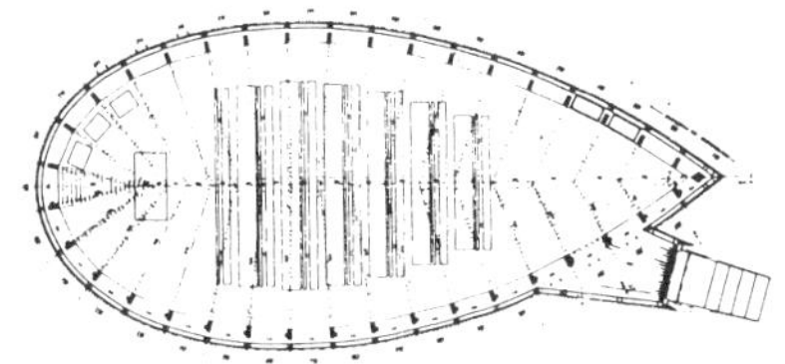

桑－伯纳特礼拜堂，外观和底层平面
Chapel of San Benedetg,view and floor plan

# 提契诺州

阿尔奥罗

## 阿尔奥罗至乔索高速公路隧道

桑·格托德·苏德，麦利德·格朗西亚和伯斯纳·马洛吉亚隧道

1965～1980

雷诺·塔密

雷诺·塔密是提契诺地区公共建设部门的建筑顾问，他曾为高速公路上构筑物设计提出了一系列的指导性原则，诸如应实行统一的设计、相同的材料（钢筋混凝土）、建造反映地方特色的隧道入口等等。雷诺·塔密利用山脚与高速公路相交形成的约30°的自然设计隧道的维护墙与高架桥支墩。同时悬挑的隧道顶部与路面呈60°角，形成具有韵律感的道路景观。

*Werk, 1 and 9 1969; Rivista Tecnica, 6, 1982; Werk, Bauen und Wohnen, 12, 1983; 4, 1986; D.Bachmann and G.Zanetti, Architektur des Aufbegehrens. Bauen im Tessin, Basel 1985; Guide to Swiss Architecture 1920-1995, vol.3, 601, p.230-232; 759, p.305.*

高速公路隧道：麦利德·格朗西亚和伯斯纳·马洛吉亚

Highway Tunnels:
Melide-Grancia,
San Gottardo Sud,
Bissone-Maroggia

阿姆布雷

## 朱瑞住宅

飞机场区

1990～1992

拉菲尔·卡瓦迪尼以及F·特瑞科尼和S·马尔沙瑞

朱瑞住宅建造在用地的边缘，

设计充分考虑到冬季的恶劣气候以及周边环境的影响，住宅周围是一些零星散布的机场建筑。内向紧凑的建筑体量。使落成后的住宅体现出中产阶层的特点，地下层是服务用房和客房，与一层的居住区域明确分开。二层是工作间和两层通高的起居室以及一个宽敞的露台，三层全部布置成卧室。

*Ticino hoy, exhibition catalogue, Madrid 1993; Rivista Tecnica, 1-2, 1993; P.Disch, Architettura recente nel Ticino 1980-1995, Lugano 1996, p.152.*

朱瑞住宅
Juri House

阿瑟格诺

**住宅**

弗雷格瑞路 8 号

1966

马特 · 斯特姆

马特 · 斯特姆通过参与几项重要的设计竞赛，在内战期间与瑞士先锋派建立了密切的联系，他还经常参加现代建筑讨论。但在瑞士，斯特姆只建起了他的一些晚期作品，包括这栋住宅和希尔特封根住宅（伯尔尼州，1969 ~ 1970）。

*Rassegna, 47, 1991.*

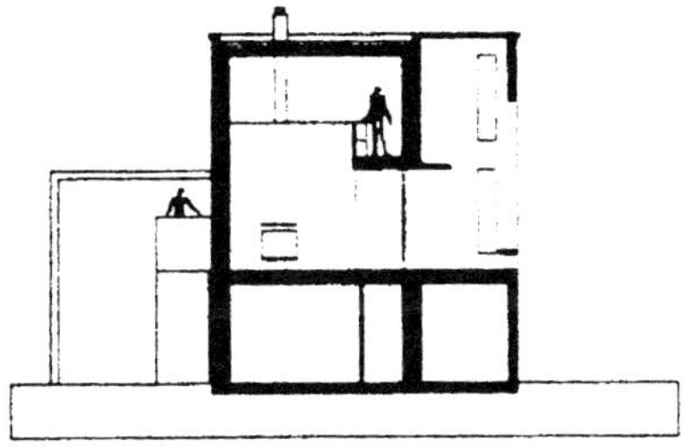

阿瑟格诺住宅，剖面及外观
House at Arcegno, section and view

阿瑟格诺

## 瑞赫提住宅

洛克路

1990 ~ 1991

迈克尔 · 阿诺伯蒂以及 N · 拉莫里奥

瑞赫提住宅地处城市边缘，俯瞰马格沃尔湖和马格蒂诺平原。它包括两户住宅，建筑师依照简单的原则进行设计，建筑主体与坡地垂直。瑞赫提住宅采用两个相互穿插的建筑体量，以形成两户人家的空间，通过几个平台可直接到达各层的入口。这种形式处理也是结构选型的结果，预应力钢筋混凝土形成了大面积无遮挡的室内空间，明显扩大了房间的空间感。

*Ticino hoy, exhibition catalogue, Madrid 1993; Architettura Svizzera, 10, 1993; Rivista Tecnica, 1-2, 1993; Guide to Swiss Architecture 1920-1995, vol.3, 604, p.235; P.Disch, Architettura recente nel Ticino 1980-1995, Lugano 1996, p.148.*

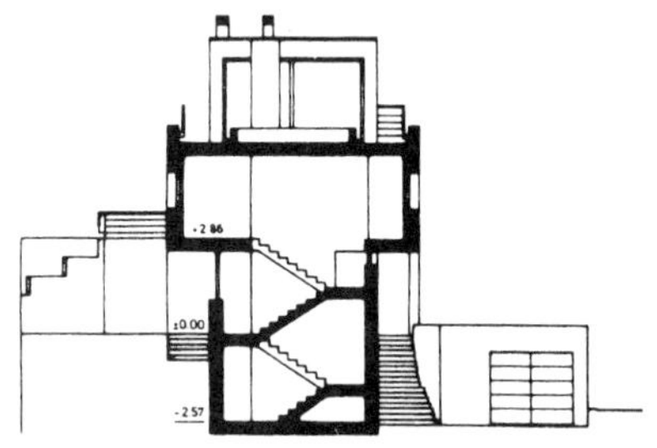


瑞赫提住宅，外观和剖面
Righetti House view and section

阿若索

## 马吉住宅

1980 ~ 1982

马里奥 · 坎普和弗兰克 · 佩森纳

马吉住宅的体量为长方形，背靠山坡而建，俯瞰着整个村庄。住宅厚重的外表与乡村教堂相互呼应，使教堂成为真正意义上的“居住的寺庙”。石材贴面的正立面与后部的粉刷墙面在材质上形成反

马吉住宅
Maggi House

差，突然断裂的檐口处理加强了这种对比。住宅为两层，设有各种用途的房间以及纵向的交通空间。

*a+u, architecture and urbanism, 11, 1982; Progressive Architecture, 7, 1982; Rivista Tecnica, 2, 1982; Werk, 12, 1982; du, 8, 1986; Werk, Bauen und Wohnen, 6, 1986; Lotus international, 63, 1989.*

阿尔佐

## 工作室住宅

罗奇

1987 ~ 1989

*罗尼 · 鲁德纳*

鲁德纳的设计生涯开始于施特姆住宅（弗里堡州的维拉斯－苏尔－戈兰尼，菲尼特路，1978），经过大约十年的发展变化，他才通过自用住宅兼工作室的设计，提出了设计原则的宣言。明确、果断的布局突出了建筑与自然环境的对比，也是他设计的主导性原则。工作室后部布置着住宅，保护其不受城市的影响，屋顶花园被当作过渡的元素。起居室朝南，面向沃瑞索特山，建筑的北墙是一面完全封闭的抛物线形墙体。室内两层通高的起居室成为所有活动的中心。除此之外，鲁德纳还设计了一处多功能建筑群（瓦莱州，马提格尼，曼诺尔广场，1993）。

*Rivista Tecnica, 5, 1991; Abitare, 313, 1992; Architettura Svizzera, 102, 1992; Ticino hoy, exhibition catalogue, Madrid 1993; P.Disch, Architettura recente nel Ticino 1980-1995, Lugano 1996, p.102.*

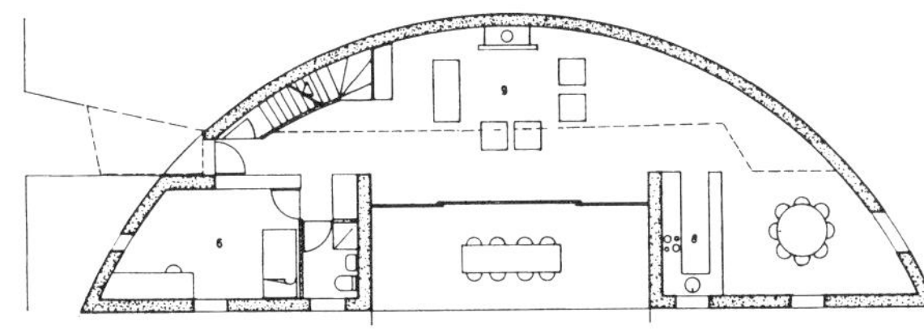

工作室住宅
Studio House

阿斯科纳

**沃瑞塔山旅馆**

1927 ~ 1928

沃瑞塔山区

埃米尔 · 菲伦康普

更新和扩建

1970 和 1992

利维奥 · 法奇尼以及迈 · 瓦内提和 M · 格科马兹

沃瑞塔山区旅馆是欧洲知识分子最喜爱的去处，沃瑞塔山见证了20世纪文化的很多方面。无政府主义者、泛神论者、生活改革家、社会民主人士、工会会员、艺术家、心理分析学家等都把阿斯科纳的山区作为实现自己特别理想的去处，甚至把这里当作一个可以尝试不同生活方式的尘世天堂。这个神秘和使人警醒的地方是城市的另一面，是为了消除工业化带来的矛盾和“回归自然”神话的象征。这个由黑德特男爵委托设计的旅馆证实理性主义已经出现在提契诺地区。在建议的参观路线中，还包括阿纳塔住宅、希尔马住宅和“保佑灵魂的清静世界”构成的旅游博物馆。

*E.Keller(ed), Ascona Bau-Buch, Zürich 1934; Rivista Tecnica, 12, 1972; 10, 1988; Monte Verità, Milan 1978; Guide to Swiss Architecture 1920-1995, vol.3, 605, p.236.*

阿斯科纳

**桑 – 马特诺剧院**

桑 – 马特诺路 3 号

1928

卡尔 · 维德迈耶

这座剧院位于沃瑞塔山区，是为夏洛特 · 芭拉舞蹈学院设计的，设计体现了德国建筑师在阿斯科纳聚居 – 殖民区展示的新建筑设计原则。剧院的设计构思为数个跌落的立方体组合，它们与一个半圆形体量相接，屋顶平台可供室外活动之用。建筑的曲线与阳台的设计互相呼应。180 座的观众厅分为三段，可适用于不同种类的演出。由于维护不当，因此该建筑急需修护。

*Moderne Bauformen, 1930, 7; E.Keller(ed), Ascona Bau-Buch, Zürich 1934; Rivista Tecnica, 12, 1972; 10, 1988; Monte Verità, Milan 1978; Werk, Bauen und Wohnen, 5, 1984; Guide to Swiss Architecture 1920-1995, vol.3, 606, p.236.*

沃瑞塔山旅馆，外观
Albergo Monte Verità,views

桑－马特诺剧院，外观
San Materno Theater, views

阿斯科纳

**托特施住宅**

行政区路，罗克

1931

**奥芬海默住宅**

小山路 73 号

1934 ～ 1936

卡尔 · 维德迈耶

托特施住宅建造在一处陡峭的山坡上，从其充满动感的露台和阳台上可以俯瞰湖面。天然的石基础把它和邻近的哈恩住宅（维德迈耶设计，建于1929～1931年，现已重建）连接起来。奥芬海默住宅的特点是平屋顶和圆滑的体量，它现在仍保持着最初设计的样子。其他值得关注的建筑还有科菲尔住宅（艾米利奥 · 鲁德维希路，密歇尔 · 布鲁尔与H · 贝克哈特，R · 弗兰克以及R · 迈耶合作设计）。

*Moderne Bauformen, 7, 1930; E.Keller(ed), Ascona Bau-Buch, Zürich 1934; B.Moretti, Ville, Milan 1934; Rivista Tecnica, 12, 1972; 10, 1988; P.Disch(ed), 50 anni di architettura in Ticino 1930-1980, Bellinzona-Lugano 1983; Guide to Swiss Architecture 1920-1995, vol.3, 608, p.237.*

阿斯科纳

**徒阿别墅**

圣特埃罗 · 罗克罗路 11 号

1961

里查德 · 纽特拉以及 C · 托波尔和 B · 宏尼格尔

徒阿别墅位于一处非常美丽的公园中，别墅共有两层，地下室是入口、画廊、客房、车库以及服务

托特施住宅
Tutsch House

奥芬海默住宅
Oppenheimer House

用房等，一层起居室有大面积的窗户，朝向马格沃尔湖面。

几年后，纽特拉还设计了伦特施住宅（伯尔尼，奥伯兰德的温更，1963）和布瑟瑞斯住宅（布瑞奥尼斯普拉－米诺西奥，1964～1966）。

*W.Boesiger(ed), Richard Neutra 1961-66. Buildings and Projects, Zurich 1966; P.Disch(ed), 50 anni di architettura in Ticino 1930-1980, Lugano 1983; Manfred Sack, Richard Neutra, Zurich 1992; Guide to Swiss Architecture 1920-1995, vol.3, 609, p.238.*

阿斯科纳

## 阿斯科纳海滨浴场

利多路

1981～1987

利维奥·法奇尼以及迈·瓦内提，迈·托格诺拉，M·安德瑞提和L·安蒂纳

阿斯科纳海滨浴场最显著的特征是两边各开有7个圆形窗户的墙面。设计构思将浴场视为城市和海滨之间的过滤器，它既是一个供人穿越的空间，又是景观中一个显眼的建筑个体，技术上大胆的悬挑和几何造型都表明了这一点，该建筑采用钢筋混凝土结构，外贴石灰石面砖。

*Werk, Bauen und Wohnen, 10, 1985; AMC. Architecture-Mouvement-Continuité, 12, 1986; a+u, architecture and urbanism, 191, 1986; Rivista Tecnica, 3, 1986; 7-8, 1988; Casabella, 544, 1988; F.Werner and S.Schneider, La nuova architettura ticinese: Mario Botta, Aurelio Galfetti, Ivano Gianola, Luigi Snozzi, Livio Vacchini, Milan 1990; Guide to Swiss Architecture 1920-1995, vol.3, 612, p.239; P.Disch, Architettura recente nel Ticino 1980-1995, Lugano 1996, p.101.*

徒阿别墅
Villa Tuia

帕特里西亚海滨浴场
Lido Patriziale

阿斯科纳

## 弗马格利住宅

橡树路

1983 ~ 1984

利维奥·法奇尼以及迈·瓦内提，L·安蒂纳和G·帕波尼

弗马格利住宅位于环境比较凌乱的郊区，比较而言，这是一栋较为外向的建筑。自由布局的平面和空间的流动性通过周边的敞廊和平台体现出来，敞廊和平台体现了建筑既开敞又封闭的性质。别墅有着不对称的体量和富于动感的各种悬挑构件，它们与静态的环境取得了辩证的统一。

*Casabella, 517, 1985; a+u, architecture and urbanism, 191, 1986; du, 8, 1986; Rivista Tecnica, 4, 1986; Werk, Bauen und Wohnen, 6, 1986; F.Werner and S.Schneider, La nuova architettura ticinese:Mario Botta, Aurelio Galfetti, Ivano Gianola, Luigi Snozzi, Livio Vacchini, Milan 1990; Guide to Swiss Architecture 1920-1995, vol.3, 611, p.239; P.Disch, Architettura recente nel Ticino 1980-1995, Lugano 1996, p.73.*

阿斯科纳

## 丹尼尔住宅

罗克

1989 ~ 1991

路吉·斯诺茨以及M·维斯多米尼

丹尼尔住宅坐落在一处陡峭的台地上，俯瞰马格沃尔湖，有两条道路通向住宅。西边公共性的道路一直通向起居层，另一条道路从车

库开始，穿过藤架覆盖的楼梯到达游泳池平台和一个设有客房的开放性空间。这条流线进入住宅底层后继续延伸，上楼后经过柱廊到达起居室外部。住宅的窗户都是根据视线要求设计的，非常耐人寻味。

*du, 11, 1989; Abitare, 293, 1990; Architektur Aktuell, 137, 1990; Casabella, 567, 1990; Rivista Tecnica, 3, 1990; Häuser, 4, 1991; Möbel interior Design, 11, 1991; Raum und Wohnen, 2, 1991; P.Disch, Architettura recente nel Ticino 1980-1995, Lugano 1996, p.115.*

巴勒纳

**手工艺中心**

帕斯格纳路

1977 ~ 1979

马里奥·博塔以及R·卢森格尔

手工艺中心位于一个杂乱的城市区域的外缘，建筑师试图通过中心的设计来改善周围环境。金属骨架的玻璃顶覆盖着中心大厅，将四个巨大的体量连接起来，大厅是整个工作空间的焦点所在。二层布置了办公和管理用房，顶层用作住宿，宽阔的平台将宿舍与其他部分分离开来。在手工艺中心的设计中，建筑师尝试将住宿与工作空间结合在一栋建筑中，从而给日常生活功能赋予新的含义。

博塔在巴勒纳设计的另外一栋建筑是市立体育馆(桑－卡特多路，1976 ~ 1978)。

*Abitare, 184, 1980; Archithese, 1, 1980; GA Document, 2, 1980; Lotus international, 25, 1980; Baumeister, 2, 1982; GA Architect, 3, 1984; Ville and Giardini, 205, 1986; G.Brown-Manrique, The Ticino Guide, New York 1988; Guide to Swiss Architecture 1920-1995, vol.3, 706, p.277.*

手工艺中心
Craft Center

对面页图
弗马格利住宅
Fumagalli House

丹尼尔住宅，外观
Diener House,views

巴勒纳

## 阿纳波蒂住宅

女王路 14 号

1988 ~ 1991

*伊万诺·格诺拉以及 C·弗雷斯尼和 R·格纳兹*

阿纳波蒂住宅的设计源自于体量组织同样紧凑的伯纳斯科尼住宅（巴勒纳，普拉达路 20 号 a，1978）。在伯纳斯科尼住宅的设计中，立面成为建筑与环境之间的中介。而在阿纳波蒂住宅中，则采用长方形的建筑和带有游泳池的侧翼围合出一方庭院；在这里，住宅的空间布局和结构逻辑通过强调实体墙面和弱化敞开部分表现出来，并以此展示建筑的内在功能和外在形式。光影的处理使住宅的形体更加生动，光线透过窗户，显示出各种材料的颜色和质地。其他值得关注的建筑还有格勒纳设计的市立护士学校（巴勒纳，希尔瓦路 1 号，1971 ~ 1974）。

*P.Disch(ed), 50 anni di architettura in Ticino 1930-1980, Lugano 1983; a+u, architecture and urbanism, 175, 1985; Ticino hoy, exhibition catalogue, Madrid 1993; Ivano Gianola Architetto. Quattro case e un palazzo, exhibition catalogue, Viggiù 1993; Guide to Swiss Architecture 1920-1995, vol.3, 709, p.279; P.Disch, Architettura recente nel Ticino 1980-1995, Lugano 1996, p.140.*

贝迪利阿诺

## 中学

行政区路

1979 ~ 1981

*彼得·迪斯科和安格洛·彼安施*

这所中学中只有一栋两层高的建筑，与一所小学校和体育馆相邻，两所学校共同形成了一个新的学校建筑群，服务于马尔坎托尼中上部地区。这栋两层高的建筑沿纵向的轴线布局，天窗的形式加强了轴线效果。该建筑采用钢筋混凝土结构承重，外观作素混凝土处理，整个结构与阳台一起形成了立面的韵律效果，同时映衬着教室连续的玻璃墙面。

*P.Disch(ed), 50 anni di architettura in Ticino 1930-1980, Bellinzona-Lugano 1983.*

拜林佐纳

## 住宅

阿比诺山路 9 号

1953

*弗兰克·彭特和佩普奥·布维利奥*

这栋独户住宅很好地说明了这两位提契诺建筑师受赖特的影响之深。建筑的构成原则、对于自然材料的应用以及与环境之间的有机融合，都反映出借鉴了当地的传统建筑。另外一栋可以代表 20 世纪 50 年代提契诺地区设计方向的建筑是奥斯里纳－卡达纳索道（罗卡诺，

阿纳波蒂住宅
Arnaboldi House

中学
Secondary School

拜林佐纳的住宅
House at Bellinzona

佩普奥 · 布维利奥和雷尼 · 帕拉斯尼设计，1952)。

*P.Disch(ed), 50 anni di architettura in Ticino 1930-1980, Bellinzona-Lugano 1983; Guide to Swiss Architecture 1920-1995, vol.3, 615, p.241.*

拜林佐纳

## 中学

拉维沙瑞路 7 号

1955 ~ 1958

阿尔伯托 · 卡尼施德以及布鲁诺 · 布罗奇

该中学的设计构思是将它视作周围自然环境中的一个岛屿。建筑沿纵向布局，所有的空间都组织在单层的建筑中，从而形成序列性的开放、半开放和完全封闭的空间。特殊教学用房的突出体量打破了完整的纵向布局。除了行政管理区域和门房外，这组建筑中还包括一座体育馆和体育场。

中学
Secondary School

卡曼斯恩德与雷诺 · 塔密以及奥古斯都 · 朱格利合作设计的另一个作品是瑞士－意大利语广播工作室（卢冈诺－贝索，卡尼瓦施尼路，1958 ~ 1964)。

*Werk, 1959, 4; P.Disch(ed), 50 anni di architettura in Ticino 1930-1980, Bellinzona-Lugano 1983; Guide to Swiss Architecture 1920-1995, vol.3, 616, p.241.*

拜林佐纳

## 罗特林提住宅

萨斯奥－卡波罗路

1960 ~ 1961

阿罗里奥 · 格尔费提

罗特林提住宅坐落在山坡上，一条林荫道通达这里，这座住宅是勒 · 柯布西耶建筑诗意最成功的重现之一。该住宅标志着提契诺 20 世纪 60 年代建筑的转折点。空透、清晰的建筑体量突出了外露的钢筋混凝土结构，而室内，在光线的作用下形成了非常别致的空间效果。同时，通过上部的入口，经过一系列的平台可以进入四层住宅中的每一层。

*Architecture, formes+fonction, 9, 1962-63; L'architecture d'aujourd'hui, 121, 1965; M,Steinmann and T.Boga, Tendenzen. Neuere Architektur im Tessin, Zürich 1975; a+u, architecture and urbanism, 9, 1976; Quaderns d'Arquitectura i Urbanisme, 155, 1982; P.Disch(ed), 50 anni di architettura in Ticino 1930-1980, Bellinzona-Lugano 1983; Guide to Swiss Architecture 1920-1995, vol.3, 618, p.242.*

拜林佐纳

## 法伯瑞西亚办公楼

维勒路6号

1963～1965

路吉·斯诺茨和利维德·法施尼

法伯瑞西亚办公楼位于一个临近市中心的居住区，建筑围绕着服务性的核心布局。底层是自由和通透的空间，办公室在上面几层，走廊通过屋顶的拱形采光带采光。建筑外部的特点是钢结构表现出来的韵律感，立面上铸铁的构架和反射式玻璃幕墙围合着内部的工作空间。

*Werk, 9, 1967; Architectural Design, 38, 1968; Detail, 1, 1968; J.Bachmann and S.von Moos, New Directions in Swiss Architecture, New York 1969; D.Bachmann and G.Zanetti, Architektur des Aufbegehrens, Bauen im Tessin, Basel 1985; Rivista Tecnica, 1-2, 1985; T.Boga, Tessiner Architekten, Zürich 1986; Häuser, 3, 1987; Guide to Swiss Architecture 1920-1995, vol.3, 619, p.243.*

罗特林提住宅，外观及立面
Rotalinti House view and elevation

法伯瑞西亚办公楼
Fabrizia Offices

拜林佐纳

**公共游泳池**

马瑞索勒路

1967～1970

阿罗里奥·格尔费提，弗罗拉·鲁赫特和伊沃·弗纳姆以及C·格科尔，A·彼安契尼和J·阿尔马斯巴尔

**公共网球场**

布鲁纳瑞路

1983～1986

阿罗里奥·格尔费提，沃尔特·布施勒和皮耶罗·克瑞沙

这两处娱乐设施处在城市和河道之间；这一位置使得它们成了协调城市环境关系的重要建筑，同时也增加了使用者与自然环境的交流。连接城市和河岸的一座高架桥成为通向游泳池的人行天桥。同时高架桥也是新的运动设施布置的轴线。设计中，高架桥成为控制整体空间布局的重要因素。

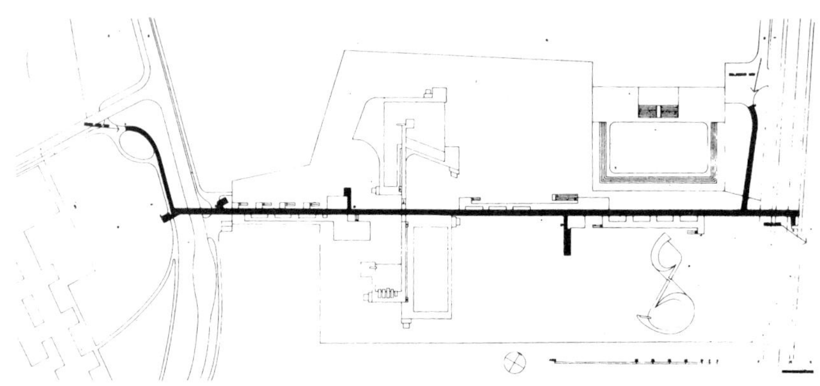

公共游泳池

Public Swimming Pool

更衣室、一些面积较小的房间和服务型空间布置在中间层，沿着高架桥上的坡道和楼梯可到达游泳池和草地。20 世纪 80 年代，由格尔费提与皮耶罗 · 克瑞沙以及沃尔特 · 布施勒合作设计的位于附近的公共网球场，延续了游泳池设计体现出的基本原则。

*Werk, 2, 1971; 10, 1987; L'architecture d'aujourd'hui, 190, 1977; Lotus international, 15, 1977; W.Blaser, Architecture 70/80 in Switzerland, Basel 1981; Quaderns d'Arquitectura i Urbanisme, 155, 1982; Rivista Tecnica, 5, 1983; 3, 1986; D.Bachmann and G.Zanetti, Architektur des Aufbegehrens, Bauen im Tessin, Basel 1985; Casabella, 418, 1985; AMC.Architecture-Mouvement-Continuité, 12, 1986; Archithese, 2, 1986; T.Boga, Tessiner Architekten, Zürich 1986; Architectural Record, 4, 1987; G.Brown-Manrique, The Ticino Guide, New York 1989; Abitare, 290, 1990; Guide to Swiss Architecture 1920–1995, vol.3, 620, p.243; 626, p.247; P.Disch, Architettura recente nel Ticino 1980–1995, Lugano 1996, p.70.*

公共网球场
Public Tennis Courts

拜林佐纳

## 中心邮局

斯特施尼路 18 号

1977 ~ 1985

阿罗里奥 · 格尔费提，安格洛 · 彼安施与雷恩佐 · 莫林纳以及 L · 佩格瑞尼，T · 吉尔曼，R · 瑞格索尼和 S · 卡洛利

拜林佐纳中心邮局的设计符合了 20 世纪 70 年代后期开始的一种设计趋势，即通过修补城市肌理来保护城市中心，同时亦强调新旧建筑之间的对比。邮局的沿街面进行了重建，形成了三段府邸式的立面。这三段分别隐喻着不同的功能：行政管理、分检处和铁路处。直观形式则是所谓古典式的横三段构图：基座、主体和檐口；并通过材料的使用将三段区分开来。设计采用的各种元素既遵循城市的功能以及日照和形式之间的关系要求，同时又与街道的尺度相呼应。

格尔费提还设计了其他一些府邸式的住宅。如阿尔 - 伯托尼住宅楼（拜林佐纳，1984 ~ 1985），彼安诺 - 伊 - 那罗住宅楼（文森洛 - 阿尔波蒂路，1986 ~ 1987），以及莱奥纳多住宅楼（卢冈诺，马季奥夫路，与安托尼诺 · 安托瑞尼合作设计，1985 ~ 1986）。

*Quaderns d'arquitectura y Urbanisme, 155, 1982; Werk, Bauen und Wohnen, 12, 1982; 10, 1985; Casabella, 518,*

中心邮局
Postal Center

*1985; Rivista Tecnica, 12, 1985; AMC. Architecture-Mouvement-Continuité, 12, 1986; du, 8, 1986; Lotus international, 48–49, 1986; a+u, architecture and urbanism, 215, 1988; Detail, 2, 1989; Abitare, 290, 1990; G.Brown-Manrique, The Ticino Guide, New York 1989; Guide to Swiss Architecture 1920–1995, vol.3, 624, p.245.*

拜林佐纳

## 建筑群

尼索拉路 1 号

1988 ~ 1991

马里奥·博塔与 C·赫尔瑞斯以及 T·帕姆堡

由于建筑法规左右着城市的肌理，这组建筑群必须沿着用地西边的尼索拉路一字展开，因而远离了行政区周围无组织的城市区域。这组建筑矗立在那里，就像一座堤坝，居住和办公部分分设在不同的体量中，立面有韵律的窄小紧密的窗户，好像是对中世纪城市形态的暗示。这个密实的建筑颇像一座城市的大门，人们可以通过穿越草坪的人行天桥进入这组建筑之中。

在拜林佐纳，博塔还设计了远程通信商业中心（格基尼路，1989 ~ 1997）。

*F.Roth(ed), Mario Botta.Schizzi di studio per l'edificio in Via Nizzola a Bellinzona, exhibition catalogue, Bellinzona 1991; Casabella, 592, 1992; GA Document, 35, 1992; a+u, architecture and urbanism, 279, 1993.*

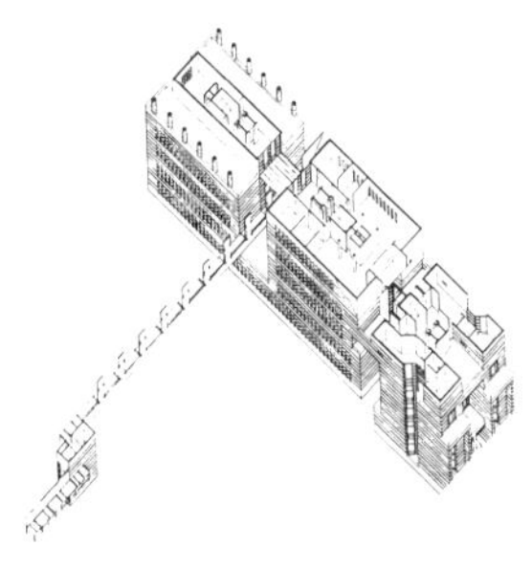

建筑群

Mixed-Use Building

拜林佐纳

## 大城堡扩建（卡斯特尔格兰德）

才广场

1981 ~ 1991

阿罗里奥 · 格尔费提以及T · 玻利格，R · 洛比，J · 奥尔马施伯和V · 马萨

这项工程是改造要塞上的城堡，赋予历史建筑新的功能，诸如作为展览、演出以及餐厅等。改建过程中，城堡上原先加建的一些非原始的部分被拆除，另有一些建筑得到修复。城堡中漫生的植物被清除。于是这个“遗迹”再一次向城市展现了它的真实面目。从索勒广场开始，参观者通过一条长长的拱形隧道到达一个有穹顶的空间，再乘一部安装在山岩上的电梯才可以到达城堡最高处。这项工程被公认为是建筑修复工程的成功典范，它通过唤醒历史建筑的活力而使其适应现今功能的需求。

据此城堡不远，还可以看到修复后的蒙特波罗城堡，它被改建成了一个市民博物馆（马里奥 · 坎普和弗兰克 · 佩森纳弗姆设计，1969 ~ 1974）。

*Casabella*, 518, 1985; *AMC. Architecture-Mouvement-Continuité*, 12, 1986; *Detail*, 2, 1986; *du*, 8, 1986; *Lotus international*, 48-49, 1986; *Rivista Tecnica*, 12, 1986; 12, 1991; *Abitare*, 252, 1987; F.Werner and S.Schneider, *La nuova architettura ticinese:Mario Botta, Aurelio Galfetti, Ivano Gianola, Luigi Snozzi, Livio Vacchini*, Milan 1990; G.Brown-Manrique, *The Ticino Guide*, New York 1989; F.Werner, *Aurelio Galfetti:Castelgrande, Bellinzona*, Berlin 1992; L.Cavadini, *Castelgrande a Bellinzona*, Lugano 1993; *Domus*, 750, 1993; *Guide to Swiss Architecture 1920-1995*, vol.3, 625, p.246; P.Disch, *Architettura recente nel Ticino 1980-1995*, Lugano 1996, p.182.

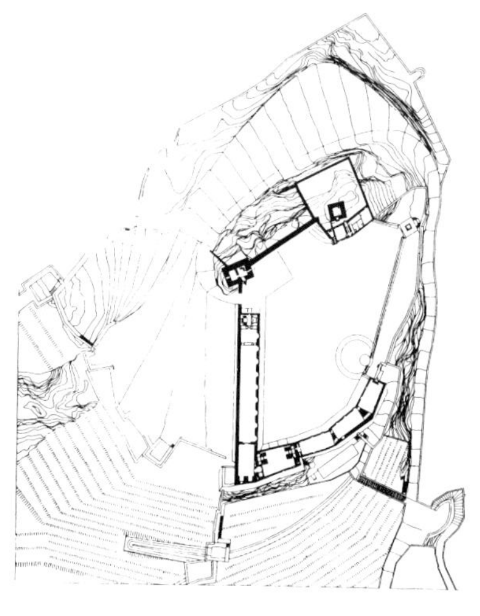

大城堡

Castelgrande

拜林佐纳

## 莫温比克旅馆

拜林佐纳的萨德高速公路补给站

1989

布鲁诺·拉施林与菲比奥·雷恩哈特以及A·洛拉特，S·米兰，R·巴库提

在这个路边旅馆的设计中，建筑师用理性的方法来组织功能，并创造出一个非常新颖的建筑形象。乡土化的主立面喻示出当地城堡的传统特征，同时又成为建筑的内部空间与外界繁忙的高速公路之间一道精心打造的屏障。这个立面与建筑的后部形成了鲜明的对比，背面安静的旅馆房间俯瞰河面。精心、别致的细部处理体现了一种装饰的逻辑性，同时回避了结构的真实性，或者说避免将真实的结构暴露出来。这种反自然以及注重借鉴的方法还可以在拉施林和雷恩哈特设计完成的一些修复项目中发现，比如公正和平议会大楼（索恩尼克，1975～1977）和彼尔兰达住宅（彼亚斯卡，1987）。

*Werk, 12, 1970; Lotus international, 31, 1981; 58, 1988; Domus, 721, 1990.*

莫温比克旅馆
Albergo Mövenpick

拜林佐纳

## 州档案馆

斯提芬诺－弗兰西尼路

1988 ~ 1997

路卡·奥特里与S·米兰，G·洛斯，E·苏尔温，S·马提利尼，N·布拉赫瑞，M·埃尔巴和P·古利安妮

州档案馆由三个相互连接的建筑单体构成，每个单体都具有不同的特色和功能。最大的一栋向公众开放，其中有咨询、研究和阅览室，与它紧邻的是档案馆和图书馆的行政办公部分。第三栋由两个狭长的体量组成，包括有档案馆的主入口和一些研究室。

*Hochparterre, 8-9, 1989; Lotus international, 61, 1989; Rivista Tecnica, 4, 1990; 7-8, 1992; L.Sacchetti, Architetti italiani, Milan 1992.*

布里堪索纳

## 住宅

帕诺拉路2号

1984 ~ 1988

马里奥·博塔以及G·卡德拉瑞，R·布鲁莫和M·布瑞塔

在这栋独户住宅的设计中，各部分之间没有严格的空间划分，这种手法早在博塔设计的奥瑞格利奥住宅（1981 ~ 1982）中就已被尝试过，这里只是一种逻辑性的总结。住宅的空间体量通过开敞的、半开敞的处理被塑造出来。入口庭院、起居室以及卧室层的中庭可俯瞰建造用地下方的一片空地，而从高处的观景塔楼上则可以看到整个峡谷；对角布置的建筑体量赋予了建筑别样的动态特征。

*GA Architect, 3, 1984; GA Document, 4, 1987; GA Houses, 24, 1988; Periferia, 8-9, 1988; Rivista Tecnica, 11, 1988; Techniques & Architecture, 377, 1988; a+u, architecture and urbanism, 220, 1989; F.Dal Co and V.Fagone, Mario Botta.Una casa, Milan 1989; Detail, 2, 1989; Guide to Swiss Architecture 1920-1995, vol.3, 715, p.282; P.Disch, Architettura recente nel Ticino 1980-1995, Lugano 1996, p.110.*

布瑞堪索纳

## 克瑞斯住宅

鲁西诺路82号

1985 ~ 1987

马里奥·坎普和弗兰克·佩森纳

克瑞斯住宅被设计为庭院式的平面，面向峡谷，建筑沿着轴线对称布置，并将主要的居住空间与带有楼梯和平台的侧翼连接起来。住宅采用了内向型的空间布局，回避了与外部环境的一切接触。

*Rivista Tecnica, 11, 1987; Werk, Bauen und Wohnen, 7-8, 1987; Ideales Heim, 4, 1989; G.Brown-Manrique, The Ticino Guide, New York 1989; Architectural Digest, 8-9, 11, 1990; P.Disch, Architettura recente nel Ticino 1980-1995, Lugano 1996, p.93.*

州档案馆，模型外观
Cantonal Archives, model view

布里堪索纳的住宅
House at Breganzona

克瑞斯住宅
Kress House

布瑞奥尼－斯普拉－米诺西奥

## 卡尔曼住宅

帕诺拉米卡路 66 号

1974 ~ 1976

路吉·斯诺茨

卡尔曼住宅设计的基本指导思想是要突出地形特征。长长的入口充分考虑到了起伏不平的地形条件，同时也与住宅两个棱角分明的几何体量形成鲜明的对比。两个建筑体量分别是主要的居住空间和出挑的平台。平台上设计了藤架，可以眺望远处的景色。

*a+u, architecture and urbanism, 69, 1976; Rivista Tecnica, 12, 1977; 1–2, 1985; Werk-archithese, 9, 1977; AMC. Architecture-Mouvement-Continuité, 45, 1978; Techniques & Architecture, 339, 1981; 364, 1986; Abitare, 206, 1982; Archithese, 3, 1984; L'architecture d'aujourd'hui, 236, 1984; D.Bachmann and G.Zanetti, Architektur des Aufbegehrens, Bauen im Tessin, Basel 1985; T.Boga, Tessiner Architekten, Zürich 1986; The Architectural Review, 1095, 1988; Guide to Swiss Architecture 1920–1995, vol.3, 629, p.248.*

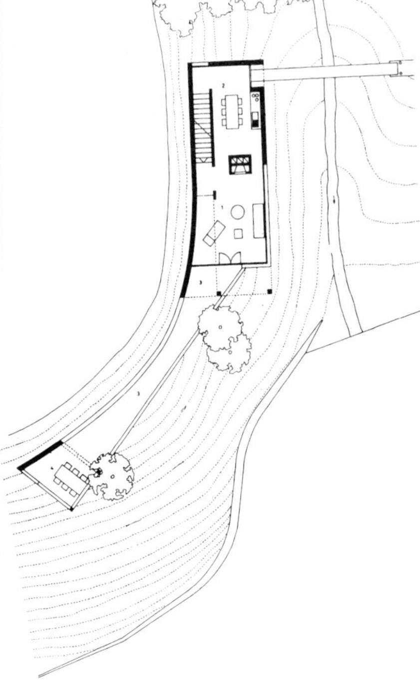

卡尔曼住宅
Kalmann House

布瑞索奥

## 彼安契尼公寓楼

莱昂卡瓦罗路

1987 ~ 1989

路吉·斯诺茨以及 M·维斯多米尼

彼安契尼公寓楼坐落在城市中心，由于主要道路的拓宽而进行了一些相应的改变。基地的边缘与新近修复的建于 18 世纪的彼安契尼住宅相邻。建筑后期改建所选择的结构与整栋建筑不很协调，这种结构方式的应用主要是为了修补城市的历史性肌理。同时，也是为了在新建的素钢筋混凝土体量与城市原本低矮的住宅之间创造一种微妙的联系。二层通透的处理增强了这种效果，另外还有一部主楼梯连接着公寓楼的新旧两个部分。

*Abitare, 263, 1988; Werk, Bauen und Wohnen, 9, 1988; Casabella, 567, 1990; Rivista Tecnica, (monographic issue)1990; F.Werner and S.Schneider, La nuova architettura ticinese:Mario Botta, Aurelio Galfetti, Ivano Gianola, Luigi Snozzi, Livio Vacchini, Milan 1990; Architettura Svizzera, 96, 1991; P.Disch, Architettura recente nel Ticino 1980-1995, Lugano 1996, p.100.*

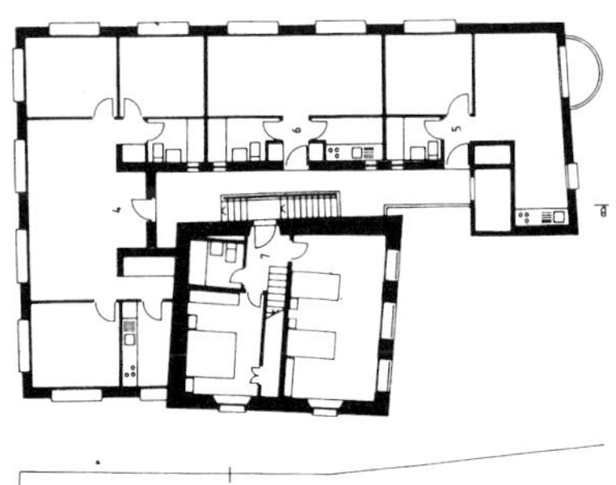

彼安契尼公寓楼

Bianchini Apartments

卡丹纳佐

## 住宅

市立汽车公园东面

1970 ~ 1971

马里奥 · 博塔

这栋独户住宅的设计，虽然有独立的创造性一面，但还是体现出对路易 · 康设计语言的借鉴。同时从精心选择的开窗位置还可以看出，博塔在处理建筑与环境对话方面的能力。博塔在这栋方形的住宅上开设了很大的圆形洞口，洞口后面有一个凉廊。室内空间就通过这个凉廊与室外的乡村景色连系起来，凉廊的主要作用是维护和遮阳。完全无窗的东墙与玻璃砖砌就的西墙形成鲜明的对比，下午的阳光穿过玻璃砖照亮了整个三层空间，甚至包括其中的服务用房。博塔在索普瑞森瑞还设计了其他两栋住宅：卡维格里安诺住宅（1986 ~ 1989），以及罗索尼的一栋住宅（乌比瑞奥路，1987 ~ 1991）。

*Werk, Bauen und Wohnen, 9, 1971; L'architecture d'aujourd'hui, 163, 1972; L'architettura cronache and storia, 199, 1972; Toshi-Jutaku, 6, 1972; Rivista Tecnica, 2, 1973; a+u, architecture and urbanism, 69, 1976; 105, 1979; GA Houses, 3, 1977; GA Architect, 3, 1984; Guide to Swiss Architecture 1920–1995, vol.3, 631, p.249..*

卡拉比亚

## 住宅

1989 ~ 1991

桑德洛·卡布瑞尼和吉安·马里亚·沃尔德

这栋住宅位于村镇以外的一片台地上，围绕南向并带有藤架的中央庭院布局。三层空间中包含着多个不同用途的房间，这些房间直接与不同的地面标高相连。对于混凝土材料的处理，无论是光滑还是粗糙的表面，都加强了建筑外表的肌理效果。

*Rivista Tecnica, 1-2, 1993; P.Disch, Architettura recente nel Ticino 1980-1995, Lugano 1996, p.144.*

卡瑞索

## 帕特瑞希尔住宅楼

戈比希奥路 23 号

1967 ~ 1970

路吉·斯诺茨和利维奥·法施尼

这栋三层高的福利性住宅楼距离村镇不远，其中有 12 套公寓，设有两个楼梯间。住宅楼的平面设计相当自由，各居住空间围绕着服务性核心布局，移动的金属隔断可以灵活地分隔空间。一间宽敞的多功能用房设在地下，通过上部连续的开口采光，并没有影响入口门廊的通透性。

*Werk, 4, 1970; Rivista Tecnica, 2, 1973; T.Boga, Tessiner Architekten, Zürich 1986; Guide to Swiss Architecture 1920-1995, vol.3, 632, p.250.*

*对面页图*

卡丹纳佐的住宅，外观和细部
House at Cadenazzo, exterior view and detail

卡拉比亚的住宅
House at Carabbia

住宅楼，外观和底层平面
Housing,view and floor plan

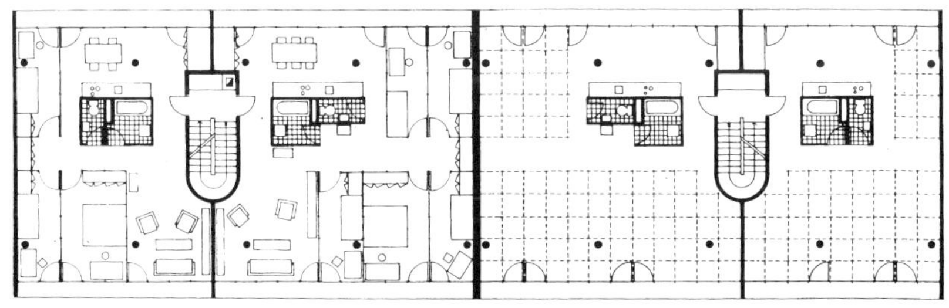

卡罗纳

## 雪铁龙住宅

1961 ~ 1964

第五工作室

这栋假日住宅的主导设计原则是要将按照现代标准设计的建筑与建造用地的自然景色整合起来。建筑师力图使日常起居空间成为一个坐落在透空柱廊上的观景平台，支撑结构的连续拱顶显示出节奏的韵律，布局紧凑的卧室采用跃层处理。空间上的虚实对比，材料的精心选择，这些都源自于当地的建筑传统。这些设计手法在卡维安诺联排式住宅中得到了进一步的体现（提契诺，1968 ~ 1973）。

*Architectural Design, 4, 1965; L'architecture d'aujourd'hui, 121, 1965; Werk, 9, 1965.*

卡罗纳

## 伯恩纳斯科尼住宅

1989 ~ 1990

路吉 · 斯诺茨以及 G · 格罗斯曼

伯恩纳斯科尼住宅与用地的等高线平行，但它所处的建筑用地存在两种不同的地形条件。一部分用地较为陡峭，一部分则比较低而且平缓，这为设计带来了难度。建筑师的解决办法是在较为平缓的用地上架设一部入口楼梯，楼梯一直延伸到建筑内部。而后通达各个房间，视觉上、空间上、流线组织上都比较通畅。这里的每个房间都有独到的采光及照明设计。

*du, (monographic issue)1989; Casabella, 567, 1990; Rivista Tecnica, 3/1990; Abitare, 316, 1993; Guide to Swiss Architecture 1920-1995, vol.3, 717, p.283; P.Disch, Architettura recente nel Ticino 1980-1995, Lugano 1996, p.117.*

卡斯兰诺

## 圣米歇尔住宅区

圣米歇尔路 3-19 号 / 托拉希亚路 4 号

1963 ~ 1966

弗兰克 · 彭特

弗兰克 · 彭特的这种有机建筑风格，是在一些独户住宅的设计中逐步发展起来的，如维希亚住宅（1957）和比奥格诺住宅（1958）等。同时，他的这种风格也受到赖特的很大影响。在圣米歇尔住区，这种设计语汇被广泛应用在整个村镇的建设上，村镇的建设是为来自各国的艺术家提供独户住宅。20 世纪 50 年代，这里曾产生过多种多样的设计趋向。其中社区建设应与自然环境相和谐的观念就是显而易见的一种，这种观念在圣米歇尔居住区中得到了很好的体现。鉴于这里之前曾是一片沼泽地，所以建筑师在居住区中还设计了一条小河，供船出入。

*B.De Sivo, L'architettura in Svizzera oggi, Naples 1968; P.Disch(ed), 50 anni di architettura in Ticino 1930-1980, Bellinzona-Lugano 1983; Guide to Swiss Architecture 1920-1995, vol.3, 718, p.283.*

雪铁龙住宅
Citron House

伯恩纳斯科尼住宅，
外观和底层平面
Bernasconi House
view and floor plan

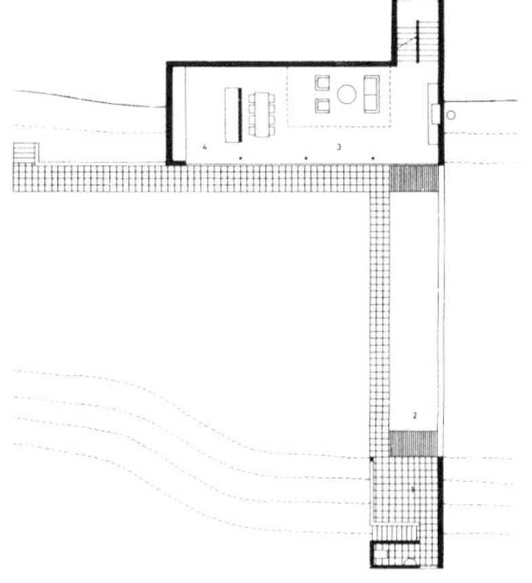

圣米歇尔住区
San Michele Quarter

卡斯兰诺

## 学校

巴拉吉亚路

1972 ~ 1975

马里奥 · 坎普和弗兰克 · 佩森纳

这所学校的设计尝试通过几何的、重复的、简单的结构形式来表现它在周边环境中的规则感和韵律感。为了与环境相融合，这座外表紧凑的建筑却包含着一个自由的室内空间，空间的转换和天井的设置都印证了这一点。在功能组织方面，教学空间存在恰当的灵活性。

*Rivista Tecnica, 12, 1974; P.Disch(ed), 50 anni di architettura in Ticino 1930-1980, Bellinzona-Lugano 1983.*

卡斯特尔 - 桑 - 皮耶罗

## 鲁斯科尼住宅

奥比尼奥路

1983 ~ 1984

伊万诺 · 格诺拉

这栋住宅位于奥比尼奥村与新发展起来的外围区域之间，建筑外观像大石头盒子，企图与环境的特征相协调。水平向的阳台超尺度地强化了中部大窗的排列，窗户开向历史悠久的村镇，偏向一边的入口打破了对称的格局，成为规整构图中的一个例外。

*Archithese, 5, 1984; Daidalos, 13, 1984; Rivista Tecnica, 5 1984; a+u, architecture and urbanism, 4, 1985;*

学校
Schools

鲁斯科尼住宅
Rusconi House

*Parametro, 141, 1985; Bauwelt, 41–42 1986; G.Brown-Manrique, The Ticino Guide, New York 1989; P.Disch, Architettura recente nel Ticino 1980–1995, Lugano 1996, p.79.*

卡维格里安诺

## 平台式住宅

1988 ~ 1990

弗兰克和帕奥罗 · 莫罗

这栋住宅设计的最突出的特征是室内外空间的强烈对比，围墙内的住宅与花园占地面积相同，围墙因需要而高低错落。两层轻巧的藤架连接住宅和庭院，藤架上覆盖着圆拱形的半透明顶，院子中的落叶植物使住宅总能跟上季节的脚步。

莫罗兄弟设计的其他作品还有卡尔德瑞奥的独户住宅（格德勒路，1988 ~ 1989），格德勒住宅（卡克勒路 17 号，1989 ~ 1990），以及罗索老年人之家(维勒 – 奥斯诺恩，1992 ~ 1993)。

*Abitare, 313, 1992; 327, 1994; Ticino hoy, exhibition catalogue, Madrid 1993; Rivista Tecnica, 1–2, 1993; P.Disch, Architettura recente nel Ticino 1980–1995, Lugano 1996, p.163.*

平台式住宅
Terraced Houses

乔索

## 海关仓库

乔索车站瑞士－意大利海关

1924～1925

罗伯特·马里兰

这座位于边境城市乔索的巨大仓库，其特点显著，仓库的屋顶不是用梁来支撑，而是采用了蘑菇形的柱子支撑。这组建筑的一个主要特点是把单层仓库安排在较高的仓库的前面，现在不幸被加建的建筑遮挡了一部分，仓库屋架的结构与众不同，屋架下缘向下弯曲，支撑的柱则向内倾斜。这种构件的特殊处理，使建筑具备了一种有机建筑的效果。在这里，建筑的美感源自建造的要求。后来由于部分构件被拆除，改变了建筑的外观。

*Werk, 1, 1968; Rivista Tecnica, 1, 1983; Werk, Bauen und Wohnen, 12, 1983; D.P.Billington, Robert Maillart and the Art of Reinforced Concrete, Cambridge, Mass.1990; Guide to Swiss Architecture 1920-1995, vol.3, 719, p.284.*

乔索

## 幼儿园

维尔达尼路／西蒙路

1962～1964

弗罗拉·鲁赫特以及A·安托尼，F·普兹

幼儿园面向主要道路的一侧比较封闭，而南侧则向大片绿地敞开，

海关仓库
Customs Warehouse

幼儿园
Kindergarten

这个矩形两层的建筑有三个教学单元。室内空间的连续性成为建筑的一大特点。外露的钢筋混凝土结构形成幼儿园的主立面，立面特点通过虚实的韵律，也就是抹灰的砖填充墙与铁窗棂的大片窗户的对比表现出来。

*Werk, 8, 1966; P.Disch(ed), 50 anni di architettura in Ticino 1930-1980, Bellinzona-Lugano 1983; T.Boga, Tessiner Architekten, Zürich 1986.*

卡尔德瑞奥

## 托格诺中心更新

托格诺路

1985，1987

伊万诺·格诺拉与C·拉普利，S·瑞兹和K·格瑞兹

这项设计是将一座庭院式并具有隆巴德传统农庄风格的农场建筑改建成纺织品中心，用作车间或用作短期培训的教学空间。原建筑内除了主人的居住空间和客房外，还有一些公共用房和一间教学用的工作室。格诺拉最近完成的设计作品还有奥斯里纳住宅（蒙德瑞西奥，都市路8号，1986）以及普雷格松纳住宅建筑群（索洛路9号，1988～1990）。

*Bauwelt, 41-42, 1986; Abitare, 263, 1988; Rivista Tecnica, 5, 1988; Ivano Gianola. Casa alle Orsoline, Mendrisio 1989; Habitat, 7-8, 1990; Ivano Gianola Architetto.Quattro case e un palazzo, exhibition catalogue, Viggiù 1993.*

托格诺中心更新

Redevelopment of the Tognano Center

卡曼诺

## 雕塑家工作室

贝拉维斯塔路

1985 ~ 1987

米莎 · 格罗

这项设计要求在单栋的建筑内解决几方面的需求问题，其中包括雕塑家纳格 · 阿诺德的工作室。最终完成的方案设计从环境到细部全面地协调了各种功能关系，满足了工作室、实验室和画廊等的需要。

*Rivista Tecnica, 6, 1988.*

坎特拉

## 住宅

考斯塔 1992 ~ 1993

利维奥 · 法施尼以及迈 · 瓦内提，W · 施密德特，M · 安德瑞提，S · 米彻利和 A · 蒙索利

建筑师法施尼的这栋小型假日住宅设计，与他位于阿斯科纳的自用住宅（阿瑞德洛莫路 2 号，20 世纪 60 年代末）设计一样，继续着他在设计的多种可能性方面的探索。这栋住宅是设计原则的精炼和概括，也是对新型建筑形式在广度上的探索。设计起始于两个杰出的原型：勒 · 柯布西耶的“细胞”和路易 · 康在金贝尔博物馆中用到的拱顶。这座建筑的屋顶实际上是一大片梁，每边落在三个支撑点上，与平面完全脱开。虽然墙面消失了，但平面却没失去秩序。法施

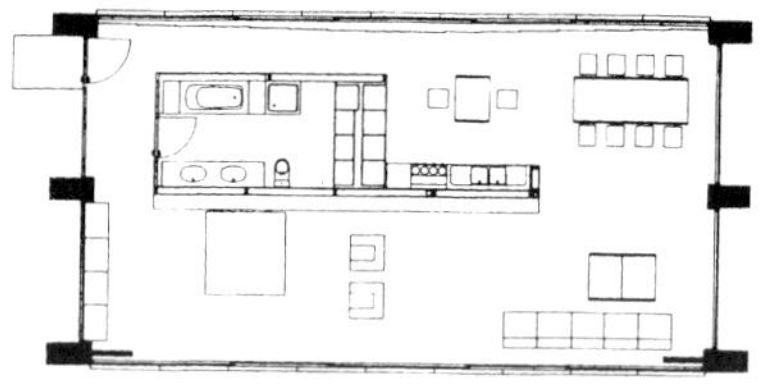

雕刻家工作室
Sculptor's Atelier

坎特拉的住宅，底层平面及外观
House at Contra, floor plan and view

尼另一项引人注目的设计项目是沃格诺的假日住宅（维尔萨斯卡路，1984 ~ 1985)。

*Ticino hoy, exhibition catalogue, Madrid 1993; Domus, 752, 1993; Faces, 30, 1993-94.*

达洛

## 住宅

皮莫利诺路

1989 ~ 1992

马里奥 · 博塔以及 E · 迈赫提（现场监理）

对于这栋住宅的研究，证实了博塔设计原则的局限性，住宅体现了博塔作品的经典特征。南北向的楼梯作为构图的基本要素，将各房间组织在中庭空间的周围，中庭在正立面上表现为带玻璃顶的廊。精致的装饰伴随着侧墙蜿蜒的动势，形成了一个楔形文字一样的体量，牢牢地扎在这片坡地之上。

*GA Houses, 34 and 36, 1992; Ticino hoy, exhibition catalogue, Madrid 1993; a+u, architecture and urbanism, 279, 1993; P.Disch, Architettura recente nel Ticino 1980-1995, Lugano 1996, p.160.*

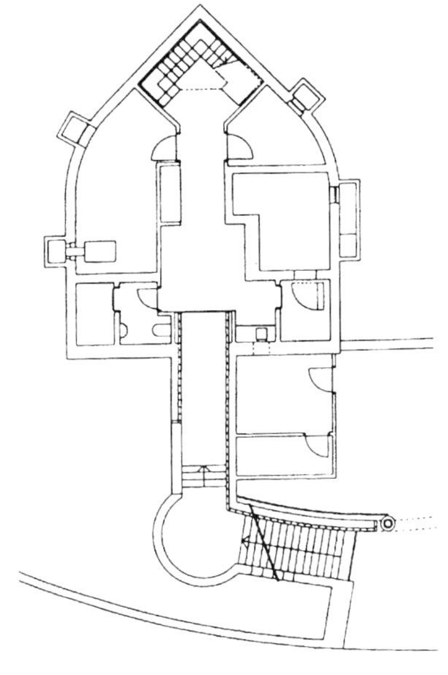

达洛的住宅
House at Daro

达维斯克

## 鲍迪诺住宅

1987 ~ 1989

马里奥 · 坎普和弗兰克 · 佩施纳

鲍迪诺住宅的设计构思起始于一栋长方形的体量，建筑处理为沿山坡一面封闭，向峡谷一面敞开，与山的走势平行。室内共有两层空间，除了入口和车库，二层设置了卧室。一层供日常活动并通过门廊与花园相连，门廊很好地完成了人为空间与自然空间的过渡。

*Rivista Tecnica, 10, 1992; Baumeister, 4, 1993; P.Disch, Architettura recente nel Ticino 1980-1995, Lugano 1996, p.115.*

吉奥尼克

## 康库恩特基金会

提契诺河右岸，车站以北 300m

1993

彼得 · 马科利

这栋建筑的主要作用是为了保存苏黎世雕刻家汉斯 · 约瑟夫索恩的作品。从外表看，它一点也不像博物馆，充其量只能说是一个安置在提契诺景观中，向公众开放的展厅。这个展厅有着水泥盒子一般的外观。这种安静的建筑有意识要激发参观者的兴趣，通过室内空间去发现博物馆的内涵。除此之外，值得关注的建筑还有马科利与古迪 · 库尼斯合作设计的萨格恩斯的住宅（格罗斯菲尔德街 82 号，1985 ~ 1986）和托巴赫、瓦赫特古特、豪普特路的公寓楼（1988 ~ 1989），它们都在桑特－卡伦州。

*Domus, 753, 1993; Guide to Swiss Architecture 1920-1995, vol.3, 635, p.251.*

格诺斯卡

## 圣吉奥瓦尼－巴提斯塔教堂修复

老行政区路

1991 ~ 1993

蒂塔 · 卡洛尼和安格洛 · 马特拉

圣吉奥瓦尼－巴提斯塔教堂建于 11 世纪，属于罗马风式教堂。1783 年改做它用之前曾被改建过多次，后来变成废墟。20 世纪，建筑师提出了加固和修复的方案，力图把这个教堂遗迹变成一个公共空间。修复过程只使用了现代材料，如混凝土墙板和支撑砖砌体的钢筋混凝土，强调了加建部分的结构特征，雨水排水系统按 2m × 2m 的网格配置。

另外值得关注的建筑还有卡洛尼设计的索伦格教区住宅（索伦格山，1968 ~ 1969）。

*Ticino hoy, exhibition catalogue, Madrid 1993; Werk, Bauen und Wohnen, 3, 1994; P.Disch, Architettura recente nel Ticino 1980-1995, Lugano 1996, p.185.*

鲍迪诺住宅
Baudino House

康库恩特基金会，
室内与室外
La Congiunta
Foundation, exterior
and interior views

圣吉奥瓦尼－巴提
斯塔教堂
Church of San
Giovanni Battista

利格纳托

## 住宅

维格纳希亚

1975 ~ 1976

马里奥·博塔以及M·布伊施

这栋住宅建在村镇的边缘，村镇的建设用地到此为止，前面就是一大片平原。住宅沿纵向布置，墙面密实，逐渐加厚，并与基地的特征相适应，墙面上狭长的竖向开口俯瞰大片的田野，并构成立面外观的特征。面向村镇的一面被巨大的开口分为两部分，开口在各层设有平台。建筑的外部处理既借鉴了当地的建筑传统，又强调了住宅的人工环境与周围自然环境的对比。附近的农家住宅（利格纳诺，利格纳诺路，由博塔改建于1977 ~ 1978年）也有着同样精致的材料选择和处理。

*a+u, architecture and urbanism, 69, 1976; 105, 1979; 9, 1986; GA Houses, 3, 1977; Lotus international, 15, 1977; AMC.Architecture-Mouvement-Continuité, 45, 1978; Rivista Tecnica, 9-10, 1978; Gran Bazaar, 3, 1979; Architectural Design, 5-6, 1980; Parametro, 100-101, 1981; Architectural Record, 6, 1982; GA Architect, 3, 1984; Toshi Jutaku, 4, 1985; Guide to Swiss Architecture 1920-1995, vol.3, 721, p.285.*

利格纳托的住宅
House at Ligornetto

罗卡诺

## 州立中学

乔萨路 15 号 a

1960 ~ 1964

多尔夫 · 施奈比利，伊施多 · 雷瑟，恩斯特 · 安格勒，伯纳德 · 迈尔与 K · 福格特

基于学校是“开放住宅”的观念，建筑师将这组学校建筑分成教室、集体活动和体育馆三个部分，它们围绕一个竞技场形状的中央广场布局。正方形的教室成组布置，并统一由中央的天窗采光，教室采用小窗户的原因在于“注意力集中”的环境要求。墙面和顶棚由利维奥 · 伯恩纳斯科尼和弗拉维奥 · 鲍鲁兹的绘画作装饰，铜饰则出自马克思 · 维斯之手。施奈比利和其合伙人设计的其他重要的公共建筑还有：伯斯纳幼儿园（卡连纳，1968），布雷冈索纳学校建筑群（卡马拉路 63 号，1970 ~ 1972）以及萨利格幼儿园(罗卡诺,A · 纳希路，1971 ~ 1973)。

*L'architecture d'aujourd'hui,121, 1965; Werk, 87, 1966; J.Bachmann and S.von Moos, New Directions in Swiss Architecture, New York 1969; P.Disch(ed), 50 anni di architettura in Ticino 1930-1980, Bellinzona-Lugano 1983; du, 5, 1992; Guide to Swiss Architecture 1920-1995, vol.3, 638, p.253.*

州立中学
Cantonal Secondary School

罗卡诺

## 萨利格小学

斯库勒路

1970～1978

利维奥·法施尼以及P·莫罗和G·罗特里奥

萨利格小学的设计来自公开竞赛的中标方案，学校分3期共10年建成。这项工程好像一个正在进行的建筑试验场，建筑师可以在这里探索他感兴趣的设计主题。低矮的结构加之空间和实体恰当的关系使建筑与环境特征相融合，同时也确定了门廊、室内通廊的比例以及建筑构件的尺度。

*Rivista Tecnica, 12, 1974; 11, 1981; L'architecture d'aujourd'hui, 188, 1976; 216, 1981; Werk, 7-8, 1976; a+u, architecture and urbanism, 6, 1980; Werk, Bauen und Wohnen, 4 and 9, 1981; W.Blaser, Architecture 70/80 in Switzerland, Basel 1981; Guide to Swiss Architecture 1920-1995, vol.3, 640, p.254.*

罗卡诺

## 建筑师工作室

布鲁曼提诺路33号

1984～1985

利维奥·法施尼以及M·瓦内提和L·安蒂纳

## 邮局

大广场

1988～1996

利维奥·法施尼以及M·瓦内提，L·安蒂纳和A·蒙索利

这个建筑师工作室在设计时，将停车、工作间和档案室这三个功能空间安排在同一建筑单体中，只是在空间上对它们加以区分。整体的建筑结构统领了各个空间以及建筑外观的处理，底层是支柱

萨利格小学
Saleggi Primary School

建筑师工作室
Architect's Studio

与墙体，二层是不受结构限制的大空间，顶层空间中可见到两根支撑屋顶的大梁。大广场上的新邮局也采用了同样性质的设计手法，主要的建筑材料选择了混凝土、花岗石和玻璃等。

*Casabella,528,1986; du,8,1986; Rivista Tecnica,6,1990; 4,1990; Werk,Bauen und Wohnen,6,1986; F.Werner and S.Schneider,La nuova architettura ticinese:Mario Botta, Aurelio Galfetti, Ivano Gianola,Luigi Snozzi, Livio Vacchini,Milan 1990; G.Brown-Manrique,The Ticino Guide, New York 1990; Guide to Swiss Architecture 1920-1995,vol.3,641,P.254; P.Disch, Architettura recente nel Ticino 1980-1995,Lugano 1996,p.87 und 241.*

罗卡诺－蒙提

## 彼安施特住宅

松博路 10 号

1972 ~ 1977

路吉·斯诺茨以及 W·凡·艾奥

彼安施特住宅位于城市上部的丘陵地区，一条引道通达建筑的入口，从广场到入口形成了一个空间序列，吸引着人们进入住宅当中。两层通高的起居室可透过大面积的窗眺望美景，卧室布置在一层。这种以入口流线组织空间的手法是斯诺茨作品的一贯特色。其他值得关注的作品还有赫施尔住宅（阿格罗尼，1983 ~ 1984）和沃尔瑟住宅（Loco，1988 ~ 1989）。

*Tendenzen.Neuere Architektur im Tessin, Zürich 1975; a+u, architecture and urbanism, 69, 1976; Rivista Tecnica, 12, 1977; Werk-archithese, 9, 1977; AMC.Architecture-Mouvement-Continuité, 45, 1978; Architettura Svizzera, 69, 1985; Häuser, 3, 1987; The Architectural Review, 1095, 1988; Guide to Swiss Architecture 1920-1995, vol.3, 643, p.255.*

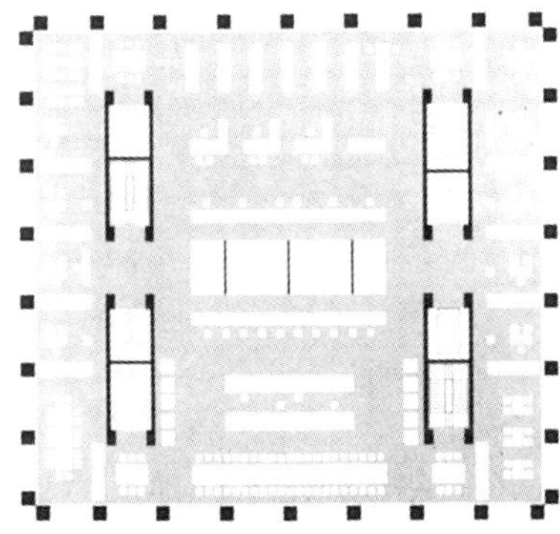

邮局
Post Office

彼安施特住宅
Bianchetti House

罗卡诺－蒙提

## 公寓楼

松博路

1985

多尔夫·施奈德，托比斯·阿曼，伊施多·雷瑟以及D·穆勒

公寓楼所处的地形陡峭而狭窄，因而采用了单元楼的形式。从上部入口处可以看到周围大片的景色，底层公寓均带有私家花园，上面几层公寓可以出租，并且各自带有屋顶花园。整个设计中局部与整体的比例关系推敲得非常细致。墙板和细长的圆柱构成了立面的韵律效果，斑斓的色彩和光影变化更增添了建筑的特色。

*Rivista Tecnica, 5, 1985; P.Disch, Architettura recente nel Ticino 1980-1995, Lugano 1996, p.82.*

罗卡诺－蒙提

## 卡尔特住宅

提格里奥路12号

1989～1991

拉菲尔·卡瓦迪尼以及F·特瑞斯科尼和S·马尔沙瑞

这栋白色的钢筋混凝土建筑建在石质的用地上，建筑空间环绕一个门廊布局，面向花园开敞。中庭把住宅分成两部分，一边是两层通高的起居室，另一边是书房和双人卧室。其余的卧室布置在楼上，通过步行天桥可以到达开敞的屋顶。

其他值得关注的建筑还有卡瓦迪尼设计的卡尔萨希亚住宅（格尔瑞－皮安诺，1991～1992）。

*Ticino hoy, exhibition catalogue, Madrid 1993; Rivista Tecnica, 1-2, 1993; P.Disch, Architettura recente nel Ticino 1980-1995, Lugano 1996, P.130.*

洛桑

## 州立中学

皮奥彼路

1972～1978

利维奥·法施尼和阿罗里奥·格尔费提，M·瓦内提和P·莫罗

洛桑州立中学按照正交的网格布局。学校最初的设想是分三期完成建设工作，其中包括教室、体操房和食堂等内容，不过最后一期工程一直未建。州立中学的教学楼高3层，有四个独立的空间，面向一个广场，广场与建筑通过拱廊相连。学校空间的轴线布局决定了体育馆的位置，两座建筑在技术上和风格上相互呼应，钢承重结构在彩色填充墙板的映衬下显得非常突出。

除此之外，法施尼还设计了罗索尼兵营的一座多功能厅（1990～1991）。

*Rivista Tecnica, 4, 1973; 10, 1975; 10, 1990; Tendenzen.Neuere Architektur im Tessin, Zürich 1975; Werk-archithese, 13-14, 1978; a+u, architecture and urbanism, 6, 1980; Lotus international, 33, 1981; Architettura Svizzera, 54, 1982; W.Blaser, Architecture 70/80 in Switzerland, Basel 1981; Werk, Bauen und Wohnen, 3, 1994; Guide to Swiss Architecture 1920-1995, vol.3, 645, p.256.*

州立中学
Cantonal Secondary School

对面页图
松博公寓楼
Zoppi Apartments
卡尔特住宅，外观和屋顶细部
Kalt House,view and roof detail

洛桑

## 住宅

莱斯里纳路 50 号

1990 ~ 1991

乔齐奥和迈克尔 · 托格纳勒

住宅建在四方形的基础之上，与马吉河边由篱笆围合的不规则用地形成明显的反差。两位建筑师设计的这栋单层住宅以交通轴线为核心布局，外露的混凝土结构体现着立面的韵律特征。对称的空间布局构成了两个功能区域：朝西面向庭院的日常活动区和俯瞰河流与花园的卧室区。

*Ticino hoy, exhibition catalogue, Madrid 1993; Rivista Tecnica, 12, 1993; Guide to Swiss Architecture 1920-1995, vol.3, 646, p.257; P.Disch, Architettura recente nel Ticino 1980-1995, Lugano 1996, p.146.*

卢冈诺

## 彼安奇大厦

朗格拉洛

1927

马里奥 · 齐亚托尼

这座大厦是马里奥 · 齐亚托尼设计生涯的里程碑，后来他投身

托格纳勒住宅
Tognola House

于未来主义运动，并在提契诺退休，退休后仍继续着他的建筑研究。出于对16世纪意大利建筑、罗马风建筑和传统乡村建筑的热衷，自1922年起，齐亚托尼就成为引发当地建筑论争的领军人物。他的论争与其他以瑞士文化为中心的论争相比，更加富于地域化特征。

*P.Disch(ed), 50 anni di architettura in Ticino 1930-1980, Bellinzona-Lugano 1983.*

卢冈诺

## 圣罗克诊所

索尔蒂诺路30号

1934 ~ 1935

乌格尼和阿古斯提诺·卡瓦迪尼

这座诊所位于贝索区，目前仍可见一些20世纪30年代建筑的特征，该诊所曾被认为是当地的第一栋现代建筑。大约在同时，卡瓦迪尼还设计了圣卡尔米洛－特瑞萨诊所(布瑞奥尼－索普拉－米诺西奥，1935)以及卡瑞塔医院（罗卡诺，1936 ~ 1937)。

彼安奇大厦
Palazzo Bianchi

圣罗克诊所
San Rocco Clinic

卢冈诺

**州立图书馆**

希阿尼公园

1936 ~ 1940

卡洛和瑞诺 · 塔米

**综合楼和考索电影院**

皮奥达路

1954 ~ 1957

**公寓塔楼**

卡斯特诺拉大道

1957

瑞诺 · 塔米

在瑞诺 · 塔米 50 多年的设计生涯中，尝试过各种各样的设计主题，并多次设计出非常优秀的作品。州立图书馆的设计来自 1936 年设计竞赛的中标方案，也是提契诺建筑发展过程中一项非常关键的作品。它既是对塔米先前具有探索性设计作品的总结，也标志着他战后稳定的新阶段的开始。设计受萨尔维斯伯格的影响，采用了独立的钢筋混凝土结构，建筑空间的布局以功能为主导原则，并强调材料的真实性。完成于 20 世纪 50 年代的考索电影院则采用动态的组合手法来解决分散的空间问题。而托瑞公寓楼的设计，是将带有城市品质的建筑放置在湖滨的环境中。

在塔米设计的很多作品中，值得关注的还有萨克罗 - 库尔修道院教堂（拜林佐纳，沃若尼路 12 号，与其兄弟卡洛 · 塔米合作设计于 1936）；莫塔的公寓楼（1952）；现在已经过改建的纳提格住宅（马洛吉亚，1957）和威勒 · 卡斯特诺拉的城市游泳池（1976 ~ 1978）。

*Rivista Tecnica, 9, 1938; 12, 1983; 10, 1988; 10, 1992; L'architettura cronache and storia, 3, 1968; P.Disch(ed), 50 anni di architettura in Ticino 1930-1980, Bellinzona-Lugano 1983; Werk, Bauen und Wohnen, 12, 1983; 4, 1986; D.Bachmann and G.Zanetti, Architektur des Aufbegehrens.Bauen im Tessin, Basel 1985; Guide to Swiss Architecture 1920-1995, vol.3, 726, p.288; 729, p.290; 730, p.290.*

州立图书馆
Cantonal Library

卢冈诺

## 工会总部和市政厅

巴勒斯特拉路 19 号

1968 ~ 1971

蒂塔·卡洛尼与 L·登提以及 H·吉尼

这栋建筑位于 20 世纪发展起来的地区当中，建筑各层分别具有不同功能，诸如小卖部、餐厅、协会办公室和旅馆等。棱角分明的建筑体量和清晰明了的门窗处理都源自当地的建筑传统，这种传统与设计主题十分和谐。

大约在同一段时间，卡洛尼还完成了其他一些设计项目，比如斯达比奥学校（帕佐托路，1970 ~ 1972），莫里奥－诺沃福利住宅（特瑞瓦诺路，贝尔特拉米纳路，1965 ~ 1966）和瑟瑞达低造价住宅（圣安托尼奥的巴勒纳，瑟瑞达路，与卡洛尼－登特－莫瑞特设计公司合作设计，1972 ~ 1974），这些都表明卡洛尼非常关注公众住宅的设计。

*P.Disch(ed), 50 anni di architettura in Ticino 1930-1980, Bellinzona-Lugano 1983; D.Bachmann and G.Zanetti, Architektur des Aufbegehrens.Bauen im Tessin, Basel 1985; Werk, Bauen und Wohnen, 1-2, 1985; Guide to Swiss Architecture 1920-1995, vol.3, 735, p.293.*

考索电影院，室内

Cinema corso, interior

托瑞公寓楼

Torre Apartments

工会总部

Workers' Union Headquarters

卢冈诺

## 瑟瑞纳老年公寓

希阿尼路／菲瑞路

1971 ～ 1977

吉安卡洛 · 都尔瑞施

瑟瑞纳老年公寓是激进的当代建筑满足简单功能要求的一个很好实例，它位于卡萨瑞特附近的居住区当中，包括四栋相互垂直布局的建筑。老年公寓中分别设有自给自足的和提供服务功能的公寓，还有员工宿舍和一间礼拜堂，底层公共活动空间面向室外敞开。

*Rivista Tecnica, 20, 1971; P.Disch(ed), 50 anni di architettura in Ticino 1930-1980, Bellinzona-Lugano 1983; T.Boga(ed), Tessiner Architekten, Zürich 1986; Guide to Swiss Architecture 1920-1995, vol.3, 737, p.294.*

卢冈诺

## 马科尼中心

普瑞特瑞奥路

1974 ～ 1975

利维奥 · 法施尼和阿斯伯特 · 特比利特，M · 瓦内提和 R · 瑞阿特

马科尼中心主要是管理和商业用途，它位于市中心一块狭窄的用地上，中心与侧面一栋较低矮的建筑占据了整个临街面。临街立面的特征主要表现在虚实对比形成的韵律感和建筑细部的精致处理上。建

瑟瑞纳老年公寓
La Serena Housing for the Elderly

筑采用钢结构，用安第亚花岗石墙板作填充。高超的设计技巧和极富表现力的材料应用使马科尼中心成为法施尼最杰出的设计作品之一。

*Rivista Tecnica, 18, 1973; P.Disch(ed), 50 anni di architettura in Ticino 1930-1980, Bellinzona-Lugano 1983; a+u, architecture and urbanism, 176, 1985; G.Brown-Manrique, The Ticino Guide, New York 1990; T.Boga(ed), Tessiner Architekten, Zürich 1986; Guide to Swiss Architecture 1920-1995, vol.3, 736, p.293.*

卢冈诺

## 综合楼

普瑞特里奥路

1990

吉安卡洛·都尔瑞施以及F·卡洛姆博

沿着普瑞特里奥路的这栋综合楼，主要用作办公和商店，用以承重的服务性内核与轻巧的外立面形成对比，与城市的历史肌理非常协调。建筑表皮采用钢板贴面，另外还设有其他一些功能性的独立构件，如雨篷和落水管等。

这两位建筑师设计的其他作品还有电信技术中心（戈比阿斯科，1814大街／菲尔瑞尔街，1988～1997）和拜林佐纳社会剧院的修复项目（波萨尼格街／多格纳街，1991～1996）。

*Rivista Tecnica, 6, 1991; P.Disch, Architettura recente nel Ticino 1980-1995, Lugano 1996, p.126.*

马科尼中心
Macconi Center

综合楼
Mixed-Use Building

卢冈诺

## 菲尔德尔住宅

河流路 9 号

1977 ~ 1979

马里奥 · 坎普和弗兰克 · 佩施纳

菲尔德尔住宅坐落在山顶上，旁边是一座 17 世纪的别墅，新建筑按照老建筑的轴线和朝向布局。这栋住宅有一个内部庭院，平面略呈正方形，入口柱廊的处理使住宅立面完整统一。

*Rivista Tecnica, 11-12, 1980; Werk, 1, 1980; Gran Bazaar, 7-8, 1981; Werk, Bauen und Wohnen, 4, 1981; 6, 1986; a+u, architecture and urbanism, 11, 1982; Progressive Architecture, 7, 1982; Casabella, 534, 1987; G.Brown-Manrique, The Ticino Guide, New York 1990; L'Habitat, 11, 1991; Guide to Swiss Architecture 1920-1995, vol.3, 739, p.295.*

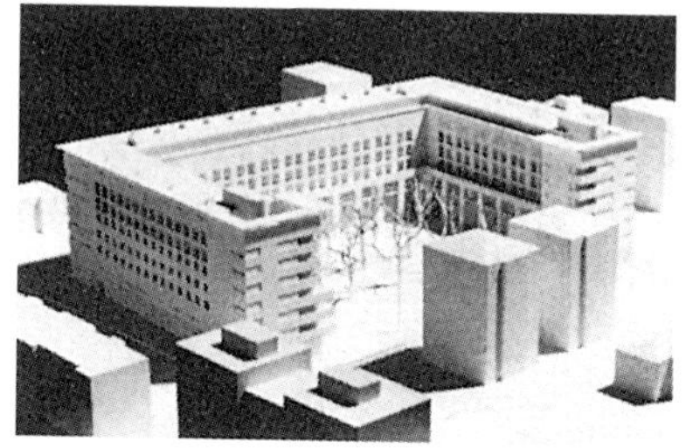

卢冈诺

## 住宅楼

贝尔特拉米纳路

1992 ~ 1995

马里奥 · 坎普和弗兰克 · 佩施纳

这栋住宅楼的设计源自 1986 年设计竞赛的中标方案，设计的意图在于促进该地区的建筑发展，并借以遏制和改善当地杂乱无章的城市发展状况。这些目标是建筑师采取相应措施的理论出发点。首先这栋住宅楼的高度与周围其他建筑取平，其次修复了两栋原有的建筑，从而形成了一个 U 字形建筑。这栋住宅楼内共设有 120 套福利住房，内院空间成了更新后当地的一

个公共活动场所。

*Rivista Tecnica, 1-2, 1987; 1-2, 1990; 10, 1992; Costruire, 114, 1992; P.Disch, Architettura recente nel Ticino 1980-1995, Lugano 1996, p. 232.*

卢冈诺

**嘉布遣会修士图书馆**

弗拉提坡上

1976 ~ 1979

马里奥 · 博塔以及 R · 亨兹克和 F · 罗比阿尼

**兰希拉 1 号办公楼**

普瑞特里奥路

1981 ~ 1985

马里奥 · 博塔与 F · 罗比阿尼, M · 佩利, M · 格罗

**格特哈德银行**

斯提芬诺 - 弗兰西尼大街

1982 ~ 1988

马里奥 · 博塔与 M · 佩利,P · 莫尔沙希, D · 艾森哈特, M · 莫林尼, R · 布鲁莫, M · 德阿佐, C · 赫尔瑞斯, C · 洛 · 雷索

嘉布遣会修士图书馆坐落在修道院南边的一块用地中，采用下沉式设计。图书馆的侧翼与 17 世纪建成的修道院的地面平齐，显眼的天窗显出形式上的独创性，也把它与其他的建筑区分开。光线被认为是博塔设计中的重要元素，他在这里用光创造了阅览室独特的空间。兰希拉 1 号办公楼是一栋转角大楼，它的特点在于立面上雕刻般的缺口，这栋办公楼着力探索了建筑形态和城市肌理的关系。格特哈德银行则是利用立面上巨大的竖向开口，显示出城市建筑的形象，这种竖向开口，也是博塔常用的设计语汇。

*Casabella, 414, 1976; Lotus international, 22, 1979; 28, 1981; 48-49 1987; GA Document, 2, 1980; 6, 1983; 14, 1986; Parametro, 99, 1981; 141, 1985; Rivista Tecnica, 5, 1981; 12, 1982; 7-8, 1984; 12, 1988; GA Architect, 3, 1984; Techniques et Architecture, 377, 1988; a+u, architecture and urbanism, 220, 1989; Domus 704, 1989; Guide to Swiss Architecture 1920-1995, vol.3, 740, p.295; 742, p.296; 743, p.297; p.Disch, Architettura recente nel Ticino 1980-1995, p.89 and 106.*

*对面页图*

菲尔德尔住宅

Felder House

住宅楼，模型外观

Residential Quarter,model view

嘉布遣会修士图书馆，室内景

Capuchin Library, interior view

兰希拉 1 号办公楼

Ransila I Offices

格特哈德银行

Banca del Gottardo

卢冈诺

## 建筑群

希阿尼路 16 号，新莫提诺

1986 ～ 1990

马里奥 · 博塔

## 五洲大楼

古尔森，帕拉德索路

1986 ～ 1991

马里奥 · 博塔以及 G · 阿格兹(施工监理)

## 卡马托办公楼

马吉路 · 卡萨瑞特

1986 ～ 1993

马里奥 · 博塔

在博塔设计的卢冈诺的三栋建筑中，其设计的核心是力图在城市的环境中创造出净化的建筑形象来。基于给定的城市环境，博塔的设计持续地强调建筑形象的决定性作用，在他设计的这三个项目中，其中包括博塔自己的圆柱形工作室(莫里奥 - 诺沃)，建筑体量的张力反映在室内空间的组织上。建筑表皮的处理表现出传统建筑的处理方法。

*Abitare, 290, 1990; Hochparterre, 11, 1990; a+u, architecture and urbanism, 251, 1991; 279, 1993; Bauwelt, 13, 1991; GA Document, 30, 1991; 11, 1992; Domus, 737, 1992; Interior Design, 3, 1992; Ticino hoy, exhibition catalogue, Madrid 1993; P.Disch, Architettura recente nel Ticino 1980-1995, Lugano 1996, p.122.*

卢冈诺

## 公寓楼

多米尼克 - 封特纳路 10 号

1988 ～ 1991

马克 · 德阿佐以及 G · 佩勒格特

这栋公寓楼建在一块楔形用地上，特征与近旁建于 20 世纪初的别墅相呼应，设计师让花园环绕建筑周围。该大楼由两部分组成，一部分是端部半圆形砖墙面的体量，它强化了建筑的透视效果；另一部分是与街道一样弯曲的建筑体量，公寓楼位于一排独立式住宅的尽端。立面水平方向的韵律反映着室内空间的布局，每层空间均为一套公寓，同时建筑形象的处理也影响了材料的选择和功能分区。这栋公寓楼的布局使人想起恩瑞克 · 门德尔松的设计。它非常规性的现代建筑形式协调了邻近的折衷主义别墅和 20 世纪 70 年代该地区滥建的城市环境。

*P.Disch, Architettura recente nel Ticino 1980-1995, Lugano 1996, p.133.*

*对面页图*

建筑群，外观和底层平面

Mixed-Use Building,view and floor plan

五洲大楼，外观和轴测图

Cinque Continenti, view and axonometric

卡马托办公楼

Caimato Offices

公寓楼

Apartments

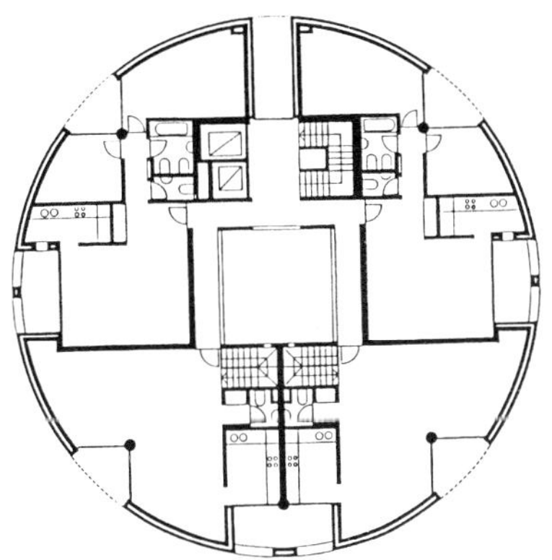

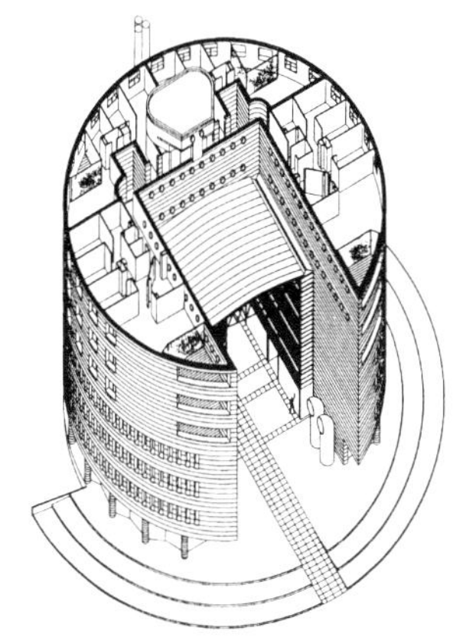

马瑞诺

## 巴施住宅

女王路

1975 ~ 1989

马里奥 · 博塔

巴施住宅经历了很长的设计过程，1975年开始，1987年完成。住宅坐落在一片微倾的坡地顶端，建筑特点是在主体建筑前设计了一条长长的砖墙。这片砖墙与主体建筑之间，形成了一条通向内部庭院的巨大拱形通道，房间均围绕内院布置。设计明显借鉴了当地传统农家庭院的做法，建筑后部的拱形开口与大面的墙体呼应，靠近峡谷的墙面上开设了细长的窄窗。

*Lotus international, 15, 1977; GA Document, 30, 1990; A.Acocella, L'architettura del luoghi, Rome 1992; a+u, architecture and urbanism, 279, 1993; P.Disch, Architettura recente nel Ticino 1980-1995, Lugano 1996, p.123.*

曼诺

## 苏格里奥UBS办公楼

行政区路，苏格里奥

1990 ~ 1997

多尔夫 · 施奈比利，托比斯 · 阿曼，弗罗拉 · 鲁赫特，恩斯特 · 安格勒和克劳迪奥 · 舒密特与S · 蒙斯

苏格里奥UBS办公楼的设计来自1990年设计竞赛的中标方案，它在节能、减小对环境的影响、使用功能的多变性以及提高工作环境质量等方面均居当时建筑设计的领先地位。精心的生态学手法同样体现在立面的设计中，这栋办公楼比其他许多建筑有着更好的通风和自然采光。材料的选用主要考虑了生产、使用和安装的便利；大片的屋顶和建筑的南面均装有太阳能板和光电板。

*P.Disch, Architettura recente nel Ticino 1980-1995, Lugano 1996, p.230 f.*

马斯格诺

## 全景大楼

圣格特度路

1955 ~ 1957

阿尔伯托 · 卡尼蒙德以及B · 布罗奇

全景大楼位于一处高低不平的用地上，设计满足了停车场和上层通廊式公寓的功能要求。建筑与停车场通过螺旋形的坡道联系，整栋建筑表现了建筑师娴熟的设计技巧；大楼整体的尺度和比例非常协调，外观优雅。

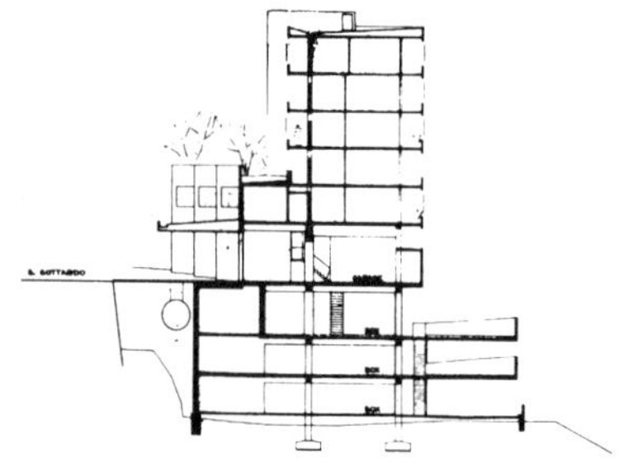

巴施住宅
Barchi House

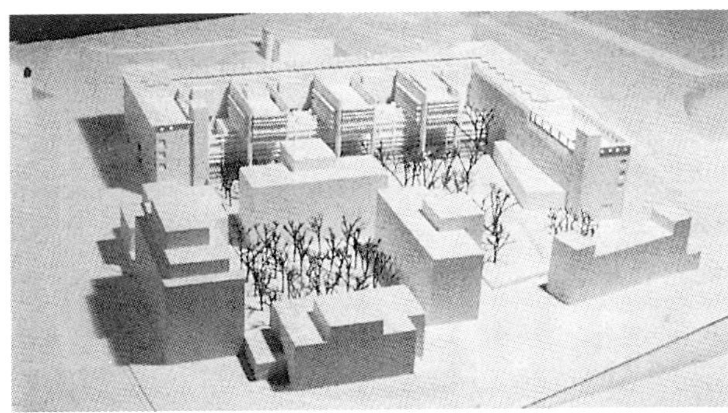

苏格里奥 UBS 办公楼，模型外观
Suglio UBS Offices, model view

全景大楼，外观及剖面（剖面见对面页）
La Panoramica, view and, opposite page, section

马斯格诺

## 伯尼住宅

罗克洛路3号

1980～1982

马里奥·坎普和弗兰克·佩施纳

伯尼住宅建在一处蜿蜒的石质基础上，建筑与道路平行，设有入口、车库、服务用房和门房。经过一个精心设计的入口之后，参观者被引入室内，一部开敞的楼梯成为整栋住宅空间组合的中心，并且把主要房间从视觉上联系起来。

这两位建筑师在同一时期设计的另一个值得注意的作品是伯洛尼住宅（奥瑞格利奥）。

*a+u, architecture and urbanism, 11, 1982; Progressive Architecture, 7, 1982; Werk, 12, 1982; Rivista Tecnica, 2, 1983; Häuser, 1, 1985; Bauwelt, 41-42, 1986; Werk, Bauen und Wohnen, 6, 1986; Casabella, 534, 1987; L'Habitat, 11, 1991; Architektur und Technik, 7, 1992.*

马斯格诺

## 联排式住宅楼

普瑞西奥路

1990～1992

马里奥·坎普和弗兰克·佩施纳

这个联排式住宅楼建在一块坡度很大的三角形用地上，它共有五户住宅。建筑北面临街，有着明显

伯尼住宅
Boni House

马斯格诺的住宅楼
Housing in Massagno

的城市建筑特色。入口在二层，设在建筑北面。而南面则通过走廊形成室内外空间的过渡，这排住宅建筑的主要特色体现在这个走廊上。

在同一地区，还可以看到另一座联排式住宅楼（弗勒提路，坎普和佩施纳设计，1985 ~ 1986）。

*Domus, 728, 1991; Werk, Bauen und Wohnen, 12, 1991; Rivista Tecnica, 10, 1992; P.Disch, Architettura recente nel Ticino 1980-1995, Lugano 1996, p.151.*

米纳希奥

## 卡特瑞尼住宅楼

伯瑞安科路 16 号

1989 ~ 1991

迈克尔 · 阿纳波蒂以及 N · 拉莫里奥

卡特瑞尼住宅楼的入口、楼梯以及通向入口的林荫道，形成了建筑空间组织的轴线。建筑的几个立面处理手法各异，主立面为一片外露的钢筋混凝土墙，可见到楼梯和形状不同的窗户。西立面有大片的阳台，是室内空间最理想的延续。最高一层的平台可远眺马吉三角洲和马格沃尔湖的美景。

*Ticino hoy, exhibition catalogue, Madrid 1993; Architettura Svizzera, 11, 1993; P.Disch, Architettura recente nel Ticino 1980-1995, Lugano 1996, p.147.*

卡特瑞尼住宅楼
Quattrini House

莫格诺

## 圣吉奥瓦尼－巴提斯塔教堂

弗西奥教区，马吉亚峡谷

1986 ~ 1996

马里奥·博塔以及 G· 达兹奥( 施工监理 )

这里原有一座建造在马吉亚峡谷上的莫格诺小教堂，但教堂在1986 年春天毁于雪崩，连带村子的部分建筑也遭到损坏；莫格诺教堂一直以来都是这个具有 17 世纪风格的教区里最熟悉不过的标志性建筑。经过长期的讨论，一个巨大的由当地石材建成的建筑体量从教堂原来的基址上竖立起来。圣吉奥瓦尼－巴提斯塔教堂的室内，椭圆形的平面汇聚向上。室外，外墙上尖锐的切口，倾斜的钢架和刺向天空的玻璃屋顶使建筑外观具备了强烈的雕塑感。

*Archithese, 4, 1987; Rivista Tecnica, 9, 1987; Werk, Bauen und Wohnen, 7-8, 1987; Casabella, 546, 1988; Domus, 694, 1988; L'Arca, 14, 1988; Perspecta, 24, 1988; Techniques et Architecture, 377, 1988; GA Document, 22, 1989; 36, 1993; J.Petit(ed), Mario Botta progetto per una chiesa a Mogno, Lugano 1992; Habitation, 1, 1993; Languages of Design, 8, vol.1, 1993; P.Disch, Architettura recente nel Ticino 1980-1995, Lugano 1996, p.224.*

蒙特格纳罗

## 卡连纳－德奥罗小学

1978 ~ 1982

利维奥·法施尼以及 M· 瓦内提，C· 博德默尔，T· 费斯特

在这所 300 人的卡连纳－德奥罗小学的设计中，法施尼以他的“实验性古典主义”作为处理建筑各部分关系的准则。小学采用内院式的布局。小学校的建设重新整合了城市中心区，使市中心成为公众活动

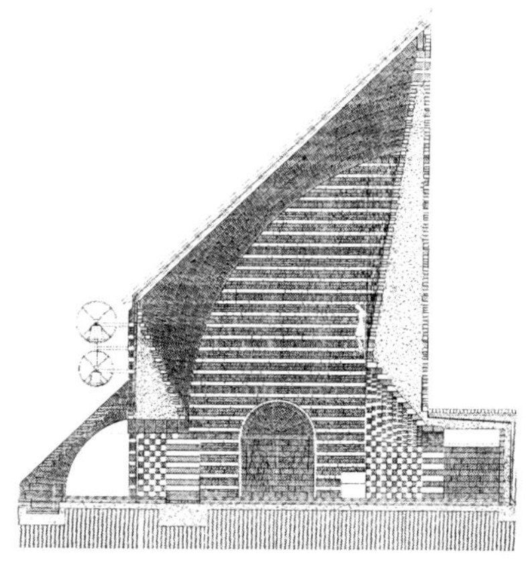

圣吉奥瓦尼－巴提斯塔教堂

Church of San Giovanni Battista

的主要场所。学校建筑的底层是集体活动用房，二层是教室；立面为钢筋混凝土框架结构外贴金属和大理石贴面。

*Rivista Tecnica, 3-4, 1978; 9, 1984; Werk, Bauen und Wohnen, 10, 1983; Archithese, 6, 1984; Casabella, 503, 1984; Quaderns d' Arquitectura i Urbanisme, 160, 1984; a+u, architecture and urbanism, 176, 1985; Lotus international, 44, 1985; Parametro, 141, 1985; AMC.Architecture-Mouvement-Continuité, 6, 1986; G.Brown-Manrique, The Ticino Guide, New York 1989; F.Werner and S.Schneider, La nuova architettura ticinese, Milan 1990; Guide to Swiss Architecture 1920-1995, vol.3, 765, p.308; P.Disch, Architettura recente nel Ticino 1980-1995, Lugano 1996, p.69.*

蒙特格纳罗

## 克瑞考住宅

马特瑞尔路 7 号

1987 ~ 1989

马里奥 · 坎普和弗兰克 · 佩施纳

这栋逐层退台的克瑞考住宅楼均为跃层式独户住宅，建筑共分为三个体量，向下延伸到峡谷中。贯通整个侧面的楼梯标出了入口的位置。每户都有两层空间，围绕通高的起居室布局。建筑是采用铺地、阳台和藤架等一系列的过渡元素，使建筑与周围环境建立了直接的联系，同时也提供了面向湖面的美景。

*Domus, 715, 1990; Faces, 17, 1990; Rivista Tecnica, 5, 1990; 10, 1992; Atrium, 4, 1991; Ideales Heim, 10, 1991; Guide to Swiss Architecture 1920-1995, vol.3, 766, P.308; P.Disch, Architettura recente nel Ticino 1980-1995, Lugano 1996, p.121.*

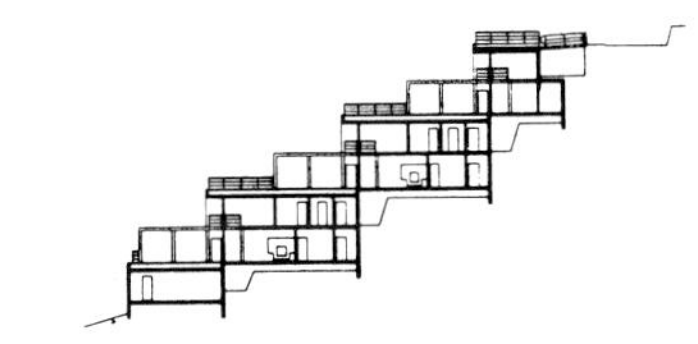

卡连纳 – 德奥罗小学，外观
Collina d'Oro Primary Schools,views
克瑞考住宅，外观和剖面
Corecco Houses, view and section

蒙特格纳罗

## 住宅

阿雷西奥路

1989 ~ 1993

马里奥 · 博塔

这栋半圆柱形的独户住宅坐落在一片坡地上，凸出的起居室的一侧面向山下。一个较矮的处于半地下的体量中设置了各种辅助用房，如健身房、桑拿浴室、游泳池以及房主收藏汽车的车库等。通过宽大的平台可到达住宅的中间层，这一层中的起居室有着大片的玻璃墙面。这块玻璃面在石材贴面的外立面上形成了一道深深的凹槽，起居室同时也是整栋建筑空间组织的中心。

*P.Disch, Architettura recente nel Ticino 1980-1995, Lugano 1996, P.221.*

蒙特－卡罗索

## 村庄的重新开发

1979 ~ 1990

路吉 · 斯诺茨与 W · 凡 · 艾奥，C · 布提，G · 格罗斯曼，G · 马兹，M · 阿诺伯蒂，M · 巴赫勒和 R · 卡瓦迪尼

这个开发项目起始于 1977 年，主要目的是修复村镇中心的修道院，并将其改建为小学。两年之后由于村镇详细规划的修编，项目也随之有所扩展。相对于向周边分散的规划方案，建筑师斯诺茨提议将中心区分期重新开发，开发后可以用作宗教和市民机构。于是，各种各样的工程项目相继完成，其中包括一座体育馆（1984）、拉埃菲森银行大楼（1984）、一栋位于高速公路旁的多户住宅楼（1996）和几栋独户住宅。同时，修道院被改建成一所语法学校（1933），斯诺茨还改建了墓地。这个独特的开发项目可以被看作是一个范例，每个单体项目的实施都遵循了总体规划的原则。

*Casabella, 506, 1984; 542-543, 1988; 567, 1990; Rivista Tecnica, 12, 1984; 3, 1990; 12, 1991; D.Bachmann and G.Zanetti, Architektur des Aufbegehrens, Bauen im Tessin, Basel 1985; Werk, Bauen und Wohnen, 4, 1985; AMC. Architecture-Mouvement-Continuité, 12, 1986; Archithese, 2, 1986; 4, 1989; Bauwelt, 41-42, 1986; T.Boga, Tessiner Architekten, Zürich 1986; Architectural Record, 4, 1987; The Architectural Review, 1095, 1988; du 11, 1989; Abitare, 290, 1990; F.Werner and S.Schneider, La nuova architettura ticinese, Milan 1990; Guide to Swiss Architecture 1920-1995, vol.3, 648, P.258; Luigi Snozzi, Monte Carasso, La reinvenzione del sito, Basel 1995; C.Lichtenstein, Luigi Snozzi, Basel 1997; P.Disch, Architettura recente nel Ticino 1980-1995, Lugano 1996, p.74ff., 176ff., 234.*

蒙特格纳罗的住宅
House at Montagnola

蒙特－卡罗索村庄重新开发:
Monte Carcasso village Redevelopment:

修道院
Monastery

银行
Bank

体育馆
Gymnasium

莫比奥－伊弗瑞尔

## 中学

弗朗西尼路

1972～1977

马里奥·博塔与E·伯纳格尔，R·亨斯科以及L·塔米

这所学校可以说是马里奥·博塔设计生涯的顶点和其设计原则最完美的体现。同时，也是当地20世纪70年代建筑的代表作品之一。由于当地混乱的城市发展状况，引起了城市环境质量的下降，这所学校的设计试图改进这种现状。博塔对这块城乡交界处的用地进行了精心的设计，方案设置了一栋南北向的教学楼，楼内设计了四个标准单元式的教室，这种标准单元也是整体空间布局的基本单位。大楼走廊采用高侧窗采光，这种方法赋予了室内交通空间的秩序感。建筑尽头布置了主报告厅和图书馆，校园内还有一座稍稍偏离轴线的露天剧场，它是学校建筑和体育馆之间的空间枢纽。

*Rivista Tecnica, 4, 1973; 11, 1975; 9, 1979; Werk, 1, 1975; Lotus international, 11, 1976; 15, 1977; Archives d'architecture Moderne, 12, 1977; L'architecture d'aujourd'hui, 190, 1977; AMC.Architecture-Mouvement-Continuité,*

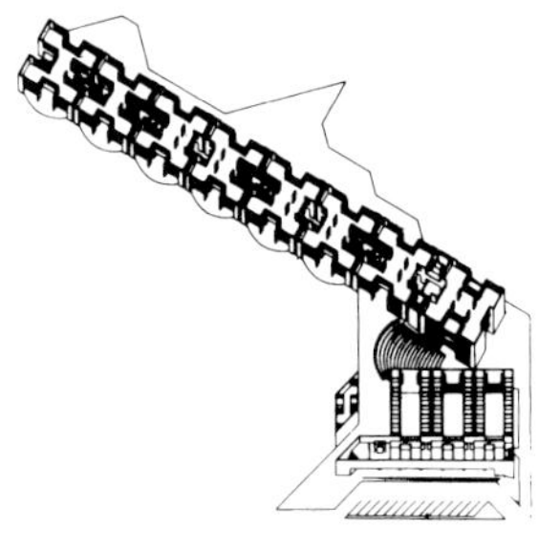

中学

Secondary School

*45, 1978; Werk-archithese, 13-14, 1978; a+u, architecture and urbanism, 105, 1979; 9, 1986; Architettura Svizzera, 46, 1981; Architectural Record, 6, 1982; GA Architect, 3, 1984; Domus, 579, 1988; G.Brown-Manrique, The Ticino Guide, New York 1990; Guide to Swiss Architecture 1920-1995, vol.3, 767, p.309.*

莫比奥－伊弗瑞尔

## 住宅

瓦卡洛路

1986 ~ 1989

马里奥·博塔

博塔经常在设计中探索三角形平面的组合潜力，他把研究成果用在了这栋住宅的设计上。该住宅位于莫比奥－伊弗瑞尔和瓦卡洛两镇之间的一座小山顶上，可以远眺乔索平原。住宅的门廊设计非常特别，由两个相互交叉的拱组成，主要房间的窗户都开向这个门廊。立面充分体现了清水砖墙的肌理效果，精心设计的砌筑方式大大提升了立面的艺术效果。

*GA Global Architecture, 30, 1990; A.Acocella, L'architettura dei luoghi, Rome 1992; Mario Botta, The Complete Works, vol.2, 1985-1990, Zurich 1994.*

莫比奥－伊弗瑞尔的住宅
House at Morbo Inferiore

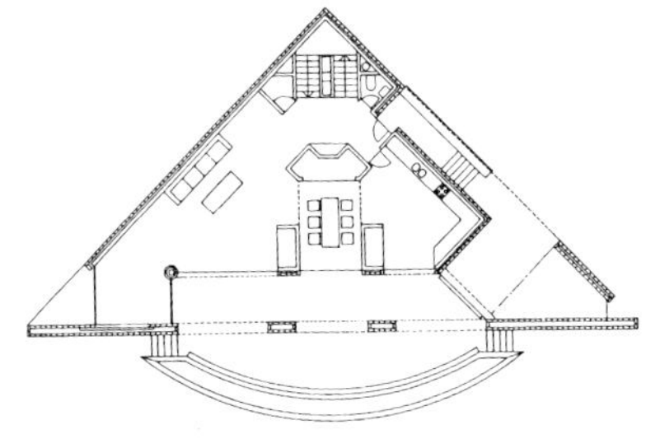

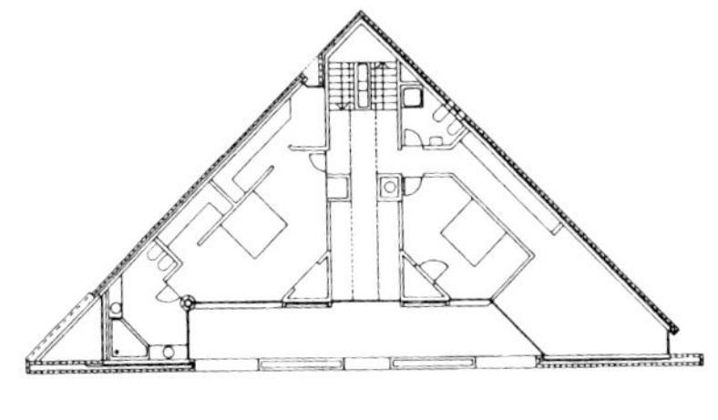

莫比奥－苏普瑞奥

## 卡瑞纳住宅

瓦卡洛路

1962 ~ 1963

佩普奥·布维利奥

卡瑞纳住宅位于郊外的村镇当中，依 90cm × 90cm 的模数设计。建筑外观是严格依照模数设计的结果，材料选用非常精心，主要采用清水砖墙、钢筋混凝土屋顶和木质门窗。

布维利奥在 20 世纪 50 年代设计的其他作品还有阿尔巴隆尼公寓楼（马斯格诺，塞瑞西奥路 5 号）和凯特公寓楼（马斯格诺，提斯瑞特路 3 号）。

*J.Bachmann and S.von Moos, New Directions in Swiss Architecture, New York 1969; P.Disch(ed), 50 anni di architettura in Ticino 1930-1980, Bellinzona-Lugano 1983; Guide to Swiss Architecture 1920-1995, vol.3, 768, P.310.*

莫比奥－苏普瑞奥

## 住宅

1983 ~ 1984

马里奥·博塔以及 G·卡德拉瑞，F·罗比阿尼

这栋独户住宅坐落在一座小山顶上，面向峡谷，有一个银色内凹的立面，立面砖以 45° 角排列。主立面中央有一条竖向的开口，以天窗作为结束。天窗中敏感的光线变化，不但显示出博塔对建筑与自然景观相和谐的关注，并且显出其在对立面和材料运用的特别专注中，尝试新建筑类型的设计技巧。

*Architectural Design, 11-12, 1984; GA Architect, 3, 1984; GA Houses, 15, 1984; Rivista Tecnica, 7-8, 1984; Architectural Record, 4, 1986; a+u, architecture and urbanism, 184, 1986; Häuser, 4, 1986; Techniques & Architecture, 377, 1988; P.Disch, Architettura recente nel Ticino 1980-1995, Lugano 1996, p.72.*

穆萨诺

## 菲利普尼住宅和工作室

泰格里奥路 7 号

1968 ~ 1970

马里奥·坎普和弗兰克·佩施纳

菲利普尼住宅是为一位艺术家设计的，其中还包括了艺术家的工作室。住宅位于一块狭长的用地上，并被古代石墙遗迹和一条道路包围，这种特殊的地形使得建筑师将室内空间设计为线形空间。设计还探索了建筑类型与场所之间潜在的互动关系，这也是坎普和佩施纳在设计中一直坚持研究的特性。在穆萨诺，他们还设计了凡尼住宅（1962 ~ 1965）。

*a+u, architecture and urbanism, 9, 1976; Rivista Tecnica, 2, 1973; M,Steinmann and T.Boga, Tendenzen. Neuere Architektur im Tessin, Zürich 1975; T.Boga, Tessiner Architekten 1960-1985, Zürich 1986; Guide to Swiss Architecture 1920-1995, vol.3, 770, p.311.*

卡瑞纳住宅
Corinna House

莫比奥－苏普瑞奥的住宅
House at Morbio Superiore

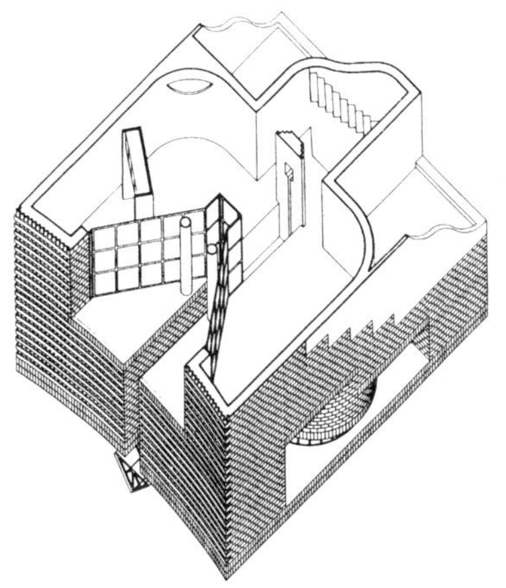

菲利普尼住宅和工作室
Filippini House and Studio

穆萨诺

## 普拉提斯住宅

苏萨瑞塔路

1979 ~ 1982

艾米利奥 · 伯尼格，布鲁诺 · 科勒和艾迪 · 奎利亚

普拉提斯住宅是20世纪70年代末期提契诺建筑的代表性作品之一，位于城镇边缘，三角形平面，交通空间布置在后部，联系着两层的各个房间。规整几何形的设计与形状不明确的地形构成鲜明对比，强调了建筑能够创造其自身基地环境的能力。这几位建筑师后来还设计了很多独户住宅，其中有霍施街住宅（穆萨诺，罗驰路，1990）和更晚一些的比克工作室（圣阿博恩迪奥，1992 ~ 1993）等。

*Rivista Tecnica, 2, 1983; Archithese, 3, 1984; Parametro, 141, 1985; Werk, Bauen und Wohnen, 9, 1986; 3, 1994; G.Brown-Manrique, The Ticino Guide, New York 1989; P.Disch, Architettura recente nel Ticino 1980-1995, Lugano 1996, p.135.*

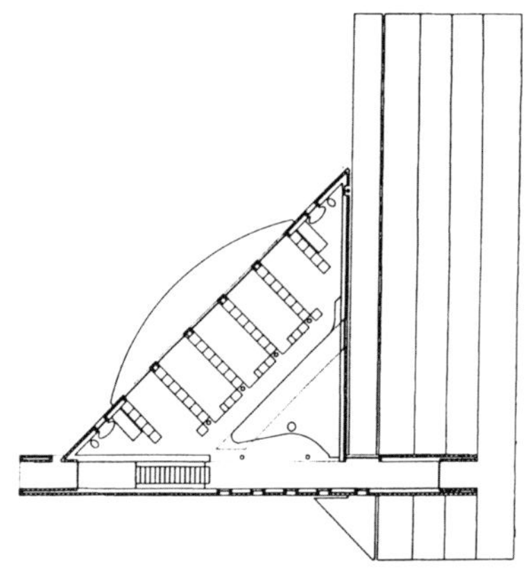

普拉提斯住宅，外观和底层平面

Platis House,view and floor plan

诺维萨诺

## 居住区设计

罗克路，卡萨特住区

1988 ~ 1992

马里奥 · 博塔与F · 罗比阿尼（施工监理）

博塔早期的住宅设计中曾尝试过将一种类型重复使用，在这个居住区的设计中，这种方法得到了进

诺维萨诺的居住区设计

Residential Quarter in Novazzano

一步的体现。虽然居住空间和建筑整体之间已然建立了相互的秩序关系，但博塔仍将公共活动区域，如门廊、广场和峡谷边的一片草地等，作为空间组织的元素。博塔利用立面的色彩标示出不同的楼层，这有助于控制环境的尺度，这反映出现代建筑的传统，即利用一切有效手段来提高居住环境的生活质量。

*a+u, architecture and urbanism, 279, 1993; Abitare, 327, 1994; Guide to Swiss Architecture 1920–1995, vol.3, 774, P.313; P.Disch, Architettura recente nel Ticino 1980–1995, Lugano 1996, p.158.*

普雷格松纳

## 住宅楼

斯库勒路 21 号 a

1985 ~ 1987

安托尼奥·巴斯，吉奥凡尼·赫瑞尔和多瑞奥·格利姆波蒂

这栋住宅楼处在卢冈诺郊区比较凌乱的环境中，设计有阳台式的交通系统。建筑师在设计中，借鉴并发展了一些当地传统住宅的设计语汇，比如住宅楼的底部处理就借用了 19 世纪村镇府邸的做法，而理性化处理的建筑体量、栏杆的形式、没有檐口的屋顶、凹廊的使用等等这些现代手法，使整个建筑看起来像是一幅拼贴画。但总体而言，这栋住宅楼的设计还是完整自律的。

*Premio internazionale di architettura Andrea Palladio, Milan 1991; L'Habitat, 22, 1991.*

诺维萨诺的居住区设计
Residential Quarter in Novazzano

普雷格松纳的住宅楼，外观
Housing in Pregassona,views

圣维特勒河

## 市立学校中心

斯特拉路

1962 ~ 1973

阿罗里奥 · 格尔费提,弗罗拉 · 鲁赫特和伊沃 · 弗纳姆

该中心包括一所校园、一个托儿所和一座体育馆。整个中心分三期建成，教学楼中与楼梯间相连的主入口门廊、服务用房与特殊教学用房、梳状结构的教室相连，明确地形成一个独立的教学单元。体育馆处在室外场地的尽端，设置了两片长长的墙面。L 形的托儿所，围绕内院布局，并与中心的其他建筑脱离开。

除此之外，这几位建筑师还设计了维格尼洛的市立幼儿园（古尔森路 10 号，1968 ~ 1970）。

*Werk, 1, 1968; 11, 1969; M.Steinmann and T.Boga, Tendenzen.Neuere Architektur im Tessin, Zürich 1975; Rivista Tecnica,1981,11; P.Disch(ed), 50 anni di architettura in Ticino 1930-1980, Bellinzona-Lugano 1983; T.Boga, Tessiner Architekten 1960-1985, Zürich 1986; G.Brown-Manrique, The Ticino Guide, New York 1989; Guide to Swiss Architecture 1920-1995, vol.3, 776, p.314.*

圣维特勒河

## 住宅

巴图塔路

1971 ~ 1973

马里奥 · 博塔与 S · 坎托尼

这栋独户住宅是体现博塔的建筑如何与景观对话的象征性范例。在这里，建筑是环境的主角。经过一条窄长的金属人行天桥可到达建筑上部；住宅体量中空虚的部分，提供了精心选择的视野，并且创造了过渡空间的层次。由于采用与传统不同的开窗方式，使该建筑的尺度与周围环境非常适宜，设计中还强调了建筑的多样性特征。

*L'architettura cronache and storia, 223, 1974; Rivista Tecnica, 8, 1974; Domus, 44, 1975; The Architectural Review, 941, 1975; Werk, Bauen und Wohnen, 2, 1975; a+u, architecture and urbanism, 69, 1976; 9, 1986; Casabella, 414, 1976; Lotus international, 11,1976; Archives d'architecture Moderne, 12, 1977; GA Document, 1, 1980; Architectural Design, 5, 1981; GA Architect, 3, 1984; G.Brown-Manrique, The Ticino Guide, New York 1989; Guide to Swiss Architecture 1920-1995, vol.3, 779, p.316.*

市立学校中心，外观
Municipal School Center, views

圣维特勒河的住宅
House at Riva San Vitale

圣维特勒河

**工作室兼住宅**

因格里斯路 3 号 a

1973 ~ 1974

吉安卡洛 · 都尔瑞施

**中学**

维拉路

1980 ~ 1982

吉安卡洛 · 都尔瑞施和乔齐奥 · 古迪斯

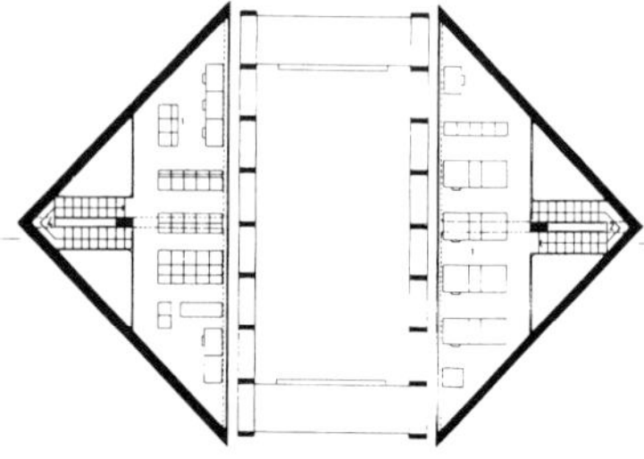

这两个项目代表着都尔瑞施一直努力探索的几何形建筑设计主题，在都尔瑞施自己的住宅兼工作室中，建筑空间被划分为一个内院与两个三角形的建筑体量，都尔瑞施将内院处理成所有房间的视线焦点。在维拉路中学的设计中，四栋建筑围合了一个广场，广场四周有走廊环绕。建筑师采用了一些非常规的大胆设计方法，诸如设置在对角线上的入口，扭转中庭的屋顶结构等。但整个建筑的采光和精心选择的材料在这些建筑中都展现出来，这些做法形成了都尔瑞施的设计风格，也唤醒了建筑沉默的诗意。

*M,Steinmann and T.Boga, Tendenzen. Neuere Architektur im Tessin, Zürich 1975; a+u, architecture and urbanism, 69, 1976; L'architecture d'aujourd'hui, 190, 1977; Lotus international, 15, 1977; 63, 1989; P.Disch(ed), 50 anni di architettura in Ticino 1930-1980, Bellinzona-Lugano 1983; Rivista Tecnica 1984, 9; T.Boga, Tessiner Architekten 1960-1985, Zürich 1986; Guide to Swiss Architecture 1920-1995, vol.3, 778, p.315; 780, p.316;*

*P.Disch, Architettura recente nel Ticino 1980-1995, Lugano 1996, p.66.*

瑞弗瑞

**礼拜堂**

塔马罗山

1990 ~ 1997

马里奥 · 博塔

礼拜堂坐落在朝向马格蒂诺平原的山坡上，也是当地的一个旅游基础设施。通过一条窄长的架在石拱之上的人行天桥，建筑和阿尔卑斯山的景观建立起了某种对话。教堂内透过小小的环形窗户投射下来的光线，使室内空间产生了一种冥想的气氛，而恩佐 · 库施的装饰画更增强了这种效果。

*Guide to Swiss Architecture 1920-1995, vol.3, 781.P.317; P.Disch, Architettura recente nell Ticino 1980-1995, p.225.*

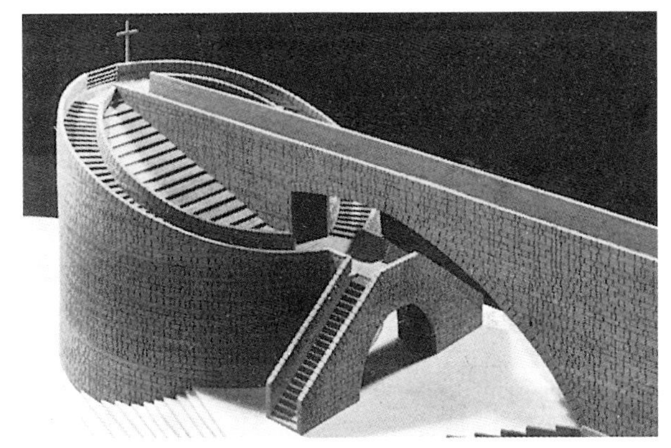

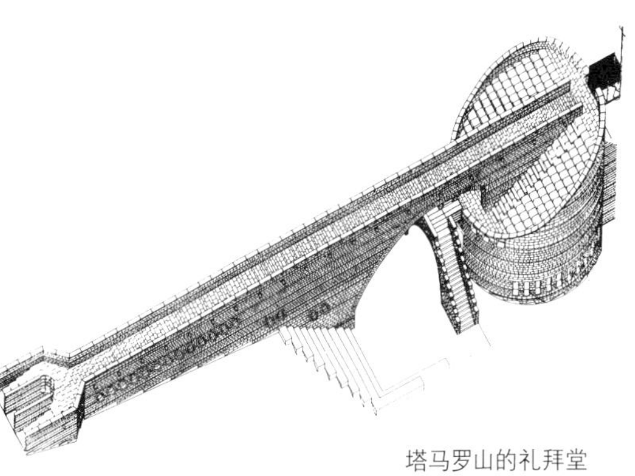

对面页图
工作室兼住宅，外观和平面
Studio-House,view and plan

中学，外观和室内
Secondary School, view and interior

塔马罗山的礼拜堂
Chapel at Monte Tamaro

罗维奥

## 巴姆利住宅

圣维吉利奥

1955 ~ 1957

蒂塔·卡洛尼和路吉·斯诺茨

巴姆利住宅的设计体现了建筑师在借鉴赖特的设计语汇方面的技巧，该住宅的设计尊重周围环境，对地方技术和材料的运用保持高度的敏锐性。巴姆利住宅建造在圣维吉利奥山顶上，依山坡的地形整栋住宅设置在三个不同的标高上，屋顶的造型采用规则的锐角，室内的建筑材料主要是碎石砌体和木材。在其后的罗维奥的独户住宅（1968）的设计中，这两位建筑师进一步探索了这些材料的设计潜力。在以后的10年中，他们在另一些项目中，采用了不同的设计构思，但仍然将建筑精心地布置在自然环境之中，诸如建筑师的自用住宅（罗维奥，1985 ~ 1986），塞瑞赫提住宅（萨罗瑞诺，克鲁路，罗伯特·尼科里亦承担部分设计，1992 ~ 1993）等。

*Werk, 1, 1968; P.Disch(ed), 50 anni di architettura in Ticino 1930-1980, Bellinzona-Lugano 1983; D.Bachmann and G.Zanetti, Architektur des Aufbegehrens. Bauen im Tessin, Basel 1985; T.Boga, Tessiner Architekten 1960-1985, Zürich 1986; Ticino hoy, exhibition catalogue, Madrid 1993; Guide to Swiss Architecture 1920-1995, vol.3, 782, p.317.*

圣纳萨若

## 市政厅和学校

1973 ~ 1979

路吉·斯诺茨与W·凡·艾奥

市政厅和学校这组建筑是作为新的市民中心来设计的，环绕教堂和村子的墓地布置。一条沿扩建的现状围墙的步行道将各个建筑连接起来。市政厅伸出的两翼围绕着一个地面抬高的庭院，院子向邻近的湖面敞开。为了便于举办文化活动，市政厅二楼会议室外有一个宽大的出挑平台，就像一个露天的休息室。遗憾的是，能使庭院更加完整并与对面教堂尖塔呼应的角部塔楼，一直未能建起来。

*Rivista Tecnica, 4, 1974; 10, 1982; (monographic issue)1990; P.Disch(ed), 50 anni di architettura in Ticino 1930-1980, Bellinzona-Lugano 1983; Ingegneri and Architetti Svizzeri, 10, 1983; T.Boga, Tessiner Architekten 1960-1985, Zürich 1986; Häuser, 3, 1987; G.Brown-Manrique, The Ticino Guide, New York 1989.*

巴姆利住宅
Balmelli House

市政厅和学校
Town Hall and School

索伦格

## 住宅小区

卢冈诺路

1987 ~ 1989

埃里奥·奥斯提耐利和菲比奥·穆特尼以及N·迈尔舍尔，N·特纳斯，F·奥尔托蒂和A·斯卡拉

这个住宅小区内共有32栋3层的独户住宅楼，它们都是平行于中央的公共空间布局，全部采用同一种预制钢筋混凝土构件系统，建造速度为平均一星期装配一个单元。绿树掩映的林荫道穿过这些住宅楼，林荫道的尽端布置了公共活动设施。

这几位建筑师后来在马斯格诺住宅区（私有竞选路，1988 ~ 1990）的设计中进一步探索了这种结构体系和类型。

*Rivista Tecnica, 5, 1990; Ticino hoy, exhibition catalogue, Madrid 1993.*

斯达比奥

## 麦迪西住宅（圆形住宅）

皮亚提尼路12号

1980 ~ 1982

马里奥·博塔与M·佩利

圆形的麦迪西住宅是博塔最著名的设计作品之一，地处蒙德瑞西奥托的村镇当中，形式上它好像是一栋拒绝与周围建筑对话的个体。博塔一些代表性的设计语汇，如中央开口、屋顶采光、室内外空间的过渡性平台等，都非常贴切地用在了这栋圆形建筑中。简单的体量、平凡的材料的应用，比如混凝土砌块，这些都与当地传统的乡土建筑相关。

在同一地区，博塔还设计了一栋独户住宅（普拉塔尼街1号，1965 ~ 1967），设计体现出了博塔对勒·柯布西耶的崇拜。基尼斯特瑞奥的教区住宅（1961 ~ 1963）是博塔早期的一项作品（由蒂塔·卡

索伦格住宅小区
Sorengo Housing

洛尼指导设计），表现出提契诺的建筑师们对材料在构造方面的兴趣。

*Architectural Journal, 5, 1982; Architectural Record, 7, 1982; Architettura Svizzera, 50, 1982; Casabella, 482, 1982; Domus, 626, 1982; GA Houses, 10, 1982; Interni, 323, 1982; Rivista Tecnica, 2, 1982; Häuser, 1, 1983; GA Architect, 3, 1984; Architectural Design, 3-4, 1985; a+u, architectura and urbanism, 9, 1986; Techniques et Architecture, 377, 1988; G.Brown-Manrique, The Ticino Guide, New York 1989; Guide to Swiss Architecture 1920-1995, vol.3, 788, p.320; P.Disch, Architettura recente nel Ticino 1980-1995, Lugano 1996, p.67.*

托瑞塞勒

## 托尼尼住宅

1972 ~ 1974

布鲁诺 · 拉施林和菲比奥 · 雷恩哈特以及 A · 莫科里

在托尼尼住宅的最初设计中，维特维尔很大程度上借鉴了帕拉第奥式别墅的外观处理方式，这栋住宅体现了精炼的抽象设计手法。其平面组织可以追溯到阿尔伯蒂“住宅核心”式的平面设计方法，室内通过拉丁式窗户进行采光。

*M,Steinmann and T.Boga, Tendenzen. Neuere Architektur im Tessin, Zürich 1975; Rivista Tecnica, 8, 1975; a+u, architecture and urbanism, 69, 1976; L'architecture d'aujourd'hui, 190, 1977; Lotus international, 22, 1979; Bauwelt, 39, 1980; Werk, Bauen und Wohnen, 1-2, 1980; Archithese, 1, 1982; P.Disch(ed), 50 anni di architettura in Ticino 1930-1980, Bellinzona-Lugano 1983; T.Boga, Tessiner Architekten 1960-1985, Zürich 1986; Guide to Swiss Architecture 1920-1995, vol.3, 790, p.321.*

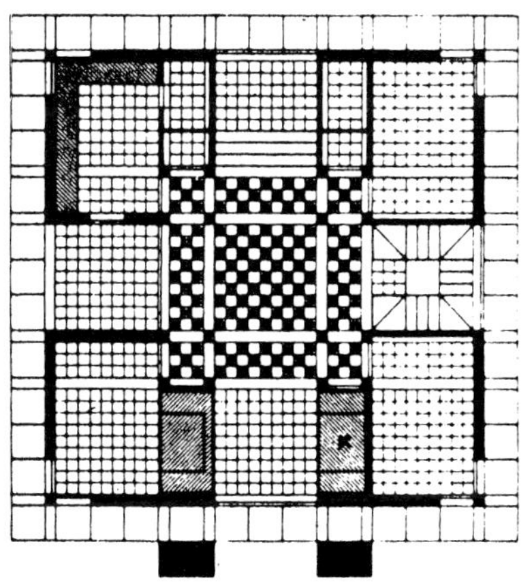

麦迪西住宅（圆形住宅）

Medici House(Casa Rotonda)

托尼尼住宅，外观和平面

Tonini House,view and plan

沃希奥

## 施耐德住宅

通往卡维格里安诺的公路边

1965 ~ 1966

路吉 · 斯诺茨和利维奥 · 法施尼

## 卡瓦利住宅

通往卡维格里安诺的公路边

1976 ~ 1978

路吉 · 斯诺茨

这两栋位于森特瓦里山脚下的独户住宅是体现斯诺茨对待历史建筑的设计方法的有趣实例。施耐德住宅的设计，通过一个庭院与旧的历史建筑相连，新建筑在平面组织上借鉴了传统地方建筑的方法，在体量上则保持了自身的特点，并与村镇中其他的旧建筑形成鲜明的对比。在卡瓦利住宅的设计中，沿用了村镇中心规整网格的肌理，坚决反对近来郊区的蔓延扩张。规整的网格布局确定了住宅入口及宅前道路的位置，这条道路是住宅与周围环境取得联系的重要元素。

*Werk, 12, 1967; J.Bachmann and S.von Moos, New Directions in Swiss Architecture, New York 1969; M.Steinmann and T.Boga, Tendenzen. Neuere Architektur im Tessin, Zürich 1975; a+u, architecture and urbanism, 69, 1976; Techniques & Architecture, 339, 1981; Abitare, 206, 1982; D.Bachmann and G.Zanetti, Architektur des Aufbegehrens.Bauen im Tessin, Basel 1985; T.Boga, Tessiner Architekten 1960-1985, Zurich 1986; Häuser, 3, 1987; G.Brown-Manrique, The Ticino Guide, New York 1989; Architektur und Technik, 9, 1991; Rivista Tecnica, 3, 1990; 4, 1992; Guide to Swiss Architecture 1920-1995, vol.3, 656, S.262.*

施耐德住宅
Snider House

卡瓦利住宅
Cavalli House

维格尼洛

## 住宅

阿尔邦纳格路

1980 ~ 1981

马里奥·博塔与C·洛·雷索，F·鲁比阿尼

维格尼洛住宅是博塔设计生涯的一项代表作品，这栋住宅与他之前设计的普雷格松纳住宅（阿尔博斯特拉路27号）、马斯格诺住宅（普瑞西奥路）一样，是独户住宅类型设计多样化的体现。维格尼洛住宅三面几乎置于地下，花园中的小路与三角形的入口相连，进门后，会看到由顶部采光的室内空间，空间感觉阴暗而且空旷。住宅的外观处理看起来更像一座纪念性建筑，立面上不同的表面质地形成了丰富的光影变化，增强了立面的构图效果。

*Architectural Record, 7, 1982; GA Houses, 13, 1983; Lotus international, 37, 1983; The Architectural Review, 1034, 1983; GA Architect, 3, 1984; Rivista Tecnica, 7-8, 1984; a+u, architecture and urbanism, 9, 1986; P.Disch, Architettura recente nel Ticino 1980-1995, Lugano 1996, p.68.*

维拉－卡姆巴鲁格诺

## 住宅

卡罗诺拉

1984

奥兰多·帕姆普瑞

这栋住宅的设计建立在重新阐释古典建筑原则的基础上，整栋住宅被放置在一个巨大的钢筋混凝土基座上。这个基座提高了住宅和陡坡用地之间的距离，入口、卧室和服务用房都设置在基座层。四根铸铁柱在平台上支撑着铝制屋顶，一圈环廊围绕着日常活动的起居空间。

*Ticino hoy, exhibition catalogue, Madrid 1993; P.Disch, Architettura recente nel Ticino 1980-1995, Lugano 1996, p.81.*

维格尼洛住宅
Viganello House

维拉－卡姆巴鲁格诺的住宅
House at Vira Gambarogno

# 今日瑞士建筑

罗曼 · 霍伦斯汀（Roman Hollenstein）

瑞士建筑的英雄时代已经形成，其基本的理论观点已经建立起来，其建筑的地位也已经确立。博塔、斯诺茨、赫尔佐格与德梅隆事务所、迪纳父子事务所、吉贡与居耶事务所以及卒姆托事务所的作品已经被瑞士境外的专家们所熟知。当今瑞士建筑由于提炼了20世纪70年代发展起来的建筑语汇而引起关注。尽管存在建筑危机，瑞士建筑仍有大量颇受赞誉的当代建筑作品问世。毋庸置疑，从巴塞尔到乔索，近年来由著名建筑师完成的重要建筑比以往任何时候都要多。但是，源自瑞士境内的批评之声却也越来越强烈。就拿人们长期以来提及的提契诺建筑来讲，自从1975年在苏黎世瑞士联邦科技大学举办的“发展趋势”展览会上获得了国际性认可以来，由于一些对现代主义过于个人化的诠释，其声誉已大打折扣，提契诺建筑几乎被夸张到了手法主义的极致，博塔就属于其中之一。但实际上就博塔近期在瑞士本土完成的大多数作品来看，诸如1996年夏天落成于塔马罗山上的礼拜堂，以及位于巴塞尔的几星期后就将开放的汀格雷博物馆都显示出在一种特定的形式语汇环境中进行创新是完全可能的。

在提契诺学派首次取得成功的几年之后，人们注意到一种新的瑞士德语区建筑显现出来。它的理论基础来源于苏黎世瑞士联邦科技大学的阿尔多 · 罗西、道尔夫 · 施奈布里以及由他们的同事形成的学术圈，同时也建立在对简明的瑞士现代主义建筑所进行的历史性与批评性分析的基础之上。这种新的建筑现象起始于巴塞尔，几乎是突然之间，那里的每个人都谈论起赫尔佐格与德梅隆事务所以及迪纳父子事务所设计的那些坚实生硬却富于画面感的建筑作品。迪纳父子事务所勇于以一种新的视角来看待现代主义的传统，这个新视角来自简约和极少主义，赫尔佐格与德梅隆事务所则致力于建造受艺术启发的建筑。现有的迹象表明，影响他们建筑创作的艺术类型，既有绘画性的，也有雕塑性的。在他们较早设计的伯特明根的木板住宅（1985）和劳芬的里克拉仓库（1987）中，就表现出与废弃品艺术及极少主义艺术的关联。

继索洛图恩学派、吉泽、弗德尔与皮拉德以及第五工作室之后，巴塞尔的这两个事务所与理论家马丁 · 斯汀曼合作形成了瑞士德语区新的建筑核心，并取得了成果。与此同时，密歇尔 · 莫利、马库斯 · 彼得和彼得 · 卒姆托这几位在瑞士靠近库尔的哈尔登施泰因工作的建筑师营造了新的苏黎世风格，而日内瓦的帕特里克 · 德维赫瑞和伊尼斯 · 拉姆尼尔则以他们自己的作品在建筑界占据了一席之地。北部阿尔卑斯山区排斥提契诺建筑师的情绪却在增加。直到拉菲尔 · 卡瓦迪尼的新建筑以及在伊拉尼亚的城镇规划的出现，提契诺的建筑师才又一次引起瑞士的关注。

瑞士建筑从 20 世纪 90 年代初开始更加多样化了，同时它的国际地位也得到了进一步的巩固。在这个过程中，瑞士建筑环环相接地传承着一种精简的建筑形象。迈特恩与迈克尔 · 阿尔德尔带有强烈民族性和社会性的建筑，特奥 · 霍茨与鲁道夫 · 鲁彻尔崇尚技术的建筑，以及赫尔佐格、彼得 · 卒姆托倾向于艺术和美学的设计方向都并行不悖。而他们共同的特点都是依然遵循现代建筑的传统，反对后现代主义的时尚游戏以及解构主义所做的表面性文章。

除了巴塞尔和提契诺以外，当今瑞士主要的建筑中心应该说还有苏黎世、格劳宾登州和位于蒙特勒与日内瓦之间的大都市群。一种富于创造性的风格也在伯尔尼日渐强盛，伯尔尼的建筑很长时间以来都是第五工作室的同义语。值得一提的是格登曼、沃瑞恩及朱瑞这几位伯尔尼建筑师，在有 835 名入围者参赛的“柏林疯狂弯曲”竞赛中获得了三等奖。还有一些稍小、但也很活跃的建筑中心，诸如：东瑞士、卢塞恩、弗里堡和瓦莱。尽管在瑞士这样一个有着四种语言的多民族文化国家里，各地区之间的相互影响是非常大的，但在这篇文字里，将因循地理分布来讲述富于地域性色彩的瑞士建筑。

### 多样性的巴塞尔

巴塞尔是瑞士德语区具有创造性建筑活动的大本营，这样说并不意味着巴塞尔是创新派建筑师最密集的地区。这个直辖市与瑞士的其他许多地方不同，是一个毗连三个国家的大都市，它向国际建筑师开放。巴塞尔企业家卢尔弗 · 菲尔巴姆促成了这种趋势，他委托建筑师格雷姆肖、盖里、哈迪德、安藤忠雄和西扎在瑞士边境附近建成了巴登南部莱茵河畔魏尔的维特拉（Vitra）产品生产基地。菲尔巴姆还委托弗兰克 · 盖里设计了位于巴塞尔州比尔斯费尔登的公司总部。而由理查德 · 迈耶在巴塞尔设计的火车站周边扩建项目正在施工当中，在这个项目里，斯潘尼阿德 · 克鲁兹和奥尔特兹设计了铁路沿线附近的一个商业发展中心。来自提契诺州的马里奥 · 博塔在巴塞尔为瑞士国家银行(UBS)的新总部设计了一栋纪念性建筑，这幢建筑形似一个堡垒。博塔还为化工业巨头豪夫曼－拉 · 罗彻设计了莱茵河边的汀格雷博物馆（1996 年开放），设计构思兼顾到博物馆空间要求的满足，以及与临河城市景象的适应。

另外一栋位于里恩的重要博物馆建筑（20 世纪最重要的私人艺术画廊之一），是为存放巴塞尔的艺术品收藏家埃尔特 · 比耶勒的藏品而建的，该馆开放于 1997 年。在这个设计中，伦佐 · 皮亚诺非常巧妙地将格调优雅的大厅与贝罗沃尔地产景观公园完美地结合起来。大厅结构由红色石材、钢和玻璃构成。对许多人来说也许难以理解，既然迪纳父子事务所和赫尔佐格与德梅隆事务所已经在博物馆建筑方面赢得了声誉，他们的作品遍及柏林、科隆、慕尼黑、伦敦和纽约，为什么本地的两个重要博物馆却要委托给外来的建筑师设计。事实上，对巴塞尔的这两个顶尖事务所而言，在国际舞台上取得成功与在家门口“失去”机会相比，无疑前者更为重要，尤其是当他们最近与那些国际声誉尚不及他们的同事在巴塞尔又获得了那么多引人注目的委托项目时，就更进一步说明了这一点。这些项目包括了学校、住宅、办公楼。

赫尔佐格与德梅隆事务所在圣路易斯设计了一座体育馆，它位于法国境内，但紧邻边境，体育馆虽地处法国，但经营和使用权归属瑞士，体现了典型的巴塞尔地跨三国的状况。赫尔佐格与德梅隆事务所还为瑞士铁路

马里奥 · 博塔，汀格雷博物馆，巴塞尔，1996
Mario Botta, Tinguely Museum,Basel,1996

伦佐 · 皮亚诺，比耶勒博物馆，里恩，巴塞尔，1997
Renzo Piano,Beyeler Collection,Riehen, Canton of Basel-Stadt, 1997

局（SBB）设计了两栋非常前卫的建筑。瑞士铁路局是目前瑞士最大的建筑委托方之一。这两栋建筑其一是奥夫登沃尔夫（Auf dem Wolf）铁路机车厂房——一个具有高度艺术表现力的极少主义建筑，该建筑由盒状的天窗采光；另一栋是信号楼，同在奥夫登沃尔夫区。信号楼是一栋用铜条包裹的混凝土楼，其雕塑般的外观令人折服，看起来既具有工艺美，又具有古朴美。这些由赫尔佐格与德梅隆事务所设计的作品说明，在建筑师已充分掌握了的文化建筑之外创作出伟大的建筑是可能的。

梅恩瑞德 · 莫吉尔和亨瑞克 · 德格罗的建筑工作室最近也设计了一些铁路建筑：1996 年在阿尔高州的穆尔根塔尔，他们设计了一个立方体状的信号楼，这个立方体成为新一代信号楼的原型。这几个建筑工作室在群体空间组织方面也有很高的水准，巴塞尔的德瑞洛森学校（Dreirosen school）要在校园中，扩建一栋比赛、训练、教学三项用途的体育馆。场地状况非常困难，运动场周围的可扩建用地支离破碎而且地形高低不平。设计者决定在运动场地下建造新的体育馆，并沿克雷贝克街建一栋住宅楼，这栋住宅楼的位置与学校原有的建筑形成一个恰到好处的角度，几乎围合了整个街区，同时也建立起了与原有旧建筑相互关联的构架。

玛希亚斯 · 阿克曼和马库斯 · 弗雷德尔在学校建筑设计方面同样走

雅克 · 赫尔佐格与皮埃尔 · 德梅隆，奥夫登沃尔夫铁路机车厂房，巴塞尔，1995
Jacques Herzog and Pierre de Meuron, Railway Engine Depot Auf dem Wolf, Basel,1995

雅克 · 赫尔佐格与皮埃尔 · 德梅隆，奥夫登沃尔夫信号楼，巴塞尔，1994
Jacques Herzog and Pierre de Meuron, Signal Box Auf dem Wolf,Basel,1994

在前列，他们将巴赫花园游泳池的更衣室改建成了一个张力结构的学校建筑，还为巴塞尔区的阿克马提学校设计了新的建筑。但在这个领域，最重要的建筑贡献应属迪纳父子事务所设计的沃格森学校的扩建工程。这栋扩建的办公建筑朴素简洁，可能是巴菲瑟尔广场中最严谨的一栋办公楼。迪纳父子事务所在巴塞尔原瓦尔泰克酿酒厂厂址所做的住宅和商业建筑设计中，经过慎重思考，仔细设计的室外空间组合与原有空间的发展过程相适应，为未来如何处理具有历史价值的建筑物提供了范例。在巴塞尔，迪纳父子事务所基于 20 世纪 80 年代住宅建筑设计的成功经验，确立并丰富了他们的建筑风格；在这方面，迈克尔 · 阿尔德尔近来也显示出他的过人才能。

彼得 · 卒姆托在比尔－本科为斯皮特尔豪夫地产设计的联排式住宅，有着深色的立面和种植屋顶，由于大胆的设计而引起住户的争议。它引起的轰动远大于阿尔德尔那种谨慎的、融建筑师自我于使用需求之中的建筑。卒姆托为眼光独到的业主所做的古怪而有趣的建筑得到了响应，这一点从吉贡与居耶设计的布罗堡地产项目以及卡拉特拉瓦设计的位于维伦林根的联排式住宅得到印证。这样一些有艺术性想法的设计项目与诸如布鲁格的迈

梅恩瑞德 · 莫吉尔和亨瑞克 · 德格罗，德瑞洛森学校，巴塞尔，1996

Meinrad Morger and Heinrich Degelo, Dreirosen School Complex,Basel,1996

迪纳与迪纳，瓦尔泰克霍夫建筑，巴塞尔，1996

Diener & Diener, Warteckhof Building, Basel, 1996

迪纳与迪纳，沃格森学校，巴塞尔，1994/1996

Diener & Diener, Vogesen School Extension, Basel, 1994/96

特恩事务所以及苏黎世的库恩·菲舍尔事务所的作品同时并存，后者试图用合理的造价以及最简单可行的方法建造生态型居住建筑，并以此来建立一套新的评价标准。

在苏黎世工作的巴塞尔青年建筑师雅各布·斯提伯更侧重于形式和类型学上的创新。他在巴塞尔乡村半州的茨温根设计了一组木制表面的独立式住宅，其中包括15个住宅组团。在这组建筑中，联排式住宅、外廊式住宅及带平台的住宅等多种类型被组织在一种复杂的风格之中。巴塞尔对创新观念的开放，也启发了其他的青年建筑师。彼得·斯汀曼和赫尔伯特·施密德就是一例，他们为巴塞尔商品交易会的临时服务中心设计了方案，方案在框架式的蓝色主立面上，将窗户处理得似乎处在飘浮的状态，整个建筑犹如一幅巨大的画面，控制着周围环境。但是最终交易会的组织方改变了主意，决定在其他地方建造一栋永久性的建筑，他们将这个设计委托给了苏黎世建筑师特奥·霍茨。特奥·霍茨是欧洲建筑奖的获得者，之所以获奖是因为1996年在巴登、圣加仑和温特图尔所完成的那些设计纯熟的钢和玻璃的建筑。

特奥·霍茨，艾姆帕大楼，圣加仑，1996
Theo Hotz, Empa Building(Eidgenössische Materialprüfungs-und Forschungsanstalt), Sankt Gallen,1996

特奥·霍茨，科尼克斯ABB研究大楼，巴登，阿尔高州，1995
Theo Hotz,Konnex ABB Research Building, Baden, Canton of Aargau, 1995

## 上升中的苏黎世

苏黎世人口现已超过100万，是瑞士经济发展的发源地，同时也是瑞士最重要的建筑院校的所在地。尽管如此，很长时间以来，苏黎世一直被认为是建筑领域的一潭死水。造成这种现象有很多原因，其中包括：持续到近些年来的经济暴跌，房地产市场在通货膨胀作用下过热，中产阶级长时间就住房政策问题与左翼争论不休等等。

一些项目的启动使苏黎世的状况有所改善，比如苏黎世主火车站的扩建，建筑师拉尔弗 · 贝恩斯格基于斯诺齐和博塔在 1978 年提出的设计思想，将车站改建成了一个巨大的不规则结构。建设部与可能合作的营造商联手做出了一些示范性的发展计划，比如由克雷斯、莎德与莎德设计的高斯－斯提尔勒广场。该设计把计划中的工业建筑、新的居住区和一栋圆形办公塔楼组合成一个颇具吸引力的群体，在这里看不到经济衰退残存的迹象。关于奥尔利康北郊的新规划项目，情况就更加乐观一些。这里原本是一块工业用地。虽然到 1997 年只建成了特奥 · 霍茨设计的托洛 1 和托洛 2 两栋精美的玻璃建筑，但这个项目仍是令人振奋的。

尽管存在着各式各样的经济问题，苏黎世的青年艺术家们在 20 世纪 90 年代还是取得了突破。如今这座城市展现着可能是瑞士最多样化的景象：除了恩斯特 · 吉泽尔和特奥 · 霍茨这些长期在此工作的大师以外，苏黎世还有众多的年轻建筑师，马尼 · 克劳德 · 伯特克斯和艾瑞尔德 · 堪索拉斯克通过他们在萨尔茨堡的作品已经步入了主流建筑师行列。珍 · 皮埃尔 · 多姆和菲利普 · 拉米设计的第一栋商住楼也在萨尔茨堡建成。苏黎世的青年建筑师通过赢得国际竞赛获得了人们的认可，1992 年尼科西亚的新大学设计竞赛就是例证。密歇尔 · 梅利和马库斯 · 彼得这两位建筑师在奥地利的施泰尔马克州已初露头脚，此前他们设计的比尔木材工业学院

安内特 · 吉根和迈克 · 居耶，布勒堡住宅，基尔希贝格，苏黎世，1996
Annette Gigon and Mike Guyer, Broelberg Housing, Kilchberg, Canton of Zurich, 1996

是人们时常谈论的对象。在奥地利，这几位建筑师与来自库尔的工程师朱尔格 · 康赛特合作，在穆尔河上设计了一座箱形木桥。朱尔格 · 康赛特是这个项目的负责人，他以非常规的木结构设计而闻名。

安内特 · 吉根和迈克 · 居耶通过设计达沃斯的基希奈尔（Kirchner）博物馆开始了他们的建筑设计生涯。其后，两位建筑师为苏黎世的埃舍维瑟的海亚特旅馆所做的设计使同行们又一次感到惊奇。他们的构思是沿两个概念化的内庭院周边进行空间布置，这一想法经与业主讨论被否决了，业主不能接受这种高度个性化和艺术化的创作手法。与此次境遇不同，安内特 · 吉根和迈克 · 居耶在景色优美的苏黎世郊区基尔希贝格完成了一项实际工程。这是一个 U 形的建筑群，面向内庭院，它的设计为郊区的住房结构增添了一个富于城市化的元素。这项工程的主要争论问题在于立面的颜色，而立面的颜色是由艺术家哈罗德 · 穆勒确定的，建筑面向内院的一面用红色，面向田野的一面用深棕色，立面的开窗也显得很随意。建筑处理和颜色选择的内在联系，成为该项目后续扩建的主要特色。这组居住建筑既有面向庭院布置的，也有邻接庭院布置的，还有坐落在埃伦巴赫湖对岸带平台的住宅。洛伦佐 · 朱利安尼和克里斯蒂安 · 霍恩格最近采用一种非常抽象的观念设计了楚格州下埃格里的一栋公寓住宅楼，这栋建筑可以说为瑞士建筑做了一个理性化的诠释。

建筑师提拉 · 苏斯，擅长于对历史建筑进行审慎的更新，同时，在旅

马里兰 · 布克哈特和克里斯蒂安 · 苏密，苏黎世堡旅馆，苏黎世，1995
Marianne Burkhalter and Christian Sumi, Hotel Zürichberg,Zurich,1995

洛伦佐 · 朱利安尼和克里斯蒂安 · 霍恩格，公寓楼，下埃格里，楚格州，1996
Lorenzo Giuliani and Christian Hönger, Multi-Family Housing,Unterägeri,Canton of Zug,1996

馆设计方面也取得了比吉根和居耶更为显著的成就。在伦韦格，她将几座中世纪建筑组合在一起，形成了一个旅馆建筑群，同时采用一种介于斯卡帕和高技派之间的流畅而复杂的设计手法改建了这些建筑的室内空间。马里兰 · 布尔克哈特和克瑞斯蒂安 · 苏密所做的苏黎世堡旅馆的更新及扩建设计，引起了超出瑞士境外的广泛关注。该旅馆的扩建部分与旧建筑通过一个地下走廊相连，其处理具有打破常规的表现。木质表面的椭圆形建筑，从树丛中凸现出来，外观好似一顶帐篷，大厅采用顶部采光，效果奇特，螺旋形的坡道从大厅通向各个房间。布尔克哈特和苏密通过研究瑞士现代木建筑找到了表现通透的半遮掩木结构的方法，也找到了表现其颜色、质感的途径。他们在图本塔尔和莱茵瑙两地设计的森林工厂，构思源自对原始木屋的回应，也是他们的研究成果应用于实践的例证。

对于木材的创新使用在梅利和彼得的作品中占据着相当重要的地位，虽然目前他们只在苏黎世的瓦利塞伦完成了一栋独立式住宅。这栋住宅看似一个支撑在七个厚重石柱上的实体盒子。他们两人还承接了从吉贡和居耶那里转来的项目——为苏黎世的海亚特公园设计方案，方案中通透、半通透和不通透实体与玻璃表面的处理非常生动。比尔木材工业技术学院的扩建项目是一座 4 层高的建筑，是依照竞赛获胜方案建造的，这个建筑甚至在未完工之前就被看作是木材技艺的里程碑，是传统木建筑和高技术成就的结合。苏黎世主火车站两侧月台的顶棚也采用了木材，是由梅利和彼得以及阿克希

密歇尔 · 梅利和马库斯 · 彼得，住宅，瓦利塞伦，苏黎世，1995
Marcel Meili und Markus Peter, House, Wallisellen, Canton of Zurich, 1995

尔 · 皮科特与卡施卡 · 科纳普奎兹合作设计的。月台长200米，每隔40米设置混凝土斜撑，室外光线穿过木格栅屋顶，使月台看起来出奇地轻巧。

主火车站往西数百米，有一栋伊萨 · 斯特姆和乌尔斯 · 沃尔弗设计的办公楼。这栋建筑属于大规模扩建项目的一部分，也是为瑞士铁路设计的，坐落在铁路专用地上，它就像沿铁路线伸展出的一道亮光。乌利 · 兹本登为提布鲁能（Tiefbrunnen）火车站设计的信号楼也是一个高于普通水准的新建筑，外观近似一个立方体。对建筑师来说，当那些令人关注的建筑活动都发生在铁路外围用地上的时候，特别是卡拉特拉瓦设计的施塔德尔霍芬火车站扩建项目及马丁 · 斯普勒在希尔瑙（Selnan）旧火车站用地上设计的住宅和商业建筑项目之后，在城市中心设计大型建筑变得越来越困难了。但有一个改造项目值得一提，那是由弗朗斯 · 雷默欧与马库斯 · 施弗勒设计的，该项目将两栋20世纪20年代的住宅楼改建为一座商业建筑。在建筑的沿街部分，景观建筑师丹特尔 · 科纳斯特增设了一个很规整的花园及一个前厅，这样的处理为建筑增添了活力。建筑立面以及庭院顶棚的处理仍显示出两位苏黎世青年建筑师对材料的敏感和对细部的热衷。

近年来只有一位德高望重的建筑师能够在城市中心设计出各种尺度的建筑：他就是特奥 · 霍茨。继阿波罗住宅和勒文广场的玻璃转角大楼之后，特奥 · 霍茨设计了两栋让世人惊讶的建筑，一是瑞士国家银行格吕嫩霍夫会议中心的玻璃立方体，一是费尔德保赫的时尚住宅。前者位于努斯赫

密歇尔 · 费瑞尔，希腊东正教教堂，苏黎世，1995

Marcel Ferrier, Greek Orthodox Church, Zurich, 1995

米若萨尔维 · 希克，圣安托尼斯天主教教区中心，埃格，苏黎世，1995

Miroslav Šik, St Antonius Catholic Parish Center, Egg, Canton of Zurich, 1995

勒街的一个狭窄内院内，后者将门德尔松的流线形建筑转化为高技术的设计语言。密歇尔 · 费瑞尔，圣加仑的一位建筑师，有机会将巴黎学院派传统和拉丁理性主义运用在一个希腊东正教教堂的设计中。密歇尔 · 费瑞尔设计的现代立方体以及这个立方体之上的白色筒形塔楼，既有木结构的痕迹又有高技术的特征，与米若萨尔维 · 希克为在埃格的圣安托尼斯教区设计的新建筑如出一辙。

希克因引领所谓的类比建筑沿着理性的方向发展而受人关注，他刚刚在苏黎世成功地完成了一座音乐家大厦。而他为教堂社区中心设计的方案却不得不在 1987 ~ 1995 年之间，在规划与设计过程中多次修改，方案由最初的以若干个方锥形屋顶为特征，最终修改为像谷仓一样的简洁形体。在距希克设计的教会社区中心仅 2 公里远的地方，

安格利尔，格拉汉姆，普菲因格及斯库尔，埃斯林根车站，苏黎世，1997
Angélil, Graham, Pfenniger,Scholl, Esslingen Station, Canton of Zurich, 1997

奥里弗 · 施瓦兹，工厂建筑，埃比孔，卢塞恩，1996
Oliver Schwarz, Factory Building, Ebikon, Canton of Lucerne, 1996

安内特 · 吉根和迈克 · 居耶，温特图尔美术馆扩建，苏黎世，1995
Annette Gigon und Mike Guyer, Provisional Extension to Winterthur Art Museum, Canton of Zurich,1995

马克 · 安格利尔（他将与马丁 · 斯普尔合作设计克洛滕机场的第五次扩建项目）与格拉汉姆、普菲因格及斯库尔共同设计了位于埃斯林根的福希班铁路终端站附近的居住与办公建筑项目。正准备施工的第一栋办公楼，甚至在方案阶段，就被美国建筑师学会确认为指出了未来建筑在生态和美学方面的发展方向。该建筑曲线的运用及屋顶的处理，在外观上与希克设计的教堂社区中心相呼应。玻璃和钢的立面,则采用了最新的生态科技成果,与沉闷的“类比建筑”保持着非常明确的差别。

安格利的绿色区域城市发展战略创建了一种有机的聚居区模式，而让 · 努韦尔在为温特图尔的苏尔泽基地做设计时，却不得已将工业建筑纳入他的规划及建筑方案中。正是努韦尔使人清楚地认识到，温特图尔这个东部外围的工业卫星城，与苏黎世的状况不同，存在着新建筑兴起的迹象。许多建筑预示着这个新的开端，诸如吉根与居耶设计的当代艺术博物馆，巴登区的布卡德、迈耶和斯廷格设计的塔楼，以及奥里弗 · 施瓦兹设计的火车站扩建项目等等。奥里弗 · 施瓦兹的扩建方案，为火车站增设了一栋通透的建筑，它的玻璃屋顶正好延伸到站前广场的上方。

## 中间状态的阿劳

温泉及工业城镇巴登，位于苏黎世外围西侧。20 多年来一直在积极地促进现代建筑的发展，巴登在很多方面都能够与温特图尔相提并论。如今这里已经被视为阿尔高州主要的建筑活动中心。阿尔高州很大程度上被苏黎世和巴塞尔城市半州所控制，因而只能从其控制范围之外尝试具有自主性特点的建筑。虽然巴登建筑的巅峰时期是在 20 世纪 80 年代，但令人关注的建筑仍不时出现，出现的地点主要集中在 ABB 工业区，巴登北区即将建成面向未来的新区，建成的新区与风景如画的老城区遥相呼应。以后的几年，杰出的建筑可能会出现在这个新区中。目前，由特奥 · 霍茨设计的科尼克斯新工程大楼的玻璃大厅已经建成（Ⅲ，参见第 381 页），伯尔尼建筑师马提、伯格与拉格兹设计的城市公园扩建项目也已经动工。

特奥 · 霍茨不仅在巴登设计作品，他还计划在阿劳车站的用地上建设项目。在那儿，青年建筑师也在不懈地增强着他们的影响力。1995 年，马提斯 · 穆勒和乌利 · 穆勒设计了一组工业厂房,昆特斯 · 米勒和保拉 · 马兰塔合作设计了位于圣加仑的塞沃伦的公路步行桥，并因此而名声大噪。除此之外，这两位建筑师还赢得了市中心法伯广场商业大厅的设计竞赛，获奖的原因是由于方案能够准确地反映城市的需求。

迈特恩，公寓楼，伦茨堡，阿尔高州，1996
Metron, Multi-Family House, Lenzburg, Canton of Aargau, 1996

圣地亚哥·卡拉特拉瓦，联排式住宅，维伦林根，阿尔高州，1997
Santiago Calatrava, Terraced Housing, Würenlingen, Canton of Aargau,1997

布鲁格的迈特恩事务所一直致力于设计造价合理的住宅建筑，他们的设计已经成为这个人口稠密地区的示范性做法。在伦茨堡刚刚竣工的公寓楼表明，这个事务所已越来越强调生态因素，而不仅仅考虑满足社会化的美学需求。与迈特恩事务所强调职业责任的立场相比，布尔克哈特和苏密最近的作品——劳芬堡的公寓楼，则明显是以形式需求为出发点设计的建筑，这个建筑并没有在住宅方面提出具有远见的创新。同样的情况在圣地亚哥·卡拉特拉瓦为维伦林根住宅区设计的联排式住宅建筑中也存在，圣地亚哥·卡拉特拉瓦设计的特点是将立体主义元素与安东尼·高迪的形式处理在钢筋混凝土建筑中融合起来。

## 非主流的瑞士东部

比起其他地方，瑞士东部的建筑极少被人提起。部分原因是长期以来这里的建筑几乎没有什么大事发生，另一方面则是因为东部的建筑师很难被归入瑞士的主流建筑师之列，比如密歇尔·费瑞尔和朱格·卡洛拉等。

彼得和朱格·卡洛拉，中学中心，朱恩施维尔，圣加仑，1995
Peter and Jörg Quarella, Secondary School Center, Jonschwil,Canton of Sankt Gallen, 1995

自 20 世纪 60 年代克劳德 · 帕拉德设计的圣加仑市立剧院以及弗德尔、奥托和兹维夫设计的经济大学这两个瑞士最优美的混凝土建筑以来，城市中再看不到其他可以与其相提并论的建筑了，尽管也曾出现过引起很大反响的建筑，比如卡拉特拉瓦设计的市中心博尔广场汽车站以及特奥 · 霍茨设计的非常精美的玻璃大厦——艾姆帕大楼（III，参见第 381 页）。

20 世纪 80 年代早期，彼得和朱格 · 卡洛拉在苏恩马特街设计了一项住宅开发项目，方案设计受到了罗西的影响，之后两位建筑师在位于施泰克博恩的旅馆的设计中又进一步提炼了这种形式语言。自那时起，彼得和朱格 · 卡洛拉转向了一种时尚优雅的新现代主义风格，偶尔还可以看到他们对解构方法的引用，比如圣加仑的朱恩施维尔中学的设计以及比勒（外阿彭策尔半州）的两个体育馆的设计。与他们相比，密歇尔 · 费瑞尔建筑的表现性则要显得始终如一，从圣加仑艺术博物馆更新项目和在苏黎世的新的希腊东正教教堂（III，参见第 385 页）的项目中，可以看出他是一个受法国影响的现代主义者。最近几年，他在圣加仑市施特凡斯博恩区设计了一个住宅项目，在比绍夫斯采尔（图高尔州）设计了一栋结构清晰的建筑，在这些作品里，他有意识地应用了建筑元素创造出一种抽象的装饰效果。

近年来，胡伯特 · 布施奥夫因设计体育馆和学校建筑而知名，其中最为出色的是海登（阿彭策尔州）的维斯小学。瑞士东部近来最优秀的住宅建筑大概应属圣加仑的卡德里和维尔利设计的半联立住宅，这个项目位于图尔高州的阿姆里斯维尔，建筑外观近似 6 个支起的帐篷。1995 年，在图尔高州的霍恩，比特 · 康斯尼设计了一栋非常纯净、抽象并富于雕塑感的极少主义建筑，这个住宅建筑由混凝土、玻璃和钢构成，就像浮在康斯坦

比特 · 康斯尼，住宅，霍恩，图尔高州，1995
Beat Consoni, House Horn, Canton of Thurgau, 1995

茨湖上的盒子。尽管存在这样一批优秀的建筑，圣加仑及瑞士东部的其他地区（阿彭策尔州、图尔高州和沙夫豪森州）依然无法呈现像邻近的福拉尔贝格州那样的建筑景象。与之相反，山谷较高处的格劳宾登州这样的建筑则比较常见。

## 寻找自我的格劳宾登

当独户住宅在奥地利福拉尔贝格州的建筑行业缺乏市场的时候，格劳宾登州却在公共建筑项目上有了很大的进展。从巴塞尔迁来的彼得 · 卒姆托通过他在 20 世纪 80 年代后期设计的两座极少主义建筑使格劳宾登州重新成为人们注目的焦点。两个建筑分别是库尔的罗马遗迹保护及展示墙，苏维特的索恩 · 本尼特格山区教堂。在格劳宾登州，卒姆托营造了一种氛围，根据他的引导建立了几家富于创造力的事务所，他们始终坚持建筑不能违背场所精神的宗旨。在本书成文时，卒姆托最新的作品——1996 年投入使用的瓦尔斯浴场，正在赢得国际性的赞誉。这个浴场建造在岩石之上，浸润着魔术般的神秘光线，虽然古朴却给人以巨大的遐想空间。

今天一些曾被认为是非常保守的高山地区，开始接纳当代建筑。一系列的设计竞赛启发了青年建筑师，瓦伦汀 · 贝尔斯和安德烈 · 德普拉斯在马利克斯设计了一所学校，其建筑直切入山坡，一整面的玻璃朝向峡谷，该建筑与卒姆托设计的综合性多功能厅相配合，在建筑密度很高的校园环境中开辟出了一小片广场。在曼森斯，瓦伦汀 · 贝尔斯和安德瑞亚 · 德普拉斯还设计了一个非常成功的住宅建筑项目，在库尔两人设计了一幢城市住宅，在沙兰斯合作设计了一栋三层木骨架建筑，在盛产葡萄的马兰斯设

彼得·卒姆托，瓦尔斯浴场，格劳宾登州，1996
Peter Zumthor, Baths in Vals, Canton of Graubünden, 1996

瓦伦汀·贝尔斯和安德烈·德普拉斯，学校扩建，马利克斯，格劳宾登州，1994
Valentin Bearth and Andrea Deplazes, School Extension, Malix, Canton of Graubünden, 1994

丹特尔·朱格林和安德烈·哈格曼，HTL 学校建筑，库尔，格劳宾登州
Dieter Jüngling und Andreas Hagmann, HTL School Building, Chur, Canton of Graubünden

计了一座木结构住宅，瓦伦汀·贝尔斯和安德里亚·德普拉斯在舒尔林设计的一个综合性多功能厅与该地区的山地环境非常适宜。目前，他们正与朱尔格·康赛特合作设计一座桥梁，朱尔格·康赛特早些年在穆劳的设计就体现了很高的专业水准。1996 年，朱尔格·康赛特与安德瑞亚·布兰格合作设计了横跨马拉峡谷、采用钢缆加固的特拉沃森木桥。

格劳宾登州新建筑的主要特点是形式简洁和使用原始材料。康瑞汀·科拉瓦特设计的塞维斯中转站，位于环路边上，用混凝土建造，就像一块外观峥嵘的岩石。鲁尔夫·格斯洛尔与尹格·莫尔尼于 1996 年合作设计的卡斯塔施森林中转站，也是两个矗立在松林之中的坚实体块，一个浅色竖向布置，另一个深色横向布置。另外两位建筑师，丹特尔·朱格林和安德烈·哈格曼设计了位于库尔的 HTL 学校建筑，这座建筑的铜皮装饰立面喻示着特殊的情调，建筑师将三个现代风格的立方体组合成一个富于雕塑感的整体。丹特尔·朱格林和安德烈·哈格曼还设计了位于马斯特里尔斯的另一所学校，该学校位于莱茵峡谷陡坡面的一块台地上，建筑体量被处理成踏步状的台阶形。除上述作品之外，还可例举基恩·A·卡米尼达在都维恩学校设计的建筑，这是一栋三层空间的综合楼，它简单的实用主义处理方式使人联想起儿童绘画。还有维尔纳 · 施密特在卡齐斯设计的卵形混凝土外壳的教堂，维尔纳 · 施密特的这个作品带有浓郁的异域情调。

最后，必须特别提到达沃斯。在达沃斯，鲁道夫 · 科伯瑞尔让人们接受了现代主义建筑，在过去的几年中，吉贡和居耶设计的基希奈尔博物馆、维尼克斯餐厅以及 1996 年落成的滑冰场，给人们带来了一股清新的空气。吉贡和居耶设计的滑冰场面向西南，表面覆以双层木板，涂上由苏黎世建筑师阿德里安 · 希斯确定的鲜亮的黄色。这个滑冰场的设计正像加伯瑞尔于 1934 年设计的运动中心(1991 年被烧毁) 一样，与达沃斯传统的疗养建筑非常和谐。

## 缺乏确定性的瑞士中部

与格劳宾登州不同，瑞士中部没能发展出独立的设计语汇。汉斯－彼得 · 阿曼和彼得 · 鲍曼设计了卢塞恩的新火车站，卡拉特拉瓦为新火车站设计了一个颇有表现力的入口大厅，这种高水准的建筑由让 · 努韦尔在毗邻的文化会议中心的设计中加以延续，这个中心计划分阶段施工，直至 2001 年全部完成。年轻的建筑师也还有机会，他们可以在卢塞恩外围的用地上施展才华：比如安迪 · 施特林和马克 · 希夫格，1995 年他们与汉斯 · 斯坦纳合作，将施维茨的兵工厂改建成了瑞士历史博物馆。建筑师将一个三层高的结构，像放置一件家具一样安置在厂房中。之后他们还设计了控制中心，控制中心的外观是部分镜面玻璃的黑色铝合金方盒子，这个方盒子被放置在混凝土的基座上。苏黎世的建筑师奥里弗 · 施瓦兹在卢塞恩附近的埃比孔也设计了一个密斯式的极少主义方盒子(III，参见第 386 页)。

施特林和希弗瑞格最近设计了梅根的独立式住宅，还设计了诺特维尔的学校扩建项目。在他们之前，丹尼尔 · 马奎斯和布鲁诺 · 苏克琛因设计别墅和学校建筑而受到广泛称赞，并成为瑞士中部建筑师的代表性人物。1996 年这个成功的组合分道扬镳，此前，他们设计的格雷彭和鲁斯维尔学校的扩建项目，其形式的一贯性以及对周边环境的处理都令人折服。

丹尼尔 · 马奎斯和布鲁诺 · 苏克琛，鲁斯维尔学校，卢塞恩，1996
Daniele Marques and Bruno Zurkirchen, Ruswil School, Canton of Lucerne, 1996

安迪·施特林和马克·希夫格,汉斯·斯坦纳,瑞士历史博物馆,施维茨,1995
Andi Scheitlin and Marc Syfrig with Hans Steiner, "Museum Forum Schweizer Geschichte", Schwyz, 1995

罗尔夫·穆特勒,住宅,伯尔尼,1994
Rolf Mühlethaler, House, Berne, 1994

鲍阿特建筑事务所,幼儿园,瓦伯恩,伯尔尼,1995
Bauart Architekten, Morillon Kindergarten, Wabern-köniz,Canton of Bern, 1995

伯尔尼

伯尔尼的状况比瑞士中部更加模糊。数十年前，第五工作室在这里占据主导地位，不断设计出新的住宅区。虽然第五工作室无法延续他们在做哈伦住宅建筑项目时富于传奇色彩的势头，但却仍然是当代居住建筑设计的典范，这一点可以从菲舍尔花园的商住建筑项目以及博尔－辛纳根根的住宅建筑项目中得以印证。然而在伯尔尼，年轻一代建筑师的兴趣却集中在城市性的发展项目上，马提、布里格和拉格兹在北巴登区设计的城市公园正在施工中，还有前文已提到的尼克·卡特曼、马克·沃瑞恩和安德烈·朱瑞，他们曾赢得“柏林疯狂弯曲”竞赛的第三名。1997年初，这三人在家乡伯尔尼完成了一个重要项目——新的日本驻瑞士使馆，这是一个40米长的清水混凝土与花岗石的建筑，略带有些亚洲地区的韵味。

还有一些设计特点突出的建筑可以列举，比如在一处1870年代就形成了的传统街区环境中，罗尔夫·穆特勒设计了一户独立住宅，整个建筑就像个简单的木头盒子。鲍阿特建筑事务所在瓦伯恩设计的莫瑞林幼儿园也是一座木建筑，他们还在纳沙泰尔州的西瑞士大学城为联邦统计局设计了一栋240米长、造型优雅的曲线建筑。

## 拉丁风格的瑞士西部

瑞士法语区的当代建筑一直很平静，只有日内瓦的帕特里克·德维赫瑞和伊尼斯·拉姆尼尔以及洛桑联邦科技大学的马丁·斯汀曼教授在关于整个瑞士建筑的讨论中引起了关注。他们都是日内瓦建筑学校《面面观》杂志很有影响力的资助者，该杂志注重于瑞士法语区具有革新倾向的设计力量。目前，瑞士法语区的建筑状态出现了改观的势头，尤其是在日内瓦，这里的公共建筑长久以来被带有一些后现代主义色彩的风格所左右。现在日内瓦则有望于高水准的建筑出现，这一点在近期为跨越日内瓦湖港湾所做的桥梁设计方案中得到印证。虽然方案最终被市民否决了，但由马斯里米阿诺·弗卡斯获得头奖，彼得·埃森曼、多米尼克·佩罗、莱姆·库哈斯及蓝天组都参与设计的那些方案，代表了国家级竞赛的设计水平。

在学校建筑方面，也出现了一些吸引人的设计。这个趋势起始于1993年劳伦特·施诺和皮埃尔·杰奎尔设计的普雷－皮科特小学，一年以后，

马斯里米阿诺·弗卡斯，国家广场城市规划竞赛，日内瓦，1995

Massimiliano Fuksas, Place des Nations Urban Planning Competition, Genf, 1995

马格瑞特·阿特莫尔和瑞尼·胡克里，克鲁姆钟表厂扩建，拉绍德封，纳沙泰尔州，1995

Margrit Althammer and René Hochuli, Corum Watch Factory Extension, La Chaux-de-Fonds, Canton of Neuchâtel, 1995

帕特里克·马格姆设计了风格优雅的克罗皮特斯学校扩建项目。在此方面，最为重要的项目应该是德温瑟瑞和兰穆涅尔合作设计的学生礼堂。这个项目位于大萨科内区的新学校和娱乐中心，其用地处在空间局促，情况复杂的中心区，一侧是绿树掩映的市政厅，另一侧是普普通通的市民住宅。德温瑟瑞和兰穆涅尔在对城市结构分析的基础上设计了一个统筹兼顾的方案，既满足了功能的需要，又通过形式与材料的深入处理形成了诗意化的整体效果。

另一所由德温瑟瑞和兰穆涅尔设计的学校，位于洛桑附近皮伊湖边，方案以其独特的景观作为设计出发点。学校不远的一栋小型工业建筑 6 年前由捷克斯·瑞施特和伊格纳西奥·达尔·若沙改建成一座颇具时尚感的私人博物馆，可惜这座建筑已经被拆除。1995 年在普里伊的公寓建筑设计中，瑞施特和若沙成功地再现了洛桑 20 世纪 30 年代住宅设计领域温和的现代主义，曲线的带形阳台是这栋建筑的特色。1997 年他们将 20 世纪 30 年代与 60 年代的手法结合起来，在洛桑设计了优雅的拉丁式欧斯（Eos）大楼。瑞施特和若沙因在勒·柯布西耶的家乡——拉绍德封设计的圆形塔楼，而提高了他们在瑞士法语区的知名度。1992 年，两位苏黎世的青年建筑师马格瑞特·阿特莫尔和瑞尼·胡克里在钟表业大都市纳沙泰尔州赢得了克鲁姆钟表厂扩建工程的设计竞赛。扩建的厂房采用清水混凝土外观，入口的那一面完全是玻璃，使整个建筑看起来像是透明的；两位建筑师的构思是要表达建筑“机器般的精确和美观”。

除了瑞施特和若沙之外，洛桑还有一些杰出的建筑师，他们在瑞士法语区设计了各种各样的新建筑。巴黎建筑师帕特里克·伯格，现正在洛桑

帕特里克·德温瑟瑞和伊恩斯·兰穆理尔，学校和休闲中心，大萨科内，日内瓦，1996

Patrich Devanthéry and Inès Lamunière, School and Leisure Center, Le Grand-Saconnex, Canton of Geneva, 1996

联邦科技大学讲学。他的竞赛获胜方案——新 UEFA 总部大楼正在实施当中，这座大楼位于瑞士尼翁附近的日内瓦湖边的一个公园当中。目前在纽约工作的伯纳德 · 屈米可能是当今最著名的建筑师，但他在自己的家乡却不那么走运，他为弗劳恩峡谷中心所做的方案在竞赛中没有中选，屈米的设计构思是建造四个横跨峡谷的桥梁式建筑。与今天仍在沉寂中的弗劳恩峡谷不同，多瑞格尼 · 乌布伦斯（Dorigny–Ecublens）郊区近来发生了很大变化，建筑师古艾、马克 · 科鲁姆与来自洛桑立体工作室的帕特里克 · 伯格在 1991 年设计了洛桑大学的新化学系馆。两年后，他们又完成了洛桑联邦科技大学的托克马研究中心。

立体工作室是目前瑞士西部少数几个能够跨语区获得成功的建筑事务所，他们早期由于语言障碍，设计任务主要集中在住宅方面。在克服语言障碍之后，立体工作室的大多数作品都倾向于高技术风格。最近，立体工作室在靠近伯尔尼的申比尔为一家明信片出版商设计了一座新大楼。苏黎世建筑师鲁道夫 · 鲁彻尔在洛桑已经工作了很长时间，也有与立体工作室相同的经历。最近，鲁道夫 · 鲁彻尔在技术性建筑方面设计了洛桑－埃居布朗的远程通信中心，这个建筑与立体工作室设计的另两栋大楼相距不远。1996 年，鲁道夫 · 鲁彻尔还设计了维迪剧院的扩建项目，维迪剧院原来是马克思 · 比尔为 1964 年的博览会设计的，鲁道夫 · 鲁彻尔在扩建部分采用了大面积的透明玻璃，风格上带有一些日本建筑的韵味。

1994 年，让 · 卢克 · 泰巴德在弗里堡设计了州立护士学校里的一栋建筑，他为这座大楼设计了全是玻璃窗的立面。大楼与一栋老房子相向而立，

立体工作室，洛桑联邦科技大学的托克马研究中心，埃居布朗／洛桑，1996
Atelier Cube, Tokamak ETH Research Center, Ecublens/Lausanne, 1996

鲁道夫·鲁彻尔，维迪剧院，洛桑，沃州，1996
Rodolphe Luscher, Théâtre de Vidy Extension, Lausanne, Canton of Vaud, 1996

中间形成了一个庭院。在弗里堡的护士学校，让·卢克·泰巴德还设计了一栋精美的两层小楼。1995 年在大托里市，一位弗里堡的建筑师曼弗雷德·沙弗尔设计了形式上受到许多关注的住宅项目，这里每栋住宅楼的西侧，都设有四个像碉楼一样的混凝土楼梯间。楼梯间与内部一条水平走廊相连，通达各种不同户型的居住空间。

让·卢克·泰巴德，州立护士学校扩建，弗里堡，1994
Jean-Luc Grobéty, Cantonal Nursing School Extension, Fribourg, 1994

曼弗雷德·沙弗尔，大托里住区，弗里堡，1995
Manfred Schafer, Cité du Grand Torry, Fribourg, 1995

## 自信的瓦莱

在瑞士法语区，瓦莱更加明显地表现出对阿尔多·罗西和提契诺建筑的偏爱，而其他地方，则倾向于方索·布施特或文森特·曼格特等人的建筑作品。对于这一点，在瓦莱可以例举出克里斯蒂安·贝克设计的马斯(Mase) 教区教堂，约翰·沙伯伊设计的位于沙拉的公路工厂以及让·卢克·葛洛波提设计的位于蒙泰的克罗哈登剧院。以罗讷地区的建筑作品来

让·卢克·葛洛波提与蒙纳·托特曼，古宾学校，谢尔，瓦莱州，1992

Jean-Gérard Giorla and Mona Trautmann, Ecole de Goubing, Sierre,Canton of Valais,1992

讨论瑞士德语区的最新建筑趋势是完全可以的，比如彼得·马科利在布里格（Brig）设计的极其简明的公寓式住宅楼，彼得·斯汀曼和赫尔伯特·施密德在纳特尔斯山区向阳山坡上设计的一座似乎是从岩石上跳跃出来的混凝土建筑。实际上，即使在1994年这些建筑完成之前，就可以看到让·卢克·葛洛波提与蒙纳·托特曼在采尔马特新校区的设计中采用了罗杰·丹尼尔的手法，此前两年，他们在谢尔完成的古宾学校建筑，其设计采用的拉丁元素一直是非常鲜明的。最后要提到的是，彼得·施韦泽尔在锡永设计的独立住宅，这个建筑用木材做饰面，遮阳板的处理，是文森特·曼格特在蒙泰设计住宅楼时采用的高技派风格与格劳宾登新木构建筑设计手法相结合的产物。

### 多种发展趋势的提契诺

虽然有评论说提契诺建筑现在已成为历史了，但圣哥达山区南部的景象仍然活跃，门德里西奥建筑学院的开办，形成了一种新的推动力量。1996年落成，由马里奥·博塔设计的莫尼奥教堂及塔马罗山教堂，引起了广泛的关注。在大卢加诺区也出现了一些新建筑：如博塔设计的卡萨拉泰和帕拉迪索两地的大型办公楼，维耶罗·巴尔迈利和伊万诺·格尔拉德在马萨尼奥设计的带有花岗石基座的小型办公建筑，这座建筑在设计风格上介于解构主义与高技派之间。总体来说在这些新建筑中，还是以居住建筑为多。安托尼奥·巴斯、乔瓦尼·赫瑞尔和达里奥·格利姆波蒂沿卡萨拉泰河设计了一栋7层专为出租的住宅楼。马里奥·坎皮和弗兰克·佩施纳设计了贝尔特拉米纳路的公寓楼，该建筑以U形平面围合出一个中心庭院，这种布局借鉴了意大利传统的城镇广场公寓的做法。

利维奥·瓦施尼在卢加诺火车站附近设计了一栋城市住宅，建筑的处理与整个项目的园林式布局非常协调。三维的网格结构表现出立面内部空间和外部空间出色的衔接。整个建筑如同镶嵌在翠绿草地上的宝石，令人叹服。但瓦施尼在洛迦诺的邮局设计中却出现了许多问题，这个建筑1996年落成，它以其巨大的体量占据在大广场的入口处，就像一个毫不相干的东西硬摆在那儿，只是水平划分的大理石条带及反射玻璃窗减弱了表面的沉重感。在洛迦诺邮局的设计中，瓦施尼似乎对自然形成的周边环境无动于衷。但瓦施尼的同事路易吉·斯诺齐则将他近乎外科手术般精确的手法运用在了卡拉索山的城市肌理中。这个设计表明，在历史性区域中新建建筑并且不破坏现状是可以做到的。斯诺齐所做的最新也是最大的设计项目是卡拉索山的莫雷诺住宅项目。他将两栋住宅楼靠近公路布置，外观好像城堡。5层高的立面构成了一面长长的大墙，狭窄的开口体现出韵律感，沿公路一侧处理成9层高的条带，这样的做法给南边开车过来的人展示了一个十分醒目的形象。

罗伯特·布里克拉在一座住宅塔楼的设计中，力图简化斯诺齐严谨的设计语言，并以此作为卡拉索山台阶式住宅的设计出发点。拉斐尔·卡瓦迪尼采用斜角的方式设计了一组外观为清水混凝土的住宅楼，这种做法使戈拉·皮亚诺古老的镇中心成为既具有地方特色又简朴美观的典范。在伊拉尼亚这个以花岗石采石场为生计的村镇中，卡瓦迪尼力图将现代主义与几个世纪延续下来的传统相融合。在三个主要项目——市政厅、葬礼教堂与广场的设计中，卡瓦迪尼运用白色混凝土、灰色的石材、轻巧的带形窗、沉重的石材砌体等元素，将三个不同的建筑项目，统一为一个整体。20世

马里奥·博塔，塔马罗山教堂，提契诺州，1996
Mario Botta, Chapel at Mount Tamaro, Canton of Ticino, 1996
利维奥·瓦施尼，邮局，洛迦诺，提契诺州，1996
Livio Vacchini, Post Office, Locarno, Canton of Ticino, 1996

纪 90 年代提契诺建筑的这些重要作品，与其他建筑师通常无所顾忌的设计具有本质性的不同，这些作品在延续古老村镇结构方面具有重要价值，同时在具体的处理上又没有惟古是瞻。与此相类似，弗兰克和保罗 · 莫罗在阿韦尼奥幼儿园的设计中，用混凝土、钢、玻璃与周围古老的石材建筑构成的质朴环境融合起来。这个带有多功能厅的幼儿园与周边的石质老建筑一起围合了一个小小的广场。1997 年落成，由迈克尔 · 阿纳波蒂和吉安 · 皮耶罗 · 雷斯皮尼设计的切维奥新市政厅也提出了类似的巧妙构思，建筑师用一个水平伸展的长方体，再度诠释了马贾河谷村镇中简明的建筑形式。

我们可以继续例举在单体建筑处理上与周围环境融合但又不失特点的设计，比如：在贝林佐纳最北边的卡斯蒂奥内，雷纳佐 · 马吉奈特在他的设计中借鉴了防波堤的主题，建筑被设计成防护墙的形状，并用建筑将峡谷隔开。这座工业建筑与铁路及主要道路的方向呈直角布置，建筑中包括了车间、办公室及宿舍，雷纳佐 · 马吉奈特在外观处理上用清水混凝土与木材作为区分不同功能空间的参照。城堡、墙、塔这些贝林佐纳古老建筑遗存下来的瑰宝，也启发了博塔。博塔设计的一座电信管理大厦看起来就

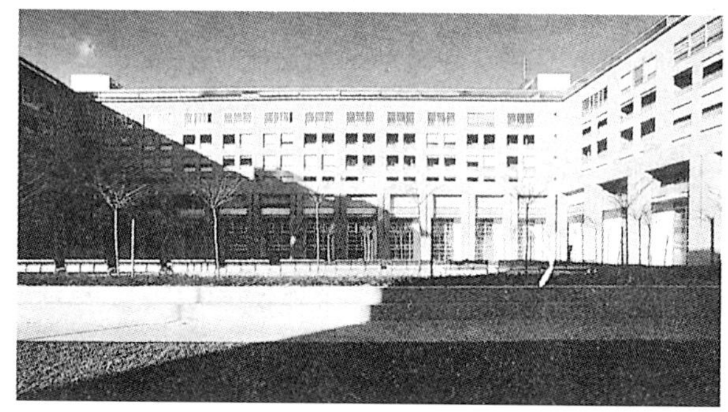

马里奥 · 坎皮和弗兰克 · 佩施纳，公寓楼，卢加诺，提契诺州，1996
Mario Campi and Franco Pessina, Multi-Family Housing, Lugano, Canton of Ticino, 1996

拉斐尔 · 卡瓦迪尼，镇市政厅，伊拉尼亚，提契诺州，1996
Raffaele Cavadini, Town Hall, Iragna, Canton of Ticino, 1996

雷纳佐 · 马吉奈特，带公寓的工业建筑，卡斯蒂奥内，提契诺州，1993
Renato Magginetti, Industrial Building with Apartments, Castione, Canton of Ticino, 1993

像一个砖砌的古堡，这个大厦内有一个圆形的内院。大厦的外观就像纪念性建筑那样，突出于郊区的建筑群当中。皮亚特 · 伯塞提在莱马山上设计的雷达站从远处看也像是一个城堡，或是山间的教堂。道尔夫 · 施奈比利、托比斯 · 阿曼和弗罗拉 · 鲁赫特在卢加诺机场北边的曼诺工业区设计的UBS苏格罗办公大楼，只能从体量的感受上称其为银行王国里的城堡。这是迄今为止提契诺最大的建筑，这座大楼采用了最新的生态研究成果，只有到1997年底，这个建筑最终完成时，才有可能明了其建筑的水准能否与它巨大的尺度相一致。

## 结语

当今瑞士建筑呈现出在一个小小的国家里共存着众多不同表现的特点，这些不同的表现既有形式的，也有类型学的，还有文化意义上的，究其多样性的原因，应该源自瑞士国家并存着多个不同的文化区域，而建筑表现的不同与文化区域的不同恰好也相吻合。同时还应强调的是，与那些简单、缺乏个性的设计相比较，具有强烈艺术气息的建筑，虽然对使用者来说增加了造价，但这些艺术至上的建筑仍能得以实施。当代瑞士建筑的发展倾向于更加的抽象化，这一点可以由偏爱体量单一完整的建筑来印证，或是由回避反映时代脉络的建筑语言，偏爱新的修辞方法来印证。这种现象加剧了城市结构的分裂趋势，对于城市的组织结构而言，许多新型建筑不能够去增强它，倒是产生了破坏它的威胁作用。这是事实，而且不仅仅发生在城市的内部，还发生在诸如日内瓦与康斯坦茨湖之间内容复杂多样且规模不断扩大的居民区当中，而这一区域现在正在发展成为欧洲最大的城市空间之一。对应今天这种混乱的状态，更为迫切的需要不是建造一些漂亮的建筑物，而是强化原有的组织结构，同时补救那些由于极端的错误而导致的破坏。

# 参考文献

本书参考文献只大体罗列了相关图书。虽然书中涉及多位建筑师的个人作品集，但是鉴于这些图书很容易在市面上找到，并被新的出版物所替代，所以未被列入下述参考文献中。


Alfred Altherr, New Swiss Architecture. Neue Schweizer Architektur, Teufen 1965

Architecture de la raison. La Suisse des années vingt et trente, Lausanne 1991

Architettura contemporanea alpina. Neues Bauen in den Alpen. Premio d'architettura 1995. Ed. Christoph Mayr Fingerle. Basel/Boston/Berlin 1996

L'Architecture Moderne en Suisse. Neues Bauen in der Schweiz. Führer zur Architektur der 20er und 30er Jahre, Ed. Documentation Suisse du bâtiment, Blauen 1993

Dieter Bachmann, Gerardo Zanetti, Architektur des Aufbegehrens. Bauen im Tessin, Basel/Berlin/Boston 1985

Max Bill u.a., Moderne Schweizer Architektur 1925–1945, Basel 1947

David P. Billington, Robert Maillart and the art of reinforced concrete. Robert Maillart und die Kunst des Stahlbetonbaus. Zurich and Munich 1990

Werner Blaser, Architecture 70/80 in Switzerland, Basel 1981

Thomas Boga, Tessiner Architekten 1960–1985, Zurich 1986

Gerardo Brown-Manrique, The Ticino Guide, New York 1989

J. Christoph Bürkle and Architektur Forum Zürich (Eds.), Young Swiss Architects, 1997

Lucius Burckhardt, Moderne Architektur in der Schweiz seit 1900, Winterthur 1969

Construction, Intention, Detail. Five Projects of Five Swiss Architects. Fünf Projekte von fünf Schweizer Architekten, London/Zurich 1994.

Peter Disch, Architettura recente nel Ticino. 1980–1995. Con un reassunto degli anni 1930–1980. Neuere Architektur im Tessin. Mit einer Zusammenfassung der Jahr 1930–1980, Lugano 1996

Peter Disch (Ed.), L'Architecture récente en Suisse alémanique. L'Architettura recente nella Svizzera tedesca. Architektur in der deutschen Schweiz 1980–1990, Lugano, 2nd edition 1991

Peter Disch (Ed.), 50 anni di architettura in Ticino 1930–1980, Bellinzona and Lugano 1983

Docu Bulletin, périodique officielle de la Documentation Suisse du bâtiment, Blauen

Köbi Gantenbein and Jann Lienhart, 30 Bauten in Graubünden, Zurich 1996

Jacques Gubler, Nationalisme et internationalisme dans l'architecture moderne de la Suisse, Lausanne 1975

Guide to Swiss Architecture. Schweizer Architekturführer. Guide d'Architecture Suisse. 1920–1990. Vol. 1, Northeast and Central Switzerland. Redaction Christa Zeller, Ed. Willi E. Christen, Publisher Werk AG, Zurich, Verlagsgesellschaft des BSA, Société d'éditions de la FAS, 1992, 2nd edition 1996

Guide to Swiss Architecture. Schweizer Architekturführer. Guide d'Architecture Suisse. 1920–1990. Vol. 2, Northwest Switzerland, Jura, Central Plateau. Redaction Christa Zeller, Ed. Willi E. Christen, Publisher Werk AG, Verlagsgesellschaft des BSA, Société d'éditions de la FAS, 1994

Guide to Swiss Architecture. Schweizer Architekturführer. Guide d'Architecture Suisse. Guida dell'Architettura Svizzera. 1920–1995. Vol. 3, Western Switzerland, Valais, Ticino. Redaction Christa Zeller, Ed. Willi E. Christen, Publisher Werk AG/OEuvre SA, Verlagsgesellschaft des BSA, Société d'éditions de la FAS, 1996

Dorothee Huber, Architekturführer Basel, edited and published by Architekturmuseum Basel, Basel 1993

Carmen Humbel, Young Swiss Architects, Zurich 1995

Hannes Ineichen, Tomaso Zanoni (Eds.), Luzerner Architekten 1920–1960, Zurich and Berne 1985

INSA. Inventario Svizzero di Architettura 1850–1920. Inventar der neueren Schweizer Architektur 1850–1920, Zurich and Berne 1982–, 10 vols. to be published

Ulrike Jehle-Schulte Strathaus, Bauten im 20. Jahrhundert, Basel 1977

Stanislaus von Moos, Julius Bachmann, New Directions in Swiss Architecture, New York 1969

Stanislaus von Moos et al., Neues Bauen in der Ostschweiz. Ein Inventar, Sankt Gallen 1989

Neues Bauen im Kanton Aargau 1920–1940, Ed. SIA Sektion Aargau et al., Baden 1986

Robert Obrist, S. Semadeni, D. Giovanoli (Eds.), Construir – Bauen – Costruire, 1830–1980, Zurich and Berne 1986

B. de Sivo, L'architettura in Svizzera, Naples 1968

G. E. Kidder Smith, Switzerland Builds, New York/Stockholm 1950

Martin Steinmann, Irma Noseda, Zeitzeichen. Schweizer Baukultur im 19. und 20. Jahrhundert, Zurich 1988

Ticino hoy, Exhibition Catalogue, Madrid 1993

Hans Volkart, Schweizer Architektur, Ravensburg 1951

F. Werner and S. Schneider, Neue Tessiner Architektur. Perspektiven einer Utopie. Italian edition: La nuova architettura ticinese. Mario Botta, Aurelio Galfetti, Ivano Gianola, Luigi Snozzi, Livio Vacchini, Milan 1990

# 建筑师名录

## A

**Alvar Aalto**
Schönbühl Tower, Lucerne

**ACAU (G. Châtelaine and G. Tournier)**
Uni Mail Building, Geneva

**Bruno Achermann**
(see Max Germann and Bruno Achermann)

**Matthias Ackermann and Markus Friedli**
School, Basel
Ackermätteli School, Basel

**Georges Addor**
Le Lignon Housing, Geneva
Meyrin Housing, Geneva
Parc de Budé Housing, Geneva

**A.D.P. (Walter Ramseier, Beat Jordi, Caspar Angst and Peter Hofmann)**
Housing, Zurich

**AKZ Architects' Collective (Rudolf Steiger, Hermann Fietz, Max Ernst Haefeli, Hermann Weideli, Josef Schütz, Werner Max Moser, August Arter & Martin Risch, Robert Landolt, Gottlieb Leuenberger & Jakob Flückiger)**
Cantonal Hospital, Zurich

**Michael Alder**
Hinter den Gärten House, Itingen, Basel-Land
House, Bottmingen, Basel-Land
House, Ziefen, Basel-Land
Luzernerring, Housing, Basel
St. Alban-Tal Buildings, Basel
Vogelbach Housing, Basel

**Jean-Jacques Alt**
(see Fonso Boschetti, Jean Jacques Alt, Gérald Iseli and François Martin)

**Margrit Althammer and René Hochuli**
Extension Corum Watch Factory, La Chaux-de-Fonds, Neuchâtel

**Fausto Ambrosetti**
Pré-Picot School Complex, Geneva

**Hans-Peter Amman**
Redevelopment of the Station Area, Lucerne

**Tobias Ammann**
Apartments, Locarno-Monti, Ticino
Housing, Baar, Zug
Ruopigen Center, Littau, Lucerne
Suglio UBS Offices Manno, Ticino

**Arnold Amsler**
Renovation and Extension of Stadelhofen Station, Zurich
Mixed-Use Building, Zurich

**Vreni Amsler**
Mixed-Use Building, Zurich

**Raoul Andrey**
(see Jean-Luc Grobéty, Raoul Andrey and Christian Sottaz)

**Andry & Habermann**
Renovation of the Volkshaus, Biel, Berne

**Marc Angélil**
Commercial and Residential Building, Esslingen, Zurich

**Caspar Angst**
(see A.D.P.)

**René Antoniol and Kurt Huber**
Cantonal Fine Arts Museum, Warth, Thurgau

**Antonio Antorini**
Leonardo Building, Lugano, Ticino

**Olivier Archambault, Francoise Barthassat, and Enrico Prati**
Multi-Use Building, Geneva
Place de l'Octroi, Carouge

**Arcoop**
Balberstrasse Housing, Zurich
Manessehof Housing, Zurich
Renovation of Siedlung Neubühl, Zurich
(see also Ueli Marbach and Arthur Rüegg)

**Michele Arnaboldi**
Quattrini House, Minusio, Ticino
Municipio, Cevio, Ticino
Righetti House, Arcegno, Ticino

**Paul Artaria**
House, Binningen, Basel-Land
(see also Hans Schmidt and Paul Artaria)

**August Arter & Martin Risch**
(see AKZ)

**Atelier 5**
Extension Amthaus, Berne
Citron House, Carona, Ticino
Commercial and Housing Complex Fischergarten, Solothurn, Berne
Extension to the Art Museum, Berne
Factory, Thun, Berne
Merz House, Môtier, Neuchâtel
Mixed-Use Building, Zollikofen, Berne
Psychiatric Clinic, Münsingen, Berne
Seminary, Thun, Berne
Siedlung Boll-Sinneringen, Berne
Siedlung Flamatt I, II, and III, Flamatt, Fribourg
Siedlung Halen, Halen, Berne
Siedlung Rainpark, Brügg, Berne
Siedlung Ried, Niederwangen, Berne
Siedlung Thalmatt I and II, Herrenschwanden, Berne
Terraced Housing, Caviano, Ticino
Thalmatt Shopping Center, Herrenschwanden, Berne
Vaucher Building, Niederwangen, Berne
Wittigkofen Nursing Home, Berne

**Atelier Cube (Guy and Marc Collomb, and Patrick Vogel)**
Boissonet Housing 1 and 2, Lausanne, Vaud
Cantonal Archives, Chavannes, Vaud
Chauderon Bridge Public Elevator, Lausanne, Vaud
Chemistry Faculty, Ecublens/Lausanne, Vaud
CRPP Plasma Physics Research Center, Ecublens/Lausanne, Vaud
Jeunotel, Lausanne, Vaud
La Grande Borde Extension, Lausanne, Vaud
Mixed-Use Building, Lausanne, Vaud
Tokamak Research Center, Ecublens, Vaud

**Atelier d'Architectes (Vincent, Schwertz, Lesemann, and Saugey)**
Housing, Geneva

**Paul Aubert**
(see Camille Martin, Arnold Hoechel, and Paul Aubert)

**Aubry et Monnier and Associates**
Cantonal Police Headquarters, Neuchâtel
Les Deux Thielles School and Sports Center, Le Landeron, Neuchâtel

**Joseph Austermayer**
(see Ch. Trivelli and J. Austermayer)

**Marco d'Azzo**
Apartments, Lugano, Ticino

## B

**Viero Balmelli and Ivano Ghirlanda**
Office Building, Lugano, Ticino

**Balmer**
(see Ziegler & Balmer)

**Robert Bamert**
Federal Polytechnic School, Ecublens, Vaud

**Rudolf Bäny**
(see Paul Mebes and Rudolf Bäny)

**Ralph Baenziger**
Main Station Development, Zurich

**Alfons Barth and Hans Zaugg**
Auen High School, Frauenfeld, Thurgau
Cantonal School Extension, Solothurn
Säli School, Olten, Solothurn
Swiss Railway Training Center, Murten, Fribourg
Vebo Rehabilitation Center, Oensingen, Solothurn
Zaugg House, Olten, Solothurn

**Marcellin Barthassat**
(see Collectif d'architectes)

**Francoise Barthassat**
(see Olivier Archambault, Francoise Barthassat, and Enrico Prati)

**Antonio Bassi, Giovanni Gherra, and Dario Galimberti**
Housing, Pregassona, Ticino

**Bauart Architekten**
Federal Statistics Office, Neuenburg, Berne
Kindergarten Morillon, Wabern, Berne

**Peter Baumann**
Redevelopment of the Station Area, Lucerne

**Max Baumgartner**
Vieusseux Garden City, Geneva

**Hermann Baur**
Arts and Crafts School, Basel
Bruderholz School, Basel
Bürgerspital, Basel
Siedlung Eglisee (Woba), Basel

**Valentin Bearth and Andrea Deplazes**
School, Malix, Graubünden
Housing, Masans, Graubünden
Town House, Chur, Graubünden
Multi-purpose Hall, Tschlin, Graubünden

**Eugène Beaudouin**
New Headquarters of the International Labor Organization (ILO), Geneva
Vermont Quarter, Geneva

**Christian Beck**
Church of Sainte Marie Madeleine, Mase, Valais
Multipurpose Building, Les Evouettes, Valais

**Herbert Beckhardt**
Staehelin House, Feldmeilen, Zurich

**Emil Bercher and Eugen Tamm**
Housing, Basel
Rialto Indoor Swimming Pool, Basel

**Jacques Berger**
(see Carlo Steffen, André Gallay, and Jacques Berger)

**Patrick Berger**
Uefa Headquarters, near Nyon, Vaud

**Emilio Bernegger, Bruno Keller, and Edy Quaglia**
Atelier Bick, Sant'Abbondio, Ticino
Hochstratter House, Muzzano, Ticino
La Poste Cultural Center, Visp, Valais
Platis House, Muzzano, Ticino

**Hans Bernoulli**
Granary, Basel
Siedlung Hardturmstrasse, Zurich
Siedlung Eglisee (Woba), Basel
Siedlung Eichliacker, Winterthur, Zurich
Siedlung Hirzbrunnen, Basel
Siedlung Im Vogelsang, Basel
Siedlung Unterer Deutweg, Winterthur, Zurich

**Georges Berthoud**
La Tourelle Housing, Geneva
Les Grottes I Housing, Geneva

**Marie Claude Bétrix, Eraldo Consolascio and Bruno Reichlin**
Berani Warehouses, Uster, Zurich
Sferax Factory, Cortaillod, Neuchâtel

**Mario Bevilacqua, Jacques Dumas, Jean Luc Thibaud**
Faculty of Human Sciences II, Ecublens, Vaud

**Angelo Bianchi**
Postal Center, Bellinzona, Ticino
(see also Peter Disch and Angelo Bianchi)

**Walter Bieler**
Drostobel Bridge, Klosters, Graubünden
Highway Service Station,

Sevelen, Sankt Gallen
Langlau Bridge, Scuol, Graubünden
Sagastäg Bridge, Schiers, Graubünden

**Max Bill**
Bill Studio-House, Zumikon, Zurich
Bill Studio-House, Zurich
DRS Radio Studios and Offices, Zurich
Pavilion Sculpture, Zurich
Uni Mail Building Interiors, Geneva
Vidy Theater, Lausanne, Vaud

**Hubert Bischoff**
Primary School Wies, Heiden, Sankt Gallen

**Hans Bleiker**
(see Walter Custer, Fred Hochstrasser, and Hans Bleiker)

**Peter Böcklin and Predrag Petrovic**
Am Stram Gram Theater, Geneva

**Jürg Bohlen**
Uni Mail Building Interiors, Geneva

**Frank Bolliger, Heinz Hönger, and Werner Dubach**
Renovation of Indoor Swimming, Zurich

**Jacques Bolliger**
Le Lignon Housing, Geneva
Meyrin Satellite-City, Geneva
Parc de Budé Housing, Geneva

**Paul Bonatz**
Fine Arts Museum, Basel

**Jean Marie Bondallaz**
Building in Place des Alpes, Geneva
Mixed-Use Building, Geneva

**André Bordigoni, Jean Gros and Antoine de Saussure**
Vermont Quarter, Geneva

**Mario Borges, Alain Burnier und André Robert Tissot**
New Building for the Red Cross International Committee Central Research Agency, Geneva

**Fonso Boschetti, Jean-Jacques Alt, Gérald Iseli, and François Martin**
Biology Faculty, Ecublens, Vaud

**Pietro Boschetti**
Radar Station, Monte Lema, Ticino

**Oskar Bosshardt**
Granary, Basel

**Mario Botta**
Banca del Gottardo, Lugano, Ticino
Barchi House, Manno, Ticino
Bruxelles Lambert Bank, Geneva
Caimato Offices, Lugano, Ticino
Capuchin Library, Lugano, Ticino
"Casa Rotonda", Stabio, Ticino
Chapel at Monte Tamaro, Rivera, Ticino
Church of San Giovanni Battista, Mogno, Ticino
Cinque Continenti Building, Lugano, Ticino
Crafts Center, Balerna, Ticino
Farmhouse Conversion, Ligornetto, Ticino
House, Breganzona, Ticino
House, Cadenazzo, Ticino
House, Cavigliano, Ticino
House, Cologny,
House, Daro, Ticino
House, Losone, Ticino
House, Montagnola, Ticino
House, Morbio Superiore, Ticino
House, Morbio Inferiore, Ticino
House, Origlio, Ticino
House, Riva San Vitale, Ticino
House, Stabio, Ticino
House, Viganello, Ticino
Medici House, Stabio, Ticino
Mixed-Use Building, Bellinzona, Ticino
Mixed-Use Building, Lugano, Ticino
Municipal Gymnasium, Balerna, Ticino
Novazzano Housing, Ticino
Parish House, Genestrerio, Ticino
Ransila I Offices, Lugano, Ticino
Secondary School, Morbio Inferiore, Ticino
Showroom and House, Zofingen, Aargau
State Bank, Fribourg
Telecommunications Business Center, Bellinzona, Ticino
Tinguely Museum, Basel
UBS Bank Headquarters, Basel

**A. Boyer**
Schindler Center, Ebikon, Lucerne

**Bracher, Widmer and Daxelhoffer**
Cantonal Library, Fribourg

**Richard Bracher**
(see Dagobert Keiser and Richard Bracher)

**Maurice Braillard**
Cableway, Salève (France),
Garage des Nations, Geneva
House, Geneva
Maison Ronde, Geneva
Montchoisy Housing, Geneva
School, Mies, Vaud
Siedlung Eglisee (Woba), Basel
Town Hall and School, Onex, Geneva
Vieusseux Garden City, Geneva
Zoning plans, Geneva

**Adolf and Heinrich Bräm**
Post Office, Zurich

**Franz Bräuning**
Arts and Crafts School, Basel
Bürgerspital, Basel

**Otto Brechbühl**
Elfenau Clinic, Berne
Lory Hospital, Berne
SUVA Building, Berne
University Institute of Natural Sciences, Berne

**Hans Brechbühler**
Arts and Crafts School, Berne

**Georges Brera**
La Tourelle Housing, Geneva
Parc Geisendorf School and Pedagogic Center, Geneva
Tour de Carouge, Geneva

**Marcel Breuer**
Home, Baldegg, Lucerne
Koerfer House, Ascona, Ticino
Sonnhalde Crèche, Kindergarten and Nursing
Staehelin House, Feldmeilen, Zurich
Wohnbedarf AG Offices, Zurich

**Roberto Briccola**
Tower, Monte Carasso, Ticino

**Peppo Brivio**
Albairone Apartments, Massagno, Ticino
Apartments, Massagno, Ticino
Bellinzona House, Ticino
Corinna House, Morbio Superiore, Ticino
Orselina-Cardada Cableway Station, Locarno, Ticino

**Rino Brodbeck**
United Nations School, Geneva

**Carlo Broggi**
(see Nénot & Flegenheimer, C. Broggi, J. Vago and C. Lefèvre)

**Richard Brosi**
PTT Bus Station, Chur, Graubünden
School, Untervaz, Graubünden

**Ch. Brugger**
Professional Institute, Lausanne, Vaud
(see also Ch. Thévenaz, Ch. Brugger, and M. Maillard)

**Frédéric Brugger**
Elysée School Complex, Lausanne, Vaud
Faculty of Human Sciences I, Ecublens/Lausanne, Vaud
Kodak Building, Vaud
Professional Institute, Lausanne, Vaud
(see also Edouard Catella, Frédéric Brugger and Associates)

**Fred G. Brun**
Cantonal Hospital, Chur, Graubünden

**Ugo Brunoni**
Le Corbusier School, Geneva
Les Pâquis Library, Geneva
Sainte Trinité, Geneva

**Walter Büchler**
Public Tennis Courts, Bellinzona, Ticino

**Arthur Bugna and Georges Candilis**
French School, Geneva

**Jacques Bugna**
Hôtel de Police, Geneva

**Elsa Burckhardt**
Heslibach Housing, Küsnacht, Zurich
Oberer Letten Baths, Zurich

**Ernst F. Burckhardt**
Baths, Oberer Letten, Zurich
Church of Johannes, Basel

Heslibach Housing, Küsnacht, Zurich
House, Erlenbach, Zurich
Pestalozzi Mixed-Use Building, Zurich
Siedlung Eglisee (Woba), Basel

**Erwin Bürgi**
Felsberg School, Lucerne

**Urs Burkard, Adrian Meyer, and Max Steiger**
Cantonal School, Wohlen, Aargau
Crédit Suisse Bank, Lenzburg, Aargau
Höchi Center, Baden, Aargau
Mixed-Use Building, Baden, Aargau
Multipurpose Building, Baden, Aargau
Offices, Aarau, Aargau
Tower, Winterthur, Zurich

**Marianne Burkhalter and Christian Sumi**
Apartments, Laufenburg, Aargau
Forstwerkhöfe, Turbenthal and Rheinau, Zurich
House in Hinterer Stadtberg, Eglisau, Zurich
Professional School, Laufenburg, Aargau
Studio-House, Langnau am Albis, Zurich
Zürichberg Hotel, Zurich

**Alain Burnier**
(see Mario Borges, Alain Burnier, André Robert Tissot)

**Oskar Burri**
House, Zumikon, Zurich

**Bruno Buser**
Wiesengarten Housing, Basel

**Pierre Bussat**
Jeanneret-Reverdin House, Cologny, Geneva
Villa Bédat, Vandoeuvres, Geneva

**Claude Butty**
(see Collectif d'architectes)

## C

**Sandro Cabrini and Gianmaria Verda**
House, Carabbia, Ticino
La Poste Cultural Center, Visp, Valais

**Santiago Calatrava**
Bärenmatte Community Center, Suhr, Aargau
Bus Station, Sankt Gallen
Cantonal School, Wohlen, Aargau
Redevelopment of the Station Area, Lucerne
Renovation and Extension of Stadelhofen Station, Zurich
Renovation of the Tabourettli Cabaret, Basel
Shopping Center, Suhr, Aargau
Terrace Housing, Würenlingen, Aargau

**Peter Calonder**
Renovation and Extension of the Fine Arts Museum, Chur, Graubünden

**Luigi Camenisch**
Balmelli House, Rovio, Ticino

**Alberto Camenzind**
International Conference Center, Geneva
La Panoramica Mixed-Use Building, Massagno, Ticino
New Headquarters of the International Labor Organization (ILO), Geneva
Secondary School, Bellinzona, Ticino
Swiss-Italian Radio Studios, Lugano-Besso, Ticino

**Gion A. Caminada**
School, Duvin, Graubünden

**Marc Camoletti**
Hotel Cornavin, Geneva

**Camoletti & Hauserman**
Renovation of the Maison Clarté, Geneva

**Mario Campi and Franco Pessina**
Baudino House, Davesco, Ticino
Boni House, Massagno, Ticino
Chapel of the Madonna di Fatima, Giova, Graubünden
Corecco House, Montagnola, Ticino
ETH Chemistry Faculty, Zurich
Felder House, Lugano, Ticino
Filippini House, Muzzano, Ticino
House, Oberägeri, Zug
Housing, Lugano, Ticino
IBM Headquarters, Zurich
Kress House, Breganzona, Ticino
Maggi House, Arosio, Ticino
Polloni House, Origlio, Ticino
Schools, Caslano, Ticino
Terraced Housing, Massa-

gno, Ticino
Terraced Housing, Massagno, Ticino
Vanini House, Muzzano, Ticino

**Georges Candilis**
(see Arthur Bugna and Georges Candilis)

**Louis Carbonnier**
(see François Wavre and Louis Carbonnier)

**Tita Carloni**
Balmelli House, Rovio, Ticino
Cereghetti House, Salorino, Ticino
House, Rovio, Ticino
Parish Housing, Sorengo, Ticino
Restoration of San Giovanni Battista, Gnosca, Ticino
Schools, Stabio, Ticino
Workers' Union Headquarters, Lugano, Ticino

**Carloni-Denti-Moretti Design Cooperative**
Cereda Housing, Balerna, Ticino

**Edouard Catella, Frédéric Brugger and Associates**
Siemens Center, Renens, Vaud

**Emmanuel Cattani**
(see Jean Nouvel, Emmanuel Cattani and Associates)

**Eugenio and Agostino Cavadini**
Carità Hospital, Locarno, Ticino
Carmelo Santa Teresa Clinic, Brione sopra Minusio, Ticino
San Rocco Hospital, Lugano, Ticino

**Raffaele Cavadini**
Calzascia House, Gerra Piano, Ticino
Iragna Buildings, Ticino
Juri House, Ambri, Ticino
Kalt House, Locarno-Monti, Ticino
San Rocco Hospital, Lugano, Ticino

**Eugène Cavalli and Ami Golay**
Maison du Paon, Geneva

**Piero Ceresa**
Public Tennis Courts, Bellinzona, Ticino

**Joseph Cerutti**
(see Janos Farago and Joseph Cerutti)

**John Chabbey and Michel Voillat**
Cretton House, Fully, Valais
Motorway Workshop, Charrat, Valais
Renovation of the Parish Church, Martigny, Valais

**René Chapallaz**
Villa Fallet, La Chaux-de-Fonds, Neuchâtel
Villa Jaquemet, La Chaux-de-Fonds, Neuchâtel
Villa Stotzer, La Chaux-de-Fonds, Neuchâtel

**G. Châtelaine**
(see ACAU)

**Laurent Chenu**
Customs Post, Bardonnex, Geneva
Firmenich Offices, Meyrin-Satigny, Geneva
Pré-Picot Primary School, Geneva

**Mario Chiattone**
Palazzo Bianchi, Lugano, Ticino

**Rudolf Christ**
Fine Arts Museum, Basel

**Willi E. Christen**
Juchhof Barn, Zurich
Principal Pavilion in the Zoological Gardens, Zurich

**Albert Cingria, François Maurice, and Jean Duret**
Vernets Sports Center, Geneva

**Conradin Clavuot**
Transformer Station Seewis, Graubünden

**Pierre Clemençon, Daniel Herren, and Andrea Roost**
Human and Social Sciences Center "Unitobler", Berne

**Collectif d'architectes (Marcellin Barthassat, Claude Butty, Gabriele Curonici, and Jacques Menoud)**
Country Estate Housing, Landecy, Geneva
Renovation of Les Pâquis Public Baths, Geneva

**Guy and Marc Collomb**
(see Atelier Cube)

**Eraldo Consolascio**
(see Marie Claude Bétrix, Eraldo Consolascio, and Bruno Reichlin)

**Beat Consoni**
House, Horn, Thurgau

**Jürg Conzett**
Wooden Bridge, Via Mala, Graubünden

**Raymond Coquoz**
Renovation of the Parish Church, Martigny, Valais

**Cramer-Jaray-Paillard**
Chriesiweg School, Zurich
Horgen Parish Center, Zurich
House, Zurich
Muncipal Theater, Sankt Gallen
Saatlen Protestant Church and Center, Zurich
Siedlung In der Au, Zurich
Swisscontrol Tower of Kloten Airport, Zurich

**Cruz & Ortis**
Commercial Building, Basel

**François Cuenod**
House, Puplinge, Geneva

**Curjel & Moser**
Church of St Joseph, Zurich
Church of St Michael, Zug, Zurich
Church of St Paulus, Lucerne
Terrace Housing, Basel
University of Zurich, Zurich
Villa Boveri, Baden, Aargau
Villa Burghalde, Baden, Aargau
Villa Langmatt, Baden, Aargau
Villa Müller, Zurich
(see also Karl Moser)

**Gabriele Curonici**
(see Collectif d'architectes)

**Maurice Currat**
Firmenich Offices, Meyrin-Satigny, Geneva
Bardonnex Customs Post, Geneva

**Walter Custer, Fred Hochstrasser, and Hans Bleiker**
Heberlein Industrial Plant, Wattwil, Sankt Gallen

## D

**Ignacio Dahl Rocha**
(see Jacques Richter and Ignacio Dahl Rocha)

**Daxelhoffer**
(see Bracher, Widmer, and Daxelhoffer)

**Heinrich Degelo**
(see Meinrad Morger and Heinrich Degelo)

**Gioconda De Min**
(see Metron)

**Denti**
(see Carloni-Denti-Moretti Design Cooperative)

**Georges Descombes**
Parc En Sauvy, Lancy, Geneva

**Patrick Devanthéry and Inès Lamunière**
Renovation Bel-Air Métropole, Lausanne, Waadt
Renovation of Bellerive Plage, Lausanne, Vaud
School, Pully, Vaud
School and Leisure Center, Le Grand-Saconnex, Geneva
Student Residence, Geneva

**Diener & Diener**
Commercial and Residential Building (former Warteck brewery), Basel
Housing Hammer I, and II Basel
Fides Offices, Basel
Housing and Bank, Basel
Interior design of the Domus-Haus Architectural Museum, Basel
Mixed-Use Buildings on St. Alban-Rheinweg, Basel
Offices on Barfüsserplatz, Basel
Offices on Hochstrasse, Basel
Offices on Picassoplatz, Basel
Training Center of Swiss Bank Company, Basel

**Peter Disch and Angelo Bianchi**
High School, Bedigliora, Ticino

**Werner Dolder**
(see Otto Schärli Sr., Werner Dolder, and Augusto Guidini)

**Jean Pierre Dom and François Maurice**
Fédération des Syndicats Patronaux Headquarters, Geneva
Housing in Aïre, Geneva
Les Ailes Cooperative Complex, Geneva
Office Buildings, Geneva

**Gustav Doppler und Sohn**
Church of St Antonius, Basel

**Thedy Doppler**
Restoration Church of St Antonius, Basel

**Otto Dreyer**
Central Library, Lucerne
Church of St Josef Maihof, Lucerne

**Werner Dubach**
(see Frank Bolliger, Heinz Hönger, and Werner Dubach)

**Charles Dubois**
Central Station, Lausanne, Vaud
Ecole des Métiers, Lausanne, Vaud

**Georges Pierre Dubois**
Buildings of Adolph Saurer AG, Arbon, Thurgau

**Markus Ducommun**
Brühl School, Solothurn

**Fernand Dumas**
Miséricorde University, Fribourg
Parish Church of St Pierre et Paul, Fontenais, Jura

**Jacques Dumas**
(see Mario Bevilacqua, Jacques Dumas, and Jean Luc Thibaud)

**William Dunkel**
Holbeinplatz Housing, Basel
House, Kilchberg, Zurich

**Jean Duret**
Housing in Aïre, Geneva
Les Ailes Cooperative Complex, Geneva
(see also Albert Cingria, Francois Maurice, and Jean Duret)

**Arthur Dürig**
Arts and Crafts School, Basel
Bürgerspital, Basel

**Giancarlo Durisch**
La Serena Housing for the Elderly, Lugano, Ticino
Mixed-Use Building, Lugano, Ticino
Secondary School, Riva San Vitale, Ticino
Studio-House, Riva San Vitale, Ticino
Telecommunications Center, Giubiasco, Ticino

**Jean Marc Duvoisin**
Elevator, Lausanne, Waadt

## E

**Ernst W. Ebersold**
House, Berne

**Karl Egender**
Applied Arts School and Museum, Zurich
Church of Johannes, Basel
Mixed-Use Building, Zurich
Siedlung Eglisee (Woba), Basel
Sports Center, Zurich
Volkshaus Limmathaus, Zurich

**Hans Eggstein and Walter Rüssli**
Offices, Lucerne

**Werner Egli and Hans Rohr**
Extension to District School, Baden, Aargau
Büel Housing, Baar, Zug
Housing, Baden, Aargau

**Hugo Ehrlich**
Villa Karma, Clarens, Vaud

**Eberhard Eidenbenz**
Staehelin House, Feldmeilen, Zurich

**Ernst Engeler**
Cantonal Secondary School, Locarno, Ticino
Suglio UBS Offices, Manno, Ticino

**Engineering Office Eglin Ristic**
Restoration Church of St Antonius, Basel

**Fritz Engler**
House and Studio, Wattwil, Sankt Gallen

**Eppler, Maraini and Associates**
Renovation of Municipal Services Headquarters, Baden, Aargau

**Hermann Eppler and Stephan Mäder**
School of Architecture, Winterthur, Zurich

**Jean Erb**
(see Jacques Lozeron and Jean Erb)

**Hans Erni, Josef Gärtner, and Paul Gässner**
Erni Studio-House, Eggen, Lucerne

**Jakob Eschenmoser**
Adolph Saurer AG Headquarters, Arbon, Thurgau
Coaz Alpine Refuge, Pontresina, Graubünden
Refuge on Mount Bertol, Arolla, Valais

**Hans Escher**
(see Roland Gross, Hans Escher, and Robert Weilemann)

## F

**Emil Fahrenkamp**
Albergo Monte Verità, Ascona, Ticino

**Janos Farago and Joseph Cerutti**
Mixed-Use Building, Geneva

**Jacques Faravel**
Renovation of the Parish Church, Martigny, Valais

**Jacques Faverger**
Ecole des Métiers, Lausanne, Vaud

**Marcel Ferrier**
Greek Orthodox Church, Zurich
Housing, Sankt Gallen
Renovation and Extension to the Natural History and Fine Arts Museum, Sankt Gallen
Works Building, Bischofszell, Thurgau

**Hermann Fietz**
(see AKZ Architects' Collective)

**Walter Fischer and Associates (Kuhn, Fischer, and Hungerbühler)**
Brahmshof Housing, Zurich
(see also Kuhn, Fischer and Associates)

**Hans Fischli**
Feller Factory, Horgen, Zurich
Furniture Cooperative Building, Basel
Pestalozzi Village, Trogen, Appenzell
Schlehstud Studio-House, Meilen, Zurich
Siedlung Gwad, Wädenswil, Zurich
Villa Guggenbühl, Herrliberg, Zurich

**Julien Flegenheimer**
Cornavin Station, Geneva
(see also Nénot & Flegenheimer, C. Broggi, J. Vago, and C. Lefèvre)

**Karl Fleig**
Schönbühl Tower, Lucerne

**Jakob Flückiger**
(see Gottlieb Leuenberger & Jakob Flückiger)

**Fondation des Immeubles pour les Organisations Internationales (FIPOI)**
New Building for the Red Cross International Committee Central Research Agency, Geneva

**Walter M. Förderer**
Cantonal School, Schaffhausen
Church of Santa Croce, Chur, Graubünden
Im Gräfler School Complex, Schaffhausen
School of Economic and Social Sciences, Sankt Gallen

**Benno Fosco, Jacqueline Fosco-Oppenheim, Klaus Vogt**
ETH Research and Teaching Center, Zurich
Limmat Rez Housing, Zurich

**R. Frank**
Koerfer House, Ascona, Ticino

**Ivo Frei**
Chemistry Faculty, Ecublens, Vaud

**Robert Frei**
House, Puplinge, Geneva
Les Grottes I Housing, Geneva

**Frey & Schindler**
Public Baths, Olten, Solothurn

**Peter Frey**
Shopping Center, Suhr, Aargau

**Max Frisch**
Baths, Letzigraben, Zurich

**Albert Froelich**
Crematorium, Lucerne

**Franz Füeg**
Catholic Church and Parish Center, Meggen, Lucerne

**Massimiliano Fuksas**
Place des Nations Competition, Geneva

**Walter Furrer**
(see Robert Rittmeyer and Walter Furrer)

## G

**Rudolf Gaberel**
Cantonal Hospital, Chur, Graubünden
Former Regina Alessandra Sanatorium, Davos, Graubünden
School, Davos, Graubünden
Service Station, Davos, Graubünden
Train Station, Davos, Graubünden
Zürcher Heilstätte Alpine Sanatorium, Davos, Graubünden

**Bernard Gachet**
(see Patrick Mestelan and Bernard Gachet)

**André and Francis Gaillard**
International Conference

Center, Geneva

**Aurelio Galfetti**
Al Portone Housing, Bellinzona, Ticino
Black and White Houses, Bellinzona, Ticino
Cantonal Secondary School, Losone, Ticino
Castelgrande, Extension, Bellinzona, Ticino
Leonardo Building, Lugano, Ticino
Municipal Kindergarten, Viganello, Ticino
Municipal School Center, Riva San Vitale, Ticino
Postal Center, Bellinzona, Ticino
Public Swimming Pool, Bellinzona, Ticino
Public Tennis Courts, Bellinzona, Ticino
Rotalinti House, Bellinzona, Ticino
Ulysse Mixed-Use Center, Lausanne, Vaud

**Dario Galimberti**
(see Antonio Bassi, Giovanni Gherra, and Dario Galimberti)

**André Gallay**
(see Carlo Steffen, André Gallay, and Jacques Berger)

**Frédéric Gampert**
Vieusseux Garden City, Geneva

**Nick Gartenmann, Mark Werren, and Andreas Jöhri**
Japanese Embassy, Berne

**Josef Gärtner**
(see Hans Erni, Josef Gärtner, and Paul Gässner)

**Josef Gasser and Gottfried Wielandt**
Professional Institute, Lucerne

**Paul Gässner**
(see Hans Erni, Josef Gärtner, and Paul Gässner)

**W. Gattiker**
Schindler Center, Ebikon, Lucerne

**Werner Gehry**
ETH-Hönggerberg University Center, Zurich

**Charles Eduard Geisendorf**
ETH Engineering Laboratory Extension, Zurich

**Frank O. Gehry**
Vitra Adminstrative Building and Shop, Birsfelden, Basel-Land

**Max Germann and Bruno Achermann**
Confederation Granaries Renovation, Altdorf, Uri
Gotthard-Raststätte Staff Lodgings, Schattdorf, Uri

**Bruno Gerosa**
Institute for Economic and Social Sciences Library, Sankt Gallen

**Rolf Gerstlauer and Inger Molne**
Forestry Station, Castrischals, Graubünden

**Giovanni Gherra**
(see Antonio Bassi, Giovanni Gherra, and Dario Galimberti)

**Ivano Gianola**
Arnaboldi House, Balerna, Ticino
Bernasconi House, Balerna, Ticino
Orsoline House, Mendrisio, Ticino
Pregassona Housing Complex, Ticino
Redevelopment of the Tognano Center, Coldrerio, Ticino
Rusconi House, Castel San Pietro, Ticino

**Annette Gigon and Mike Guyer**
Broelberg Housing, Kilchberg, Zurich
Extension of Art Museum, Winterthur, Zurich
Ice Rink, Davos, Graubünden
Kirchner Museum, Davos, Graubünden
Temporary Art Museum, Winterthur, Zurich
Vinikus Restaurant, Davos, Graubünden

**Frédéric Gilliard and Frédéric Godet**
Ecole des Métiers, Lausanne, Vaud
Prélaz Quartier, Lausanne, Vaud
Siedlung Eglisee (Woba), Basel

**Jean Gérard Giorla**
Mountain Restaurant, St Luc, Wallis
La Terrasse, Sierre, Valais
School, Zermatt, Valais

**Giorgis**
(see Mondada & Giorgis)

**Michel Girardet**
New Building for the Red Cross International Committee Central Research Agency, Geneva

**Ernst Gisel**
Atelier Gisel, Zurich
Cantonal Bank, Herisau, Appenzell
Church, Effretikon, Zurich
Church, Oberglatt, Zurich
Church, Reinach, Basel-Land
Conference Hall and Sports Center, Davos, Graubünden
Ecumenical Center, Steinhausen, Zug
Gisel House, Zumikon, Zurich
Housing, Erlenbach, Zurich
Indoor Swimming Pool, Meilen, Zurich
Letzi School, Zurich
Mühleholz School Complex, Vaduz, Principality of Liechtenstein
Park Theater, Grenchen, Solothurn
Pestalozzi Village, Trogen, Appenzell
Reformed Church, Rigi-Kaltbad, Lucerne
Monastery School, Engelberg, Obwalden
Stadelhofer Passage, Zurich
Stampfenbach Rest Home, Zurich
Steinboden School, Eglisau, Zurich
Studio-House on Küsnachterstrasse, Zumikon, Zurich
Studio-House on Langwiesstrasse, Zumikon, Zurich
Theater, Schaan, Principality of Liechtenstein
University of Zurich, Zurich
Vaduz Housing, Principality of Liechtenstein
World Trade Center, Zurich
Youth Hostel, Zurich

**Giorgio Giudici**
High School, Riva San Vitale, Ticino

**Lorenzo Giuliani und Christian Hönger**
Lakefront Housing, Erlenbach, Zurich
Multi-family House, Unterägeri, Zug

**Frank Gloor**
(see Felix Schwarz and Frank Gloor)

**Frédéric Godet**
(see Frédéric Gilliard and Frédéric Godet)

**Ami Golay**
(see Eugène Cavalli and Ami Golay)

**Regina and Alain Gonthier**
Bühlplatz Student Center, Berne
Housing, Hünibach-Thun, Berne

**Jean Graf**
School, Niederurnen, Glarus

**Max Graf**
Pestalozzi Village, Trogen, Appenzell

**Graham, Pfenninger, and Scholl**
Commercial and Residential Building, Esslingen, Zurich

**Jean-Luc Grobéty**
Sports Center, Porrentruy, Jura
Cantonal Nursing School Extension, Fribourg
(see also Jean-Luc Grobéty, Raoul Andrey, and Christian Sottaz)

**Jean-Luc Grobéty, Raoul Andrey, and Christian Sottaz**
Du Crochetan Theater, Monthey, Valais

**Mischa Groh**
Sculptor's Atelier, Comano, Ticino

**Jean Gros**
(see André Bordigoni, Jean Gros, and Antoine de Saussure)

**Roland Gross, Hans Escher and Robert Weilemann**
School, Zurich

**Groupe Y**
Country Estate Housing, Landecy, Geneva

**Otto Gschwind**
Siedlung Oberstrass, Zurich

**Edmond Guex and Gerd Kirchhoff**
Primary School, Geneva

**Cedric Guhl, Max Lechner, Walter Philipp, and Paul Kollbrunner**
School Complex, Amriswil, Thurgau

**Augusto Guidini**
(see Otto Schärli Sr., Werner Dolder, and Augusto Guidini)

**Marcel Gut**
(see Max Richter and Marcel Gut)

**Esther and Rudolf Guyer**
Barracks, Bremgarten, Aargau

Ittingen Study Center, Warth, Thurgau

**Lux Guyer**
Lettenhof Housing, Zurich
Mendel House, Küsnacht, Zurich
Rebhaus, Küsnacht, Zurich
Sunnebüel House, Küsnacht, Zurich
Villa Im Düggel, Küsnacht, Zurich

**Mike Guyer**
(see Annette Gigon and Mike Guyer)

**Adolphe Guyonnet**
Vermont Quarter, Genf

## H

**Janez Hacin**
Hewlett-Packard III, Meyrin-Satigny

**Max Haefeli**
(see Otto Pfleghard and Max Haefeli)

**Max Ernst Haefeli**
Allenmoos Swimming Baths, Zurich
Baumann House, Küsnacht-Goldbach, Zurich
Ernst House, Kilchberg, Zurich
Eternit Building, Niederurnen, Glarus
Farbhof Housing, Zurich
Heberlein House, St Gallen
Im Moos Swimming Pool, Schlieren, Zurich
Koellreuter House, Küsnacht-Goldbach, Zurich
Rotach Prototype Housing, Zurich
Zur Palme Building, Zurich
(see also Max Ernst Haefeli, Werner Max Moser, and Rudolf Steiger as well as AKZ Architects' Collective)

**Max Ernst Haefeli, Werner Max Moser, and Rudolf Steiger**
Conference Center, Zurich
Hohenbühl Apartments, Zurich
Monkey House in the Zoological Gardens, Zurich
New Apostolic Church, Geneva
Outdoor Swimming Baths, Aarau, Aargau
Siedlung Neubühl, Zurich
(see also AKZ Architects' Collective)

**Leo Hafner**
Cantonal Bank, Zug

**Fritz Haller**
Cantonal School, Baden, Aargau
Cantonal School Extension, Solothurn
Hafler House, Solothurn
School, Solothurn
Swiss Railway Training Center, Murten, Fribourg
Technical College, Brugg-Windisch, Aargau
USM Manufacturing Plant, Münsingen, Berne
Wasgenring School, Basel

**Nicolaus Hartmann**
Power Station, Küblis, Graubünden
Station, Poschiavo, Graubünden

**Moritz Hauser**
Housing, St Gallen, Sankt Gallen

**Hauserman**
(see Camoletti & Hauserman)

**Walter Henauer and Ernst Witschi**
Old Bourse, Zurich

**Alexander Henz**
Federal Polytechnic School, Ecublens, Vaud

**Daniel Herren**
(see Pierre Clemençon, Daniel Herren, and Andrea Roost)

**Hermann Herter**
Bellevueplatz, Tram Waiting-Room, Zurich
Indoor Swimming Pool, Zurich
Paradeplatz Tram Waiting-Room, Zurich
Sihlhölzli SportsCenter and Music Pavilion, Zurich
Swiss National Bank, Lucerne
Tram Depot, Zurich
Wollishofen Baths, Zurich

**Michel Herteux**
Montbrillant Offices, Geneva

**G. Herting**
Bärenmatte Community Center, Suhr, Aargau

**Jacques Herzog and Pierre de Meuron**
Apartment Building, Basel
Auf dem Wolf Signal Box and Railway Engine Depot, Basel
House and Studio-Theater, Bottmingen, Basel-Land
House, Therwil, Basel-Land
Mixed-Use Building, Basel
Schaeffer House Restoration, Basel
Schwitter Building, Basel
Sports Hall, Saint Louis (F)

SUVA Extension, Basel

**Fred Hochstrasser**
(see Walter Custer, Fred Hochstrasser, and Hans Bleiker)

**Arnold Hoechel**
Cantonal University Hospital, Geneva
House, Geneva
Siedlung Eglisee (Woba), Basel
(see also Camille Martin, Arnold Hoechel, and Paul Aubert)

**Hans Hofmann**
AIAG Offices, Zurich
First Church of Christ Scientist, Zurich
Housing and Kindergarten, Zurich
Power Station on the Rhine, Birsfelden, Basel-Land
Siedlung Eglisee (Woba), Basel
Siedlung Stadtrain, Winterthur, Zurich
Trade Fair, Basel

**Peter Hofmann**
(see A.D.P.)

**Hans Hohloch**
Lindberg School, Winterthur, Zurich

**Denis Honegger**
Miséricorde University, Fribourg

**Jean Jacques and Pierre-Honegger**
Building in Avenue Weber, Geneva
Deux-Parcs Housing, Geneva
Frontenex Parc Housing, Geneva
Parc de Budé Housing, Geneva

**Heinz Hönger**
(see Frank Bolliger, Heinz Hönger, and Werner Dubach)

**Emil Hostettler**
Swiss National Library, Berne

**Theo Hotz**
Office Building Apollo, Zurich
"Empa" Building, St Gallen, Sankt Gallen
Feldpausch Office Building, Zurich
Fire Station, Meilen, Zurich
Grünenhof UBS Conference Center, Zurich
Housing, Zurich
"Konnex" Building, Baden, Aargau
Mönchaltorf Crafts and Industrial Center, Zurich
Mülligen Postal Center, Schlieren, Zurich
Mülligen Railway Engine Depot, Schlieren, Zurich
Office Building, Löwenplatz, Zurich
Office Building Marti AG, Zurich
Telecommunications Center, Zurich
Toro I and II, Zurich
Trade Fair Extension, Basel
Wetzikon-Robenhausen Housing, Zurich

**Hans Howald**
Village Hall, Niederurnen, Glarus

**Hans and Annemarie Hubacher**
Rietholz Housing, Zollikerberg, Zurich

**Carl Hubacher**
Mühlehalde House, Zurich-Witikon, Zurich
Siedlung Neubühl, Zurich
Zett-Haus, Zurich

**Kurt Huber**
(see René Antoniol and Kurt Huber)

**Hungerbühler**
(see Walter Fischer and Associates)

**Christian Hunziker**
House, Puplinge, Geneva
Les Grottes I Housing, Geneva

**Jakob Hunziker**
House, Puplinge, Geneva

## I

**Karl Indermühle**
Friedenskirche, Berne
Reformed Church, Grenchen, Solothurn
Stapfenacker School, Berne

**Peter Indermühle**
Stapfenacker School Extension, Berne

**Otto Ingold**
Housing, Berne
Volkshaus, Berne

**Gérald Iseli**
(see Fonso Boschetti, Jean-Jacques Alt, Gérald Iseli, and François Martin)

**Peter Issler**
Rietholz Housing, Zollikerberg, Zurich

**Itten + Brechbühl**
Technopark, Zurich

**Arnold Itten**
Bella Lui Sanatorium, Crans-Montana, Valais
Studio-House, Steffisburg, Berne

## J

**Augusto Jäggli**
Swiss-Italian Radio Studios, Lugano-Besso, Ticino

**Jaray**
(see Cramer-Jaray-Paillard)

**Emil Jauch**
Felsberg School, Lucerne
Matt School, Hergiswil, Nidwalden

**Charles-Edouard Jeanneret**
(see Le Corbusier)

**Pierre Jeanneret**
Maison Clarté, Geneva
Villa Jeanneret, Corseaux, Vaud

**Bruno Jenni**
Parish Center, Lenzburg, Aargau

**Pierre Jéquier**
Pré-Picot Primary School, Geneva

**Didier Jolimay**
Firmenich Offices, Meyrin-Satigny, Geneva

**Beat Jordi**
Sonnhalde Crèche, Kindergarten and Nursing Home, Baldegg, Lucerne
(see also A.D.P.)

**Dominique Julliard**
Le Lignon Housing, Geneva
Parc de Budé Housing, Geneva

**Dieter Jüngling and Andreas Hagmann**
HTL Building, Chur, Graubünden
School, Mastrils, Graubünden

## K

**Kaderli und Wehrli**
Semi-Detached Houses, Amriswil, Thurgau

**Josef Kaufmann**
Swiss National Library, Berne

**Jacques Kehrer**
Protestant Church, Zug

**Dagobert Keiser and Richard Bracher**
Former Children's Hospital, Unterägeri, Zug

**Bruno Keller**
(see Emilio Bernegger, Bruno Keller, and Edy Quaglia)

**Adolf Kellermüller**
First Church of Christ Scientist, Zurich
Georg Fischer AG Industrial Plant, Schaffhausen
Housing and Kindergarten, Zurich
Siedlung Eglisee (Woba), Basel
Siedlung Eichliacker, Winterthur, Zurich
Siedlung Stadtrain, Winterthur, Zurich
Siedlung Selbsthilfe, Winterthur, Zurich
Siedlung Unterer Deutweg, Winterthur, Zurich

**Dieter Kienast**
Yard of Commercial Building, Zurich

**Gerd Kirchhoff**
(see Edmond Guex and Gerd Kirchhoff)

**Paul Kollbrunner**
(see Cedric Guhl, Max Lechner, Walter Philipp, and Paul Kollbrunner)

**Paolo Kölliker**
Bünzmatt School, Wohlen, Aargau
Unter der Halde Housing, Würenlingen, Aargau

**Arthur Kopf**
House, St Gallen, Sankt Gallen

**Marie Christine and Pierre Kössler, Claude Morel, with Eric Lauper, and Pierre Ruedin**
Youth Hostel, Geneva

**Kreis, Schaad & Schaad**
Gauss-Stierli Grounds, Zurich

**Karl Krebs**
(see Alfred Möri and Karl Krebs)

**Krebs and Müller,**
Museum of Natural History, Berne

**Kuhn, Fischer and Associates (W. Fischer and G. Scherrer)**
Herti V Housing, Zug
(see also Walter Fischer

and Associates)

**Gody Kühnis**
Apartments, Trübbach, Sankt Gallen
House, Sargans, Sankt Gallen

**Karl Kündig**
Siedlung Sunnige Hof, Zurich

**Kündig & Oetiker**
Siedlung Erismannhof, Zurich

**Beda Küng**
Renovation of the Tabourettli Cabaret, Basel

**August Künzel**
Siedlung, Basel
Siedlung Hirzbrunnen, Basel
Siedlung Im Vogelsang, Basel

**Gérard Kupfer**
United Nations School, Geneva

## L

**Eduard Ladner**
Catholic Church, Schellenberg, Principality of Liechtenstein

**Inès Lamunière**
(see Patrick Devanthéry and Inès Lamunière)

**Jean Marc Lamunière**
Botanical Gardens Glasshouse, Geneva
House Jeanneret-Reverdin, Cologny, Geneva
Housing, Geneva
Mixed-Use Building, Geneva
Tours de Lancy, Geneva
United Nations School, Geneva
Villa Bédat, Vandoeuvres, Genf

**Robert Landolt**
(see AKZ Architects' Collective)

**Robert Lang and Hans Loepfe**
Municipal Services Headquarters, Baden, Aargau

**Edi and Ruth Lanners**
Catholic Church, Baden, Aargau
Chapel and Crematorium, Baden, Aargau

**Erik Lanter**
Cantonal School Extension, Winterthur, Zurich

**Eduard Lanz**
Volkshaus, Biel, Berne

**Eric Lauper**
(see Marie Christine and Pierre Kössler)

**Henri Lavanchy**
Villa Karma, Clarens, Vaud

**Alphonse Laverrière**
Bel-Air Métropole Tower, Lausanne, Vaud
Bois-de-Vaux Cemetery, Lausanne, Vaud
Central Station, Lausanne, Vaud
Mixed-Use Building on Avenue Rumine, Lausanne, Vaud
Villa La Sauvagère, Lausanne, Vaud

**Max Lechner**
(see Cedric Guhl, Max Lechner, Walter Philipp, and Paul Kollbrunner)

**Le Corbusier (Charles-Edouard Jeanneret)**
Cinema La Scala, La Chaux-de-Fonds, Neuchâtel
Le Corbusier Center, Zurich
Maison Clarté, Geneva
Villa Fallet, La Chaux-de-Fonds, Neuchâtel
Villa Favre-Jacot, Le Locle, Neuchâtel
Villa Jaquemet, La Chaux-de-Fonds, Neuchâtel
Villa Jeanneret, Corseaux, Vaud
Villa Jeanneret-Perret, La Chaux-de-Fonds, Neuchâtel
Villa Schwob, La Chaux-de-Fonds, Neuchâtel
Villa Stotzer, La Chaux-de-Fonds, Neuchâtel

**Peter Leemann**
Control Tower of Kloten Airport, Zurich
Grüzefeld Housing, Winterthur, Zurich
Heuried Housing, Zurich
Hirzenbach Housing, Zurich
House, Zurich
Horgen Parish Center, Zurich
Opernhaus Restoration and Extension, Zurich
Saatlen Protestant Church and Center, Zurich

**Camille Lefèvre**
(see Nénot & Flegenheimer, C. Broggi, J. Vago, and C. Lefèvre)

**Lesemann**
(see Atelier d'Architectes)

**Leu**
Bürgerspital, Basel

**Gottlieb Leuenberger & Jakob Flückiger**
Dreispitz Housing Colony, Zurich
(see also AKZ Architects' Collective)

**Hans Leuzinger**
Alpine Refuge, Braunwaldalp, Glarus
Art Gallery, Glarus
School, Niederurnen, Glarus
Village Hall, Niederurnen, Glarus

**Hans Loepfe**
(see Robert Lang and Hans Loepfe)

**Adolf Loos**
Villa Karma, Clarens, Vaud

**Jacques Lozeron and Jean Erb**
Cantonal University Hospital, Geneva

**Rodolphe Luscher**
Cantonal Nursing School, Fribourg
Children's Day Center, Lausanne, Vaud
Extension Théâtre de Vidy, Lausanne, Vaud
PTT Radio-Communications Building, Ecublens, Vaud

## M

**Stephan Mäder**
(see Hermann Eppler and Stephan Mäder)

**Renato Magginetti**
Industrial Building, Castione, Ticino

**Patrick Magnin**
Ecole des Cropettes Extension, Genf

**M. Maillard**
(see Ch. Thévenaz, Ch. Brugger, and M. Maillard)

**Robert Maillart**
Bridge over the Arve, Vessy, Geneva
Confederation Granaries, Altdorf, Uri
Customs Warehouse, Chiasso, Ticino
Felsegg Bridge over the Thur, Henau, Sankt Gallen
Footbridge over the Töss, Winterthur, Zurich
Le Châtelard Aqueduct, Finhaut, Valais
Post Office, Zurich
Regina Alessandra Sanatorium, Davos, Graubünden
Rossgraben Bridge, Schwarzenburg, Berne
Salginatobel Bridge, Schiers, Graubünden
Schwandbach Bridge, Schwarzenburg, Berne
Sports Complex and Municipal Swimming Pool, Zurich
Swiss Credit Bank, Geneva
University of Zurich, Zurich
Val-Tschiel Bridge, Donath, Graubünden

**Vincent Mangeat**
Annaheim House, Rossemaison, Jura
Nyon High School, Vaud
Ritz House, Monthey, Valais
School, Tannay, Vaud
Swiss Control Building, La Dôle, Vaud

**Maraini**
(see Eppler, Maraini and Associates)

**Paola Maranta**
(see Quintus Miller, Paola Maranta, and Christoph Mathys)

**Ueli Marbach and Arthur Rüegg**
Mixed-Use Building, Basel
(see also Arcoop)

**Bruno Marchand**
Tours de Lancy, Geneva
Mixed-Use Building, Geneva

**Peter Märkli**
Apartments, Trübbach, Sankt Gallen
House, Sargans, Sankt Gallen
Housing, Brig, Valais
La Congiunta Foundation, Giornico, Ticino

**Daniele Marques and Bruno Zurkirchen**
Hodel House, Meggen, Lucerne
House, Sursee, Lucerne
Kraan-Lang House, Emmenbrücke, Lucerne
Mixed-Use Building, Lucerne
School Extension, Büren, Nidwalden
School Extension, Greppen, Lucerne
School Extension, Ruswil, Lucerne

**Angelo Martella**
Restoration of San Giovanni Battista, Gnosca, Ticino

**Camille Martin, Arnold Hoechel, and Paul Aubert**
D'Aïre Garden City, Geneva

**François Martin**
(see Fonso Boschetti,

**Henry Mollet**
Restoration of Volkshaus, Biel, Berne

**Renzo Molina**
Postal Center, Bellinzona, Ticino

**Mondada & Giorgis**
Faculty of Pharmacology, Ecublens, Vaud

**J. P. Mongeaud**
Jelmoli Department Store, Zurich

**Monnier**
(see Aubry and Monnier Associates)

**Eugène Monod**
Central Station, Lausanne, Vaud
Villa La Sauvagère, Lausanne, Vaud

**Claude Morel**
(see Marie Christine and Pierre Kössler)

**Moretti**
(see Carloni-Denti-Moretti Design Collective)

**Meinrad Morger and Heinrich Degelo**
Dreirosen-School, Basel
House, Basel
Signal Box, Murgenthal, Aargau

**Alfred Möri and Karl Krebs**
Church of St Lukas and Parish Hall, Lucerne

**Franco and Paolo Moro**
Center for the Elderly, Russo, Ticino
House, Coldrerio, Ticino
House, Gordola, Ticino
Kindergarten, Avegno, Ticino
Terraced House, Cavigliano, Ticino

**Heinz Moser**
Fire Station, Meilen, Zurich

**Karl Moser**
Art Gallery, Zurich
Badischer Bahnhof Station, Basel
Church of St Antonius, Basel
Church of St Joseph, Basel
Church of St Paul, Basel
Georg Fischer AG Industrial Plant, Schaffhausen
Post Office, Baden, Aargau
Protestant Church, Zug
Schweizerische Kreditanstalt, Lucerne
(see also Curjel & Moser)

**Werner Max Moser**
Allenmoos Swimming Baths, Zurich
Altstetten Protestant Church, Zurich
Eternit Building, Niederurnen, Glarus
Farbhof House, Zurich
Fleiner House, Zurich
House in Eierbrecht, Zurich
Im Moos Swimming Pool, Schlieren, Zurich
Eglisee Housing (Woba), Basel
Neubühl Housing, Zurich
Villa Hagmann, Zurich
(see also AKZ Architects' Collective as well as Max Ernst Haefeli, Werner Max Moser, and Rudolf Steiger)

**Carl Mossdorf**
Schindler Center, Ebikon, Lucerne
Siedlung Geissmatt, Lucerne

**Rolf Mühletaler**
House, Berne

**Hans von der Mühll**
Siedlung Eglisee (Woba), Basel
Siedlung Hirzbrunnen, Basel

**Henri Robert von der Mühll**
La Chandoline Housing, Lausanne, Vaud
Valency Quarter, Prilly, Vaud

**Erwin Müller**
Art Gallery, Zurich

**Hanspeter Müller**
Luzernerring Housing, Basel
Vogelbach Housing, Basel

**Mathis and Ueli Müller**
Workshop Complex, Aarau, Aargau

**Wolfgang Müller**
Kindergarten, Schaffhausen

**Alfredo Mumenthaler**
Uni Mail Building Interiors, Geneva

**Ernst Mumenthaler and Otto Meier**
Children's Home, Riehen, Basel-Stadt
Neuweg House, Basel
Siedlung Drei Linden, Basel
Siedlung Eglisee (Woba), Basel

**Fabio Muttoni**
(see Elio Ostinelli and Fabio Muttoni)

## N

**Hannibal Naef**
Bat'a Colony, Möhlin, Aargau
Schelling Paper Factory, Rümlang, Zurich

**Joachim Naef, Ernst Studer, and Gottfried Studer**
Church, Buchrain, Lucerne
Collegiate Church, Sarnen, Obwalden
Health and Pedagogic Center, Altdorf, Uri
Parish Center, Buttikon, Schwyz
St Martin Parish Center, Thun, Berne
School and Community Center, Sachseln, Obwalden

**Robert Naef**
Sports Center, Zurich

**Roland Naegeli**
Vogelbach Housing, Riehen, Basel-Stadt

**Nénot & Flegenheimer, Carlo Broggi, Joseph Vago, and Camille Lefèvre**
League of Nations Building, Geneva

**Pier Luigi Nervi**
New Headquarters of the International Labor Organization (ILO), Geneva

**Eduard Neuenschwander**
Rämibühl Cantonal School, Zurich

**Richard Neutra**
Bucerius House, Brione sopra Minusio, Ticino
Rentsch House, Wengen, Berne
Villa Tuia, Ascona, Ticino

**Roberto Nicoli**
Cereghetti House, Salorino, Ticino

**Pierre Nierlé**
Beau-Séjour Hospital, Geneva
Cantonal University Hospital, Geneva

**Jean Nouvel, Emmanuel Cattani and Associates**
Cartier Factory, Villeret, Berne
Cultural and Congress Center, Lucerne
Sulzer Site, Winterthur, Zurich

## O

**Paul Oberrauch**
Siedlung Eglisee (Woba), Basel
Siedlung Hirzbrunnen, Basel

**Jean Jacques Oberson**
Customs Post, Bardonnex Geneva
Firmenich Offices, Meyrin-Satigny, Geneva
Hewlett-Packard III, Meyrir Satigny, Geneva
Les Pâquis School and Library, Geneva

**Robert Obrist and Associates**
Housing and Studio, Saint Moritz, Graubünden
PTT Bus Station, Chur, Graubünden
School, Untervaz, Graubünden
Womens' School, Chur, Graubünden

**Alfred Oeschger**
Kappeli School, Zurich
Swiss National Library, Berne

**Heinrich Oeschger**
Kappeli School, Zurich

**Oetiker**
(see Kündig & Oetiker)

**Offices des Constructions Fédérales (OCF)**
Customs Post, Bardonnex,

**A. Olivet**
Department Store on Rue du Marché, Geneva

**Luca Ortelli**
Cantonal Archives, Bellinzona, Ticino

**T. Osolin**
Colnaghi House Restoration, Basel

**Elio Ostinelli and Fabio Muttoni**
Housing, Massagno, Ticino
Housing, Sorengo, Ticino

**Rainer and Leonhard Ott**
Extension of Home for the Elderly, Schaffhausen
Surbeckstieg Housing, Schaffhausen

**Rolf Otto**
Institute for Economic and Social Sciences, Sankt Gallen

## P

**Claude Paillard**
Grüzefeld Housing, Winterthur, Zurich
Heuried Housing, Zurich
Hirzenbach Housing,

Seehotel, Steckborn, Thurgau

**Francis Quétant**
Housing, Geneva
New Apostolic Church, Geneva
Villa Meyer, Cologny, Geneva
Villa Ruf, Geneva

**Pierre Quillet**
(see Jean Perrelet, Laurent Stalé, and Pierre Quillet)

## R

**W. Rafflenbeul**
Opernhaus Restoration and Extension, Zurich

**Walter Ramseier**
(see A.D.P.)

**Carl Rathgeb**
Dreispitz Housing Colony, Zurich

**Bruno Reichlin and Fabio Reinhart**
Albergo Mövenpick, Bellinzona, Ticino
Justice of the Peace's House, Sornico, Ticino
Pellanda House, Biasca, Ticino
Tonini House, Torricella, Ticino
(see also Marie Claude Bétrix, Eraldo Consolascio, and Bruno Reichlin)

**Fabio Reinhart**
(see Bruno Reichlin and Fabio Reinhart)

**Gian Piero Respini**
Municipio, Cevio, Ticino

**Jacques Richter and Ignacio Dahl Rocha**
Apartments, Prilly, Vaud
Eos Building, Lausanne, Vaud
Espacité Complex, La Chaux-de-Fonds, Neuchâtel

**Max Richter and Marcel Gut**
Faculty of Physical Sciences, Ecublens, Vaud
Valmont Girls' Boarding School, Lausanne, Vaud

**Martin Risch**
(see August Arter & Martin Risch)

**Robert Rittmeyer and Walter Furrer**
Art Museum and Municipal Library, Winterthur, Zurich
Cantonal Psychiatric Clinic, Herisau, Appenzell
Rothaus, Winterthur, Zurich
School and Offices, Winterthur, Zurich
Volkart Building, Winterthur, Zurich

**Roni Roduner**
Multipurpose Center, Martigny, Valais
Strahm House, Villars-sur-Glâne, Fribourg
Studio-House, Arzo, Ticino

**Roland Rohn**
Brown Boveri Industrial Complex, Baden, Aargau
Dätwyler AG Headquarters, Altdorf, Uri
Jelmoli Department Store, Zurich
Hoffmann-La Roche Laboratories Extension, Basel
Schindler Center, Ebikon, Lucerne
University College, Basel

**Hans Rohr**
(see Werner Egli and Hans Rohr)

**Franz Romero and Markus Schaefle**
Commercial Building, Zurich

**Andrea Roost**
(see Pierre Clemençon, Daniel Herren, and Andrea Roost)

**Alfred Roth**
Doldertal Housing, Zurich
ETH Engineering Laboratory Extension, Zurich
Holiday Home, Mammern, Thurgau
Mandrot/Roth House, Zurich
Riedhof School Complex, Zurich
Roth Studio-House, Zurich
Shopping Center Schönbühl, Lucerne
Van de Velde Houses I and II, Oberägeri, Zug

**Emil Roth**
Doldertal Housing, Zurich
Im Rohrbuck Youth Hostel, Fällanden, Zurich
Siedlung Eglisee (Woba), Basel
Siedlung Neubühl, Zurich

**Franz Roth**
(see Metron)

**Hans Jörg Ruch**
Museum of Fine Arts Renovation and Extension, Chur, Graubünden

**Flora Ruchat**
Kindergarten, Chiasso, Ticino
Kindergarten, Viganello, Ticino
Municipal School Center, Riva San Vitale, Ticino
Public Swimming Pool, Bellinzona, Ticino
Suglio UBS Offices, Manno, Ticino

**Pierre Ruedin**
(see Marie Christine and Pierre Kössler)

**Werner Rüeger**
Renovation and Extension of Stadelhofen, Zurich

**Arthur Rüegg**
(see Ueli Marbach and Arthur Rüegg)

**Ueli Rüegg**
(see Metron)

**Claire and Oscar Rufer**
La Tourelle Housing, Geneva

**Walter Rüssli**
(see Hans Eggstein and Walter Rüssli)

**Isidor Ryser**
Apartments, Locarno-Monti, Ticino
Cantonal Secondary School, Locarno, Ticino
House and Shop, Baden, Aargau
Ruopigen Center, Littau, Lucerne

## S

**Otto Rudolf Salvisberg**
Barell House, Basel
Bleicherhof Offices, Zurich
Children's Hospital, Zurich
First Church of Christ Scientist, Basel
Dätwyler AG Headquarters, Altdorf, Uri
District Hospital, St-Imier, Jura
Elfenau Clinic, Berne
ETH Thermal Power Station andEngineering Laboratory, Zurich
Favre House, Biel, Berne
Hoffmann-La Roche Laboratories, Basel
Lory Hospital, Berne
Swiss Popular Bank, Solothurn
University Institutes of Natural Sciences, Berne
Salvisberg House, Zurich
SUVA Building, Berne

**Alexandre Sarrasin**
Bridge over the Trient, Vernayaz, Valais
Bridge over the Viège, Stalden, Valais
Les Marécottes Regulating Reservoir, Salvan, Valais

**Alberto Sartoris**
Apartments, Montreux, Vaud
Cercle de l'Ermitage Interiors, Epesses, Vaud
Chamaley House, Lutry, Vaud
Church of Notre-Dame du Bon Conseil, Lourtier, Valais
De Grandi Studio-House, Corseaux, Vaud
Keller Industrial Works, Saint-Prex, Vaud
Les Toises Condominium, Lutry, Vaud
Maison du Peuple, Vevey, Vaud
Mixed-Use Building, La Tour-de-Peilz, Vaud
Morand-Pasteur House, Saillon, Valais
Motel Les Blonnaisses (now Intereurope), Cully, Vaud
Selhofer Bookstore, Lausanne, Vaud
Villa Huber, St-Sulpice, Vaud

**Marc Joseph Saugey**
Cinema Le Paris, Geneva
Hôtel du Rhône, Geneva
Malagnou-Parc Housing, Geneva
Miremont-le-Crêt Housing, Geneva
Mont Blanc Center and Plaza Cinema, Geneva
Offices on Rue du Rhône, Geneva
Terreaux-du-Temple, Geneva
(see also Atelier d'Architectes)

**Antoine de Saussure**
(see André Bordigoni, Jean Gros, and Antoine de Saussure)

**Chantal Scaler**
Mixed-Use Building, Geneva

**Carlo Scarpa**
Zentner House, Zurich

**Walter Schaad**
Matt School, Hergiswil, Nidwalden

**Jacques Schader**
Freudenberg Cantonal School, Zurich

**Manfred Schafer**
Cité du Grand Torry, Fribourg

**Otto Schärli Sr., Werner Dolder, and Augusto Guidini**
Siedlung of the Allgemeine Genossenschaft, Lucerne

**J. E. Schaudt**
Jelmoli Department Store, Zurich

**Franz Scheibler**
Siedlung Selbsthilfe, Winterthur, Zurich

**Andi Scheitlin and Marc Syfrig**
Control Center, Lucerne
House, Meggen, Lucerne
"Museum Forum Schweizer Geschichte", Schwyz
School Extension, Nottwil, Lucerne

**G. Scherrer**
(see Kuhn, Fischer and Associates)

**K. Scherrer and P. Meier**
Siedlung Eglisee (Woba), Basel

**Schindler**
(see Frey & Schindler)

**Ernst Schindler**
House, Egnach, Thurgau

**Walter Schindler**
School and Recreation Center, Schaan, Principality of Liechtenstein

**Max Schlup**
Champagne School, Biel, Berne
Conference Center, Biel, Berne
Offices, Biel, Berne

**Claudio Schmidt**
Suglio UBS Offices, Manno, Ticino

**Hans Schmidt**
Infectious Diseases Ward of Bürgerspital, Basel
(see also Hans Schmidt and Paul Artaria)

**Hans Schmidt and Paul Artaria**
Colnaghi House, Basel
House Im Schipf, Basel
Huber-Zweifel House, Basel
Riesen House, Basel
Schaeffer House, Riehen, Basel-Stadt
Schmidt-Kohl House, Binningen, Basel-Land
Siedlung Eglisee (Woba), Basel
Siedlung Haslerain, Basel
Siedlung Im Höfli, Basel
Siedlung Neubühl, Zurich
Siedlung Schorenmatten, Basel
Single Women's Residence, Basel
Wenk Studio-House, Basel

**Werner Schmidt**
Church, Cazis, Graubünden

**Dolf Schnebli**
Apartments, Locarno-Monti, Ticino
Bünzmatt School, Wohlen, Aargau
Cantonal Secondary School, Locarno, Ticino
Extension of the Kappelerhof School, Baden, Aargau
Kindergarten, Bissone, Ticino
House and Shop, Baden, Aargau
Housing, Baar, Zurich
Primary School, Littau, Lucerne
Ruopigen Center, Littau, Lucerne
Saleggi Kindergarten, Locarno, Ticino
School, Breganzona, Ticino
Suglio UBS Offices, Manno, Ticino
Unter der Halde Housing, Würenlingen, Aargau
Villa Meyer, Zurich

**Hermann Schneider and Otto Tschumper**
Hotel Rigihof and Postal Office, Zurich

**Josef Schütz**
Dreispitz Housing Colony, Zurich
(see also AKZ Architects' Collective)

**Felix Schwarz and Frank Gloor**
Volkshaus Limmathaus, Zurich

**Oliver Schwarz**
Extension of Main Station, Winterthur, Zurich

**Pierre Schweizer**
House, Sion, Wallis

**Schwertz**
(see Atelier d'Architectures)

**Otto H. Senn**
Cantonal Library Renovation and Extension, Fribourg
House, Riehen, Basel-Stadt
Parkhaus Zossen Housing, Basel
University Library, Basel

**Walter Senn**
House, Basel

**Service des Travaux de la Ville de Genève**
Pâquis Public Baths, Geneva

**Werner Siegfried**
Mixed-Use Building, Lucerne

**Hermann Siegrist**
Siedlung Leimenegg, Winterthur, Zurich

**Miroslav Šik**
St Antonius Catholic Parish Center, Egg, Zurich
Musicians' Building, Zurich

**Giancarlo Simonetti**
House, Puplinge, Geneva

**Luigi Snozzi**
Bernasconi House, Carona, Ticino
Bianchetti House, Locarno-Monti, Ticino
Bianchini Apartments, Brissago, Ticino
Cavalli House, Verscio, Ticino
Diener House, Ascona, Ticino
Fabrizia Offices, Bellinzona, Ticino
Heschl Housing, Agarone, Ticino
Housing, Carasso, Ticino
Kalman House, Brione sopra Minusio, Ticino
Parish Center, Lenzburg, Aargau
Snider House, Verscio, Ticino
Town Hall and Schools, San Nazzaro, Ticino
Village Redevelopment, Monte Carasso, Ticino
Walser House, Loco, Ticino

**Christian Sottaz**
(see Jean-Luc Grobéty, Raoul Andrey and Christian Sottaz)

**Philippe Spahni**
Uni Mail Interiors, Geneva

**Martin Spühler**
Home for the Elderly, Zurich
Mixed-Use Building, Zurich
Multipurpose Center, Romanshorn, Thurgau
Selnau Station Redevelopment, Zurich
Stadelhofer Passage, Zurich

**Laurent Stalé**
(see Jean Perrelet, Laurent Stalé, and Pierre Quillet)

**Mart Stam**
House, Arcegno, Ticino
House, Hinterfingen, Berne

**Christian Stamm**
Restoration the Rotach Prototype Housing, Zurich

**Renato Stauffacher**
La Poste Cultural Center, Visp, Valais

**Carlo Steffen, André Gallay, Jacques Berger**
Hôtel de police, Geneva
Montbrillant Offices, Geneva

**Adolf Steger**
Applied Arts School and Museum, Zurich
Siedlung Eglisee (Woba), Basel
Volkshaus Limmathaus, Zurich

**Jakob Steib**
Multi-family Housing, Zwingen, Basel-Land

**Wilfrid and Katharina Steib**
Contemporary Art Gallery, Basel
History Museum, Baden, Aargau
Housing, Basel
Home for the Elderly, Riehen, Basel-Stadt
Swiss Paraplegic Center, Nottwil, Lucerne

**Max Steiger**
Dreispitz Housing Colony, Zurich
(see also Urs Burkard, Adrian Meyer, and Max Steiger)

**Peter Steiger**
Children's Hospital, Zurich

**Rudolf Steiger**
Bella Lui Sanatorium, Crans-Montana, Valais
Children's Hospital, Zurich
Farbhof Housing, Zurich
General Motors Assembly Shed, Biel, Berne
Mühlehalde Tea Room, Zurich-Witikon, Zurich
House on Bergstrasse, Zurich
Sandreuter House, Riehen, Basel-Stadt
Zett-Haus, Zurich
Zur Palme Building, Zurich
(see also AKZ Architects' Collective as well as Max Ernst Haefeli, Werner Max Moser, and Rudolf Steiger)

**Flora Steiger-Crawford**
Sandreuter House, Basel
Bella Lui Sanatorium, Crans-Montana, Valais

**Albert Heinrich Steiner**
ETH-Hönggerberg University Center, Zurich
Hauser House, Zurich
Housing, Zurich
Nordheim Crematorium, Zurich
Reformed Church of St Marks, Zurich
Siedlung Heiligfeld, Zurich

**Rudolf Steiner**
Goetheanum, Dornach, Solothurn

**Peter Steinmann und Herbert Schmid**
Trade Fair Service Center, Basel
Concrete Building, Naters, Valais

**Oskar Stock**
Siedlung Gwad, Wadenswil, Zurich

**Heinrich Strickler**
EPFL, Ecublens, Vaud
Mixed-Use Building, Zurich
(see also Team 2000)

**Werner Stücheli**
Zur Bastei Building, Zurich

**Fritz Stucky and Rudolf Meuli**
Terrassenweg Housing, Zug

**André Studer**
Zur Palme Building, Zurich

**Ernst and Gottfried Studer**
(see Joachim Naef, Ernst Studer, and Gottfried Studer)

**Isa Stürm and Urs Wolf**
Office Building, Zurich

**Sulzer Construction Office**
School of Architecture, Winterthur, Zurich
Sulzer Engineering Works, Winterthur, Zurich

**Christian Sumi**
(see Marianne Burkhalter and Christian Sumi)

**Suter & Suter**
Beldona Textile Factory, Widnau, Sankt Gallen
CIBA Canteen, Basel
CIBA Administration and Laboratories, Basel
Lonza Tower, Basel
New Bourse, Zurich
New Bourse Interiors, Basel
Sulzer Thermal Power Plant, Winterthur, Zurich

## T

**Jean Taillens**
Central Station, Lausanne, Vaud

**Carlo Tami**
Cantonal Library, Lugano, Ticino
Convent Church of Sacro Cuore, Bellinzona, Ticino

**Rino Tami**
Apartments on Via Motta, Lugano, Ticino
Cantonal Library, Lugano, Ticino
Convent Church of Sacro Cuore, Bellinzona, Ticino
Highway Tunnels, Airolo, Ticino
Mixed-Use Building and Cinema Corso, Lugano, Ticino
Municipal Swimming Pool, Lugano, Ticino
Nadig House, Maroggia, Ticino
Swiss-Italian Radio Studios, Lugano-Besso, Ticino
Torre Apartments, Lugano Ticino

**Eugen Tamm**
(see Emil Bercher and Eugen Tamm)

**Team 2000 (Schere, Strickler, and Weber)**
Mühlenhalde Housing, Brugg-Umiken, Aargau

**Tilla Theus**
Hotel, Zurich

**Ch. Thévenaz, Ch. Brugger, M. Maillard**
Cantonal Bank, Lausanne, Vaud

**Jean Luc Thibaud**
(see Mario Bevilacqua, Jacques Dumas, and Jean Luc Thibaud)

**Alberto Tibiletti**
Macconi Center, Lugano, Ticino

**André Robert Tissot**
New Building for the Red Cross International Committee Central Research Agency, Geneva

**Giorgio and Michele Tognola**
House, Losone, Ticino

**G. Tournier**
(see ACAU)

**Mona Trautmann**
School, Zermatt, Valais

**Ch. Trivelli and J. Austermayer**
Montchoisi Mixed-Use-Building Lausanne, Vaud
Sainte-Luce Shopping Galleries, Lausanne, Vaud

**Ruggero Tropeano**
Restoration of the Rotach Prototype Housing, Zurich
Technopark, Zurich

**Ivo Trümpy**
Municipal School Center, Riva San Vitale, Ticino
Nursery School, Viganello, Ticino
Public Swimming Pool, Bellinzona, Ticino

**Paul Truniger and Fritz Vogt**
Hürlimann Factory, Wil, Sankt Gallen

**Jean Tschumi**
Nestlé Head Office, Vevey, Vaud

**Urs Tschumi**
Montbrillant Offices, Geneva

**Otto Tschumper**
(see Hermann Schneider and Otto Tschumper)

**Maurice Turrettini**
Swiss Credit Bank, Geneva

## V

**Livio Vacchini**
Albergo Monte Verità Restoration and Extension, Ascona, Ticino
Architect's Studio, Locarno, Ticino
Barracks, Losone, Ticino
Cantonal Secondary School, Losone, Ticino
Casa Maria Workers' Accomodation, Dietlikon, Zurich
Collina d'Oro Primary Schools, Montagnola, Ticino
Fabrizia Offices, Bellinzona, Ticino
Fumagalli House, Ascona, Ticino
Holiday House, Vogorno, Ticino
House, Contra, Ticino
Housing, Carasso, Ticino
Lido Patriziale, Ascona, Ticino
Macconi Center, Lugano, Ticino
Post Office, Locarno, Ticino
Saleggi Primary School, Locarno, Ticino
Seasonal Workers' Lodgings, Dietlikon, Zurich
Snider House, Verscio, Ticino
Town House, Lugano, Ticino
Vacchini House, Ascona, Ticino

**Joseph Vago**
(see Nénot & Flegenheimer, C. Broggi, J. Vago, and C. Lefèvre)

**Georges Van Bogaert**
Housing, Geneva
Mixed-Use Building, Geneva
Tours de Lancy, Geneva
United Nations School, Geneva

**Gianmaria Verda**
(see Sandro Cabrini and Gianmaria Verda)

**Louis Vial**
Montchoisy Housing, Geneva

**Ernst and Paul Vischer**
Bürger Hospital, Basel
La Bâloise Building, Fribourg

**Patrick Vogel**
(see Atelier Cube)

**Emil Vogt**
Swiss Credit Bank, Lucerne

**Fritz Vogt**
(see Paul Truniger and Fritz Vogt)

**Klaus Vogt**
(see Benno Fosco, Jacqueline Fosco-Oppenheim, and Klaus Vogt)

**Michel Voillat**
(see John Chabbey, Michel Voillat, Raymond Coquoz, and Jacques Faravel)

## W

**Paul Waltenspühl**
Les Palettes School, Grand-Lancy,
Municipal Gymnasia, Geneva
Park Geisendorf School and Pedagogic Center, Geneva
Tours de Carouge, Geneva

**Max Wandeler**
Schönbühl Tower, Lucerne

**François Wavre and Louis Carbonnier**
House, Neuchâtel

**Weber**
(see Team 2000)

**Friedrich Wehrli**
Protestant Church, Zug

**Hermann Weideli**
(see AKZ Architects' Collective)

**Carl Weidemeyer**
Hahn House, Ascona, Ticino
Oppenheimer House, Ascona, Ticino
San Materno Theater, Ascona, Ticino
Tutsch House, Ascona, Ticino

**Robert Weilemann**
(see Roland Gross, Hans Escher, and Robert Weilemann)

**Hans Weissenborn**
Corner Building, Basel

**Widmer**
(see Bracher, Widmer, and Daxelhoffer)

**Alfons Wiederkehr**
Cantonal Bank, Zug

**Gottfried Wielandt**
(see Josef Gasser and Gottfried Wielandt)

**Robert Winkler**
Bill Studio-House, Zurich
Wohnbedarf AG Shop Renovation, Zurich

**Ernst Witschi**
(see Walter Henauer and Ernst Witschi)

## Z

**Jakob Zäslin**
Housing, Basel

**Hans Zaugg**
(see Alfons Barth and Hans Zaugg)

**Ueli Zbinden**
Signal Box, Zurich

**Albert Zeyer**
Blaesi Studio-House, Lucerne
Dula School, Lucerne

**Ziegler & Balmer**
Heberlein Industrial Plant, Wattwil, Sankt Gallen

**Otto Zollinger**
Streiff House, Küsnacht-Goldbach, Zurich

**Eduard Züblin**
Confederation Granaries, Altdorf, Uri

**Peter Zumthor**
Atelier Zumthor, Haldenstein, Graubünden
Chapel of San Benedetg, Somvix, Graubünden
Home for the Elderly, Chur, Graubünden
Multipurpose Center, Malix, Graubünden
Protective Structures for Roman Ruins, Chur, Graubünden
Renovation and Extension of Fine Arts Museum, Chur, Graubünden
School Extension, Churwalden, Graubünden
Semidetached Houses, Haldenstein, Graubünden
Spa, Vals, Graubünden
Spittelhof Housing, Biel-Benken, Basel-Land

**Annalisa Zumthor-Cuorad**
Chapel of San Benedetg, Somvix, Graubünden

**Rudolf Zürcher**
Mixed-Use Building, Zurich
Renovation of the Monkey House in the Zoological Gardens, Zurich

**Bruno Zurkirchen**
(see Daniele Marques and Bruno Zurkirchen)

**Jakob Zweifel**
Cantonal Hospital Staff Lodgings, Glarus
Nurses Home, Zurich
Federal Polytechnic School, Ecublens, Vaud
Mixed-Use Building, Zurich

**F. Zwicky**
Schindler Center, Ebikon, Lucerne

**Hans Zwimpfer**
Cantonal School, Schaffhausen
Institute for Economic and Social Sciences, Sankt Gallen

# 致谢

Iconographic material courtesy of:
Acau-G. Châtelaine-G. Tournier, A.D.P., AG Bündner Kraftwerke Klosters, Michael Alder, Belen Alves Ferreira and Nicola Pfister, Architekturmuseum of Basel, Asea Brown Boveri Archives, Michele Arnaboldi, Atelier 5, Atelier Cube, Banca Cantonale di Herisau, Christian Beck, Walter Bieler, Peter Böcklin, Jacques Bolliger, Jean Marie Bondallaz, Mario Borges, Mario Botta, Ugo Brunoni, Marianne Burkhalter and Christian Sumi, Santiago Calatrava, Alberto Camenzind, Tita Carloni, Raffaele Cavadini, Cartier Archives, Laurent Chenu, Willi Christen, Collectif d'architectes (Barthassat, Brunn, Butty, Menoud), Marco d'Azzo, Georges Descombes, Patrick Devanthéry and Inès Lamunière, Markus Ducommun, Giancarlo Durisch, Jakob Eschenmoser, Eternit Archives, Federal Archives of Historical Monuments, Feller Archives, Marcel Ferrier, Georg Fischer Archives, Walter Förderer, Aurelio Galfetti, General Motors Suisse Archives, Ivano Gianola, Jean Gérard Giorla, Ernst Gisel, Goetheanum Archives, Regina and Alain Gonthier, Hans Grelling, Mischa Groh, GTA-ETH Archives, Esther and Rudolf Guyer, Fritz Haller, Heberlein Archives, Hoffmann-La Roche Archives, Theo Hotz, Laurie Hunziker, Hürlimann Archives, Ulrike Jehle-Schulte Strathaus, Beat Jordi, Winfried Kleine-Möllhoff, Eduard Ladner, Jean Marc Lamunière, Rodolphe Luscher, Davide Macullo, Magazzini Generali Punto Franco Archives, Maillart Library ETH, Vincent Mangeat, François Maurice, Marcel Meili and Markus Peter, Patrick Mestelan and Bernard Gachet, Robert Monnier, Franco and Paolo Moro, Monte Verità Foundation, Erwin Müller, Eduard Neuenschwander, Office Ammann and Baumann, Office Archambault, Barthassat and Prati, Office Barth and Zaugg, Office Bassi, Gherra and Galimberti, Office Bernegger and Quaglia, Office Bétrix, Consolascio, Office Burkard, Meyer, Steiger, Office Campi and Pessina, Office Catella, Brugger and Associates, Office Chabbey and Voillat, Office Clemençon, Herren, Roost, Office Diener & Diener, Office Disch and Bianchi, Office Eggstein and Rüssli, Office Egli and Rohr, Office Fosco, Oppenheim, Vogt, Office Germann and Achermann, Office Gigon and Guyer, Office Guhl, Lechner and Associates, Office Hochstrasser and Bleiker, Office Hubacher and Maurer, Office Keller, Cabrini, Verda, Office Kössler, Kössler and Morel, Office Kuhn, Fischer and Hungerbühler, Office Edi and Ruth Lanners, Office Marques and Zurkirchen, Office Metron, Office Miller and Maranta, Office Morger and Degelo, Office Naef, Studer, and Studer, Office Nouvel, Cattani and Associates, Office Obrist and Associates, Office Paillard and Leemann, Office Wilfrid and Katharina Steib, Office Suter & Suter, Office du patrimoine historique de la République et Canton du Jura Archives, Luca Ortelli, Elio Ostinelli, Rainer and Leonhard Ott, Orlando Pampuri, Fabio Reinhart, Jacques Richter and Ignacio Dahl Rocha, Roni Roduner, Alfred Roth, Arthur Rüegg, Alberto Sartoris, Chantal Scaler, Walter Schindler, Max Schlup, Dolf Schnebli, Schule und Museum für Gestaltung Archives, Luigi Snozzi, Marina Sommella Grossi, Martin Spühler, Stadtbibliothek Winterthur, Carlo Steffen, Albert Heinrich Steiner, Rino Tami, Giorgio and Michele Tognola, Livio Vacchini, Vitra Archives, Paul Waltenspühl, Peter Zumthor, Jakob Zweifel.
A special thanks to Peter Disch, Max Graf, Urs Graf, Jacques Gubler, and Ruggero Tropeano, for making available their personal archives.

We should also like to thank the following photographers: Sergio Anelli, Andenmatten and Schwendimann, Forti Anhorn, Yves André, Ruedi Bass, Willi Baus, Wolf Bender, Stefania Beretta, Natale Bernasconi, Reto Bernhardt, Jacques Berthet, F. Bertin, Therese Beyeler, Leonardo Bezzola, Walter Binder, Monica Bischof, Kurt Blum, Nadine Bolle, Philippe Bonhôte, Pierre Boss, Christian Brand, Roland Brändli, Lilian Brosi, Balthasar Burkhard, Enrico Cano, Marco D'Anna, Jean Philippe Daulte, Max Doerfliger, Bernard Dubuis, Marius Durand, Alberto Flammer, Terence du Fresne, Hans Finsler, Foto Alrège, Foto L. Bacchetta, Foto Battaglia, Foto Brunel, Foto Comet, Foto O. Darbellay, Foto G. Klemm, Foto-Studio Lucas, Foto-Studio Lutry, Foto Swissair, Foto Vicari, Foto Zimmermann, Tanja Fritschi, Reto Führer, Paolo Fumagalli, Martin Gasser and Christoph Eckert, Hans Eggermann, Guillaume Estoppey, Jean Pierre Flury, Henri Germond, Emile Gos, A. Grandchamp, Peter Grünert, Grundriss + Schnitt, H. Hänggi, Walter Hauser, Adriano Heitmann, Heinrich Helfenstein, Hannes Henz, Lucien Hervé, Eduard Hueber, Ralph Hut, Hansruedi Jutzi, Roger Kaisel, Atelier Kinold, Klaus Kinold, Peter Kopp, Toni Küng, Ferit Kuyas, Franco Lafranca, Hermann Linck, Patrik Marcet, Franco Mattei, Fritz Maurer, J. Meier, André Melchior, Daniel Meyer, Jean Mohr, N. Monkewitz, Harry Moor, Christian Moser, Bernhard Moosbrugger, André Muelhaupt-Buehler, Irma Müller-Eschmann, Pino Musi, Gino Pedroli, Paolo Pedroli, Otto Pfeifer, Marco Pfister, Fausto Pluchinotta, Jean-Blaide Pont, Pius Rast, Hans Rath, Roy Robel, Viktor Rödelberg, Paolo Rosselli, O. Ruppen, F. Schenk, Rudolf Schmutz, Daniel Schönbächler, Hans Schönwetter, Wolf Schuoeter, Hans Peter Siffert, Filippo Simonetti, Wolfgang Siol, Philippe Spahni, Michael Speich, Rudolf Steiner, Matthias Thomann, Deidi von Schaewen, Ruedi Walti, Charles Weber, Michael Wolgensinger, Alo Zanetta, and Reinhard Zimmermann.

All illustrations of the essay on "Swiss Architecture Today", unless otherwise noted, are courtesy of the architects' offices, except for the photographs on pp. 386, 387 left, 388, 390 bottom, 392 top and 397 top which are courtesy of Heinrich Helfenstein. Photographers: Pino Musil, Como (382 top), Michel Demance (382 bottom), Margherita Spiluttini (383, from "Herzog & de Meuron 1989–1991", Basel 1996), Ruedi Walti, Basel (384 top), Disch Photograph, Basel (384 middle and bottom), Markus Fischer, Zurich (385 right), Marcel Ferrier (389 top), Erich Schär, St. Gallen (393), Henry Pierre Schultz (395 top) Christian Kerez (395 bottom), Daphné Iseli (397 middle), Reto Baer, bauart Architekten, Bern (397 bottom), Olivier Currat (398 top, from "Place des Nations, Genève", Basel 1996), F. Bertin (400), Mario del Curto, Lausanne (401 top), Yves Eigenmann, Fribourg (401 bottom right), J.-B. Pont (402), Enrico Cano (403 left), Guido Baselgia, Baar (404 bottom), Pier Brioschi, Bellinzona (405 bottom).

Lastly, a collective thanks – since it would be impossible to do otherwise – to all those people and institutions that contributed to the photographic campaign with material, advice, and assistance in the field.